STEFAN MÜLLER

AF288830

LINKS

VERSIFFT!

Über Meinungsdiktatur und Deutschlandhass

amadeus-verlag.com

Copyright © 2018 by
Amadeus Verlag GmbH & Co. KG
Birkenweg 4
74576 Fichtenau
Fax: 07962-710263
www.amadeus-verlag.com
Email: amadeus@amadeus-verlag.com

Druck:
CPI – Ebner & Spiegel, Ulm
Satz und Layout:
Jan Udo Holey
Umschlaggestaltung:
Amadeus Holey

ISBN 978-3-938656-45-7

Für Nilo

Inhaltsverzeichnis

Teil 1: Ein Rückblick

Teil 2: Gesichter des Linksismus heute

Teil 3: Der Ausweg

Vorwort von Johannes Holey

Verehrte Leserinnen, liebe Leser!
Es geht um Deutschland, und das ist eben nicht mehr das Deutschland, wie es einst war. Wenn dieses Buch im Frühjahr 2018 erscheint, hat das deutsche Volk inzwischen eine neue Regierung gewählt, doch Dank der Mächte im Hintergrund darf dabei wieder nichts *wirklich Neues* entstehen. Ich lebe hier im Südschwarzwald und unlängst erfuhr ich aus erster Hand, dass von der Grenzpolizei in Wehr am Rhein im Spätsommer 2017, also kurz vor der Wahl, täglich so an die 40 Farbige aus Frankreiche durchgelassen und lediglich registriert werden. Es ist nur ein ganz kleiner Grenzübergang und keine Presse darf darüber berichten – Beides ist Order von „oben".

Die Bundeskanzlerin Merkel wird zwar als Katastrophenkanzlerin in die deutsche Geschichte eingehen, doch mit ihr zusammen entscheidet ja auch die ganze deutsche Regierung – gleichgültig, wie das Parteibuch heißt – im Prinzip genau das Gleiche. Es ist leider nicht *zufällig* so, dass es vor der Wahl in der CDU keinen Putsch gab, dass die SPD unter Schulz nicht auf Attacke ging oder gar die Journalisten das System Merkel pushten. Warum hat sie keinen politischen Gegenspieler? Warum haben wir keinen deutschen Trump oder Wilders oder Orban?

So stellt sich weiter die Frage: Sind die anderen Mitglieder der Regierung Merkel nicht ebenso schuldig am Desaster wie Merkel selbst? Was ist mit dem Bundesverfassungsgericht, respektive den Ministerpräsidenten, die es aktivieren könnten? Rund eintausend Strafanzeigen sollen beim Generalbundesanwalt gegen Angela Merkel eingegangen sein und alle wurden abgeschmettert – *mussten* abgeschmettert werden. Wie kann denn überhaupt so etwas sein und in welcher Welt leben wir heute?

Ich zähle dazu jetzt kurz drei „Geheimnisse" auf und ich bezeichne sie so, weil sie vor der deutschen Bevölkerung geheim gehalten werden können und weil dadurch die Wenigsten unseres Volkes etwas darüber glaubhaft wissen:

- **Geheimnis Nummer 1** ist die „NWO" (Neue Weltordnung), eine jahrhundertealte Agenda, die gesamte Menschheit in einem Weltstaat mit einer Weltregierung, einer Weltwährung und einer

Weltreligion zu kontrollieren und zu versklaven. Die Mächte dahinter finden wir unter einigen Großkapitalfamilien, den Hochgradfreimaurern, den Satanisten, dem „Schwarzen Adel", den Jesuiten und einigen Geheimorden. Mehr Information dazu gibt es reichlich im Internet.

- **Geheimnis Nummer 2** betrifft nur uns Deutsche, indem wir noch keine freie Republik sind, sondern durch die fehlenden „richtigen" Friedensverträge (die westlichen Alliierten sind dazu nicht bereit) sind wir weiterhin nur Besatzungsgebiet – und unsere angepassten Politiker wissen das. Barack Obama sagte 2009 in Ramstein: *„Deutschland ist ein besetztes Land und wird es auch bleiben."* Gregor Gysi und Minister Schäuble haben diesen Zustand auch öffentlich bestätigt. Gysi sagte am 8.8.2013 bei einem Interview mit dem TV-Sender *Phoenix*: *„Ich wollte Ihnen mal sagen, dass das Besatzungsstatut immer noch gilt. Wir haben nicht das Jahr 1945, wir haben das Jahr 2013. Könnte man das nicht mal aufheben und die Besatzung Deutschlands beenden?"*
Dafür wurde er sehr gescholten und ruderte später von dieser Aussage zurück. Allerdings gibt es auch ein Interview des russischen Politologen Sergej Micheev mit dem russischen Historiker Aleksej Fenenko vom Mai 2016 zum Thema „gegenwärtige Einschränkungen der deutschen Souveränität", die im Zwei-plus-Vier-Vertrag von 1990 festgelegt sind. Nachfolgend werden Teile des Interviews[58] wiedergegeben:

Politologe Micheev: *„…Bleibt die Souveränität Deutschlands weiterhin eingeschränkt oder…?"*

Historiker Fenenko: *„Ja, sie bleibt eingeschränkt, mehr noch, einen Friedensvertrag mit Deutschland gibt es immer noch nicht…"*

Politologe Micheev: *„Wer hat keinen Friedensvertrag mit Deutschland?"*

Historiker Fenenko: *„Alle. Alle Hauptalliierten haben immer noch keinen Friedensvertrag mit Deutschland. Auf diese Geschichte werde ich jetzt näher eingehen.*

In der Potsdamer Konferenz in 1945 haben sich die Alliierten auf eine einheitliche Lösungsformel in Bezug auf das besiegte Deutschland geeinigt. Es sind die vier ‚D' – Demilitarisierung, Demokratisierung, Denazifizierung und Demonopolisierung. Diese Vereinbarung zwischen den Alliierten sollte Grundlage des zukünftigen Friedensvertrages mit Deutschland werden.

Danach fand die Pariser Konferenz 1947 statt, wo jedoch der Friedensvertrag mit Deutschland von den Alliierten nicht unterzeichnet worden war. In dieser Konferenz haben die Alliierten die Friedensverträge mit den ehemaligen Verbündeten Deutschlands unterzeichnet – mit Finnland, Italien, Rumänien, Bulgarien und Ungarn. Die Unterzeichnung des Friedensvertrages mit Deutschland ist damals 1947 fehlgeschlagen. Seit dem Moment waren die Alliierten in Bezug auf Deutschland untereinander nicht mehr einig. Das heißt, im Grunde war damit die Vereinbarung von Potsdam 1945 außer Kraft gesetzt bzw. gebrochen.

1952 unterzeichneten die Westalliierten in Bonn den sogenannten ‚Deutschlandvertrag', womit die Souveränität der BRD nur teilweise wiederhergestellte wurde, mit einer Reihe von Einschränkungen bzw. Vorbehalten.

Danach, am 12. September 1990 in Moskau wurde der 2+4-Vertrag unterzeichnet, der die Einzelheiten der Wiedervereinigung der DDR und BRD regelte. Der 2+4-Vertrag heißt so, weil der Vertrag zwischen BRD+DDR und den 4 Hauptalliierten geschlossen wurde. Im Einzelnen waren das die UdSSR, die USA, Großbritannien und Frankreich. Die Regelungen des Vertrages waren folgende: 1. Die Souveränität wird vollständig wiederhergestellt, damit Deutschland zum eigenständigen Subjekt auf der internationalen Bühne wird, 2. die Vollmachten der vier Hauptalliierten in Bezug auf ganz Deutschland werden damit vertraglich beendet und die Reste des Besatzungsstatutes werden damit beseitigt.

Aber es bleiben weiterhin in Kraft die vier Einschränkungen der deutschen Souveränität, die noch im ‚Deutschlandvertrag' von 1952 durch die Westalliierten festgelegt wurden. Erste Einschränkung: Verbot von Volksentscheiden über militärpolitische Fragen des Landes. Die Deutschen haben kein Recht zu entscheiden, eine US-

Militärbasis im Lande zu haben oder nicht zu haben. Die Deutschen haben kein Recht zu entscheiden, eine strategische Luftwaffe zu haben oder ihre eigene Armee zu vergrößern, dazu haben die Deutschen kein Recht."

Politologe Micheev: *„Moment mal, Sie wollen damit sagen, das deutsche Volk darf nicht darüber entscheiden, ob die Amerikaner in Deutschland militärisch präsent sein können oder nicht? Das bestimmen alleine die US-Amerikaner?*"

Historiker Fenenko: *„Dieser Punkt unterliegt der zweiten Einschränkung der Souveränität, nämlich: Nach dem 2+4-Vertrag hat Deutschland kein Recht, den Abzug der ausländischen Truppen aus Deutschland zu verlangen bzw. zu fordern. Die Sowjetunion hat ihre Truppen aus der DDR freiwillig abgezogen, so haben wir entschieden. Diese Entscheidung lag allein in unserer Macht, wir wollten das. Deutschland hat bis heute kein Recht, den Abzug der alliierten Truppen zu fordern, laut 2+4-Vertrag. Übrigens, bis 1998 hatten die Westalliierten das Recht, die deutsche Regierung über die Bewegungen der alliierten Truppen innerhalb Deutschlands nicht zu informieren. Wenn die US-Amerikaner ihre Truppen und Panzer z.B. von Garmisch nach Ramstein verlegen wollten, brauchten sie die deutsche Regierung nicht einmal zu informieren. Nur im Jahre 1998 haben die US-Amerikaner die Zustimmung erteilt, über die Bewegungen ihrer Truppen in Deutschland die BRD-Regierung zu informieren, mittels NATO-Strukturen.*"

Politologe Micheev: *„Erst im Jahre 1998?*"

Historiker Fenenko: *„Die dritte Einschränkung der deutschen Souveränität: Deutschland wird verboten, außenpolitische Entscheidungen zu treffen, ohne diese zuvor mit den Siegermächten abzusprechen. Übrigens, als Merkel im letzten Jahr, 2015, anlässlich des 9. Mai-Feiertags Russland kritisierte, hätte Putin erwidern können: ,Frau Merkel, der 2+4-Vertrag verbietet Ihnen, die außenpolitischen Handlungen der Siegermächte zu bewerten oder gar zu kommentieren. Vergessen Sie das nicht.' Aber Putin hat das nicht getan, weil, wie ich glaube, Putin immer noch hofft, Deutschland irgendwann auf die russische Seite ziehen zu können, wenigstens teilweise.*"

Und die letzte, vierte Einschränkung der deutschen Souveränität durch den 2+4-Vertrag verlangt, die Truppenstärke der Bundeswehr auf 370.000 Soldaten zu beschränken. Vor 1990 war die Grenze bei 500.000. Auch bestimmte Arten der Militärtechnik bleiben durch den 2+4-Vertrag weiterhin verboten.

Diese vier Einschränkungen der deutschen Souveränität bleiben in Kraft bis zur Unterzeichnung des Friedenvertrages. Ein weiterer interessanter Punkt in diesem Zusammenhang: Es werden keine Verhandlungen über den möglichen Abschluss des Friedensvertrages geführt. Sobald ein deutscher Verteidigungsminister den Friedensvertrag nur erwähnt, bleibt er in der Regel nicht lange im Amt."

Politologe Micheev: „Wir haben reale, tatsächliche Abhängigkeiten Deutschlands von den USA besprochen. Ein sehr interessantes Thema vor allem in Bezug auf die Gegenwart."

Historiker Fenenko: „Nach 1990 hat Deutschland schon einmal versucht, sich gegen die USA aufzulehnen, das war im Jahr 2009. Die Geschichte dazu war folgende: Am 5. April 2009 hat Obama eine Rede in Prag gehalten. Dort hat er sich für eine atomwaffenfreie Welt ausgesprochen. Die Deutschen haben darin sofort ihre Chance erkannt, und der Bundestag hat kurz darauf eine Resolution verabschiedet, die die Empfehlung beinhaltete, die Atomwaffen der USA aus Deutschland zu entfernen. Das würde die Situation der Deutschen grundlegend ändern, wenn die US-Atomwaffen weg wären. Die US-Amerikaner haben sofort kapiert, was die Deutschen mit dem Abzug der US-Atomwaffen beabsichtigen. Denn, hätten die USA ihre Atomwaffen aus Deutschland abgezogen, hätten die Deutschen sagen können, es gäbe keinen Atomschutz mehr seitens der USA und deshalb bräuchten die Deutschen eine eigene, vollwertige Armee. Und diese eigene, vollwertige Armee der Deutschen wäre dann nur einen kleinen Schritt vom Friedensvertrag entfernt. Die USA haben diese Absichten der Deutschen erkannt und sofort die Polen und Engländer mobilisiert. Und die polnische und die englische Regierung haben erklärt, der Abzug der US-Atomwaffen aus Deutschland sei für sie nicht hinnehmbar. Also als Ergebnis haben die USA ihre Kontrolle über Deutschland noch weiter verstärkt. Am

22. April 2010 fand der NATO-Gipfel in Tallinn statt, auf dem beschlossen wurde, dass ab sofort, also ab 2010, der Abzug der US-Atomwaffen aus einem beliebigen NATO-Mitgliedsland nur einstimmig zu erfolgen hat, das heißt, nur wenn alle NATO-Staaten das einstimmig bewilligen. Das heißt, die Deutschen dürfen einseitig nicht verlangen, die US-Atomwaffen aus Deutschland abzuziehen. Dazu bedarf es der Einstimmigkeit der NATO-Länder.
Es ist klar, dass weder die Polen noch die Tschechen das je zulassen würden. Das heißt, ab 2010 haben die Deutschen keinerlei Möglichkeit mehr, den Abzug der Atomwaffen legal und rechtlich zu bewirken. Das wäre dann sogar eine weitere, die fünfte Einschränkung der deutschen Souveränität.
Nur wenn man den Inhalt des 2+4-Vertrages versteht, kann man auch das Wesen der gegenwärtigen Außenpolitik Deutschlands verstehen.
Aus meiner Sicht ist in Deutschland ein permanenter Kampf zwischen zwei Strömungen oder Parteien zu beobachten. Die erste Strömung bzw. Partei strebt eine Neuverhandlung des 2+4-Vertrages an und einen Friedensvertrag und die Verwandlung Deutschlands in eine vollwertige Großmacht, und das würde zu Freundschaft und Dialog mit Russland führen.
Helmut Kohl und Gerhard Schröder sind typische Vertreter bzw. Anhänger dieser Strömung bzw. Partei. Deshalb haben sie den politischen deutsch-russischen Dialog gefördert, um auf dieser Grundlage die Regelungen des 2+4-Vertrages in Zukunft zu überschreiben. Das galt besonders für die Politik von Gerhard Schröder.
Und es gibt die zweite Strömung innerhalb Deutschlands, ich bezeichne sie als ,kleinkariert' oder ,provinziell'. Diese zweite Strömung erkennt den 2+4-Vertrag an, für ewig gültig, und sieht die Interessen Deutschlands mehrheitlich in der wirtschaftlichen Ausbeutung von Osteuropa –Polen, die Ukraine, das Baltikum usw. Und das bedeutet automatisch Konflikt mit Russland. Und Merkel stellt den typischen Vertreter der zweiten Strömung dar. Ich bin unsicher, ob die US-Amerikaner Druck auf Merkel ausüben. Jedenfalls haben die USA begriffen, dass diese zweite ,kleinkarierte' Strömung für die USA nützlich ist.“

Politologe Micheev: *„Die Amerikaner beherrschen die Kunst, Politiker dieser Art wie Merkel zu finden und sie zu lenken, das dürfte unbestritten sein. Und es ist wichtig, dass wir jetzt dieses Thema ausführlich behandeln, weil in Diskussionen oft das Argument vorgebracht wird, Europa und speziell Deutschland seien eben nicht eigenständig. Darauf wird wiederum geantwortet, dass dies nicht wahr sei. Ich danke Ihnen dafür, dass wir mit Fakten dieses Thema durchgegangen sind.“*[136] Soweit das Interview.

Alle deutschen Bundeskanzler müssen das vor ihrem Antritt in den USA unterzeichnen, dazu gehört auch der Vertrag, dass die Informationshoheit bis 2099(!) US-kontrolliert bleibt. Haben Sie schon einmal Fernsehfilme aus Frankreich, aus Russland, aus Indien, aus China oder anderen Hochkulturen gesehen? Hollywood lässt grüßen!

- Und nun zu **Geheimnis Nummer 3**, das den Inhalt dieses Buches betrifft, und Sie werden gleich staunen, um was es sich hier im Grunde (und im Stillen) handelt und was wir uns als gesamtes Volk damit antun: um einen neumotivierten Kommunismus. Es ist keiner der unteren Qualität wie einst bei Stalin und Mao, nein, es ist ein wissenschaftlich verbrämter Neokommunismus und wird längst „Kulturmarxismus“ genannt. Auf dem „Weg der Instanzen“ hat die *Frankfurter Schule* der 1960/70er-Jahre heute die gehobenen Ebenen des Bürgertums unterwandert und feiert längst ihre „linksversiffte“ Ideologie in fast allen Schlüsselpositionen unseres Landes.

Lassen Sie sich überraschen, was der Autor Stefan Müller dazu entdeckt hat und schockierend offenlegt. Als „Gutmenschen“ sorgen diese Champagner-Kommunisten gut für ihr vermeintliches Wohlbefinden und meinen, sich dabei selbst aufzuwerten gegenüber einem überforderten und zunehmend übergewichtigen „Bürgerproletariat“ – die Arbeiter-Ebene ist ja längst vergessen. Doch angefangen bei unseren Familien bis hin zum ganzen deutschen Volk muss von ihnen nachhaltig möglichst viel zerstört werden.

Die erwähnten drei geheimen Themenblöcke – das innere kulturmarxistische und die Zwänge der äußeren Mächte – ließen die meisten unserer politischen Entscheider zu jahrelangen Betrügern werden und den Gipfel davon erleben wir jetzt: Sie sind alle *gegen* das deutsche Volk in einem vernichtenden Ausmaß in die Knie gegangen. Ja, Sie werden reichlich erschrecken über das, was Sie in diesem Buch erfahren, Sie werden sich aber auch zwischendurch an der lockeren und trotzdem aggressiven Art erfreuen, wie sich der wortgewandte Stefan Müller dabei treffend ausdrückt.

Gestatten Sie mir noch ein ungewöhnliches Wort zum Thema „Islam", wie diesem nun seine dritte Invasion ins Abendland vorerst zu gelingen scheint. Die erste war eine Kulturinvasion, die gestoppt werden konnte, und die zweite war eine militärische Invasion, die ebenfalls misslang. Und nun erleben wir die völkerwanderische Invasion, welche die europäischen „Gutmenschen" zum Teil geschehenlassen wollen oder zum Großteil eben geschehenlassen müssen. Kurz zur muslimischen Kultur-Invasion: Al-Andalus ist der arabische Name für die zwischen 711 und 1236 n.Chr. muslimisch beherrschten Teile der Iberischen Halbinsel, dann vertrieben die „Katholischen Könige" die islamische Kultur (Architektur, Medizin und Mathematik). Übrig blieben die berühmten Bauwerke und das arabische Zahlensystem – zusammen mit dem Dezimalsystem ist es unser heutiger Umgang mit Zahlen. Die islamische Kriegs-Invasionen in das Abendland ging über den Balkan bis nach Wien, und es war der berühmte „Prinz Eugen, der edle Ritter", der als Habsburger schließlich 1717 n.Chr. diese Invasionen beendete. Fußkranke Muslime von damals bildeten dann die Ansätze zur bestehenden islamischen Präsenz auf dem Balkan.

Und heute? Die dritte Invasion – per Fußgänger – und unter der falschen Bezeichnung „Flüchtlinge" wird seit drei Jahren von „Philantrophen" wie George Soros finanziert, geplant und bislang von den meisten angepassten europäischen Politikern geduldet. Geht es anstelle der früheren Missionierungsversuche *diesmal* um den Einsatz der Religion nur als Waffe gegen die tradierte, europäische Gesellschaft und unseren Völkern? Oder ist diese von „Ungläubigen" organisierte Islamisierung Europas ein wichtiger Meilenstein zu etwas ganz anderem?

Und wie wird dabei die deutsche Zukunft aussehen? Es ist zu erahnen, dass die erwähnten dunklen Hintergrundmächte auch bei uns einen blutigen Bürgerkrieg wie im „Arabischen Frühling", in Syrien und in der Ukraine geplant haben. Sind wir darauf vorbereitet? Wie wird das schreckliche Erwachen des deutschen Volkes ablaufen? Und genau dazu frage ich hoffnungs- und vertrauensvoll: Gibt es bereits eine deutsche Untergrundbewegung, die weiß, was dann zu tun ist?

Tröstend gilt auch heute noch bei allem: Die stärkste Kraft im Universum heißt Liebe, und in uns bereits Erwachten schwingt diese Urenergie mächtig und immer stärker aufbauend: *„Ich liebe Deutschland."*

Euer *Johannes Holey*

Vorwort

„Ich bin froh, dass ich kein Linker bin, denn Linkssein ist 'ne Schweinerei!"

Frei nach Marius Müller Westernhagen: „Dicke"

Im April 2017 sah ich in NRW Wahlplakate der MLPD (Marxistisch-Leninistische Partei Deutschlands) flächendeckend unter Wahlplakaten aller anderen Parteien angebracht. Das ist schockierend, denn diese Partei vertritt eine absolut vorgestrige Ideologie, der bereits Millionen von Menschen zum Opfer gefallen sind! Wieso darf also für eine so gefährliche Ideologie wie den Kommunismus geworben werden? Warum macht das 2017 überhaupt noch jemand? Bei der Betrachtung der Wahlplakate stach mir jedoch ein Slogan besonders ins Auge: *„Proletarier aller Länder vereinigt euch!"* Die anderen Wahlplakate der MLPD waren zwar ebenso blödsinnig, doch sollte besonders dieses Mantra unsere Zeit nicht schon längst überlebt haben? Schaut man jedoch genau hin, dann stellt sich das ganz schnell als voreilige Annahme heraus und „linke" Politik und Schlagworte finden sich nahezu überall – besonders dort, wo man sie vielleicht auch gerade überhaupt nicht vermuten würde –, nämlich bei angeblich „konservativen" Parteien wie der CDU! Wie viele weitere Leben hat diese linke Unheilslehre eigentlich noch?

Analysiert man unsere Situation in Europa und berücksichtigt dabei auch historische Zusammenhänge, könnte man sogar behaupten, dass die politische Linke ein großes Interesse an einem unverminderten Zustrom von Flüchtlingen nach Europa hat, und diesen sogar ganz massiv fördert. Warum das so ist, werden wir uns in diesem Buch noch dezidiert ansehen!

Jawohl, liebe Leserinnen und Leser, hier wird Tacheles geredet! „Linksein" ist eine echte Schweinerei und ich werde in diesem Buch auch beweisen, warum das so ist. Es ist nun einfach mal an der Zeit, dass mit der heuchlerischen Linken abgerechnet wird, auch wenn sich deren Anhänger nach wie vor in einer moralisch überlegenen Position wähnen!

Leser meiner anderen Bücher könnten beim Titel dieses Buches leicht verwundert sein, denn was hat der Stefan Müller mit Themen wie „Sozialismus", „Kommunismus" oder gar dem Mythos „Kulturmarxismus" zu tun? Diese Themen sind doch eindeutig politisch besetzt und ich frage, ist der Begriff des Kulturmarxismus nicht sogar ein „rechter" Kampfbegriff? Was hat das alles mit den bisherigen Arbeiten des Autors zu tun? Ist der Müller etwa gar ein „Rechter"?

Die Arbeit und die Veröffentlichung meiner beiden Bücher »Gefährlich 1 und 2« haben mich mit vielen Menschen in Kontakt und dann auch ins Gespräch gebracht. Das lag mit daran, dass ich die in meinen Büchern getätigten Aussagen über energetische Prinzipien und Perspektiven ganz konkret in unsere Alltagswelt übertragen und betrachtet habe. Auf diese Weise kam ich dann auch mit immer mehr dieser Entsprechungen und Analogien in Politik und Wirtschaft in Kontakt. In gewisser Weise wurde hier das *Gesetz der Polarität* aktiv, denn wir leben schließlich in einer polaren Welt und niemand kann ausschließlich konstruktive Erfahrungen und ebenso „gepolte" Menschen treffen. Das hat dann unter anderem auch ausgelöst, dass ich immer wieder mit den seltsam kruden Thesen des „linken Spektrums" in Kontakt gekommen bin. Dies hat dann letztlich auch dazu geführt, dass ich stolz sagen kann:

Ich bin froh, dass ich kein Linker bin!

Dies ist 2017 natürlich eine gewagte Aussage, denn ist nicht alles automatisch Rechts, was nicht Links ist? Bin ich also doch ein Rechter? Dazu möchte ich bereits an dieser Stelle sagen, dass ich jede Form von Ideologie ablehne. Ideologien sind nichts anderes als Scheuklappen, die den Blick auf die Realität und konkrete Problemlösungen erschweren. Ich glaube an pragmatische Problemlösungen, Realpolitik und auch daran, dass die Politik ausschließlich dem Volk dienen muss, wenn es sich nicht um eine billige Diktatur handeln soll!

Ich lege Wert darauf, als Anti-Sozialist und Anti-Kommunist angesehen zu werden, denn im Gegensatz zu anderen Ideologien wird diesen Wahnphantasien auch 2017 immer noch etwas Positives nachgesagt, trotz all den beispiellosen Verbrechen, die im Namen dieser Ideologien ausgeübt wurden! Mit diesem Irrtum wird dieses Buch aufräumen, denn genau darum handelt es sich hier: einen besonders fatalen Irrtum! Dies trifft bereits auf die alte politische Linke zu, doch noch wesentlich mehr auf eine neue Strömung. Dieser neuen Strömung werden wir uns in diesem Buch ganz besonders widmen. Außerdem gehe ich mit offenen Augen durch die Welt und muss sagen: *„Es ist einiges faul im Staate Dänemark"*, und das nicht erst seit gestern, sondern bereits seit Jahrzehnten! Die Unstimmigkeiten waren aber meist recht nebulös und wenig greifbar, wenn man schön an der Oberfläche geblieben ist und nicht zu tief gegraben hat. In gewisser Weise gleicht dieses Wissen um einen „Fehler im System" dem seltsamen Misstrauen, das die Hauptfigur des Hollywood-Films „Matrix" hat: Irgendetwas ist falsch, man weiß nur nicht so genau, *was*.

Dies hat sich in der jüngsten Vergangenheit jedoch radikal verändert! Was ich spätestens seit dem Beginn der Flüchtlingskrise in diesem Land erlebt habe, hat mich einfach nur schockiert, denn ich hätte einen solchen politischen Totalausfall einer Bundesregierung schlicht und einfach für unmöglich gehalten! Anfänglich hielt ich Dummheit und Naivität für die treibende Kraft hinter dem Versagen in Politik und Medien, doch dann zweifelte ich daran und begann mit meinen Recherchen. Ich stieß dabei auf eine Entwicklung, die in den 1920er-Jahren ihren unheilvollen Anfang genommen und auch fast 100 Jahre später nichts an ihrer Macht und Bedrohlichkeit verloren hat: dem Kulturmarxismus. Umso überraschter war ich, dass es bisher kaum deutsche Publikationen gibt, die sich direkt und tiefgreifend mit diesem Thema beschäftigen. Das liegt daran, dass es den Kulturmarxismus angeblich ja auch überhaupt nicht gibt – das sagen zumindest die Linken. Hierauf möchte ich mit einem Zitat antworten:

„Der beste Trick, den sich der Teufel je ausgedacht hat, war, den Menschen davon zu überzeugen, dass er nicht existiert."
Kevin Spacey in: „Die üblichen Verdächtigen"

Wie kann es denn sein, dass dieses Thema in den USA durchaus ernsthaft diskutiert wird? Ist man in den USA dann etwa doch irgendwie freier als in Deutschland? Oder liegt es daran, dass man in Deutschland keinen „rechten" Kampfbegriff benutzen will und deshalb sogar eine Beschäftigung mit dem Thema an sich total tabu ist? Das wäre ja sogar richtig praktisch … also zumindest für die politische Linke! Was wäre, wenn gerade diese „Deutungshoheit" integraler Bestandteil des Kulturmarxismus und damit des „Linksismus" an sich ist? Ohne vorzugreifen zu wollen: Exakt das ist tatsächlich der Fall! Bei meiner Recherche zu diesem Buch wurde ich wütend, denn ich bemerkte, wie perfide und effektiv die Manipulation der Kulturmarxisten wirkte: zuerst auf die klassischen Linken und von diesen ausgehend auf unsere Gesellschaft und schließlich auch auf die gesamte westliche Welt!

Aus diesem Grund habe ich mich dazu entschlossen, den Fokus dieses Buches zu erweitern, um das ganze Ausmaß der Manipulation zu demonstrieren. Zusätzlich füge ich Definitionen hinzu, um den Kontrast zwischen linker Ideologie und Realität möglichst deutlich darzustellen. Es darf also wieder kräftig nachgedacht werden! Selbstverständlich belasse ich es aber nicht nur bei der Kritik, sondern steuere auch eine Gegenperspektive bei – lediglich beim simplen Kritisieren des Ist-Zustands zu verweilen, ist schließlich nichts anderes als pure Zeitverschwendung!

Grundsätzlich neigen wichtige Aussagen in einem zu umfangreichen Buch unterzugehen. Aus diesem Grund arbeite ich ausgesprochen gerne mit dem Stilmittel der Redundanz und wiederhole wichtige Fakten deshalb mehrfach. Die Leser meiner anderen Bücher kennen diese Technik bereits und neue Leser werden diese einfach akzeptieren müssen. Doch keine Bange: Ich benutze diese Technik nur bei wirklich wichtigen Punkten und auch dort nur mit Bedacht. Und jetzt, liebe Leserin, lieber Leser – schnallen Sie sich an, wir steigen gemeinsam in die Leichenkeller der Linken!

Stefan Müller

Einführung

In diesem Buch wird es um die Jauchegruben der linken Ideologie gehen und was diese auch mit der Situation in unserem Land und natürlich auch mit der Flüchtlingsproblematik zu tun haben.

Bis vor zwei Jahren hatte ich mich kaum mit dem Thema beschäftigt, da mir diese „linken Ideen" einfach viel zu phantastisch, abgedreht und auch wirklich absurd vorkamen. Ich hätte mir einfach nicht träumen lassen, dass diese Ideen bei irgendeinem Menschen außerhalb einer verlotterten Kommune auch nur den Funken einer Chance auf Akzeptanz hätten. Doch die letzten Jahre haben mich eines Besseren belehrt: Diese kranken Ideen und Hirngespinste haben Zugang in die Köpfe von vielen Menschen gefunden, meist handelt es sich dabei um sogenannte Multiplikatoren oder „Influencer" (oftmals mit sehr hohen Bildungsabschlüssen), die diese wirre Meinung auch noch an zahlreiche andere Menschen herantragen, damit diese sie ebenfalls rezipieren können. Der Brutkasten, der diese Ideen mit Nährstoffen und Dünger versorgt hat, war der Druck durch die Flüchtlingskrise. Dieser äußere Anlass fungierte als Initialzündung für Linke, damit diese in immer größerem Umfang, und auch völlig ohne Kritik, ihre Wahngebilde kundtun oder publizieren konnten. Sehen wir uns das jetzt der Reihe nach an.

2015 geschah in der Geschichte der BRD etwas völlig Rätselhaftes. In der Hochphase der Flüchtlingskrise stellte sich Bundeskanzlerin Angela Merkel vor die Kameras der Welt (und vor die Augen des Volkes, von dem sie angeblich Schaden abwenden will) und machte mit bereits eingereisten Flüchtlingen zahlreiche Selfies. Dieses Verhalten wurde in der Welt der sozialen Netzwerke als Einladung nach Deutschland interpretiert und tausendfach „geliked" („gefällt mir"). Dies steigerte sich dann auch noch in einer Art Mantra, das die Bundeskanzlerin gebetsmühlenartig wiederholte:

Wir schaffen das!

Mit dieser Aussage war nichts anderes als die unbegrenzte Integration von Flüchtlingen gemeint und bis zum heutigen Stand sollen die Deutschen eine Integration von 1,5 Millionen Menschen mit mehrheitlich muslimischer Prägung „schaffen". Doch warum frägt die Deutschen eigentlich niemand, ob sie das denn überhaupt auch zu jedem Preis schaffen wollen? Ist das wirklich so selbstverständlich und auch rechtlich so völlig unstrittig? Welche Alternativen wären sonst möglich gewesen? Auch diese Fragen wurden zur Wut vieler Deutscher weder gestellt und schon gar nicht beantwortet.

Ich bin nun wirklich kein Unmensch und sehe ein, dass die BRD auch eine gewisse internationale Verantwortung tragen sollte – wie jedes andere Land auch. Hilfe sollte grundsätzlich nicht verweigert werden, wobei eigentlich die effektivste Hilfe immer die Hilfe zur Selbsthilfe darstellt. Stellen wir uns zu diesem Zweck eine akute Notlage in den Niederlanden, Polen oder Österreich vor. Welcher Bundesbürger hätte Einwände gegen schnelle und unbürokratische Hilfe, die natürlich auch die temporäre Aufnahme von extrem großen Teilen der notleidenden Bevölkerung einschließen könnte? Bei diesen Menschen handelt es sich schließlich um unsere Nachbarn, mit denen uns eine lange gemeinsame Geschichte und ein ebenso gemeinsamer kultureller Hintergrund verbinden. Dies ist bei den momentan in die BRD strömenden Menschen hingegen nicht der Fall.

Die Medien waren sich allesamt einig, dass es sich bei den Menschen immer eindeutig und ausschließlich um „Flüchtlinge" handeln muss, also Menschen, die zur Flucht gezwungen wurden. Da ist es schon verwunderlich, dass es sich bei den „Menschen" mehrheitlich um junge Männer zu handeln scheint, die ihre Familien dann später „nachholen" wollen. Da stellt sich doch die Frage, was das für eine Bedrohung ist, der man so völlig entspannt seine Familie aussetzt, während man sich selbst auf eine halbe Weltreise begibt? Ein Bericht des *Deutschlandfunks* vom 4. Januar 2016 sprach dann eine klare Sprache. In dem Bericht ging es um Iraker, die freiwillig ihre Rückreise in die Heimat antraten. Die Gründe dafür sind faszinierend: Es gab kein Haus und anstelle dessen musste man in einem Heim wohnen – davon wäre ja im Vorfeld nie die Rede gewesen…

Am 13. November 2015 kam es zu den drastischen Terroranschlägen in Paris, bei denen 130 Menschen getötet und 352 Menschen verletzt wurden. Offiziell bekannte sich der *Islamische Staat* (IS) dazu, wobei die Täter zumindest teilweise als Flüchtlinge in die EU eingereist waren. Fast unmittelbar nach den Taten hatten die deutschen Medien und die Politik vor allem drei Botschaften an die Deutschen:

- Die Anschläge haben absolut nichts mit dem Islam zu tun,
- Terrorismus hat absolut nichts mit Flüchtlingen zu tun und
- Leidtragende der Anschläge sind vor allem Muslime, denn der Islam ist die „Religion des Friedens".

In der Silvesternacht des gleichen Jahres kam es am Hauptbahnhof in Köln zu einem Ereignis, das auf Arabisch als „Taharrush gamea" bezeichnet wird: dem gemeinschaftlichen Begehen von Sexualdelikten an Frauen (bis zur Vergewaltigung) von meist jugendlichen Tätergruppen. Am Neujahrsmorgen beschrieb der Lagebericht der Kölner Polizei die letzte Nacht als „ruhig, friedlich". Diese Einschätzung wurde ganze 3 Tage beibehalten, doch dann brach das Kartenhaus zusammen. Zuviele Augenzeugenberichte und auch Videos wurden veröffentlicht, die die offizielle Darstellung der Silvesternacht unhaltbar machten. Als Bauernopfer musste der Kölner Polizeipräsident Wolfgang Albers (SPD) sein Amt verlassen. Innenminister Jäger (SPD) und Bürgermeisterin Reker befinden sich hingegen weiterhin in Amt und Würden. Bürgermeisterin Reker machte kurze Zeit später mit ihren Hinweisen zur Prophylaxe solcher Vorgänge unrühmlich auf sich aufmerksam, da sie forderte, dass Frauen eine „Armlänge" Abstand zu „Männern" halten sollten. Eine relativ ambivalente These für eine Politikerin, die selbst Opfer eines Messerangriffs geworden ist ... Selbstverständlich wurde Frau Reker aber auch von keinem einzigen Journalisten darauf angesprochen, warum sie denn selbst bei ihrem Attentat keinen Abstand zu dem Attentäter gehalten hat. Dies wäre Journalismus, wie ich ihn mir vorstelle: direkt, hart und vor allem nicht vor der Obrigkeit kniend!

Bis heute beläuft sich die Bilanz der Kölner Silvesternacht auf mehr als 1.100(!) Anzeigen. Die Staatsanwaltschaft Köln ermittelt gegen 120 Personen, von denen sich 14 in Untersuchungshaft befinden. Zum jetzigen Zeitpunkt gab es bereits die ersten Prozesse zu den Geschehnissen in der besagten Nacht. Ergebnis: Zwei Marokkaner und ein Tunesier wurden zu geringen Bewährungsstrafen verurteilt. Unser Rechtsstaat hat also wieder geradezu „drakonisch" zugeschlagen...

Laut Zeitungsberichten wird in Köln weiterhin gegen Flüchtlinge ermittelt, da in der Silvesternacht gestohlene Smartphones in Flüchtlingsheimen geortet werden konnten. Kurz bevor die ersten Prozesse in Köln stattfanden, wurde sehr ausführlich über das Einfliegen sogenannter „Super Recognizer" vom Scotland Yard berichtet, die bei der Sichtung des umfangreich vorhandenen Videomaterials behilflich sein sollten. Diese Spezialisten sollen angeblich in der Lage sein, effektiver als alle bisher bekannten Gesichtserkennungsprogramme zu arbeiten. Zum jetzigen Zeitpunkt muss man diese Arbeit allerdings als bitteren Schlag ins Wasser bezeichnen, denn bisher gelang kein großer Schlag gegen die Täter. Mittlerweile sind aus den rund 272 Gigabyte Daten laut Polizeiangaben kaum „brauchbare" Informationen zu destillieren gewesen. Da sich die Polizei Köln an mehreren Stellen nicht mit Ruhm bekleckert hat, sollte es wohl erlaubt sein, auch diese Aussage zumindest etwas kritischer zu interpretieren.

In direkter Folge begann dann aber das brachiale Mediengewitter über den Vorgängen in Köln. Es wurden selbst abstruseste und bösartigste Argumentationen ins Rennen geschickt, um die Geschehnisse zu relativieren. Der Gipfel der Bösartigkeit war dann an dem Zeitpunkt angelangt, als Vorwürfe laut wurden, *„dass man ja kaum von Sexualdelikten sprechen könnte, wenn bisher ja niemand deshalb rechtskräftig verurteilt worden war"*.

So darf man den Rechtsstaat allerdings nicht verdrehen, denn durch diese Argumentation werden schlichtweg alle Vergewaltigungsopfer verhöhnt, wenn der Täter nicht ermittelt werden konnte. Eine solche Argumentation ist für mich eine glasklare Definition für Menschenverachtung. Ich sollte natürlich auch noch erwähnen, aus welcher Ecke diese kruden Ideen kamen: Aus der Ecke der Feministinnen! An diesem Punkt platzte dann (gottlob) Deutschlands Feministin Nr. 1 der Kragen: Alice Schwarzer. Frau Schwarzer kann man (angefangen von spezielleren Problemen mit dem Finanzamt) sehr viel vorwerfen, aber bestimmt keinen Rechtsextremismus oder gar Rassismus. Wenn nun eine Frau wie Alice Schwarzer den Islamismus für die Übergriffe von Köln mitverantwortlich macht, hat der politisch-mediale Komplex natürlich ein Problem. Deshalb machten sich die üblichen Lautsprecher an die Entfachung eines Sperrfeuers, dessen Kernbotschaften lauteten:

- Sexuelle Gewalt ist keine Frage der Ethnie,
- die islamische Religion hat mit den Übergriffen überhaupt nichts zu tun, und
- es sind nur ausgesprochen wenige Flüchtlinge unter den Sexualstraftätern!

Am 22. März 2016 kam es in Brüssel zu einer Serie von Anschlägen, bei denen offiziell 35 Menschen starben und 300 Menschen verletzt wurden. Zu den Terroranschlägen bekannte sich die Terrororganisation IS. Und erneut wurden in direkter Folge von politischen Stellen die bekannten Thesen verbreitet:

• Die islamische Religion hat mit diesen Anschlägen nichts zu tun, und
• Terror hat mit Flüchtlingen gar nichts zu tun!

Am 24. März 2016 legte sich Justizminister Heiko Maas (SPD) eindeutig fest:[1] *„Die Terroristen sind keine Flüchtlinge!"* Doch am 31. März 2016 berichtete die österreichische *Kronen-Zeitung*: *„Brüssel-Bomber reisten als Flüchtlinge getarnt über Balkan-Route ein."* In den bundesdeutschen Medien fand diese Meldung natürlich keine Erwähnung. Verstehen Sie mich hier nicht falsch: Das bedeutet nicht, dass jeder Flüchtling auch ein Terrorist ist. Was ich hiermit ausdrücken will, ist die Gefahr der völlig unkontrollierten und damit fahrlässigen bis naiven Flüchtlingspolitik von Angela Merkel. Über die Flüchtlingsrouten kommen definitiv auch Terroristen nach Europa. Warum wird dies in den Medien nicht thematisiert? Warum stellt nicht *ein* Journalist die Frage, ob Verantwortliche in der Politik eine Mitschuld an den abscheulichen Straftaten tragen, da diese erst durch die Politik der „offenen Grenze für Jeden" möglich wurden?

Nach den Anschlägen in Brüssel trat eine weitere Argumentationslinie sehr deutlich hervor, die bei den vorherigen Geschehnissen sporadisch benutzt wurde. Vor allem in den sozialen Medien wie *Twitter* und *Facebook* machten Parolen wie *„Ich habe mehr Angst vor den Meldungen, die die Anschläge rechtspopulistisch ausnutzen, als vor Bomben!"* die Runde. Federführend waren hier natürlich die üblichen linksgrünen „Aktivisten" mit ihren garagentorgroßen Scheuklappen. Bei einer Gedenkveranstaltung in Brüssel demonstrierten dann auch mehrere hundert Rechte gegen den Islamismus. Der neutrale Beobachter konnte dann in direkter Folge erleben, dass diese Proteste für die Medien scheinbar schlimmer waren als die heimtückischen Anschläge mit all ihren Opfern!

In der kurzen Aufregung nach Brüssel kam dann ein weiterer Slogan auf: *„Panik hilft dem Terror!"* (Katharina Nocun, Bloggerin und Ex-„Piratin"). Passend dazu kramte dann auch der Schweizer Journalist Constantin Seibt den völlig fehlgeleiteten „Fischgräten-Vergleich" aus der Schublade, nachdem allein in Deutschland jedes Jahr etwa 500 Menschen an verschluckten Fischgräten sterben würden, also weit mehr Menschen als durch die Folgen von Terroranschlägen. Was sollen die Angehörigen von Terroropfern denken und fühlen, die von Splitterbomben in Stücke gerissen wurden und solchen zynischen Statements ausgesetzt sind? Geht es noch perfider, noch zynischer?

Nach jedem der genannten Vorfälle wurde immer wieder die angebliche „Offene Gesellschaft" beschworen. Selbstverständlich wird dieser Begriff durch Politiker und Medien nur einseitig verwendet. Was bedeutet denn „Offene Gesellschaft" genau? Denn er in keinem Fall für politisch Andersdenkende, also z.B. Anhänger der AfD. Münchner Politiker riefen Gastwirte z.B. auf, PEGIDA-Anhänger nicht zu verkösten. Der Grund: Die Stadt sei „bunt" und damit wäre dort kein Platz für „Braune". Also ist „bunt" eher sehr trist und sehr gleichgeschaltet. Ein italienischer Gastwirt[2] wollte sich dem Diktat von oben nicht beugen. Als erste Reaktion wurde die Fassade seines Lokals mit politisch eindeutigen Graffitis und Aufklebern verunstaltet. Heute ist der Gastwirt nicht mehr Herr des Hauses, denn seine Brauerei hat den Pachtvertrag nicht verlängert. Selbstverständlich war dies lediglich eine rein wirtschaftliche Entscheidung und hatte rein gar nichts mit politischem Druck zu tun. „Offene Gesellschaft" ist also in der Lesart von linken Gutmenschen eine Einweg-Gesellschaft ausschließlich linker Prägung. In diesem Zusammenhang kann es dann nur noch als blanker Hohn bezeichnet werden, wenn dann auch noch von Vielfalt (Diversity) fabuliert wird. Aber was bedeutet der Begriff der „Offenen Gesellschaft" wirklich?

Dummerweise bedeutet es nämlich eines gerade nicht: „Offene Gesellschaft" ist keinesfalls ein Synonym für „Staat ohne Grenzen", so gerne Linke das auch hätten. Der Begriff der „Offenen Gesellschaft" geht ursprünglich auf den Philosophen Karl Popper zurück, der die Gewalten des Staates maximal voneinander trennen wollte, um Machtmissbrauch zu verhindern. Popper vertrat aber auch einen Punkt, der Angela Merkel und der aktuellen Bundesregierung so gar nicht gefallen dürfte: die Möglichkeit der gewaltlosen Abwahl der Regierung! Erlauben Sie mir einen kurzen Realitätscheck: Wo ist diese Möglichkeit in der BRD und was hätte das wohl zur damaligen Zeit für „Mutti" Merkel bedeutet?

Ein weiteres interessantes Symptom der Flüchtlingskrise ist Idomeni. Idomeni ist ein griechisches Dorf in direkter Nähe zur mazedonischen Grenze. Mazedonien war ein Teil der europäischen Kräfte, welche die sogenannte Hauptfluchtroute in die EU (Balkanroute) geschlossen haben. Seit diesem Zeitpunkt kampieren dort mehr als 10.000 Flüchtlinge im Schlamm, obwohl sichere und beheizte Unterkünfte in direkter Nähe vorhanden wären.

Doch Moment mal: Wieso sprechen die Medien eigentlich überhaupt noch von „Flüchtlingen"? Griechenland ist ein sicheres Land (wie im Übrigen auch schon die vorherige Station Türkei). Wenn diese Menschen diese Länder ebenfalls verlassen wollen, liegt ja kein zwingender Fluchtgrund außer *der Suche nach einem besseren Leben*" vor. Also handelt es sich bei diesen Menschen keinesfalls mehr um Flüchtlinge! Diese Tatsache findet aber bei den meisten Reportagen und Berichten absolut keine Erwähnung. Seltsam, oder?

Ganz im Gegenteil, Norbert Blüm (CDU, *die Rente ist sicher!*") stattete dem Zeltlager Idomeni einen Besuch ab und übernachtete dort, um auf die Lage der „Flüchtlinge" aufmerksam zu machen. Kurz darauf tingelte der ehemalige Arbeitsminister dann durch Talkshows und fabuliert dort über Christentum, Europa und von „leidenden Kinderaugen". Weiterhin sei ja das Zeitalter der Nationalstaaten längst vorbei. Nebenbei promotete er gleichzeitig sein zeitgleich erschienenes, neues Buch. Zudem wären die Zustände in Idomeni ein *Anschlag auf die Menschlichkeit*". Erinnern wir uns: Niemand der Menschen in Idomeni muss dort ausharren, sie tun es alle freiwillig. Es gibt in Griechenland genauso Alternativen wie vorher in der Türkei. Kann man hier also wirklich mit „Menschlichkeit" argumentieren? Warum wird diese Frage in den Medien nicht thematisiert? Wollen die Journalisten nicht oder dürfen sie nicht fragen?

Der von Angela Merkel forcierte Deal der EU mit der Türkei ist genaugenommen überhaupt kein „Deal". Denn was kennzeichnet einen Deal außer der Idee, dass beide Geschäftspartner mit einem Vorteil daraus hervorgehen? Stattdessen ist es vor allem eine Möglichkeit, eine angeblich europäische Lösung zu finden, die letztlich wieder alleine zu Lasten von Deutschland geht. Die anderen EU-Staaten konnten das Abkommen mit der Türkei absolut leichten Herzens unterzeichnen, denn es verpflichtete sie zu genaugenommen gar nichts. Lediglich Deutschland und sein vielleicht politisch noch linkerer Zwilling Schweden werden angeblich echte syrische Flüchtlinge im Tausch gegen rückgeführte illegale Migranten aus Idomeni aufnehmen – im Wechselkurs von 1:1. Meine verehrten Leser dürfen sich an dieser Stelle selbst Gedanken machen, welchen Sinn eine solche Praxis eigentlich hat bzw. wo genau eigentlich die Gegenleistung der Türkei liegt (die ein direkter Nachbar Syriens ist, ganz im Gegensatz zu jedem europäischen Land)? Hier werden lediglich Menschen hin und her geschoben und die EU zahlt dafür den „Pappenstiel" von 6 Milliarden Euro.

Wozu dient dieser Deal also eigentlich?
Ausschließlich der weiteren Massenmigration!

Doch der Geschenke an die Türkei ist das noch nicht genug. Neben dem gewinnträchtigen „Menschenhandel" mit der EU winkt auch eine Visa-Freiheit für alle türkischen Staatsbürger. Wohin werden sich also alle natürlichen Feinde von Erdogan auf die Reise machen? Richtig, sicherlich dorthin, wo bereits jetzt schon viele Türken leben: nach Deutschland. Doch damit nicht genug – der vom umstrittenen „Philanthropen" George Soros finanzierte *Thinktank European Stability Initiative* (ESI) flüstert Angela Merkel bereits seit 2015 etwas von einem sogenannten *Resetlement-Programm* ein. Dieses Programm relativiert den geplanten Umfang des EU-Türkei-Deals auf geradezu lächerliche Art und Weise, denn laut Ideen der ESI sollen pro Jahr dauerhaft Hunderttausende von Flüchtlingen(!) in die EU „umgesiedelt" werden. Dazu zwei Fragen:

- Raten Sie mal, wo genau diese Flüchtlinge in der EU am liebsten hinwollen und
- warum lesen und hören Sie darüber kaum etwas in den deutschsprachigen Medien?

Weiterhin könnte ich jetzt hier über die zahlreichen als „Einzelfälle" deklarierten „sozialen Reibungen" im Zusammenhang mit der Migration von Flüchtlingen schreiben, also zum Beispiel die „Schwimmbad-Vorfälle", bei denen gelegentlich über ins Badewasser onanierende und defäkierende „Männer" berichtet wird. Ebenso könnte ich über Einzelfälle in Flüchtlingsheimen im Zusammenhang mit den Mitarbeitern des Sicherheitspersonals oder von Catering-Unternehmen berichten. Dies wäre aber lediglich Zeit- und Papierverschwendung, denn diese „Einzelfälle" sind in nahezu unendlicher Anzahl jedem internetaffinen Leser problemlos zugänglich. Aber das sind natürlich alles nur „alternative Fakten" bzw. ist das alles sowieso ausschließlich „postfaktisch". (Wikipedia: Als *postfaktische Politik* wird schlagwortartig ein politisches Denken und Handeln bezeichnet, bei dem Fakten nicht im Mittelpunkt stehen. Die Wahrheit einer Aussage tritt dabei hinter den emotionalen Effekt der Aussage vor allem auf die eigene Interessengruppe zurück.)

Stattdessen möchte ich mich hier den wirklich großen und wichtigen Fragen widmen. Unter diesen Fragen gibt es vor allem eine, die wohl alle anderen Einzelfragen überlagert und in den Schatten stellt. Diese Frage lautet:

Warum soll ausgerechnet Deutschland die Rolle eines Flüchtlingsheims der EU übernehmen?

Gibt es eine faktische Verpflichtung für uns, Menschen aufzunehmen, die einen Fluchtweg von mehr als 2.500 Kilometern auf sich nehmen und dabei kreuz und quer durch zahlreiche sichere Staaten kommen? Der Grund für diesen Weg ist absolut nachvollziehbar: Diese Menschen suchen eine bessere Zukunft. Diese Motivation ist völlig ehrenhaft und es gibt nichts daran auszusetzen, denn ich würde wahrscheinlich ähnlich handeln – wenn ich dabei auch niemals meine Familie irgendwo zurücklassen würde.

Das Problem an dieser Stelle ist jedoch ein *Interessenkonflikt*. Ich bin mir sicher, dass meine Leserschaft (genauso wie ich) ebenfalls eine gute Zukunft haben will. Doch erinnern wir uns dabei: Unser Sozialsystem ist bereits jetzt völlig überlastet. Bereits jetzt stellt sich heraus, dass die Flüchtlinge nicht oder nur äußerst schwer in den Arbeitsmarkt zu integrieren sein werden. Die momentane Massenmigration wird also vor allem eine Einwanderung in unser Sozialsystem sein. Hier sollte jedem in dieses System einzahlenden Bürger die Frage gestattet werden: Willst Du das überhaupt? Bist Du bereit, die rapide steigenden Kosten für das Sozialsystem weiterhin zu tragen und vielleicht gleichzeitig Abstriche bei den Leistungen für Dich zu akzeptieren? Raten Sie mal, wo diese Fragen garantiert nicht besprochen werden: Richtig, in den Medien und in der Politik!

Linke bekommen bei diesen Aussichten natürlich geradezu feuchte Träume, denn diese Entwicklungen bedeuten: mehr Staat, sogar viel mehr Staat. Die Betreuung der Flüchtlinge wird dann jede Menge Arbeitsplätze für Soziologen und Sozialarbeiter, Sozialpädagogen und andere Sozialisten erschaffen, die dann nicht mehr mit ihrem wenig sinnhaften Studium als Taxifahrer jobben müssen.

Mein Lieblingsthema ist dabei der vielbeschworene, wirtschaftliche Aufschwung durch die Massenmigration. Kanzlerkandidat Martin Schulz (SPD) sagte sogar, dass diese „Menschen" etwas zu uns brächten, was wertvoller als „Gold" sei. Linke argumentieren, dass dadurch wahnsinnig viele Jobs erschaffen (siehe oben) und auch jede Menge Geld in die Binnennachfrage fließen würde.

Dazu erlaube ich mir ein kleines Gedankenspiel: Sie sind Inhaber eines Supermarktes und ich bin ein armer Schlucker, der keinen Cent besitzt. Damit Sie mich als Kunden gewinnen können, unterstützen Sie mich großzügig und schenken mir 1.000 Euro. Mit diesen 1.000 Euro komme ich dann auch tatsächlich zu Ihnen in den Laden und kaufe dort ein. Frage: Ist das ein „Geschäft"?

Dieses Modell ist ein lupenreiner Verlust, sonst nichts! Ihnen als Geschäftsinhaber fehlen 1.000 Euro auf dem Konto und Sie „schenken" mir weiterhin erneut Produkte im selben Wert (die ich dann mit nach Hause nehme). Viel „besser" wird das Beispiel aber, wenn nicht Sie als Geschäftsinhaber das Geld verschenken, sondern der „Staat" als „Big Spender" auftritt. In diesem Fall gewinnen sowohl der Geschäftsinhaber als auch der Beschenkte. Eigentlich toll, oder? Nur, kurz weitergedacht: Wer genau ist eigentlich der „Staat"? Ach ja, *alle* Steuerzahler. Wird Ihnen nun klarer, warum so viele Gruppen Interesse an diesem „Geschäft" haben? Es winkt schließlich das ganz große Geschäft! Wen interessiert das schon, wer am Ende die Zeche zahlt? Es ist doch nur der „kleine Mann"! Und wie immer werden Kosten „sozialisiert" und Gewinne „privatisiert". Prost auf die Champagner-Sozialisten!

Weiterhin vergeht kein einziger Tag, an dem sich nicht irgendein Prominenter zu Wort meldet, um sich für den Kurs der Bundesregierung auszusprechen. An vorderster Front stehen hier natürlich die Journalisten des „Staatsrundfunks", wie zum Beispiel Claus Kleber, Dunja Hayali und Anja Reschke. Aber auch Comedians und angebliche Satiriker wie Jan Böhmermann, Oliver Welke, Joko Winterscheidt und Klaas Heufer Umlauf, Bernhard Hoëcker und andere mehr melden sich mit mehr als systemkonformen Beiträgen in ansonst reinrassigen Unterhaltungsformaten zu Wort.

Auch die Schauspieler der Republik lassen es sich nicht nehmen, für die Flüchtlingspolitik Position zu beziehen. Hier ist sicherlich Til Schweiger eine der schillerndsten Gestalten und sorgte mit seinen Plänen für ein eigenes Flüchtlingsheim für Furore. Passend zum DVD-Release seines Films „Honig im Kopf" war Schweiger scheinbar allgegenwärtig in Politshows zu sehen und sorgte mit kontroversen Aussagen zum Beispiel gegen die Besucher seiner *Facebook*-Seite für mediales Aufsehen. Dies wiederholte sich kurz vor dem Start des Tatort-Kinofilms „Tschiller: Off Duty", in dem Schweiger die Hauptrolle spielte. Interessante Duplizität der Ereignisse, oder? Gewisse Themen scheinen sich eben sehr gut als Zugpferde für PR-Kampagnen und damit zur Aufmerksamkeitserzeugung zu eignen. Ich bin gespannt, zu welchen Themen sich Til Schweiger zum Start seines nächsten Projekts zu Wort melden wird. Aber was ist denn nun eigentlich aus dem geplanten Flüchtlingsheim geworden, mag sich der geneigte Leser fragen? Nun, da gab es mysteriöse Schwierigkeiten mit der Finanzierung und deshalb hat Til Schweiger eine Stiftung gegründet und ganz großzügig einen Fitnessraum in einem bereits bestehenden Flüchtlingsheim ausgestattet. Stiftungen sind ja momentan bei vermögenden Menschen sehr hoch im Kurs, jeder, der es sich leisten kann, „pledged" und man hört, dass dies (nebenbei) ein hervorragendes Steuersparmodell sein soll...

Til Schweiger ist aber auch aus einer anderen Perspektive ein sehr lohnenswertes Beispiel, denn der Schauspieler demonstriert anschaulich, wie man in der BRD Karriere macht. Schweigers Karriere begann 1990 in der Serie „Lindenstraße" und verlief relativ beschaulich, bis Schweiger 1993 für den absoluten Flop „Ebbies Bluff" den Max-Ophüls-Preis zugesprochen bekam. Es folgte der politisch korrekte und im Homosexuellen-Milieu spielende Film „Der bewegte Mann". Für diese Leistung wurde Schweiger mit dem „Bambi" belohnt und es folgten viele weitere mit deutschen Steuergeldern geförderte Filme und weitere hochangesehene Preise. Nur wenige unterschiedliche Gesichtsausdrücke später gehörte Schweiger fest ins linke Establishment der BRD. Das System scheint also eine Vorliebe für Preise als Belohnungen für treue Dienste zu haben.

Selbstverständlich macht dieser Trend auch nicht vor den neuen Medien halt. Hier ist besonders der erfolgreiche YouTuber Florian Mundt alias „LeFloid" zu nennen. Seit einigen Jahren produziert LeFloid-Videos für sein Format „LeNews", in denen er für seine jugendliche Zielgruppe Nachrichten aufbereitet. Ich habe diese Videos selbst eine gewisse Zeit verfolgt, da sie durchaus auch regierungskritische Töne anschlugen. Dies änderte sich etwa zeitgleich mit dem Gewinn des Grimme-Preises 2014. Im Jahr darauf durfte Florian Mundt dann die Kanzlerin „interviewen", was dann in einer kuscheligen Einöde endete. Heute arbeitet der YouTuber dann auch für den öffentlich-rechtlichen Rundfunk und moderiert die Sendung „1080NerdScope". Und was macht er momentan für Videos? Eine kleine Auswahl lautet (unsortiert): „Künstliche Intelligenz wird zur Juden hassenden Nazi-Hure", „AfD – der heilige Gral der Scheißigkeit" und „Ich kotze … die PEGIDA-Hymne". Haben Sie noch Fragen?

Das letzte Highlight im Bereich „systemtreue Promis" ist wohl der Hiphopper Eko Fresh. Der Musiker kredenzte das Video zu dem Lied „AfD: Albtraum für Deutschland", in dem er die AfD mit Nazis gleichstellte und für den Rassismus in Deutschland verantwortlich machte. Dabei vergisst der Hiphopper jedoch, dass die AfD bisher niemals in der politischen Verantwortung war und somit für die aktuellen Zustände auch nicht verantwortlich sein kann. Dies hat natürlich eine gewisse Komik, denn Hiphop ist ja auch eine Form der Rebellion gegen das System. Wenn dieser „Sänger" sich nun gegen die AfD als oppositionelle Partei ausspricht, dann erlaube ich mir zu fragen: Was macht er eigentlich genau? Er zementiert das bestehende System! Das ist doch interessant – wenn nicht sogar pure Ironie, oder?

Es gab bisher einen einzigen Prominenten, der in der Flüchtlingskrise Rückgrat bewiesen hat: der österreichische Extremsportler Felix Baumgartner, der 2012 mit seinem Stratosphärensprung Aufsehen erregte. Im Februar 2016 postete der Extremsportler dann ein kritisches Statement und erntete dabei einen „Shitstorm", der vom bereits erwähnten Jan Böhmermann angeführt und medial ausgeschlachtet wurde. Baumgartner gab aber keinesfalls klein bei, sondern blieb bei seiner Haltung. *Chapeau!*

Es ist also zumindest opportun, wenn nicht sogar ungemein karriereförderlich, wenn sich Prominente regierungsfreundlich äußern. Dies geschieht auf die Weise, dass systemkonforme Menschen mit Preisen und Auszeichnungen gepusht werden. Auf diese Weise gibt es dann eine ganze „Clique" von Prominenten, die Abweichler wie Felix Baumgartner dann durch die Ausnutzung ihrer Popularität angehen. Aus diesem Grund ist es natürlich auch verständlich, dass Beteiligte im Zweifelsfall lieber schweigen, als sich den Mund zu verbrennen und schon morgen zum Beispiel nicht mehr für öffentlich geförderte Projekte angeheuert zu werden. Schon der Volksmund sagt ja: *„Wes Brot ich ess, des Lied ich sing."* (politikforen.net) Ist es aber nicht verwunderlich, dass es fast keine Ausbrecher aus diesem System gibt? Ist das Klima der Angst unter den Prominenten so effektiv geschürt worden? Wie wurde so etwas bewerkstelligt?

An dieses Thema schließt nahtlos das Thema der an sich systemkonformen Medien an. Wo sind in unserer Zeit die harten Hunde des Journalismus? Wo sind die investigativen Journalisten, die ihre Arbeitsergebnisse auch zur Primetime im Fernsehen präsentieren dürfen? Warum werden nur Parteien außerhalb der Regierung hart angegangen?

Da wir nun bei der Politik sind, sollten wir uns auch einen Blick auf die Parteienlandschaft werfen. Das politische System lebt geradezu von Diskussionen, Meinungsverschiedenheiten und auch dem Diskurs. Wie kann es aber sein, dass zur Flüchtlingsfrage bei allen Mitgliedern der Bundesregierung ein breiter Konsens herrscht? Am Bundesparteitag der CDU am 14. Dezember 2015 feierte die Partei ihre Kanzlerin mit minutenlangen Standing Ovations, obwohl tagelang vorher von angeblicher „innerparteilicher" Opposition die Rede war. Wie ist das zu erklären, wenn es sich bei der CDU um eine demokratische Partei handelt und nicht um eine Partei nach dem Geschmack eines Erich Honeckers?

Der bisherige Höhepunkt war für mich dann am 14. Oktober 2015 erreicht. Während einer Bürgerversammlung in Lohfelden (Hessen) kam es zu einer Entgleisung des Präsidenten des hessischen Regierungsbezirks Kassel, Walter Lübcke (CDU). In der Bürgerversammlung ging es um die kurz bevorstehende Unterbringung von Flüchtlingen. Als Antwort zu einem kritischen Bürger sagte Lübcke: „*Wer diese Werte nicht vertritt, kann dieses Land jederzeit verlassen – das ist die Freiheit eines jeden Deutschen.*" Diese Aussage ist unglaublich, aber dennoch ein Originalzitat, das unter anderem hier im Mitschnitt zu hören ist.[3] Leben wir also nicht in einem Land, dessen gewählten Vertreter die Politik an den Interessen der darin lebenden Bürgern ausrichten? Scheinbar ist es genau umgekehrt: Die Menschen sollen sich ein Land aussuchen, in dem die Politiker netterweise in ihrem Sinne Politik machen. Eine solche Einstellung kann ich nur als Arroganz und als Hybris bezeichnen. Sollte man also auch die Aussage von Angela Merkel „*...Dann ist das nicht mein Land!*" in diesem Licht interpretieren? Ich erinnere: Ein Bundeskanzler „besitzt" die BRD zu keinem Zeitpunkt, sondern ist lediglich immer nur ein gewählter Angestellter. Dies scheint die Frau Bundeskanzlerin wohl „vergessen" zu haben, oder steckt auch hier noch etwas ganz anderes dahinter?

Dies alles sind Fragen, denen wir uns in diesem Buch widmen wollen. Ich bin der Meinung, dass all diese Fragen eine Gemeinsamkeit haben: Sie beruhen auf einem System der Unfreiheit und sind ein nahezu unsichtbares Herrschaftsinstrument, das unser Leben und das Leben von zahllosen Menschen weltweit manipuliert und unsere Freiheit massiv einschränkt! Wie sieht dieses System aus und wie konnte es unbemerkt installiert werden?

Dazu stellt sich noch eine weitere und noch wesentlich wichtigere Frage. Diese Frage lautet schlicht und ergreifend: Wie wird sich die Bundesregierung verhalten, wenn die Flüchtlingszahlen erneut in die Höhe schnellen, wenn zum Beispiel der Flüchtlingspakt mit der Türkei aufgekündigt wird oder neue, bisher unbekannte Flüchtlingswege eröffnet werden? In gewisser Weise erinnert die Flüchtlingsfrage auf perfide Art und Weise an die Finanzkrisen der letzten Jahre. Keine Regierung und erst recht auch nicht die Bundesregierung hat irgendeine strukturelle Änderung an den internationalen Finanzmärkten vorgenommen. Dass die Krisen momentan scheinbar unter Kontrolle sind, ist also keinesfalls dem besonnenen Verhalten von Politikern zuzuschreiben. Liberale werden jetzt begeistert die Selbstregulationskräfte des Marktes als Grund preisen. Ich hingegen sehe eher den Zufall als Grund für die Systemstabilisierung an, natürlich neben dem ununterbrochen in die Märkte strömenden Gratis-Kapital der Zentralbanken.

Aber genau hier braut sich auch längst in Europa eine neue Krise zusammen: Weil mit Finanzprodukten wie Fonds und anderen Anlageformen kaum noch ein Ertrag erwirtschaftet werden kann, stecken Anleger ihr Geld in Immobilien und lassen damit sowohl die Immobilienpreise als auch die Mietpreise explodieren. Dies wird unzweifelhaft Effekte auf die Realwirtschaft haben, wenn sich in Städten künftig fast nur noch Großunternehmen die Mietpreise für Gewerbeimmobilien leisten können und somit auch das Sterben der Kleinunternehmen beginnt.

Der Schock im Jahre 2015 hätte als warnende Lektion dienen können, um Strategien gegen weitere Massenmigrationen zu entwickeln. Doch auch im Jahr 2017 gibt es in den afrikanischen Herkunftsländern der Flüchtlinge weder Auffanglager noch gesicherte „Hot-Zones". Kanzlerin Merkel sagte jüngst bei einem Besuch in Tunesien sogar, dass der Begriff „Auffanglager" in ihrem Vokabular schlicht und einfach nicht vorkommen würde. Ebenso scheint auch der Begriff „bilaterale Abkommen" (im Sinne der spanischen *Operation Seahorse*[4]) in Frau Merkels Wortschatz nicht vorzukommen. Ebenso ist auch Seehofers Lieblingsbegriff der „Obergrenze" von Flüchtlingen mittlerweile erfolgreich tabuisiert worden. Stattdessen wird den Bürgern vorgemacht, dass die Flüchtlingskrise beendet und alles in Butter sei. Weiterhin lässt man zum Beispiel den Innenminister einige markige Statements geben, damit für die Wahlsklaven der Eindruck erweckt wird, dass sich bei der nächsten Krise die Geschichte nicht wiederholt. Hier lautet allerdings die Gretchenfrage: Wer soll das eigentlich noch glauben?

Teil 1: Ein Rückblick

Kapitel 1: Mythos Kulturmarxismus

Um Linke und ihre Ideologie wirklich verstehen zu können, müssen wir uns zuerst die Vergangenheit ansehen. Diese kleine Reise zurück wird uns mit den Quellen der Auswüchse konfrontieren, die uns heute an jeder Ecke begegnen können. Dies ist umso verwunderlicher, da es sich bei diesen Quellen ja eigentlich um so etwas wie einen Mythos handelt: den Kulturmarxismus.

Linke bezeichnen diesen Mythos ausschließlich als „rechten Kampfbegriff" oder noch lieber als „Lüge". Wenn man jedoch die Linke als Nichtlinker ansieht, verliert man schnell den Überblick und glaubt, einer geisterhaft gesichtslosen Ideologie gegenüberzustehen. Diese geisterhafte Kreatur der Linken vereint dann in sich auch noch zahlreiche Widersprüche. Um das mitzubekommen, muss man sich noch nicht einmal tief in den linken Quellen verlieren, sondern es reicht schon ein kurzer Blick in eine Talkshow, zum Beispiel in die hervorragend moderierte Sendung „Talk im Hangar" des Senders *ServusTV*. Dazu eignet sich besonders gut die Sendung vom 10. März 2017 mit dem Thema „Feminismus". Dort sind besonders die Aussagen der „ökonomischen Feministin" Gabriele Michalitsch ungemein aufschlussreich. In einem direkten Gespräch mit der Autorin Birgit Kelle lehnte die Feministin barsch ab, die Feminismusdebatte mit einer Diskussion über Migration in irgendeiner Form in Verbindung zu bringen. Weiterhin sei die Silvesternacht 2015/16 mit ihren Übergriffen von Migranten eine völlig normale Silvesternacht gewesen und ebenso würden sich auch die damaligen Übergriffe regelmäßig im Karneval wiederholen. Die größte Gefahr für Frauen sei definitiv der eigene (Ehe)Mann und nur damit würde sich der Feminismus beschäftigen, denn die Gewalt in den Familien habe es schließlich auch vor der aktuellen Flüchtlingskrise gegeben und habe deshalb von vorneherein absolut nichts damit zu tun.

So kann man sich dann die Welt wunderbar durch die eigene Ideologie schönreden! Dabei ist das eigentlich schon ironisch: Der Feminismus, der sich ja um die Interessen der Frauen kümmern möchte, blendet hier eine akute Gefährdung aus, da diese gleichzeitig eine Gefährdung für sein ideologisches Fundament darstellt. Genau um Zusammenhänge dieser Art soll es in diesem Buch gehen, denn der Feminismus selbst ist ja Teil „linker Ideologie", und die hier entstehenden Wechselbeziehungen zwischen

„Kernideologie" und einem ihrer Teilaspekte sind für die ganze Linke symptomatisch und kennzeichnend.

In diesem ersten Teil des Buches wird es relativ theoretisch, was aber sehr sinnvoll für das genaue Verständnis der „Gesichter der Linken" ist. Wer sich schon zur Genüge mit den historischen und ideologischen Hintergründen der Linken auseinandergesetzt hat, kann dieses Kapitel natürlich überspringen. Alle Anderen möchte ich auf eine Reise zur Geburtsstunde des *Neomarxismus* bzw. des *Kulturmarxismus* einladen. Nach der Lektüre dieses Kapitels werden Sie ein völlig anderes Verständnis für die Linken entwickeln und garantiert keine rosarote Brille mehr tragen können, wenn es um die „Segnungen" des Sozialismus und der Linken geht.

1.1. Die freie sozialistische Republik Deutschland

Am 9. November 1918 war es bereits soweit, auch wenn das Wissen darüber in 2017 nicht mehr so verbreitet ist: Karl Liebknecht rief die „freie sozialistische Republik Deutschland" aus. Am gleichen Tag erhielt Kaiser Wilhelm die Nachricht, dass seine Truppen den Einsatz gegen diese Revolution überwiegend verweigern würden.[5] Daraufhin flüchtete der Kaiser umgehend in die Niederlande und am 11. November 1918 wurde der Waffenstillstand unterzeichnet, der faktisch das Ende des Ersten Weltkriegs darstellt. In Deutschland war es vorher zu Massenstreiks von Arbeitern gekommen, die Deutschen marschierten mit roten Fahnen durch das Land und es kam zum „Matrosenaufstand". Es bildeten sich Arbeiter- und Soldatenräte, die die Macht übernahmen, kurz: die Sozialisten jubelten. Die Aristokratie war abgeschafft und das Proletariat schien sich zu solidarisieren – genauso wie Karl Marx das vorgesehen hatte. Dem „Endsieg" des Kommunismus stand nun eigentlich nichts mehr im Wege. Doch es kam anders, denn 1919 bildete sich nach der Wahl zur Deutschen Nationalversammlung die „Weimarer Koalition" ohne Beteiligung der Sozialisten! Die Gründe dafür sind unterschiedlicher Natur: Auf der einen Seite lehnten große Teile der Bevölkerung die Weimarer Republik ab und sehnten sich zurück in die Zeit des Kaiserreichs. Dies wurde unter anderem durch die vieldiskutierte Dolchstoßlegende („Im Felde unbesiegt") motiviert, hatte andererseits jedoch strukturelle Gründe, da eine „Demokratisierung" (übrigens nichts anderes als ein linker Kampfbegriff, der ausschließlich dann benutzt wird, wenn eigentlich sozialistische Durchsetzung gemeint ist) von Militär, Verwaltung und Justiz in so kurzer Zeit nicht möglich war.

Auf der anderen Seite hatte sich die SPD mit den Sozialisten in der Novemberrevolution bittere Kämpfe geliefert und konnte sich deshalb nicht geschlossen gegen die konservativen Kräfte durchsetzen.

Trotz einem eigentlich „idealen" Nährboden für die Erschaffung einer „freien sozialistische Republik Deutschland" scheiterte dieses Vorhaben und stürzte die Sozialisten weltweit in eine Depression. Das gelobte System „Sozialismus" schien also nur bedingt außerhalb von Russland zu funktionieren, selbst wenn ein gutes Klima für seine Installation herrschte. Die bürgerliche Gesellschaft war einfach zu widerstandsfähig, als dass sich die Arbeiter zu einer neuen Klasse zusammenschlossen und sich die Produktionsmittel aneigneten. Marx hatte schlussendlich also doch Unrecht gehabt!

Linke sind im Verdrängen aber schon immer sehr erfolgreich gewesen, deshalb haben sie die Entwicklungen und das Scheitern des Sozialismus in der Weimarer Republik einfach ausgeblendet und steigerten sich dafür in ihre utopischen Phantasien hinein. Doch neben diesen weltfremden Zeitgenossen gab und gibt es innerhalb der politischen Linken auch immer sehr beschlagene und intelligente Denker. Einer der vielleicht cleversten Vertreter ist der Italiener Antonio Gramsci. Bevor wir uns seinen Ideen widmen, sollten wir uns zumindest kurz die Grundzüge der linken Ideologie ansehen, denn sonst läuft man Gefahr, die Genialität von Gramsci zu übersehen!

1.2. Der (klassische) Marxismus

Zuerst schauen wir uns den ursprünglichen Marxismus an, auf dem die politische Linke einmal basiert hat und auf den sich große Teile der Linken auch heute (in ihrer Unwissenheit) immer noch beziehen. Ich möchte jedoch klarstellen, dass ich mich hier keinesfalls der linken oder marxistische Nomenklatur bedienen werde, denn bei allem Respekt und allem Verständnis halte ich „marxistische Wissenschaften" für keine realen Wissenschaften. Stattdessen drücke ich mich so aus, dass die fundamentalen Prinzipien bestmöglich hervortreten können.

Das beginnt für mich schon bei der kleingeistigen Trennung zwischen *Linken, Sozialisten* und *Kommunisten*. Genauso dürften Interessierte auch zwischen Blut-, Eiweiß und Fettflecken differenzieren, doch es handelt sich grundsätzlich immer um Flecken, die es bei der Wäsche zu entfernen gilt. Ich möchte hier natürlich keine Haarspalterei betreiben, sondern Klartext reden!

Schauen wir uns nun dabei den **Marxismus** an: Die bisherige Bilanz dieser Ideologie ist desaströs. Bis zum heutigen Tag forderte der Marxismus einen Blutzoll von erschreckenden 100 Millionen Toten.[6] Diese Tatsache wird von Linken gerne damit entschuldigt, dass es sich ja niemals um einen immanenten Fehler des Sozialismus handelte, sondern immer nur um die „falschen" Menschen, die in seinem Namen agierten. Das System an sich sei im Gegensatz zu seinen Akteuren, die mit dem fatalen menschlichen Makel behaftet seien, unfehlbar. Da kann man nur hoffen, dass der Sozialismus zukünftig auf die „richtigen" Menschen trifft. Weiter hinten im Buch werden wir uns diesem Punkt dann erneut widmen, denn an dieser Stelle stellen sich die Linken in eine Reihe mit jeder anderen totalitären Ideologie.

Was genau ist nun der **Kommunismus** überhaupt? Der Kommunismus ist zuerst einmal eine politische Ideologie. Der Begriff *Ideologie* stammt vom griechischen *Ideologia* ab und bedeutet wörtlich „Ideenlehre". Aus diesem Grund bezeichnet man politische Ideen, wie zum Beispiel Faschismus, Sozialismus, Konservatismus oder Liberalismus, als Ideologien und somit eben auch als Ideenlehren. Eine Ideenlehre hat nichts, aber auch gar nichts von einer exakten Wissenschaft, weshalb Ideologien auch niemals falsch oder richtig sind. Anstelle dessen repräsentieren sie Wertvorstellungen und deshalb teilweise auch völlig irrationale Glaubensinhalte. Ideologien sind Blaupausen, an denen Politiker ihre Handlungen orientieren, denn sie beinhalten Ziele und Grenzen des eigenen politischen Handelns und zudem auch des politischen Willens. Genau deshalb sind alle Ideologien auch immer Un-Heilslehren, denn es geht dabei niemals darum, reale Probleme zu lösen. Vielmehr geht es ausschließlich und immer nur darum, reale Probleme und Herausforderungen zu ideologisieren und zu politisieren. Besteht ein Problem hingegen im Sinne der Ideologie, besteht auch kein Handlungsbedarf.

In politischen Diskussionen wird über Ideologien immer besonders viel Klamauk betrieben, denn kein Politiker will als sklavischer Anhänger einer unwissenschaftlichen Ideologie gelten, sondern will sein Handeln immer an der Realität messen lassen. Im Gegenzug werfen die meisten Politiker ihren Gegnern dann das Anhaften an eben einer solchen Ideologie vor. Wie bereits dargelegt, wird eine Ideenlehre jedoch zwingend benötigt, denn ansonsten wird das Handeln einer Partei für den Wähler zu wenig greifbar. Ideologien sind also gut für das Marketing einer Partei und eines Politikers, jedoch nicht, um sich den Herausforderungen der Wirklichkeit zu stellen.

Dennoch kokettieren Politiker mit Begriffen wie der „ideologischen Verbrämung", um den jeweiligen politischen Gegner zu diskreditieren. Dieser Eiertanz geht auf Karl Marx zurück, der im Zusammenhang von Ideologien schlicht vom „falschen Bewusstsein" sprach. Dies hinderte Marx dann aber nicht, selbst eine besonders unnatürliche Ideologie zu begründen und zu propagieren: eben den Kommunismus.

Der Kommunismus betrachtet nun die Geschichte der Menschheit als das Ergebnis ewig andauernder Klassenkämpfe. Unter dem Begriff der „Klassen" versteht der Kommunismus letztlich nur zwei Gruppen: Besitzende und Nichtbesitzende, Kapitalisten und Proletariat. Der Unterschied zwischen den beiden Gruppen liegt im Besitz von Kapital und Produktionsmitteln begründet. Ein Kapitalist besitzt direkten Zugang zu Beidem, kann deshalb andere Menschen für sich arbeiten lassen und durch deren Arbeit leben. Jeder Bürger, auf den diese Definition nicht zutrifft, gehört zum Proletariat, und der Rest sind eben die bitterbösen Kapitalisten. Dieser „Kniff" generiert eine Minderheit angeblicher „Täter" (Sündenböcke) und eine Überzahl angeblicher „Opfer". Oder anders formuliert: Es sind genügend Sündenböcke vorhanden, auf die man den Zorn der Massen lenken kann, um diese für seine eigenen Zwecke zu instrumentalisieren.

Ganz am Anfang der Menschheit soll es eine paradiesische „Urgesellschaft" gegeben haben, in der alle Menschen gleich waren und in der es natürlich auch keine Klassen, keine Ausbeutung und keine Gewaltausübung des Staates gab. Selbst nur wenig sachkundigen Betrachtern sollte hier der utopische *Charakter* des fundamentalen *Charakters* des Marxismus schon auffallen: Wir befinden uns mit dieser Urgesellschaft definitiv im „Siebenmorgenwald" und auf den Lichtungen des Waldes spielen Einhörner miteinander. Die Gebrüder Grimm lassen grüßen, denn es ist Märchenzeit!

Doch irgendwann kam das ultimative Böse in Form des Privateigentums in die Welt und verdarb sie abgrundtief. Aus diesem Grund ist in den Augen der Linken der Kommunismus sogar eine geschichtliche Notwendigkeit, und das utopische Ziel ist eine maximale Annäherung an diese mythische Urgesellschaft. Böse Zungen behaupten sogar, dass dieses Unterfangen immer nur „einen" Mord entfernt sei: den jeweils nächsten.

Wie bereits erwähnt, sehen Linke die Menschheitsgeschichte als ewige Aneinanderreihung von Klassenkämpfen, die nur durch den Kommunismus zu unterbrechen sei: Kämpfe zwischen Besitzenden und Besitzlosen, Adeligen und ihren Leibeigenen, Sklaven und den Sklavenhaltern, und eben in der modernen Welt der Kampf zwischen Kapitalisten und Proletariern. Hier befinden wir uns übrigens auch bei dem Stoff, aus dem eines der absoluten Schlagworte der Linken mundgeklöppelt wurde: *soziale Gerechtigkeit*. Nur, meine liebe Leserin, mein lieber Leser, wo in der Natur gibt es so etwas wie „soziale Gerechtigkeit"? Doch denken Sie bloß nicht über diesen ketzerischen Gedanken nach, denn es handelt sich hierbei um Biologismus der übelsten Sorte!

Das Problem mit dem Gegenstand des Kommunismus, also der Klasse, ist recht simpel: Es handelt sich um eine vollkommen beliebige und willkürliche Auswahl von Kriterien, um Menschen in Gruppen zu sammeln und dann zu dividieren. Weiterhin ist die Idee einer klassenlosen „Urgesellschaft" zwar durchaus reizvoll, doch wie realistisch ist diese Vorstellung? Das Zeitalter der Stammesgesellschaften kann jedenfalls kaum in irgendeiner Form mit dem Kommunismus vereinbar sein, denn dabei gab es zwangsläufig immer einen Häuptling oder die „Ältesten" als Entscheidungsorgane – alles andere also als Klassen!

Eine weitere Maxime des Kommunismus lautet: *„Jeder nach seinen Fähigkeiten, jedem nach seinen Bedürfnissen."* Dieses Prinzip geht direkt auf Karl Marx zurück und soll als Basis für „Leistung" in der kommunistischen Gesellschaft dienen. Jeder soll frei und ohne Ausbeutung in der Tätigkeit, die am Besten zu ihm passt, aufgehen können. Die Gesellschaft soll ihm weiterhin dazu alles geben, was er zur Erfüllung seiner Arbeit benötigt. Zugegeben, dieser Vorsatz hört sich sehr gut und auch sehr edel an. Doch in den bisher real existierenden Vorstufen zum Kommunismus wurde dieses Prinzip „geringfügig" verändert: *„Wer nicht arbeitet, soll auch nicht essen!"* Das hört sich dann irgendwie kaum noch „sozialromantisch" an und ich überlasse es jedem Leser zu entscheiden, wie schnell einem Menschen dann vielleicht auch der Status eines „Arbeiters" aberkannt werden kann und was die Konsequenzen daraus sein könnten: Magenknurren dürfte hier wohl die harmloseste Option sein!

Die Väter des Marxismus sind Karl Marx (1818-1883) und Friedrich Engels (1820-1895). Doch in den Biographien und Hintergründen dieser beiden Personen zeigt sich bereits der erste folgenschwere Irrtum in Bezug auf den **Sozialismus**, denn viele Menschen glauben, er wäre aus dem normalen Volk entstanden. Sowohl Marx als auch Engels gehören aber definitiv nicht zum gewöhnlichen Volk und schon gar nicht zum sogenannten Proletariat (dazu kommen wir gleich). Marx war Journalist, Ökonom und Philosoph, also ein waschechter Intellektueller und kein Arbeiter. Friedrich Engels war ebenfalls kein Arbeiter, sondern Fabrikantensohn, Ökonom und Philosoph.

Der Sozialismus stellte vor allem eine Kritik der gesellschaftlichen Verhältnisse seiner Zeit dar. Marx und Engels kritisierten zurecht die desaströse Lage der Arbeiter zur Zeit der beginnenden Industrialisierung. Die Arbeitsteilung machte viele Handwerker und Bauern arbeitslos. Um das nackte Überleben zu sichern, verkauften diese ihren Grundbesitz und zogen in die Städte, um als „Industriearbeiter" sein Geld zu verdienen. Arbeitsschutz, leistungsgerechte Bezahlung, Kranken- und Rentenversicherung waren noch völlig unbekannt. Im Grunde tauschten diese Menschen dann Pest gegen Cholera und flüchteten vor dem Tod in die Verelendung. Exakt diese Menschen definierte Karl Marx vollkommen richtig als „Proletariat". Laut Marx produzieren lediglich die Proletarier Reichtum, der aber dann ausschließlich den wenigen Kapitalisten zufließt. Über diese Perspektive kann man sicherlich streiten, aber so ganz lässt sich diese Sichtweise auch heute nicht entkräften.

Das Modell von Marx und Engels basierte auf zwei Klassen: den Kapitalisten (Bourgeoisie) und dem Proletariat. Zwischen diesen Klassen sollte der Klassenkampf entfacht werden, damit zuerst die Kapitalisten enteignet und dann auch jedes Privateigentum abgeschafft werden kann. Diese Phase wird dann als „Sozialismus" bezeichnet. Dieser Zustand ist aber nur ein Durchgangsstadium, denn noch existieren Klassen und folglich auch Klassenkampf und es handelt sich weiterhin noch um eine Leistungsgesellschaft, die aber durch die „Diktatur des Proletariats" (Mehrheit der Gesellschaft) gelenkt wird. Die nächste Phase wäre dann der Kommunismus, in dem alle Klassen aufgelöst sind und somit eine klassenlose Gesellschaft entsteht. Zu diesem Zeitpunkt solle dann der Staat und auch das Militär aufgelöst werden, da diese Strukturen einfach nicht mehr benötigt werden würden. Ebenso werde das Leistungsprinzip abgeschafft und niemand müsse mehr einer wie auch immer gearteten Arbeit nachgehen, da es ja nur noch Gesellschaftseigentum gebe, auf das jeder frei zugreifen könne. Kurz: Das wäre das utopischste Schlaraffenland, das man sich nur vorstellen kann und *„alles wird gut!"*.

Selbstverständlich gab es auf der Erde bisher noch nie eine solche Gesellschaft und ich gehe davon aus, dass es sie auch niemals geben wird. Von Linken hört man gelegentlich Anspielungen auf das Reich der Inkas als gleißendes Beispiel für eine solche utopische Gesellschaft. Diese Vorstellung ist aber laut Professor Louis Jean Pierre Baudin ein absoluter Irrglaube. In seinem Hauptwerk »Das sozialistische Reich der Inka« entlarvt er diese Vorstellung als Wunschdenken. Vom angeblich sozialistischen Staat bleibt im Inkareich nur eine sehr hochentwickelte Planwirtschaft über, die offen auf einem Kastensystem aus Elite und Masse bestand. Besonders europäische Linke werden aber nicht müde, den Nachfahren der damaligen Inkas wahres, sozialistisches Blut bescheinigen zu wollen. Dazu nutzen sie besonders gerne das Narrativ, wie gut es den damaligen Inkas (im angeblichen Sozialismus) im Gegensatz zu den heutigen Indios erging. Selbstverständlich sind an der heutigen Situation der Indios ausschließlich wieder die Weißen schuld – Linke haben ja auch nur dieses (masochistische) Feindbild. Was Linke jedoch vermeiden, ist ein etwas ganzheitlicher Blick auf die Geschichte. Francisco Pizarro landete 1532 und fand ein Reich vor, in dem ein massiver Bürgerkrieg, Krankheiten und Aufstände unterworfener Völker tobten. Selbst wenn es sich beim Inkareich um einen sozialistischen Staat gehandelt hätte, bestätigt die Geschichte die fehlende Wettbewerbsfähigkeit dieser Staatsform. Den spanischen Invasoren gelang trotz einer schwierigen Versorgungslage und wenigen Truppen die Besiegung der Inkas. Die Geschichte wiederholt sich eben.
Überall da, wo der Sozialismus herrschendes System war, gab es bereits nach kürzester Zeit Genossen, die einfach „gleicher" als alle anderen waren und die Gesellschaft brutal unterjochten. Der paradiesische Endzustand, in

dem niemand mehr arbeiten müsse, wurde niemals erreicht. Doch der wahrscheinlich bekannteste Kampfruf des Kommunismus lautet: „Proletarier aller Länder, vereinigt euch!"

Wie immer sollte man auch hier genau hinsehen. In diesem Schlachtruf steht klar definiert „Proletarier **aller** Länder". Der Kommunismus ist also auch eine absolut internationalistische Ideologie, der es nicht vorrangig um die Verbesserung der Situation der Proletarier in einem bestimmten Land, sondern um *alle* Proletarier *überall* auf der Welt geht. Eine solche Ausrichtung einer Ideologie ist vollkommen unvereinbar mit souveränen Nationalstaaten, sondern zielt immer auf die Bildung von Superstaaten wie der UdSSR, dem ehemaligen Jugoslawien oder einer möglichen Version der EU ab, aus denen dann irgendwann das „sozialistische Weltreich" hervorgehen könnte. Ich bevorzuge für diese One-World zwar eher den Begriff *Neue Weltordnung*, was den Lesern meiner beiden anderen Büchern ja bereits klar ist.

Aus diesen Gründen haben Linke nur ein sehr geringes Interesse an der Verbesserung der Arbeiter in dem Land, in dem sie eigentlich beheimatet sind. Selbstverständlich schmücken sich Linke immer mit besonders wohlklingenden Slogans und Sprüchen, wie sehr sie die Lage der Arbeiter verbessern wollen. Dabei handelt es sich aber eher um Folklore als um realpolitischen Anspruch. Weiterhin ist der Internationalismus der Linken einer der großen Motoren auch für den weltweiten *Multikulturalismus*. Wenn die Zustände in der Dritten Welt nicht behoben werden können, holt man eben die Ärmsten der Armen in die westliche Welt, denn es sind ja schließlich Proletarier!

Auf das Problem mit der Klasse kam ich schon zu sprechen. Und die Klasse ist der Gegenstand dieser Ideologie und das ist das Problem. Es mag durchaus Klassen geben, doch solche Klassen sind als Basis einer Ideologie absolut unzureichend.

Schauen wir zurück ins Jahr 1918: Der feuchte Traum der Sozialisten war wahr geworden und das System „Kaiserreich" war in Stücke zerfallen. Es war implodiert. Der Weg in Richtung Kommunismus war frei, die Menschen mussten ihn nur noch gehen. Doch die Geschichte hat uns gelehrt, dass genau das nicht passiert ist. Die Proletarier schlossen sich nicht zusammen und begehrten auch nicht gegen die Kapitalisten auf.

Die Gründe für dieses Scheitern lassen sich ableiten, wenn man sich mit den Lebensbedingungen der Menschen in dieser Epoche beschäftigt. Das »Kommunistische Manifest« von Karl Marx und Friedrich Engels erschien 1848. Das Problem der Sozialisten in Deutschland hatte einen Namen: Otto von Bismarck. Bismarck erkannte frühzeitig die Notwendigkeit der Integration der Arbeiter in den Staat und erließ deshalb in der Zeit von 1881 bis 1889 seine Sozialgesetze, die unter anderem auch die gesetzliche Krankenversicherung umfasste. Die Arbeiter in Deutschland empfanden sich auch deshalb als Teil der bürgerlichen Gesellschaft und akzeptierten weitestgehend ihre Stellung darin. Warum sollten sie in dieser Position einer Ideologie verfallen, die sie als Lumpenproletariat definierte? Weiterhin hatte Deutschland gerade erst einen Krieg beendet, warum sollten also die Menschen erneut in einen Kampf ziehen, dieses Mal in einen Klassenkampf?

Die Niederlage der Linken von 1918 traumatisierte die Sozialisten. Sie hatten ihre große Chance nicht nutzen können, und das lag nicht daran, dass ihnen diese Niederlage durch den erbitterten Widerstand der Konservativen zugefügt worden wäre. Stattdessen hatten sich freie Bürger aus freien Stücken gegen den sozialistischen Weg entschieden. Deshalb liegt genau hier der Hass auf die bürgerliche Gesellschaft begründet. Dieser Hass war es dann auch, der letztlich zu einer radikalen Mutation des Marxismus führte: dem Kulturmarxismus.

1.3. Antonio Gramsci, der Philosoph im Gefängnis

Am 8. November 1926 wurde der Sozialist Antonio Gramsci festgenommen und unter anderem in Rom wegen konspirativer Tätigkeiten inhaftiert. Gramsci war Mitbegründer der *Kommunistischen Partei* in Italien, Schriftsteller, Politiker und marxistischer Philosoph. Gramsci erlebte im Gefängnis mit, wie der Sozialismus auch in Italien nur wenige Jahre nach seinem Kollaps in Deutschland völlig in sich zusammenbrach. Wenn bis zu dieser Stelle beim Leser der Eindruck entstanden sein sollte, dass ich den Sozialismus als mangelhafte Ideologie bewerte, so ist dies völlig korrekt. Im Gegensatz dazu halte ich aber Sozialisten für alles andere als dumm oder naiv und Antonio Gramsci ist ein Paradebeispiel dafür. Auch ohne seinen Handapparat war der Sozialist während seiner Haftzeit äußerst produktiv und verfasste die sogenannten „Gefängnishefte" mit ca. 3.000 Seiten, verteilt auf mehrere Bände. Seine Arbeit wurde zusätzlich durch strenge Kontrollen der Wärter behindert, so dass er sich in seinen Texten immer davor hüten musste, zu deutlich zu sein – andernfalls wären die Texte einfach nicht durch die Zensur in die Freiheit gelangt. Dies erklärt dann auch den Sachverhalt, dass es sich bei seinen (wie auch vielen anderen marxistischen Schriften) um äußerst schwerzugängliche Texte handelt. Für die Gefängnishefte existieren einige Arbeits- und Interpretationshilfen, damit auch sachunkundige Leser den wahren Bedeutungsinhalt von Gramscis Worte erschließen können.

Insgesamt könnte linke Literatur ganze Bibliotheken füllen, bietet aber für Nicht-Linke so gut wie keinen Zugangspunkt. Dies ist natürlich äußerst clever, denn so liefert man seinen Gegnern auch nicht gleich die Munition, mit der diese auf einen schießen könnten. Diese Praxis ist aber keinesfalls neu, sondern war auch schon bei den alten Alchimisten bekannt, die ihre Lehre vor den Augen der Unwissenden verbergen wollten und eine umfangreiche Geheimsprache erschufen. Dazu nutzten die Alchimisten abstrakte Bilder und Metaphern, welche die Nicht-Alchimisten einfach nicht interpretieren konnten. Geheimhaltung wurde eben schon immer groß geschrieben…

In seiner Zelle hatte Gramsci nun Gelegenheit, nachzudenken und das Ergebnis waren unter anderem die erwähnten Gefängnishefte. Gramsci erkannte, warum der Sozialismus nahezu überall implodierte und von den Nichtsozialisten klar abgelehnt wurde. Überall auf der Welt war der Staat als Institution auf dem Rückzug, was gleichzeitig auch einen deutlichen Verlust direkter Maßnahmen zum Machterhalt des Kapitalismus bedeutete – aber warum war der Siegeszug des Sozialismus so ins Straucheln geraten? Außerdem bildeten sich vielerorts progressive demokratische Strukturen und die Menschen wollten einfach nicht in Richtung Kommunismus abbiegen. Einer der Hauptgründe dafür war die bereits angesprochene stabilisierende Funktion der bürgerlichen Gesellschaft, die von den Kommunisten völlig unterschätzt wurde. Gramsci vermutete deshalb versteckte Unterdrückungsmaßnahmen des kapitalistischen Systems innerhalb der bürgerlichen Gesellschaft.[7] Auf geradezu „teuflische" Weise herrschte das System über seine Bürger und hielt sie dadurch unter Kontrolle und damit auch vom Kommunismus fern. Diese Herrschaft bezeichnete Gramsci als *Kulturelle Hegemonie*.[8] Der englische Marxist Terry Eagleton definiert Hegemonie „*...als eine ganze Reihe praktischer Strategien, durch die eine herrschende Macht den von ihr Regierten Zustimmung entlockt...*"[9]

Antonio Gramsci hat hiermit genau den Mechanismus aufgedeckt, mit dem die Elite tatsächlich seit Jahrhunderten über ihre Untertanen herrscht und diesen ihren Willen aufzwingen kann. Doch ein System, das sich lediglich durch äußeren Zwang stabilisiert, wird kollabieren, sobald seine Organe Armee, Polizei und Justiz nicht mehr funktionieren. Ein System jedoch, das durch *Kulturelle Hegemonie* gesichert wird, wird weiterbestehen, denn die Bürger wollen selbstständig weiter im Sinne des Systems funktionieren. Genau über dieses Modell der Herrschaft sprach ich auch schon in meinem Buch »Gefährlich! Band 1«. Das Prinzip der *Kulturellen Hegemonie* zu verstehen, ist absolut wichtig, damit man erkennen kann, was eigentlich genau los ist. Gerade dieses Prinzip macht Menschen nämlich zu „glücklichen Sklaven" und zu den erbitterten Feinden der Freiheit!

Antonio Gramsci selbst definiert die *Kulturelle Hegemonie* in den Gefängnisheften auf diese Art: „*Der Staat war lediglich ein vorgeschobener Schützengraben, hinter dem eine robuste Kette von Befestigungswerken und Kasematten lag.*" Gramsci meint damit nichts anderes als die bereits erwähnte bürgerliche Gesellschaft. Hier wird nun auch deutlich, weshalb der Sozialismus in Osteuropa und anderen Gegenden Erfolg haben konnte, denn dort existierte die bürgerliche Gesellschaft (oder auch Zivilgesellschaft) in nur viel geringerem Umfang als in Deutschland oder Italien und dies erleichterte den Sozialisten den Durchmarsch zum Kommunismus ganz erheblich.

Gramsci zählte die Kirchen, Schulen und Universitäten, Gewerkschaften, Sport- und Kulturvereine, Medien und Vereine zu der Struktur der bürgerlichen Gesellschaft – eben alle nichtstaatlichen Organisationen. Diese Institutionen prägten und planten das Leben der Bevölkerung und fungierten somit als unsichtbarer Arm des Staates. Die Hauptaufgabe der bürgerlichen Gesellschaft ist es, Zustimmung zum Staat zu erzeugen und die öffentliche Meinung zu bilden. Wenn die Bevölkerung dem Staat zustimmt und Gehorsam leistet, ist jede direkte Gewaltanwendung unnötig.

Mit diesen Überlegungen warf Antonio Gramsci die geltenden Ansichten zum Thema „Klassenbewusstsein" der Proletarier radikal um und führte den Begriff des *Alltagsverstands*[10] ein, der das Ziel der kulturellen Hegemonie sei. Der bisherige Kampf der Sozialisten jedoch hatte diese „geistige Ebene" völlig unberührt gelassen und war deshalb auch gescheitert. Das beste Beispiel dafür sind die Geschehnisse nach dem Ersten Weltkrieg in Deutschland. Eigentlich hatten die Sozialisten nach Strich und Faden gewonnen, aber uneigentlich wollten ihnen die Deutschen nicht folgen. Gramsci erklärte diesen Sachverhalt mit den beiden miteinander verbundenen Begriffen des Herrschens und Führens:

> *„Das historisch-politische Kriterium, das den eigentlichen Untersuchungen zugrunde gelegt werden muss, ist folgendes: dass eine Klasse auf zweierlei Weise herrschend ist, nämlich ‚führend' und ‚herrschend'. Sie ist führend gegenüber den verbündeten Klassen und herrschend gegenüber den gegnerischen Klassen. Deswegen kann eine Klasse bereits bevor sie an die Macht kommt, ‚führend' sein (und muss es sein): wenn sie an der Macht ist, wird sie herrschend, bleibt aber auch weiterhin ‚führend'.*"[11]

1918 waren die Deutschen keinem repressiven staatlichen Zwang (Herrschaft) mehr ausgeliefert, da der Adel entmachtet war. Die Sozialisten waren unter den Deutschen aber nicht führend, deshalb konnte sich ihre Ideologie nicht durchsetzen. Führung erreicht man nach Gramsci vor allem durch Konsens, also durch Übereinstimmung und Akzeptanz „gemeinsamer Anliegen". Der italienische Marxist geht sogar soweit zu sagen, dass Herrschaft (durch Zwang) *ohne* Führung dauerhaft überhaupt nicht möglich ist, da sonst das Risiko von Revolution und Übereinkunft viel zu groß werde. Gramsci sah nun folgerichtig die Notwendigkeit der Eroberung der „Kasematten" und „Schützengräben", also den Instanzen der bürgerlichen Gesellschaft: Vereine, Schulen und Universitäten, Parteien, Gewerkschaften usw. Diese Art der Machtergreifung bezeichnete er als „Stellungskrieg".[12]

Erinnert Sie, liebe Leserin, lieber Leser, der Begriff *Institutionen* im Zusammenhang mit einer eher militaristischen Wortwahl nicht noch an einen anderen Kampfbegriff? Wie wäre es hier mit dem vielzitierten „langen Marsch durch die Instanzen" und der 1967 von Rudi Dutschke verbreiteten Parole, die sich auf die 68er-Generation bezog? Worauf sonst, als auf die Organisationen der Zivilgesellschaft, könnte sich dieser Ausspruch beziehen? Diese Schlussfolgerung bringt Linke so richtig schön auf die Palme, also kann sie gar nicht mal so falsch sein, oder?

Doch Antonio Gramsci wird dann sogar noch konkreter: *„Eine der hervorstechendsten Charakterzüge jeder Gruppe, die sich in Richtung auf die Herrschaft zu entwickelt, ist ihr Kampf für eine Assimilierung und ‚ideologische' Eroberung der traditionellen Intellektuellen.“*[13] Diese assimilierten Intellektuellen sollen dann über den Herrschaftsapparat der bürgerlichen Gesellschaft tätig werden: *„Eine neue Kultur zu schaffen bedeutet nicht nur, individuell ‚originelle' Entdeckungen zu machen, es bedeutet auch und besonders, bereits entdeckte Wahrheiten kritisch zu verbreiten, sie sozusagen zu ‚vergesellschaften' und sie dadurch Basis vitaler Handlungen, Element der Koordination und der intellektuellen und moralischen Ordnung werden zu lassen.“*[14]

Welchen Stellenwert Gramsci dem wahren Intellekt entgegenbringt, macht er an anderer Stelle deutlich: *„Dass eine Masse von Menschen dahin gebracht wird, die reale Gegenwart kohärent und auf **einheitliche Weise** zu denken, ist eine ‚philosophische' Tatsache, die viel wichtiger und ‚origineller' ist, als wenn ein philosophisches ‚Genie' eine neue Wahrheit entdeckt, die Erbhof kleiner Intellektuellengruppen bleibt.“*[15] Dem marxistischen Philosophen geht es also ausschließlich um Manipulation und Propaganda zur Lenkung der Massen, anstatt um wahre Geistesgröße, Erfindungsgeist und Innovationen.

Mit seinen Gefängnisheften hat der Marxist Gramsci also nichts anderes als eine Agenda für die gescheiterten Sozialisten entworfen. Diese Agenda ist nur auf den ersten Blick sehr abstrakt und theoretisch und ist zweifelsohne eine praktische Anleitung für eine kulturelle Revolution. Nichts anderes als eine neue „Kultur" soll erschaffen werden, in der die Saat des Sozialismus dann endlich voll und ganz aufgehen kann. Die Hauptkampfzone dafür sind laut Gramsci die Institutionen der bürgerlichen Gesellschaft. Dabei nehmen besonders die Religion und vor allem der Katholizismus eine Sonderrolle ein, denn wie die meisten Sozialisten sieht auch Gramsci diesen als „Produktionsort" für effektive Mitglieder der Gesellschaft. Er erkannte aber im Gegensatz zu seinen sozialistischen Mitstreitern, dass man die Religion nicht einfach durch den Marxismus ersetzen kann, solange, bis dieser Marxismus selbst zu einer Art spirituellen Lehre geworden ist. Hier sollten bei aufmerksamen Zeitgenossen die Alarmsirenen schrillen, wenn er sich den pseudoreligiösen Anspruch des „Gutmenschentums" ansieht. Wir werden uns diesen Punkt an anderer Stelle ausführlich widmen!

Antonio Gramsci starb 1937 im Alter von 46 Jahren in einer Klinik in Rom. Seine hier besprochenen Gefängnishefte haben hingegen die Jahre überdauert und fanden fähige Köpfe, die aus der abstrakten Agenda eine äußerst pragmatische Strategie formten und diese auch anwandten.

1.4. Georg Lukács, der verhinderte Neo-Marx

Ein weiterer wichtiger Begründer des Kulturmarxismus ist der ungarische Philosoph und Marxist Georg Lukács. Ähnlich wie viele andere Köpfe der politischen Linken stammt auch Lukács aus einem sehr wohlhabenden Elternhaus, denn der Vater war Bankdirektor. 1918 (also just zum Zeitpunkt der vernichtenden Niederlage des Sozialismus in Europa) trat Lukács in die Kommunistische Partei ein und wurde 1919 stellvertretender Volkskommissar für Unterrichtswesen. Lukács schaffte in den Schulen den Religionsunterricht ab und startete das weltweit erste Sexualfrüherziehungsprogramm.[16] Die Inhalte dieses Programms sind: Freie Liebe, ungezügelter Geschlechtsverkehr, die angeblich veraltete Eigenschaft der Monogamie, die Unhaltbarkeit der Institution der Ehe und schließlich auch die negativen Einflüsse der Familien. Erneut stoßen wir hier auf Schlagworte, die wir auch in der 68er-Bewegung finden können. Wieder nur ein Zufall? Weiterhin stammen diese Ansichten wieder von einem Marxisten, der seine Wunden leckte und wie Antonio Gramsci von der bürgerlichen Gesellschaft angewidert war.

Lukács' Sexualerziehungsprogramm sollte an zwei unterschiedlichen Punkten ansetzen. Auf der einen Seite sollte es die Rahmenbedingungen der Familie in Verruf bringen (archaisch, veraltet, schädlich, „spießig"). Andererseits sollte die Sexualerziehung ein Verhalten bei den Kindern fördern, das der „Institution Familie" entgegengesetzt ist. So wird unter anderem die Steigerung der Promiskuität (häufiger Geschlechtsverkehr ohne jegliche Bindungen) als Heilmittel dargestellt. Promiskuität steht aber der Gründung und Existenz von familiären Strukturen völlig entgegen.[17] Dies gilt zumindest dann, wenn man von einem konservativen Familienbild ausgeht, das aus Vater, Mutter und Kind besteht. Doch genau davon gehe ich in diesem Buch aus und jede andere Definition überlasse ich gerne irgendwelchen linken Publikationen.

Georg Lukács war aber nicht „irgendein" Sozialist, sondern wurde in der marxistischen Avantgarde sogar als „neuer Marx" angesehen, so sehr wurden seine Positionen und Ideen geschätzt. Letztlich lässt sich die Position von Lukács sehr gut an einem seiner bekanntesten Zitate ablesen:

„Wer rettet uns vor der westlichen Zivilisation?"[18]

Wieder sollten wir ganz genau hinsehen. Lukács spricht nicht nur vom „bösen" Kapitalismus als Bedrohung, sondern von der ganzen „westlichen Zivilisation". Zivilisation leitet sich vom lateinischen *zivis* ab, dem Begriff für „Bürger". Lukács spricht hier also von den absolut identischen Strukturen, die auch bereits Gramsci thematisiert hatte: den Hindernissen, die den Kommunismus im Westen erfolgreich besiegen konnten!

Später kämpfte Lukács dann als einer der berüchtigten Politoffiziere in der Roten Armee und war in dieser Rolle für die Aufrechterhaltung der Moral verantwortlich. Auf seinen direkten Befehl hin wurden mehrere Menschen bei den Kämpfen um Budapest und unter anderem beim Massaker von Poroszló ermordet. Aufgrund dieser Taten musste Georg Lukács Ungarn ganze 25 Jahre fern bleiben, doch weitergehend fand keine Bestrafung statt.

Allerdings Lukács blieb alles andere als untätig und ging nach Moskau. Seinem Ruf als „neuer Marx" konnte er jedoch nicht entsprechen, da die Ränkespiele und die Konkurrenz im dortigen Stalinismus dem entgegenstanden. Dennoch galt Lukács weiterhin als intellektuelle Größe innerhalb des Marxismus. Zu Pfingsten 1923 nahm Georg Lukács dann an der *Marxistischen Arbeitswoche* in Thüringen teil, zu deren Teilnehmern weitere bedeutenden Linke gehörten. Diese Veranstaltung war das erste Theorieseminar des an der Universität Frankfurt gegründeten *Instituts für Sozialforschung*. Lukács war nicht als eher passiver Besucher anwesend, sonder war als Referent für einen der drei Schwerpunkte der Arbeitswoche maßgeblich verantwortlich.

Das *Institut für Sozialforschung* an der *Frankfurter Universität* wurde später dann unter dem Synonym *Frankfurter Schule* bekannt und berüchtigt. Dieses Institut ist für unsere Überlegungen absolut relevant, deshalb werden wir es sie auch etwas ausführlicher im nächsten Kapitel beleuchten. Neben dem bereits erwähnten Zitat von Georg Lukács gibt es noch eine weitere Aussage, die vielleicht noch deutlicher ist:

„Ein weltweiter Umsturz der Werte kann nicht ohne die Vernichtung der alten Werte und die Schaffung neuer Werte durch die Revolutionäre erfolgen."[19]

Genau wie sein italienischer Gesinnungsgenosse Antonio Gramsci wollte Georg Lukács den Marxismus nach seiner großen Niederlage durch die Zerstörung der bürgerlichen Gesellschaft und ihrer Werte doch noch zum Sieg verhelfen. Lukács konzentrierte sich hier vor allem auf die Zerstörung der Familie, da diese „immunisierend" gegenüber marxistischen Ideen wirkt. Anders als Gramsci verlässt Lukács die absolute Abstraktheit und selektiert die Familie als Wert, den es zu zerstören gilt. Weiterhin zielte Lukács genau wie Gramsci auf die schädliche Rolle der Religion ab. In seinem bereits erwähnten Sexualisierungsprogramm versuchte er deshalb, die Religion als völlig bedeutungslos darzustellen. Doch wie sagte Gramsci so schön? Die Religion kann nicht zerstört werden, wenn der Marxismus sich nicht so verändert, dass er selbst die spirituellen Bedürfnisse des Menschen befriedigen kann. Georg Lukács wurde nicht umsonst als Lichtfigur und als potentieller Nachfolger von Marx gehandelt, wenn er nicht auch für dieses Problem eine Lösung entwickelt hätte – doch dazu später mehr.

Wir sollten noch kurz darüber nachdenken, was überhaupt Werte sind, denn der klassische Marxismus beschäftigte sich gegenständlich mit dem Klassenbegriff und nicht wirklich ursprünglich mit Werten. Werte sind grundsätzlich subjektiv, beeinflussen das Empfinden von Moral und letztlich auch das Handeln. Klassische Werte sind zum Beispiel Ehrlichkeit, Familie, Sauberkeit usw. und ebenso gilt natürlich auch Religion als ein Wert. Welche Werte einen Menschen prägen, ist nun individuell unterschiedlich. Ein „Stinker" verfügt über eine andere Ausprägung des Wertes Sauberkeit als ein Mensch, der sich regelmäßig um seine Körperhygiene kümmert. Denn Werte steuern letztlich unsere Aufmerksamkeit und unser Verhalten. Weiterhin sind Werte auch die Fundamente einer Kultur. Wer also eine Kultur massiv transformieren will, muss bei den Werten ansetzen. Nicht zuletzt sind Werte auch maßgeblich am Moralempfinden eines Menschen beteiligt und beeinflussen dieses ganz entscheidend.

In der Psychologie benutzt man zur Verdeutlichung dieses Sachverhalts gerne das *Eisbergmodell*, denn die menschliche Psyche ähnelt durchaus einem Eisberg. Nur der kleinste Teil der Psyche ist sichtbar, und fatalerweise befinden sich dort all das Rationale, Vernünftige und Objektive und all das Nüchterne, dessen wir uns jedoch immer rühmen. Der weitaus größere Teil unseres Wesens befindet sich aber „unter dem Wasser", ist also für uns nicht so ohne weiteres sichtbar und zu erkennen. Unter der Oberfläche befinden sich dann das Triebhafte, das Lustbetonte und die Angst. Ebenso befindet sich dort im Schatten auch der *Sitz* unserer Werte und damit unserer Moralvorstellungen. Die Hebelwirkung auf unsere Psyche ist von diesem mächtigen Zentrum ungleich höher als vom Sitz unserer Ratio (zu der wir bewussten Zugang haben). Wer also einen Menschen effektiv manipulieren will, sollte genau dort ansetzen. Und genau das tun die Kulturmarxisten auf sehr perfide Art und Weise.

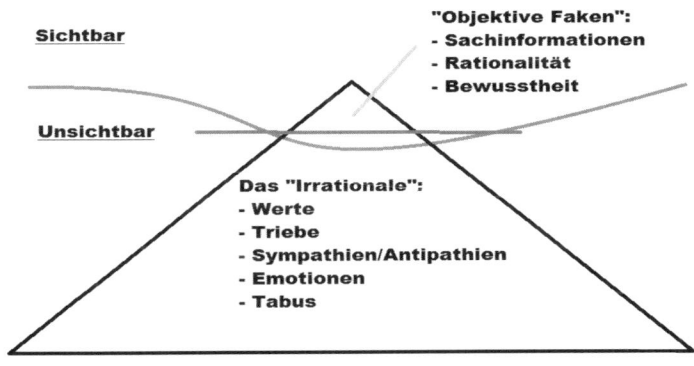

Abb. 1: Skizze Eisbergmodell

Nun geht es aber Lukács gezielt nicht um Transformation, sondern ausdrücklich um die Zerstörung von Werten. Hier stellt sich eine sehr komplexe theoretische Frage: Ist das überhaupt ethisch vertretbar? Ich halte ein solches Vorgehen für absolut unakzeptabel und sogar klar für verbrecherisch. Ich möchte das verdeutlichen: Es geht hier nicht um Diskussionen von Werten, es geht um die gezielte und willentliche Zerstörung von Werten. Und dies ist nur mit einem gigantischen Einsatz finanzieller Mittel und der Mitarbeit zahlreicher Akteure möglich. Ein Instrument für eine solche Wertezerstörung wird eine Art „Orwell'sches Wahrheitsministerium" genannt, das Werte zuerst umdeutet und damit langfristig zerstört. Ein anderes Schlagwort für ein ähnliches Instrumentarium wäre eine „gleichgeschaltete Gesellschaft" und „Lügenpresse" ein anderes. Ich überlasse es an dieser Stelle meinen Lesern, ob und wie weit solche Instrumentarien bereits existieren. Weiterhin wird eine gehörige Portion Rücksichtslosigkeit benötigt, denn einzelne Menschenleben können in solchen Vorhaben nicht berücksichtigt werden und müssen als bedeutungslose „Kollateralschäden" angesehen werden, denn es geht schließlich um die Veränderung einer ganzen Kultur!

Dazu gibt es nur einen einzigen Grund: Die Marxisten hatten realisiert, dass die Mobilisation der Arbeiterklasse alleine nicht ausreichte, sondern auch ganz gezielt alle Bürger bis zur gehobenen Mittelschicht für eine Revolution mobilisiert werden müssten. Die dafür exakt passenden Mittel lieferte nun die *Lehre des Kulturmarxismus*. Aus diesem Grund sprach der Historiker, Publizist und Schriftsteller Golo Mann auch von einem „Marxismus für feine Leute", also für Intellektuelle.

Freiheit – übrigens auch einer der wichtigsten Werte – wird bei einer solchen Strategie vollkommen zur Disposition gestellt und ist sogar damit absolut unvereinbar. Genauso gut könnte man auch Menschen foltern, sie einer anschließenden Gehirnwäsche unterziehen und danach vorgeblich in ein angeblich „selbstbestimmtes Leben" entlassen. Das Ergebnis beider Strategien ist exakt das gleiche: humanoide Marionetten. Ich finde diesen Vergleich mehr als passend. Wer Werte zerstören will, nur um eine neue Kultur zu installieren, betreibt gewaltsame Gehirnwäsche und ähnelt dabei den Foltermeistern von Abu Ghraib. Das einzige Ziel beider Menschengruppen ist das gezielte Brechen eines Menschen, um seine Ziele durchzusetzen. Bei der Gruppe der Folterer und Mindcontrol-Spezialisten glaube ich persönlich daran, dass diese irgendwann ihre Schuld realisieren. Dafür sprechen auch weltweit die zahlreichen Whistleblower, die nicht mehr ihren Dienst in einem gigantischen Uhrwerk tun wollen.

Bei den Kulturmarxisten hingegen sieht es anders aus, denn diese Menschen handeln ja in der Überzeugung, die Menschheit „retten" zu wollen.

Überzeugungstäter sind eben seit jeher die gefährlichsten überhaupt, was die Geschichte der Menschheit auch eindrucksvoll belegt. Dabei ist es so primitiv: Eine gute Sache kann niemals mit Verbrechen erreicht werden – niemals! Irgendwann schwingt das Pendel zurück und sorgt für einen Ausgleich. Das wollen die Extremisten natürlich nicht sehen und können es manchmal auch überhaupt nicht rational begreifen, so verbohrt sind sie.

Was im Gegensatz dazu völlig gewaltfrei und natürlich abläuft, ist der *Wertewandel*. Werte sind niemals fix und können sich in ihrer Wertigkeit verschieben. Diese Entwicklung, von der ich hier spreche, wird also – im Gegensatz zur forcierten Variante vorhin – nicht von außen gesteuert oder manipuliert. Doch kein Mensch hat das Recht, Werte zu diskreditieren oder gar bewusst zu zerstören, denn dies ist nichts anderes als Gehirnwäsche. Ich selbst zum Beispiel bin kein besonders ordnungsliebender Mensch und befolge eher den Grundsatz: *Wer aufräumt, ist nur zu faul zum Suchen.* Welchen legitimen Grund könnte es nun geben, dass ich ordentliche Menschen lächerlich mache oder sie gewaltsam von ihrer Ordnungsliebe abzubringen versuche? Hier geht es keinesfalls um Toleranz, sondern es geht um Respekt. Jeder Mensch hat das Recht, sein Leben so auszurichten, wie er es will – auch und gerade, wenn andere darüber die Nase rümpfen. Einzige Ausnahme bildet hier die Frage, ob der Wert des einen den Wert des anderen Menschen beeinträchtigt? Damit schließt sich Manipulation zur Installation einer Ideologie natürlich absolut aus. Wer das anders sieht, darf sich gerne den einen oder anderen Gedanken über die vielzitierte Menschenwürde machen.

Bevor wir weitergehen, möchte ich ein kleines Beispiel anführen, wie man Werte ganz konkret aushöhlen kann. Es geht um den Wert „Familie" und jeder, der in Deutschland lebt, sollte an irgendeiner Stelle einmal damit in Kontakt gekommen sein: Altenheime und Ganztagsschulen wie nun auch Ganztagskindergärten. Sowohl Alte als auch Kinder wurden bis vor gar nicht so langer Zeit innerhalb der Familie betreut. Oftmals war es sogar so, dass die Kleinsten von den Ältesten betreut wurden und beide Gruppen davon profitierten. Die Alten hatten eine sinnvolle Aufgabe, die sie in die Familien integrierte und die Jüngsten bekamen *wert*volle Inhalte von ihren Großeltern. Ein solches Gefüge war nun für Einflüsse von Außen nahezu unangreifbar. Heute ist ein solches System nur noch die absolute Ausnahme. Dank der segensreichen Wirkungen der Emanzipation „dürfen" nun beide Ehepartner gleichsam an der Erwerbsarbeit „teilhaben" und verfügen dennoch über weniger Kaufkraft, als dies zu Zeiten eines alleinigen Verdieners der Fall war. Deshalb ist einfach keine Zeit mehr, um sich um die vermeintlich „schwächeren" Familienmitglieder (Alte und Kinder) zu kümmern. Diese Aufgabe übernehmen nun „Dritte", wie zum Beispiel eben Kindergärten, Schulen und Altenheime. Dort kann dann entweder die Beeinflussung durch Dritte (Kindergärten, Schulen) oder als Abstellgleis (Altenheim) beginnen. Völlig absurd wird es schließlich, wenn man diese Entwicklung als Errungenschaft einer „freien Gesellschaft" oder wahlweise als „gesellschaftliches" Problem bezeichnet, das gewissermaßen „alternativlos" ist und somit in Kauf genommen werden muss. Antonio Gramsci und Georg Lukács leisteten Großes, indem sie den Marxismus „transferierten" und modifizierten.

Manche Autoren bezeichnen diesen neuen Marxismus gelegentlich auch als *Neomarxismus*. **Ich bevorzuge jedoch den Begriff *Kulturmarxismus*, denn dieser Begriff nennt das Kind beim expliziten Namen: Es handelt sich um eine Form des Marxismus, der als Gegenstand die Aushöhlung einer ganzen Kultur hat, damit der Sozialismus endlich wie ein schädlicher Pilz in diesem Hohlraum gedeihen kann.**

Und anders als der klassische Marxismus war und ist der Kulturmarxismus äußerst erfolgreich. Man darf sich dabei aber nicht täuschen lassen: Diese Spielart des Marxismus kommt (vorerst) ohne Hammer und Sichel und den Sound der „Internationalen" aus. Der Kulturmarxismus jedoch ist ungleich teuflischer und ein größerer Angriff auf unsere Freiheit, als es der klassische Marxismus jemals gewesen ist. Allerdings steht am Ende jedoch wieder nur der Kommunismus als Endziel!

1.5 Die Frankfurter Schule

1923 wurde das bereits im vorherigen Kapitel erwähnte *Institut für Sozialforschung* in Frankfurt am Main von den Marxisten Friedrich Pollock und Max Horkheimer gegründet. Selbstverständlich handelte es sich bei diesen beiden Philosophen erneut nicht um Mitglieder der Arbeiterklasse, sondern um Sprösslinge reicher Fabrikantenfamilien – wie das bei den Führungsfiguren der Linken scheinbar zum guten Ton gehört – also eigentlich eine ziemlich „elitäre" Bewegung, nicht wahr?

Das *Institut für Sozialforschung* war der *Frankfurter Universität* angeschlossen, gehörte aber nicht zu deren Lehrkörpern. Träger dieses Instituts war nicht die Universität, sondern die *Gesellschaft für Sozialforschung e.V.*[20] Finanzier dieses Instituts war Felix J. Weil (Sohn eines wohlhabenden Getreidegroßhändlers). Vorbild für die Investitionen von Weil bildete das *Marx-Engels-Institut* in Moskau und er hoffte, sein Institut einmal einem deutschen Rätestaat zu übergeben.[21]

Erster Direktor des Instituts wurde der Staatsrechtler und Marxist Carl Grünberg. Bereits 1924 erhielt das Institut für Sozialforschung einen Neubau. Anlässlich der Einweihung dieses Neubaus bekannte sich Carl Grünberg offen zum Marxismus: *„Auch ich gehöre zu den Gegnern der geschichtlich überkommenen Wirtschafts-, Gesellschafts- und Rechtsordnung und zu den Anhängern des Marxismus."*[22]

1930 übernahm der Philosoph Max Horkheimer die Leitung des Instituts und machte es zu einem Leitstern der internationalen marxistischen Szene. Selbstverständlich stammt auch Horkheimer aus einer wohlhabenden Fabrikantenfamilie, wie sich das eben für Linke so gehört. Sie sehen also, dass wir es hier tatsächlich mit einem recht elitären Club zu tun haben. Dies wäre ja eigentlich die eine oder andere Kritik aus dem linken Lager Wert gewesen, da man hier von Natur aus ja besonders „kritisch" ist. Jegliche Kritik blieb jedoch aus und demonstrierte damit den pharisäerhaften Charakter dieser Ideologie. Und dies ist auch in der Gegenwart noch der Fall. Ein Beispiel dafür ist ein prominentes Mitglied der *Linken*: Klaus Ernst. Ernst wird aufgrund seiner Vorliebe für deutsche Sportwagen auch als „Porsche-Klaus" bezeichnet. Wie war das noch gleich mit dem „Wasser predigen und Wein saufen"? Es geht den Linken schließlich nicht darum, dass Einzelne etwas tun (schon gar nicht, wenn es um eine „Vorbildfunktion" geht), sondern die Gesellschaft (der Staat) soll ja solidarisch sein. Deshalb darf man auch gerne Champagner saufen und Kaviar fressen, wenn vor der (eigenen) Haustüre jemand verhungert...

Horkheimer begnügte sich nicht mit der Aufwertung des Instituts, sondern förderte die Installation einer zweiten Bezugsgröße neben dem klassischen Marxismus. Denn unter Horkheimers Leitung konzentrierte sich das Institut nun auch auf die Psychoanalyse und damit auf Sigmund Freud. In der ersten Ausgabe der *Zeitschrift für Sozialforschung* veröffentlichte Horkheimer einen Artikel mit dem passenden Titel „Geschichte und Psychologie". In diesem Artikel legt Horkheimer die These dar, dass Psychoanalyse und Marxismus eine Synthese eingehen müssten. Klingeln jetzt bei Ihnen schon die Alarmglocken, liebe Leserin, lieber Leser? Handelt es sich hier nur wieder um einen weiteren nahezu unglaublichen Zufall oder ist das langsam nicht doch zu unwahrscheinlich? Entspricht Horkheimer und damit das *Institut für Sozialforschung* hiermit nicht genau den Ideen von Antonio Gramsci und Georg Lukács? Konsequent nennt man die in Frankfurt kreierte Spielart des Marxismus auch treffend *Freudomarxismus*. Für das weitere Design des Freudomarxismus machte sich besonders der Psychiater Wilhelm Reich verdient. Was ich jetzt im Folgenden wiedergebe, habe ich mehrfach in Originaltexten überprüft und die Informationen sind zusätzlich in jeder Enzyklopädie nachzulesen. Wahrscheinlich werden Sie zumindest genauso verwundert sein wie ich. Die Grundannahmen von Reich sind im Folgenden:

- die Gesellschaft ist *krank* und leidet an einer „Massenneurose",
- der Schuldige dafür ist (natürlich) der Kapitalismus, der den Einzelnen völlig unterdrückt (gerade und besonders auch durch „falsche" und deshalb restriktive Vorschriften im sexuellen Bereich) und
- eine Revolution muss also alle emotionalen Bedürfnisse befreien, um die Neurosen zu heilen.

Der Ansatz von Wilhelm Reich wurde dann später von dem Soziologen Herbert Marcuse aufgegriffen und wieder stärker auf die Ideenwelt von Sigmund Freud ausgerichtet. Reich selber distanzierte sich später und sorgte dafür, dass die Neuauflagen seiner Schriften redigiert und nahezu alle Spuren des Freudomarxismus daraus getilgt wurden. Seltsam, oder? War Wilhelm Reich am Ende zu offenherzig mit den wahren Inhalten des Kulturmarxismus umgegangen oder hatte er sich einfach verrannt?

Viele Autoren haben dem Marxismus unterstellt, eine Heilslehre zu sein. Dies wird auch hier beim Freudomarxismus (Kulturmarxismus) klar: Die Gesellschaft ist schlicht und einfach vom bösen Kapitalismus und seiner Unterdrückung zu krank geworden, um den Marxismus annehmen zu können. Der Kulturmarxismus ist nun in gleich zweierlei Hinsichten das ultimative Heilmittel:

- Es heilt die angeblichen Massenneurosen der Gesellschaft und befreit diese deshalb.
- Gleichzeitig wird auch der Marxismus dauerhaft installiert, denn es gibt jetzt ja keine „Schützengräben und Kasematten" (Gramsci) mehr, die sich ihm in den Weg stellen würden – hier ist eine konsequente Evolution der Ideen von Gramsci und Lukács erkennbar.

Beide Philosophen beschrieben lediglich Hindernisse, die sich dem Sozialismus in den Weg gestellt hatten. Die Denkfabrik des *Frankfurter Instituts* dagegen erklärt *„die gesamte Gesellschaft"* für psychisch krank und die beschriebenen Hindernisse des Kommunismus als Symptome der Krankheit. An dieser Stelle wird dann auch die letzte Forderung von Antonio Gramsci erfüllt, indem ein Ersatz für die Religion gefunden wurde: nämlich die segensreiche Heilwirkung des Kulturmarxismus.

Es handelt sich bei diesem Ansatz also keineswegs um eine rein gesellschaftspolitische Sichtweise, sondern sogar um so etwas wie eine *marxistische Religion*, die nichts anderes als die Heilung bzw. sogar Erlösung der angeblich ach so „kranken" Welt anstrebt. Wenn das nicht der Stoff ist, aus dem psychopathische Massenmörder gemacht sind...

Am 13. März 1933 wurde das Frankfurter *Institut für Sozialforschung* wegen „staatsfeindlicher Umtriebe" geschlossen. Diesen Schritt hatte Horkheimer bereits 1931 vorausgesehen und deshalb das Stiftungsvermögen in die Niederlande transferiert und ebenfalls eine Dependance in Genf gegründet. Nach der Schließung wurde Genf dann zum offiziellen Hauptsitz des Instituts. Es folgten später die Zwischenstationen Paris und London, bis das Institut schließlich in die USA emigrierte. Dort wurde das *Institut für Sozialforschung* schließlich an der Columbia-Universität unter der Bezeichnung *Institute of Social Research* in New York sesshaft. Finanziert wurde das Institut anfänglich weiter von Felix Weil, während es freundlicherweise kostenlose Räumlichkeiten von der *Columbia Universität* zur Verfügung gestellt bekam.

Die Emigration in die USA ist zuerst einmal sehr seltsam, denn es bestanden schließlich deutlich bessere Kontakte nach Moskau. Diese Option stand jedoch niemals zur Debatte. Vielleicht lag das in den leidlichen Erfahrungen von Georg Lukács begründet, dem in Moskau die große Karriere versagt geblieben war. Oder waren es eher strategische Gründe, die die Marxisten vom Institut nach New York und ins Herz des bösen Kapitalismus führten? Wie auch immer, das Institut nutzte die Zeit in New York, um besonders an der Implementierung psychoanalytischer Techniken in den marxistischen Kontext zu arbeiten. Für diese Arbeit waren die USA und vor allem New York absolut erste Wahl, denn dort war der Puls der zeitgenössischen Psychoanalyse am Lautesten zu hören.

Der Aufenthalt des Instituts in den USA bot aber noch weitere interessante Aspekte. Führende Institutsmitglieder, wie vor allem Löwenthal und Marcuse, wurden von hohen Stellen im Außenministerium und im Geheimdienst konsultiert, was in Hinblick auf die bisherigen Aktivitäten des Instituts schwer nachvollziehbar ist. Andererseits ist es ein eindrucksvoller Beleg für die marxistische Aussage, dass der Liberalismus als Türöffner für den Kommunismus funktioniert. Die heutige Aktualität dieser Aussage bekommen wir fast täglich in den Nachrichten präsentiert, wenn wieder über einen Anschlag in der westlichen Welt berichtet wird. Der Liberalismus ist es, der die Tore der Zivilisation sperrangelweit für Extremisten aller Couleur offen lässt.

1946 wurde Horkheimer von Vertretern der Stadt Frankfurt kontaktiert und gebeten, doch wieder nach Frankfurt zurückzukehren. Dies ist schwer zu verstehen und ergibt nur Sinn, wenn man sich ins Gedächtnis ruft, dass der Krieg gerade erst beendet war und die entsprechenden Stellen in Deutschland in ihrer Entscheidungsfreiheit nicht ganz so frei waren, wie sie es hätten sein können.

Der frisch beendete Krieg und die Erfahrungen in den USA hätten zu einem konstruktiven Umdenken im Institut führen können, dies war jedoch nicht der Fall. Ganz im Gegenteil: Das Institut hatte keineswegs vor, von seinen marxistischen Idealen und seinem perversen Kulturmarxismus abzurücken, um Deutschland wieder aufzubauen. Die extremistische Weltsicht der Frankfurter hatte sich sogar noch weiter gesteigert. Lassen wir dazu doch einfach Horkheimer zu Wort kommen:

„Auflösung bedeutet Umerziehung!"[23]

Horkheimer erhielt einen extra für ihn geschaffenen Lehrstuhl für Soziologie und Philosophie an der *Frankfurter Universität*. Mit Horkheimer kam das *Institut für Sozialforschung* zurück nach Deutschland, während aber zugleich eine Zweigstelle in New York blieb. Enge Mitarbeiter von Horkheimer besetzten Schlüsselpositionen an westdeutschen Hochschulen und erhielten damit die Gelegenheit, die öffentliche Meinung ganz im marxistischen Sinne des Instituts zu lenken.

Aus dieser Position heraus gelang der *Frankfurter Schule* nun das fast Unmögliche: die Rechtfertigung und die Wiederbelebung des Kommunismus in der BRD. Der Kreis um Horkheimer flüsterte den jungen Studenten an den Hochschulen den Bolschewismus als neues Ideal und Motivation für das ein, was später als *68er-Bewegung* in die Geschichte eingegangen ist. Das Instrument, das die *Frankfurter Schulte* dazu nutzte, war die *Kritische Theorie*.

1.6 Die Kritische Theorie

Zuerst muss man hier einen Etikettenschwindel feststellen, denn eigentlich handelt es sich bei diesem Konzept keinesfalls um „kritische", sondern um marxistische Theorie![24] Der Marxismus war durch die Schreckensherrschaft von Stalin mit seinen Millionen Toten international verbannt. Die Kulturmarxisten mussten also mit absolut harten Bandagen kämpfen, damit der Kommunismus wieder eine bessere PR bekam. Die angeblich *Kritische Theorie* war dazu die Waffe der Wahl. Horkheimer begründete die Kritische Theorie 1937 mit seinem Aufsatz „Traditionelle Theorie und kritische Theorie" und Marcuse veröffentlichte im gleichen Jahr den Aufsatz „Philosophie und kritische Theorie". Wie bereits erwähnt, verfassen Linke gerne laufende Regelmeter schwer verständlicher Literatur und schieben dann auch noch ebenso kryptische und unverständliche Sekundärliteratur nach. Genauso verhält es sich eben auch bei der Kritischen Theorie.

Neben dem etwas „diskreten" Umgang mit dem Thema Marxismus muss man bei der Kritischen Theorie einen zweiten Schwindel feststellen, denn es handelt sich im eigentlichen Sinne auch um keine Theorie! Ziehen wir dazu doch einfach den Duden[25] hinzu und schauen uns an, wie dort der Begriff der *Theorie* definiert wird:

- Ein System wissenschaftlich begründeter Aussagen zur Erklärung bestimmter Tatsachen oder Erscheinungen und der ihnen zugrunde liegenden Gesetzmäßigkeiten und
- eine Lehre über die allgemeinen Begriffe, Gesetze, Prinzipien eines bestimmten Bereichs der Wissenschaft, Kunst, Technik.

All das ist die Kritische Theorie der *Frankfurter Schule* aber eben gerade *nicht*. Das *Historische Wörterbuch der Philosophie* aus dem *Schwabe Verlag* sieht es so: *„...Kritische Theorie wird von M. Horkheimer programmatisch von einem traditionellen Theorieverständnis abgehoben, das sich an der strikten Trennung von Subjekt und Objekt* (der Analyse, A.d.V.), *der Wertfreiheit und der Praxisabstinenz orientiert. Sie ist Gesellschaftslehre. Ihr kritisches Moment besteht darin, ... die Gesamtgesellschaft ... zu verurteilen."* Horkheimer selbst sagt dazu: *„Jeder ihrer Teile setzt die Kritik und den Kampf gegen das Bestehende in der von ihr selbst bestimmten Richtung voraus."*[26] Hört man da nicht auch Georg Lukács ganz leise von der „Zerstörung" der westlichen Gesellschaft flüstern? *Wikipedia* sagt zur Kritischen Theorie: *„Theorie wird in ihrem Verständnis als eine Form der Praxis begriffen."*

Halten wir kurz fest: Bei der Kritischen Theorie handelt es sich also *eigentlich* um nichts anderes als „marxistische Praxis". Damit stellt die Kritische Theorie auf gewisse Weise das Konvolut aller Ansichten und Standpunkte dar, die ich bisher angesprochen habe. Es handelt sich bei dieser angeblichen Theorie also vielmehr um eine Art Technik oder Strategie zur Beseitigung aller Hindernisse für den Kommunismus in den westlichen Gesellschaften. Doch die Kritische Theorie ist noch viel mehr, denn wie wir noch sehen werden, ist dieses marxistische Instrument zugleich auch die Blaupause für das, was man auch als „Political Correctness" bezeichnet und was als mysteriöse Chimäre massiv unserer Freiheit bedroht! Linke werden nicht müde zu betonen, dass es sich bei der Kritischen Theorie keinesfalls um ein System von Glaubenssätzen und Schemata handelt. Doch darüber kann man nur herzhaft lachen, denn das Gegenteil ist der Fall. Der Trick der Marxisten war aber etwas, was ich am ehesten als „Verschwendungs-Porno" bezeichnen würde: Verteilt auf unzählige Seiten existiert ein roter Faden, der sehr wohl als Ideologie interpretiert werden kann und der natürlich in marxistische Verklausulierungen und Verschwurbelungen verpackt ist, sonst könnte das ja jeder Leser sofort herausfinden...

Wie kann man nun aber dieses Konstrukt zu packen bekommen? Wie ich bisher versucht habe darzulegen, geht es den Frankfurtern nicht mehr nur um die Arbeiterklasse, sondern um die ganze Gesellschaft und besonders um den Intellektuellen. Die Gesellschaft sollte für die Installation des Kommunismus vorbereitet werden. Marxisten sahen und sehen die Geschichte als Ergebnis des fortwährenden Klassenkampfes zwischen Kapitalisten und Proletariern an. Das Hauptwerkzeug der Kapitalisten ist der Zwang, den sie auf die Proletarier ausüben können. Die Massen ordneten sich aufgrund ihrer Identifikation mit der bürgerlichen Gesellschaft diesem Zwang sogar freiwillig unter. Aus diesem Grund basiert die Kritische Theorie darauf, die angeblich zahlreichen offenen und versteckten Unterdrückungen (Repressionen) der Menschen aufzuzeigen und zu bekämpfen. Die Kritische Theorie will nun alle vermeintlichen Repressionen aufheben und somit eine Gesellschaft ohne Herrschaft erzeugen. Hier sollte dann zweierlei klarwerden: Erstens ging es den Frankfurtern niemals um Verbesserung, sondern ausschließlich um Zerstörung, damit dann endlich der Kommunismus eingeführt werden kann, und zweitens hat ein Instrument wie die Kritische Theorie deshalb ganz klar mit dem Sozialismus und weiterhin auch dem Marxismus zu tun, aber nichts mit einer Theorie und damit womöglich gar einer Wissenschaft.

Bekämpfung von Herrschaft und angeblicher Repression sind die Hauptziele der Frankfurter. Auf diese Weise sollen die westlichen Gesellschaften maximal destabilisiert werden, um einen Übergang zum Kommunismus zu erreichen. Wenn man die historischen Quellen im Hinterkopf behält und sich die Ideen der Kulturmarxisten ansieht, ergibt das Ganze ein in sich durchaus stimmiges Bild – eine *Ideologie* wird erkennbar.

Diese Ideologie wollen wir uns nun einmal etwas genauer ansehen. Hierbei stellt allein der bereits erwähnte Umfang des Materials ein Problem dar: Mehr als 40 Bücher, 50 Aufsätze und tausende von Brief- und Manuskriptseiten sind Stoff für ein jahrelanges Studium. Weiterhin wird an keiner Stelle dieser tristen „Papierwüste" eine Verdichtung zu Thesen oder Standpunkten vorgenommen, was die Arbeit mit dem Quellenmaterial noch intensiver gestaltet. Der Publizist Rudolf Willeke[27] hat in einem Gewaltakt insgesamt vier zentrale Thesen so treffend formuliert, dass ich mich an dieser Stelle vorbehaltlos auf sie berufen möchte:

1.) *Die religionsphilosophische These: Gott ist eine falsche Hypothese, Theologie ist sinnlos*

Unter den Frankfurtern waren es besonders Habermas und Horkheimer, die sich mit der Religionskritik am Christentum beschäftigten. Laut ihrer Meinung hatte die Weltgeschichte, der Marxismus und der Darwinismus die These eines Gottes widerlegt. Zu einem späteren Zeitpunkt reduzierte Horkheimer das Christentum auf eine „Sehnsucht nach dem Anderen (Gott, A.d.V.)". Doch in seiner aktiven Zeit bezeichnete Horkheimer das Christentum sogar als Lüge.[28] In der Kritischen Theorie gibt es lediglich einen Gott, weil der notleidende Mensch eine Projektion von einem Gott erschaffen hat. Der Grund für diese Projektion war lediglich das „Bedürfnis" der Menschen danach. Aus diesem Grund ist auch alleine schon das Nachdenken über Gott aus der Perspektive der Kritischen Theorie völlig sinnlos. Habermas forderte deshalb den Austausch des Begriffs „Gott" mit den Begriffen „Mensch" oder besser noch „notleidenden Menschen." Auf diese Weise entstand eine Art „notleidender Gottmensch" und die Kritische Theorie wurde selbst zu so etwas wie einer Religion und konnte zum Ersatz für das (in den Augen der Kulturmarxisten) hinderliche und lästige Christentum werden. Die Kritische Theorie sieht also das Christentum an sich als veraltet und nutzlos und bietet sich gleichzeitig selbst bereitwillig als Ersatz an. Dies sollten wir im Hintergrund behalten, wird hier doch auch eine der Grundforderungen von Lukács erfüllt: Der Kommunismus muss selbst zur Religion werden, wenn er das Christentum abschaffen möchte. Weiterhin ist dies der Ausgangspunkt für das Thema „Gutmenschentum", in dem alle Teilaspekte der Linken zu einer Art seltsamen „Kult" fusionieren und den Menschen eine Alternative zur Religion anbieten. In letzter Konsequenz entspricht diese Haltung dem Atheismus und den Ideen eines Schopenhauers oder Nietzsches, wobei sie den frischen Atheisten aber sofort wieder Halt und Führung anbieten: durch linke Glaubenssätze an sich.

Nun könnte der unbedarfte Beobachter glauben, dass die Kulturmarxisten mit ihren Ideen gescheitert wären, denn es gibt ja zum Beispiel weiterhin eine katholische Kirche und einen Papst. Dies ist aber ein fataler Trugschluss, denn die Lieblingswaffe der Kulturmarxisten ist die Infektion mit ihrer Denkweise und nicht das Schwert. Schon die Internetseite des größten Internetversandhandels oder die Kataloge der *Deutschen Nationalbibliothek* reichen aus, um sich über eine interessante Publikation von Joseph Ratzinger (Papst Benedikt XVI.) zu informieren. Der Titel des Buches lautet: »Dialektik der Säkularisierung«. Dieses Buch hat Ratzinger nicht alleine, sondern mit prominenter Unterstützung geschrieben: mit Jürgen Habermas. Also mit genau dem Habermas, von dem hier als hohem Mitglied der *Frankfurter Schule* die Rede war. Selbstverständlich wusste der heutige emeritierte Papst, mit wem er sich da eingelassen hat. Niemand schreibt mit einem erklärten Gegner ein Buch, wenn es nicht irgendwo einen breiten, gemeinsamen Konsens gäbe. Alice Schwarzer, Deutschlands bekannteste Feministin, käme wahrscheinlich genauso wenig auf den Gedanken, mit Silvio Berlusconi ein Buch zu schreiben, oder wie ein überzeugter Vegetarier ein Kochbuch mit einem überzeugten Fleischesser schreiben würde. Wenn sich also sogar ein erzkonservativer Papst mit einem Mitglied der Frankfurter Schule einlässt, was bedeutet das dann insgesamt für den Katholizismus? Welchen Bestand hat dieser dann noch in unserer Zeit? Ich möchte mich hier richtig verstanden wissen: Es geht mir hier definitiv nicht um den Katholizismus an sich, sondern lediglich um die weltliche Ausprägung in Form der organisierten Kirche. Dies habe ich bereits etwas ausführlicher in meinem Buch »Gefährlich Band 1« dargelegt. Natürlich gibt es auch eine Art Schutzbehauptung, weshalb dieses Buch des Papstes mit Habermas entstanden ist: Habermas habe sich von seinen alten Vorstellungen distanziert und wieder eine Nähe zum Katholizismus gefunden. Ist das aber überzeugend?

Wir wollen uns hier an dieser Stelle aber noch eine weitere interessante Personalie ansehen. Auch hier geht es um den obersten Hirten der Katholiken: Papst Franziskus. Franziskus sagte während einer Messe: „*Reichtümer sind die Ursache für Krieg*". Das hört sich doch weniger nach einem Papst, als sehr nach einem linientreuem Marxisten an, oder? Die *Zeit* titelte: „*Papst: In Lateinamerika redet er wie ein Linker*".[29] Die gleiche Zeitung verschärfte diese Aussage nur zwei Monate später: „*Wenn sich der Papst plötzlich in Karl Marx verwandelt.*" Hier sollte nicht unerwähnt bleiben, dass Papst Franziskus nicht irgendein Theologe, sondern Jesuit ist. Insgesamt also ein harter Tobak, nicht wahr? Kann das nur Zufall sein? Sitzt wirklich ein „Sozialist" an der Spitze der katholischen Kirche? Es scheint zumindest so, als ob die Kulturmarxisten alles andere als Misserfolge gehabt hätten… Genau in diese Richtung denkt auch Marcello Pera, prominenter Philosoph, ehemaliger Präsident des italienischen Senats und enger Freund des „emeritierten" Papstes Benedikt XVI. Der italienischen Tageszeitung *formiche* sagte er wörtlich in Bezug auf seine bedingungslose Unterstützung einer unbeschränkten Massenmigration: *„Der Papst tut es, weil er den Westen verachtet, darauf abzielt, ihn zu zerstören und alles tut, um dieses Ziel zu erreichen."*

Diese absurden Zustände lassen sich aber noch steigern, nämlich dann, wenn die Grenzen von Religion und Politik auch ganz offiziell aufgehoben werden. Auch dazu habe ich ein Beispiel: In Südamerika gibt es einen sozialistischen Politiker, der für seine politische Tätigkeit von seinem Orden freigestellt wurde, denn er ist Mönch! Nun raten Sie mal, was für ein Orden das sein könnte. Genau, wieder die Jesuiten. Was es doch immer wieder für Zufälle gibt, wenn man nur genau hinsieht!

2.) Die anthropologische (erziehungsphilosophische) These oder: von Prometheus zu Orpheus

Laut der Meinung der Kulturmarxisten ist die westliche Gesellschaft krank. Um eine Gesellschaft zu heilen, muss man nun den einzelnen Menschen kurieren und das beginnt bei der Abschaffung des Individuums. Die Frankfurter stehen hier ganz in der Tradition von Marx, der auch so seine Probleme mit Individuen hatte:

> *„Aber das menschliche Wesen ist kein dem einzelnen Individuum inwohnendes Abstraktum. In seiner Wirklichkeit ist es das Ensemble der gesellschaftlichen Verhältnisse."*

Linke sehen es bis heute so: die Umstände bestimmen den Menschen. Freiheit und Selbstverantwortung existieren nicht und der Einzelne wird zu einer hilflosen Marionette. Aus diesen Gründen wollen Kulturmarxisten den Menschen immerfort erziehen. Das Modell dazu leiteten sie von keinem Geringeren als Sigmund Freud ab, modifizierten es jedoch an einigen Stellen. Um nun in die Gedankenwelt der Frankfurter herabsteigen zu können, müssen wir uns leider vorher einige Begriffe der klassischen Psychotherapie ansehen.

Beginnen wir zuerst mit dem *Promethischen Prinzip*. Dieses Prinzip steht sinnbildlich für unsere von Arbeit und Technologie geprägte Kultur. Sein Name stammt von dem Titanen Prometheus aus der griechischen Mythologie. Prometheus hatte einen Narren an den Menschen gefressen und brachte deshalb auch das Feuer zur Erde. Freud beschäftigte sich leidenschaftlich mit Trieben – dies möchte ich hier anmerken, denn sonst wird meine folgende Schilderung für einen nüchternen Leser zu absurd. Freud folgert nämlich, dass es der Unterdrückung eines Triebes entspricht, wenn ein Mensch dieses Feuer nicht „auspisst". Laut Freud würde hier nun ganz klar das Lustprinzip (Libido) unterdrückt, damit das Feuer weiter brennen und genutzt werden konnte.

Ich halte diese Herleitung für relativ vulgär und eher aufmerksamkeitsheischend, auch wenn sie sicherlich durchaus schlüssig ist. Seit Freud haben sich aber viele intelligente Menschen mit seinem Nachlass beschäftigt und haben diese Metapher zum Feuer auf etwas stabilere Füße gesetzt. Sie beziehen das Promethische Prinzip auf die kontinuierliche Unterdrückung des Lustprinzips, um überhaupt produktiv tätig sein zu können. Dies skizziert meiner Meinung nach die Wirklichkeit wesentlich genauer als die Löschung eines Feuers mit Urin bzw. die Verweigerung davon. Um dies etwas genauer darzustellen, lohnt sich ein Blick auf das „Strukturmodell der Psyche" von Freud.

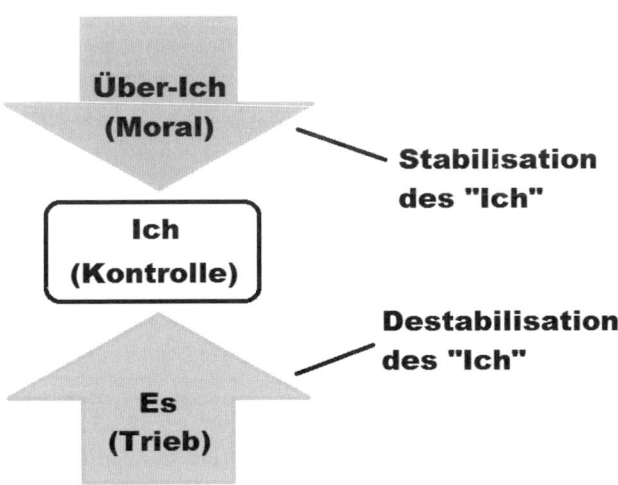

Abb. 2: Strukturmodell der Psyche

Das *Über-Ich* ist der Sitz von Normen, Werten, dem Gewissen und auch besonders der Moral. Interessant ist hier der Ursprung bzw. die Prägung dieser Instanz. Laut Freud stammen die Inhalte des Über-Ich aus der Familie und vor allem aus dem Elternhaus. Nur durch ein intaktes Über-Ichs ist der Mensch zu einem sozialgerechten Leben und zur Triebkontrolle fähig. Anders formuliert könnte man sagen, dass das Über-Ich als stabilisierende Kraft auf das Ich einwirkt, wohingegen das „Es" destabilisierend darauf einwirkt.

Erinnern wir uns an dieser Stelle erneut an Georg Lukács, der sich einem erbitterten Kampf gegen den Wert *Familie* verschrieben hatte. Welche Wirkung hätte nun also ein Verschwinden der Familien auf die Entwicklung des Menschen? Das Über-Ich würde sich nur unzureichend ausbilden, was eine Gesellschaft ohne Moral und Werte zur Folge hätte! Genau hier schließt sich aber der Kreis, was wir gleich sehen werden, denn dieses Vorhaben zieht sich wie ein roter Faden durch den Kulturmarxismus. So sagt Theodor Adorno in seiner »Negativen Dialektik«: *„Das Gewissen ist das Schandmal einer unfreien Gesellschaft."* Ich für meinen Teil möchte dann keinesfalls in einer angeblich „freien" Gesellschaft-ohne-Gewissen leben!

Das Über-Ich ist es somit, das uns aus dem kuscheligen Bett zur Arbeit bringt. Um dies zu tun, muss es das *Ich* gegen den Einfluss des *Es* stabilisieren, ansonsten blieben wir lieber in der kuscheligen Heia liegen. Das Über-Ich macht sich nun die Technik der Sublimierung und die Veredelung von Trieben zunutze. So sagt man besonders erfolgreichen Menschen nach, dass sie ihren Sexualtrieb sublimiert haben: Also anstelle Sekretärinnen auf dem Schreibtisch zu „vernaschen", benutzen diese Leute den Schreibtisch für das, wozu er gemacht wurde: Arbeit. Die Kulturmarxisten halten diese Art der Sublimierung allerdings für „repressiv", also für unterdrückend.[30] Hier würde die Libido, die Lebenskraft und das Ausagieren in der Realität versagt und dies müsse zwangsläufig katastrophale Folgen haben. So schließen dann hier auch nahtlos die Arbeiten der Kulturmarxisten zur *Autoritären Persönlichkeit* an. Diese sind für dieses Buch allerdings so wichtig, dass wir sie ebenfalls an späterer Stelle ausführlich betrachten wollen. Hier nur soviel: Triebunterdrückung führt laut den Frankfurtern zu Destruktion, Gewalt, Krieg und Massenmord. Dummerweise gibt es keinerlei empirische Verifizierung dieser Thesen und es handelt sich lediglich um eine stumpfe und nicht belegte Aussage. Ich behaupte deshalb bereits hier das absolute Gegenteil: Diese These ist nicht nur falsch, sondern diametral der Wirklichkeit entgegengesetzt! Das Gegenteil ist wahr: *Sublimierung* ist ein Schlüssel zum Erfolg, zur Erschaffung von Kunstwerken und auch Megaprojekten, und ist somit keinesfalls zersetzend, sondern kulturschaffend!

Wie aber könnte nun ein Weg aussehen, damit den Kulturmarxisten eine deutliche Abkehr vom *Promethischen Prinzip* gelingt, welches inzwischen in der westlichen Welt vorherrscht? Am Anfang aller Unternehmungen steht natürlich immer die Idee. Der Idee folgt ein Gedankenmodell oder eine Agenda, an der dann die eigenen Handlungen ausgerichtet werden können. Die Idee ist bekanntlich vorhanden, doch das Modell muss noch ausgearbeitet werden. Da wir uns in der Welt der Psychoanalyse befinden, muss sich unser Modell auch aus Bausteinen daraus zusammensetzen.

Die Frankfurter wurden relativ schnell im umfangreichen Material von Sigmund Freud fündig. Sie entdeckten eine entscheidende Phase in der psychischen Entwicklung eines jeden Menschen: die *ödipale Phase*. Die ödipale Phase findet zwischen dem 4. und 6. Lebensjahr statt. Diese Phase hat nun keinesfalls damit zu tun, dass ein Kind ganz faktisch davon träumt, intim mit einem Elternteil zu werden. Eine solche Interpretation dieser Idee muss entschieden abgelehnt werden, da sie als Entschuldigung oder Begründung für Pädophile missbraucht werden könnte. Stattessen geht es um Identität und die Fähigkeit, seine *eigenen* Fähigkeiten zu entwickeln. In dieser Phase sind Sätze wie *„Später heirate ich die Mama!"* oder *„Später heirate ich den Papa!"* ganz typische Symptome. Ebenso normal ist es, dass die Kinder in dieser Phase das jeweilige Elternteil am liebsten ganz für sich allein hätten. Im (gesunden) Normalfall endet diese Phase dann aber für das Kind in einer Niederlage, denn der Kampf endet vor dem Elternschlafzimmer. Diese Niederlage bringt dem Kind jedoch zwei Gewinne: Es versteht, dass es seinen Partnerwunsch in der Zukunft durchaus aus eigener Kraft erfüllen kann. Dazu ist es aber nötig, dass das Kind einmal das familiäre Nest verlässt und in die Welt hinausgeht. Weiterhin erkennt das Kind, dass diese Niederlage es nicht „kastriert" oder tötet. Obwohl es den metaphorischen Kampf verloren hat, lebt es weiter und wird sich selbst und seiner Lebenskraft bewusst und kommt so zum ersten Mal mit dem Geist des *Promethischen Prinzips* in Kontakt.

Ist diese Phase erfolgreich abgeschlossen, integriert sich das Kind wieder in die Beziehung zu Vater und Mutter und erfährt diese als wahren Halt im Leben. Gerade der Konkurrenzkampf mit dem gleichgeschlechtlichen Elternteil führt zu einer Festigung der eigenen Identität und trainiert die eigene Wettbewerbsfähigkeit, denn was für einen ultimativeren Kampf als den mit dem eigenen Vater oder der Mutter kann es geben?

Das Ergebnis dieses Prozesses ist dann ein Mensch, der den Weg des Ödipus gegangen ist. Dieser Weg befähigt nun einen Menschen, das Feuer des Prometheus zu erkennen und sein Feuer durch Entbehrungen und Anstrengungen am Brennen zu halten, um am Ende seine eigenen Ziele erreichen zu können. Die Entbehrungen hat der Mensch durch die Vertagung des Beziehungswunsches in die Zukunft erlernt, während dabei die Anstrengung durch die Konkurrenzsituation mit dem jeweils gleichgeschlechtlichen Elternteil entwickelt wurde.

Genau dies muss nach Meinung der Kulturmarxisten aber definitiv verhindert werden und deshalb setzen sie dem Bild von Ödipus ein Mischwesen aus Orpheus und Narziss entgegen. Im Kern dieses Fahrplans von „Ödipus" zu „Orpheus und Narziss" steht die Entfernung des „Dritten", also des Vaters. Wenn der Vater nicht vorhanden ist, fehlt einfach der Gegner für den ödipalen Konflikt, und sowohl Triebkontrolle wie auch der Drang zur Expansion (in die Welt hinaus) werden nicht angeregt. Die Folge davon wäre, dass das prometische Leistungsprinzip nicht mehr aufrechterhalten werden könnte. Anstelle dessen würde dann das „Lustprinzip" treten: *Nichts muss, alles kann.* Ödipus würde von dem narzisstischen Orpheus abgelöst werden. Dieser Typus Mensch wird von Rudolf Willeke[31] auch als *Homo Communicativus* bezeichnet, an derer Stelle findet man aber auch die synonyme Bezeichnung *Homo Communicans.*

Orpheus gilt bei den alten Griechen als Erfinder von Tanz und Musik. Allein durch seinen Gesang soll er Götter, wilde Tiere und sogar Feinde betört haben. Laut Marcuse[32] ist Orpheus *„die Stimme, die nicht befiehlt, sondern singt; die Geste, die gibt und empfängt; die Tat, die Frieden ist und das Ende der Mühsal der Eroberung, ist die Befreiung von der Zeit, die den Menschen mit Gott, den Menschen mit der Natur eint".* Eine solche Charakterisierung hört sich nicht nur phantastisch an, sie ist es auch und sie gehört dahin, woher sie stammt: ins Reich der Mythen.

Damit wir das von den Frankfurtern erschaffene Zwitterwesen vollständig verstehen können, fehlt uns nun aber noch der Aspekt von Narziss. Hier sollte man sich davor hüten, auf eine besondere Verwandtschaft zur namensgleichen Persönlichkeitsstörung *Narzissmus* zu schließen. Freud ging es hier um den sogenannten primären Narzissmus, den jeder Mensch in seiner Kindheit durchläuft. In dieser Phase hat das Kind noch keinen Unterschied zwischen sich und seiner Mutter festgestellt. Deshalb wird diese Phase auch als *symbiotische Phase* bezeichnet. Das Kind kann seine Libido hier nur auf sich und durch Interaktionen mit seiner Mutter erleben. Hier schließt sich nun der Kreis zur griechischen Mythologie, denn auch Narziss kreiste in unerschütterliche Selbstliebe um sich selbst. Eine Sublimation des Triebes in eine wie auch immer geartete Richtung ist völlig ausgeschlossen, also entspricht dieser Zustand den Idealvorstellungen der Kulturmarxisten: keine Sublimation bedeutet kein *Prometisches System*, keine Arbeit, keine Spitzenleistungen und angeblich keinen *autoritären Charakter*. Stattdessen würde diese Mischung der mythologischen Figuren Orpheus und Narziss ausschließlich lustvoll um sich selbst kreisen, schöne Lieder singen und sich gegenseitig alle sexuellen Bedürfnisse erfüllen.

Doch hiermit endet der Wahn der Kulturmarxisten noch lange nicht. Wilhelm Reich halluzinierte in seinem Buch »Der Einbruch der sexuellen Zwangsmoral« darüber, dass im „Urkommunismus" Inzest an der Tagesordnung war. An gleicher Stelle philosophiert der Vertreter des Freudomarxismus dann auch über die sexuelle Unterdrückung, die besonders auf den Stützpfeilern *Inzestverbot* und *monogamer Beziehungen* basieren würde und letztlich zur Festigung der bürgerlichen Gesellschaft führt. Wilhelm Reich wurde auch und besonders von der „Neuen Linken" studiert, was zum Teil auch die kruden und heute selbstverständlich längst korrigierten Positionen prominenter Linker wie Daniel Cohn-Bendit[33] und Volker Beck[34] zum Thema „Pädosexualität" erklären könnte. Beide Personen bekleiden heute immer noch bzw. wieder hohe politische Ämter und Letzterer leistete sich vor kurzem noch eine Episode mit der synthetischen Droge *Crystal Meth* – was aber im Establishment unaufgeregt geduldet wurde und wird.

Die skizzierte Blaupause aus den Motiven Orpheus und Narziss soll letztlich zu einem neuen Menschen führen. Dieser Mensch wird als *Homo*

Communicativus (Willeke) bezeichnet,[35] an anderen Stellen wird für diesen Menschentypus aber auch der Begriff *Homo Communicans*[36] benutzt. Ebenso ist auch der Begriff *Homo Socilogicus*[37] gebräuchlich. Dieser Menschentyp ist nur noch das Resultat der Umstände und besitzt kaum noch eine darüber hinausgehende Identität. Einzige bestimmende Größen im Leben eines solchen Menschen sind seine Bedürfnisse und die Bedürfnisse der anderen Menschen um ihn herum. Moral und Werte existieren nicht mehr, da die dafür nötige Instanz (das *Über-Ich*) nicht mehr die nötige Ausbildung erhalten hat.

Stattdessen tritt *reziprokes Verhalten* als alles bestimmende Maxime an die Stelle von Werten, Normen und Ethik. *Reziprok* bedeutet nichts anderes als „wechselseitig". Einfacher formuliert könnte man sagen:

„Wie Du mir, so ich Dir!"

In der Soziologie wird Reziprozität als fast schon ehernes Fundament sozialen Verhaltens angesehen. Die Soziologie gilt international als etablierte und offizielle Wissenschaft. Die Geschichte der Menschheit ist jedoch ebenso eine Geschichte verhängnisvolle Irrtümer. Die Titanic galt als unsinkbar, bis sie dann doch unterging…

Wer schon einige Jahre auf diesem Planeten verbracht hat, kann dieses angeblich so wahrhaftige Prinzip der Soziologie dahin einordnen, wo es hingehört: ins Reich der Sagen und Märchen. Ich persönlich ordne die Soziologie genauso wie die Gender-„Wissenschaften" ebenfalls genau dort ein. Aber dies stellt natürlich lediglich meine bescheidene Privatmeinung dar. Im ganz normalen Alltagswahnsinn ist vom Phänomen der „Reziprozität" jedoch wenig bis gar nichts erkennbar. Ist das nicht seltsam? Vielleicht liegt das aber auch schlicht und einfach daran, dass ich weder Linker noch Soziologe bin? Jedem überzeugten Soziologen möchte ich den Straßenverkehr als Jagdgrund für dieses legendäre Prinzip der Soziologie empfehlen, wobei das vielleicht sehr erfolglos enden könnte. An anderer Stelle werden wir uns in diesem Buch dem Konservatismus mit seinem Motto „Der Mensch ist des Menschen Wolf" widmen. Dies stellt wohl den krassen Gegenentwurf zur Reziprozität dar. Ein römischer Philosoph hätte Soziologen vor einem ihrer schwersten Denkfehler bewahren können: Titus Maccius Plautus. Plautus erkannte bereits, dass der Mensch nur dann zur Reziprozität willens und fähig ist, wenn er den Anderen kennt. Nur dann ist der Mensch nicht des Menschen Wolf! Aber Soziologen beschäftigen sich naturgemäß seltener mit solcherlei weitergehender (nichtlinker) Philosophie…

Eine Gesellschaft, die nur aus Vertretern des *Homo Communicativus* bestünde, wäre keine Gesellschaft mehr von Individuen. Anstelle von Individuen würde es einen endlosen und unbegrenzten Individualismus geben, aber kein Gemeinwesen mehr. Durch die Abschaffung der Familien würde langfristig ein gigantisches Kollektiv mit einem einzigen Ich-Bewusstsein entstehen. Alle Menschen würden Brüder und endlich alles gut werden. Das ist zumindest das, was Linke glauben und die Kulturmarxisten konkret zu erschaffen versuchen. Autonomes und selbstverantwortliches Verhalten würde konsequent abgeschafft werden und alle Menschen verhalten sich nur noch so, wie sie glauben, dass es die „Gesellschaft" von ihnen erwartet. Auf diese Weise würden Heerscharen völlig lebensunfähiger und genusssüchtiger Hedonisten erschaffen, die weder über Motivation noch über einen eigenen Willen verfügen können.

Diese „Menschen" wären vor allem eines: absolut unglaublich leicht zu kontrollieren. Denn machen wir uns nichts vor: schon Orwell schrieb in seiner »Farm der Tiere«: *„Alle Tiere sind gleich, aber manche sind gleicher."* Genauso wie in der UDSSR, der DDR oder in sonst jedem totalitären „linken System" würden sich schon bald „auserwählte Schweine" dazu aufschwingen, für die handlungsunfähigen Massen zu entscheiden und damit über die Schafe zu herrschen. Jeder sollte hier für sich darüber entscheiden, inwieweit eine solche Elite dann ihr Verhalten tatsächlich an Reziprozität ausrichten würde oder eher eine Willkürherrschaft bevorzugen und absolut gnadenlos herrscht. Ich jedenfalls möchte da nicht die Probe aufs Exempel machen!

3.) Die Faschismusthese: Die Familie ist Ursache des autoritären Charakters und des Faschismus

Diesen Punkt führe ich lediglich aus Gründen der Vollständigkeit hier auf, denn ich halte diese Informationen für so wichtig, dass ich diesen gerne ein ganzes Kapitel gewidmet habe.

4.) Die gesellschafts- und die geschichtsphilosophische These: Das Ganze ist falsch, der Geist der Geschichte ist die permanente Katastrophe.
Man kann vieles von der Kritischen Theorie vergessen. Teilweise ist es zu absurd, zu versponnen oder einfach nur zu unhandlich, um es sich zu merken. Dieser letzte Punkt in dieser Gliederung nach Rudolf Willeke hat es aber in sich, denn er enthält die komprimierte Essenz dessen, was als „Political Correctness" bekannt ist und was als schattenartige Ideologie auch heute noch hinter den Kulissen herumgeistert. Die Kulturmarxisten behaupten hier schlicht und ergreifend, dass unsere ganze Zivilisation von Grund auf falsch oder degeneriert sei!

Nun, vieles auf diesem Planeten läuft tatsächlich falsch und das ist beklagenswert und vieles ist auch tatsächlich marode und bedarf dringend einer Revision – keine Frage! Die Kulturmarxisten aber haben natürlich auch hier keinerlei Lösungen für existierende Probleme anzubieten, sondern wollen das ganze System einfach „neu aufsetzen", nachdem sie es vorher gründlich zerstört haben. Hier gleichen sie einem „Wald- und Wiesen-Informatiker", der als Patentlösung jedem Kunden immer nur eine totale Löschung seines Computers vorschlägt. Linke kennen sich also besonders damit aus, was in unserer Gesellschaft eben nicht funktioniert. Im Gegensatz zu den meisten anderen Themen sind die Linken hier erfreulich konkret. Ihrer Meinung nach lautet der Fehler unserer Gesellschaft schlicht und einfach: „Herrschaft" (Autorität).
Der Fehler begann laut Adorno[38] bereits sehr, sehr früh. Ganz zu Anfang herrschte die Natur über den Menschen. Irgendwann aber entwickelte sich der Mensch technisch soweit, dass nun er die Natur beherrschen konnte. Für eine kurze Zeit war der Mensch nun frei, doch schon bald bildeten sich durch die technologische Entwicklungen neue Herrschaftsformen und Zwänge, allen voran der Kapitalismus. Nun herrschte einerseits der Mensch über den Mensch und andererseits auch die Technik über den Menschen. Der Mensch hatte die Technik zwar erfunden, um sich aus der Herrschaft der Natur zu befreien, aber nun musste der Mensch Knöpfe drücken, Hebel ziehen und sich insgesamt um die Bedürfnisse der Technologie kümmern. Auf diese Weise wurde das Leben der Menschen technologisiert und entmenschlicht. Aus diesen Grunden heraus erklären sich die abgrundtiefe Technologiefeindlichkeit und die daraus resultierenden Wahl-

erfolge der *Grünen*, und auch damit der Linken an sich. Eine generelle Technikfeindlichkeit ist aber selbstverständlich viel zu kurz gedacht, doch wer würde hier behaupten wollen, dass alle Linken intelligent wären?

Wenn nun militante Technologiegegner (nach der Blaupause des „Una-Bombers" Ted Kaczynski) die Welt in die Steinzeit bomben würden, gäbe es ja irgendwann wieder das Problem, dass der Mensch in die Herrschaft der Natur geraten würde. Dumme Sache also... Ich sollte und will hier aber auch nicht verhehlen, dass Adornos These an und für sich schon falsch ist. Der gute Mann war Sozialwissenschaftler und hätte sich nicht an historische Themen heranwagen sollen, denn seine eben von mir dargelegte Historie hat mit dem Kommunismus der menschlichen „Urgesellschaft" eine markante Gemeinsamkeit: Beides ist lediglich das Ergebnis einer linken Wunschvorstellung!

Dennoch ist hier auch der Grund für den Irrsinn mit der Energiewende und dem damit verbundenen Ausstieg aus der Kernenergie zu suchen und nicht bei einem wie auch immer mysteriösen Klimawandel, der vielleicht eher auf andere Einflüsse zurückzuführen sein könnte. Niemand will ein Atomkraftwerk in seiner unmittelbaren Nähe haben, doch welche mittelfristige Lösung soll es für den unermesslichen Hunger der Zivilisation nach Energie geben, außer Atomkraft? Selbstverständlich muss hier weitergeforscht und weiterentwickelt werden, besonders um das Problem der nicht recyclebaren Brennstäbe zu lösen. Ein Verzicht auf eine verhältnismäßig „sichere" Energiequelle, ohne über einen zumindest gleichwertigen Ersatz dafür zu verfügen, ist schlicht und einfach unglaublich dumm und kurzsichtig. Aber Linke sind jetzt wieder nicht so dumm, denn ihnen schwebt ja ein Relaunch (Neustart) unserer Gesellschaft vor, aber eben ohne ihre verhasste „Herrschaft". Aus diesem Grund schwebt den Kulturmarxisten eine Utopie vor, die als Kreuzung von Kommunismus und Schlaraffenland beschrieben werden kann. Hier geben sich Linke erneut die Klinke mit einer anderen radikalen Ideologie in die Hand: dem *radikalen Islamismus*. Wenn alle Kämpfe beendet sind, wartet das Paradies mit 40 Jungfrauen für jeden opferbereiten Kämpfer. Hier ist der Islamismus sogar die ehrlichere der beiden Ideologien, denn anders als die linke Ideologie verrät dieser, wo die versprochenen Belohnungen erfolgen sollen: im Jenseits.

Aber zurück zu unseren linken Freunden: Es soll sich um eine Gesellschaft handeln, die auf dem Lustprinzip basiert, also auf dem Genuss, und in der kein Trieb mehr unterdrückt werden muss (Horkheimer). Andererseits soll alles genau geplant (wie im Kommunismus) und nichts mehr den Kräften eines freien Marktes (den es ja sowieso nicht mehr gäbe) untergeordnet werden... Hier stellt sich dann zwangsläufig eine Frage: Wenn es keine Herrschaft mehr gibt, wer legt dann die Regeln der Planwirtschaft fest? Dabei wird klar: Die Kulturmarxisten glaubten vermutlich selbst nicht an dieses Utopia und es war lediglich das vergoldete Möhrchen, das sie ihren mit Scheuklappen ausgerüsteten Anhängern vorhielten. Wenn das Ziel schön glitzert und besonders verführerisch ist, dann ist Unerreichbarkeit doch völlig irrelevant und steigert sogar die Anziehungskraft einer Ideologie. Antoine de Saint-Exupery sagte, wenn man ein Schiff bauen wolle, solle man bei den Menschen die Sehnsucht nach den Weiten des Meeres erwecken. Die Kulturmarxisten erweckten bei ihren Anhängern die Sehnsucht nach einem wirklichkeitswidrigen Utopia, in dem es allen Menschen gut geht. Das „Schiff" der Kulturmarxisten wäre allerdings niemals an den Ufern dieses glänzenden Utopias angekommen, sondern wäre stattdessen an den Stränden eines anderen düsteren Reiches angelangt, das die Schrecken des Stalinismus wahrscheinlich noch in den Schatten gestellt hätte. Diese Idee hat allerdings bis heute nichts an ihrer Strahlkraft verloren, denn schließlich musste sie sich niemals an der Realität beweisen. Aus diesem Grund lassen sich auch heute noch viele junge Menschen von dieser Ideologie verführen und teils zu widerlichsten Taten mobilisieren. Das Motto dazu lautet: Das Paradies ist nur immer den jeweils nächsten Mord entfernt...

Aus dieser Perspektive betrachtet, hat auch das schizophrene Verständnis der Linken zu Gewalt einen Sinn. Ein geistig gesunder Mensch lehnt Gewalt außerhalb von Notfallsituation generell ab. Bei den Linken verhält sich das jedoch oftmals etwas anders, denn sie unterscheiden Gewalt in „gute Gewalt" und „böse Gewalt". Böse Gewalt wird von Marcuse auch als „institutionalisierte Gewalt" bezeichnet, weil sie der Unterdrückung dient. Diese Form der Gewalt ist zwar gesetzlich legitimiert, aber absolut verwerflich. Ein Beispiel dafür wäre zum Beispiel Gewalt von Polizisten gegen randalierende Demonstranten, Abschiebung von abgelehnten Asylbewerbern oder auch Gewalt, die durch Gesetze legitimiert wird, zum Beispiel gegen bewaffnete Straftater.

Dem gegenüber steht die „gute Gewalt", die Gewalt des Widerstandes. Diese ist natürlich nicht durch Gesetze legitimiert, doch unter Linken gilt sie als „gerechtfertigte" Gewalt. Bei dieser Form der Gewalt geht es um die Gewalt einer Minderheit gegen das Bestehende, also um eine Art von „Emanzipation" vom Bestehenden. Deshalb muss diese Form der Gewalt einfach gut sein. Denkt man diesen Ansatz nur konsequent zu Ende, kann es niemals nichtlegitime Gewalt von Ausländern geben, denn diese sind ja immer in der „Minderheit". Dies würde einige krude Gerichtsurteile der letzten Zeit erklären und ist eine interessante Parallele zum Thema „Rassismus" (dem wir uns in diesem Buch natürlich ebenfalls widmen werden).

Laut Marcuse haben unterdrückte Minderheiten ein „Naturrecht" auf Widerstand und Gewalt. Dies schränkt er zwar unter der Prämisse ein, dass zuerst gesetzliche Möglichkeiten ausgenutzt werden müssen, an deren erfolglose Nutzung sich dann aber nahtlos auch „außergesetzliche" Gewalt anschließen darf. Hier ist besonders ein Punkt problematisch: Wer erklärt denn eine Menschengruppe zu einer „unterdrückten Minderheit"? Ich treibe das jetzt in einem erdachten Beispiel auf die Spitze: Blinde Menschen werden von der *Lufthansa* „diskriminiert", denn sie können keine Ausbildung zum Piloten absolvieren. Die Blinden ziehen vor Gericht und scheitern dort. Nachdem sie erfolglos Rechtsmittel eingelegt haben, haben sie alle gesetzliche Mittel ausgeschöpft. Nun dürften die Blinden laut Marcuse die Gewalt des Widerstandes nutzen und gegen die *Lufthansa* in den Kampf ziehen. Dies ist in sich zwar durchaus logisch, aber absolut lächerlich. Die Idee der „Gewalt des Widerstands" ist vor allem eine schöne Verpackung, damit man auch grundsätzlich friedliche Menschen für seine (gewaltsamen) Zwecke einspannen kann. Ist es nicht ironisch, dass Linke aber gerne den lieben langen Tag von „rechten Rattenfängern" sprechen, aber selbst exakt so arbeiten und ihre Fußsoldaten mobilisieren? Etwa indem sie willkürlich eine Gesellschaft in angebliche Unterdrücker und Unterdrückte spalten und dann vorsätzlich Konflikte verursachen und anheizen?

Hier schließen sich auch nahtlos die gängigen Entschuldigungskampagnen von Strafverteidigern an. Bei diesen Strategien geht es darum, den Straftäter mit aller Gewalt in eine unterdrückte Minderheit zu positionieren, um eine günstigere moralische Ausgangssituation zu verschaffen. Aus dieser Position betrachtet, ist er dann „weniger schuldig" als ein Mitglied einer „herrschenden" Klasse.

Die ideale hypothetische Blaupause zur Relativierung der Schuldfähigkeit wäre demnach eine lesbische Frau mit nichtweißer Hautfarbe, die über eine Körperbehinderung verfügt, einen Missbrauchsfall in der Historie nachweisen kann und gleichsam aus schwierigen sozialen Verhältnissen stammt. Vollkommen rund würde das Bild dann, wenn eine nichtchristliche Konfession vorliegt. Das krasse Gegenteil dazu wäre dann ein weißer Mann, körperlich gesund, heterosexuell, christlicher Konfession und aus normalen Verhältnissen stammend. Bei einem identischen Vergehen mit identischen Tatbedingungen wäre letztere Person laut Marcuse deutlich schuldfähiger als die erste Person. Dazu zwei Fragen:

1. Ist das wirklich fair?
2. Und wie würde das wohl in einem realen Gerichtssaal aussehen?

Ähnlich wird dies ja auch von den Medien bei der Berichterstattung über Demonstrationen gehandhabt: Bei linken Demonstranten von der Antifa handelt es sich um „Aktivisten", bei den rechten Demonstranten handelt es sich um „randalierende Nazis". Wohlgemerkt: Das Verhalten der Gruppen ist meist vergleichbar, wenn es nicht sogar bei den „Aktivisten" deutlich zerstörerischer ausfällt. So kam es am 13. Dezember 2015 zu linken Krawallen in der Südvorstadt von Leipzig. Einige Quellen sprachen sogar von einem Gewaltexzess, der von einem Mob von Schwarzvermummten angerichtet wurde. Was aber berichteten die Medien? Konnte man bundesweit von einem „Gewaltexzess der Linken" lesen? Selbstverständlich nicht, denn es kann ja nicht sein, was nicht sein darf. Anstelle dessen bekam der brave Deutsche dann Schlagzeilen im Sinne von „Krawallen am Rande einer Neonazi-Demo" vorgesetzt. Wer nicht weiterliest, könnte wieder böse Nazis als Verursacher davon halten, doch weit gefehlt. Vielleicht lesen Sie beim nächsten Mal genauer, es könnte sich lohnen.

In letzter Zeit häufen sich auch die Anschläge gegen Politiker und Büros der AfD. Haben Sie davon schon etwas gelesen? Die Presse scheint es da also auch eher mit Marcuse zu halten und die „herrschende Spreu vom unterdrückten Weizen" zu trennen…

Bevor wir diesen Abschnitt über das Herrschaftsproblem in der Ideologie der Kulturmarxisten verlassen, mochte ich noch einen letzten Aspekt skizzieren. Unter anderem spricht Habermas[39] von „Teilkrisen", die in der

Summation die Kraft haben, eine so starke Systemkrise zu erzeugen, dass dieses komplett scheitern könnte. Bringt Sie das nicht zum Nachdenken, liebe Leserin, lieber Leser? Könnten Flüchtlingskrise, Euro-Krise, Griechenland-Krise... also nicht doch letztlich einem einzigen großen Plan dienen? Könnte also die „alternativlose" Politik des kollektiven Nichtstuns und des „freundlichen Gesichts" dazu dienen, den Tag X herbeizuführen – den Tag, an dem unsere heutige Zivilisation scheitert? Ohne jetzt zu tief einzusteigen, möchte ich nur auf das Thema „Transaktionssteuer" zu sprechen kommen. Zur Hochphase der letzten Finanzkrise forderten Politiker, wie unter anderem Wolfgang Schäuble, die globale Einführung einer Steuer, die besonders den vollautomatischen Hochfrequenzhandel besteuern sollte. Durch diese Maßnahme wäre diesem rein arithmetischen Pingpong-Spiel zwischen Computersystemen der Riegel vorgeschoben worden. Was aber davon ist von diesem Vorhaben übriggeblieben? Die Transaktionssteuer ist nicht eingeführt worden und niemand spricht mehr darüber. Diese Verfehlung wird uns alle noch teuer zu stehen kommen, nämlich bei der nächsten (Finanz)Krise. Dennoch sind die Gründe für das Ausbleiben adäquater fiskalischer Entscheidungen interessant. War es der Lobbyismus der Banken? War es Populismus? War es einfach Unkenntnis? Oder soll die nächste Krise vielleicht die letzte Krise bleiben, damit endlich das utopische Reich des Kommunismus realisiert werden kann?

1.7 Das Konzept der Autoritären Persönlichkeit

Neben der *Kritischen Theorie* stellen die Perspektiven der Frankfurter zur *Autoritären Persönlichkeit* einen wichtigen Stützpfeiler der Kulturmarxisten dar. Aus diesem Grund möchte ich diesem wichtigen Aspekt an dieser Stelle etwas mehr Aufmerksamkeit schenken.

Um überhaupt zu verstehen, worum es den Denkern der *Frankfurter Schule* überhaupt bei dem Thema „Autoritäre Persönlichkeit" geht, muss man sich zuerst einige ganz grundsätzliche Gedanken machen. Ganz wichtig ist hierbei das Thema „Meinungshoheit". Das bedeutet im Klartext: Linke glauben sich im Besitz der einzigen Wahrheit und damit auch im Besitz der „Meinungshoheit" zu sein. Deshalb können nur Linke die Realität schildern, wie sie ist – glauben sie zumindest. Deshalb sind auch so viele Journalisten links. Bei diesem Glauben belassen sie es jedoch nicht, nein, sie wenden diesen Glauben auch an und konstruieren teils hochkomplexe theoretische Gebilde. Diese Gebilde sind in sich absolut völlig stimmig, haben aber leider absolut gar nichts mit der Realität zu tun. Aus diesem Grund muss man unglaublich vorsichtig sein, wenn man sich mit linken Ideen beschäftigt. Als „Nicht-Linker" wird man in einem Gespräch mit einem Sozialisten immer das Nachsehen haben, denn man ist ja nicht im Besitz der Wahrheit, die befindet sich ja ausschließlich beim Gegenüber. Ergebnisoffene Diskussionen sehen aber dann auch wieder anders aus. Linke Theorien orientieren sich eben nicht an der Realität, sondern ausschließlich an ideologischen Standpunkten. Die Realität wird einfach den ideologischen Standpunkten angepasst und was nicht passend ist, wird passend gemacht!

Exakt so verhält es sich bei den Studien zur *Autoritären Persönlichkeit*. Grundsätzlich glauben Linke daran, dass der Kapitalismus eine Vorstufe zum Faschismus ist. Dieser Glaube kann schon mit minimalen Geschichtskenntnissen als völlig haltloser Unsinn entlarvt werden, denn in der Weimarer Republik herrschte zwar ein marktwirtschaftliches System, aber nicht der Kapitalismus – dennoch entstand auf dieser Basis der Nationalsozialismus. Weiterhin gibt es zahlreiche Nationen, die definitiv „kapitalistisch" organisiert sind, in denen es aber dann niemals zum Faschismus gekommen ist. Nun geht es den Kulturmarxisten ja keinesfalls um die gleichen Ziele wie einem Alt-Sozialisten. Der Kulturmarxist will ja den Menschen an sich und auch das Leistungsprinzip verhindern, damit am Ende ein neuer, fast lebensunfähiger Menschentypus entstehen kann. Wie praktisch ist es dann, wenn man eine Persönlichkeitsstruktur definiert, die sowohl die angebliche Grundlage für den Faschismus ist, aber auch gleichzeitig für die aktive und erfolgreiche Teilnahme an einer Gesellschaft, die auf dem Leistungsprinzip basiert. Wenn das mal nicht die Quadratur des Kreises darstellt!

Spannend ist aber noch ein anderes Detail: Sämtliche „Studien" der Frankfurter basieren grundsätzlich auf dem Buch »Die Massenpsychologie des Faschismus« von Wilhelm Reich. Reich war jedoch kein offizielles Mitglied des *Instituts für Sozialwissenschaften*. Das Buch erschien bereits 1933, also im Jahr, in dem Adolf Hitler zum Reichskanzler gewählt wurde. Wie profund können da seine Studien zum Faschismus sein, wenn das Objekt seiner Untersuchung bis dahin überhaupt nicht real existiert hat? Wie seriös können seine Quellen gewesen sein? Welchen Stellenwert hat dann dieses Buch überhaupt? Wilhelm Reich war Mitglied der KPD, sollte das das einzige „Gütekriterium" für seine Arbeiten gewesen sein?

Wie schon erwähnt, gehörte Reich nicht formal zu den Frankfurtern. Erich Fromm entnahm die Kernthesen von Reich und baute diese in sein eigenes Werk an: »Der autoritärer Charakter«. Diese Verwandtschaft zu Reichs Ideen war so nah, dass sogar Plagiatsvorwürfe laut wurden, die sich auch heute nicht völlig entkräften lassen. Die fragwürdige Leistung von Reich bestand 1933 dann darin, dass er die Ursache von Faschismus nicht in soziokultureller Hinsicht begründet ist, sondern in rein psychologischen Faktoren. Das bedeutet laut Reich, dass es Menschen gibt, die eine Exposition für Faschismus haben. Denkt man diesen Gedanken weiter, kann man erneut auf eine frühere These der Kulturmarxisten stoßen: *„Die Gesellschaft ist krank und muss kuriert werden!"* Auf Deutschland bezogen würde das bedeuten: Eine ganze Nation soll absolut pathologisiert gewesen sein, denn sonst hätten die Massen ja keine Disposition für den Faschismus gehabt. Klingt das nüchtern betrachtet halbwegs plausibel? Ich denke, bereits an diesem Punkt ist die absolute Fehlerhaftigkeit dieser Theorie problemlos zu erkennen.

Der Vorteil dieses Ansatzes (der Faschismus beruht lediglich auf der Anfälligkeit psychisch kranker Menschen) beruht darauf, dass man sich eigentlich nicht weiter mit dieser Ideologie beschäftigen muss, schließlich sind ja angeblich nur „Irre" dafür empfänglich, also muss ja auch diese Lehre völlig krank sein. Somit erübrigt sich auch jede weitere sachliche Argumentation! Der große Makel dieses Ansatzes ist aber eng mit seinem großen Vorteil verbandelt: der Psychologie bzw. der Psychoanalyse. Die Psychologie ist eine rein theoretische Wissenschaft – zumindest sehe ich das so. Andere, wie zum Beispiel Ludwig Wittgenstein,[40] sprechen der Psychologie insgesamt jede Wissenschaftlichkeit ab. Nun handelt es sich bei der Psychoanalyse selber aber noch um ein wesentlich theoretischeres Konzept als bei der Psychologie. Folglich hat die Psychoanalyse sogar noch entschiedenere und auch zahlreichere Gegner als die Psychologie. Der wohl bekannteste Kritiker ist der Wirtschaftsphilosoph Karl. R. Popper.[41] Weitere prominente Kritiker sind Thomas S. Kuhn, B. A. Farrel und Frank Cioffi. Cioffi spricht der Psychoanalyse sogar den Status einer Pseudowissenschaft zu. Was nun, Sigmund Freud? Die Psychologen und Psychiater unter meinen Lesern hassen mich jetzt sowieso, da bin ich ganz realistisch. Man muss die Wahrheit aber beim Namen nennen, zumal es hier um die Analyse einer politischen Ideologie mit einem völlig falschen Messinstrument geht. Das soeben Gesagte lässt sich jedoch auf die Lehre der Kulturmarxisten insgesamt übertragen, da die Psychotherapie ja sehr oft als essentielle Begründung ihrer kruden Thesen herangezogen wurde.

Bevor wir uns jetzt die Ideen der Frankfurter zum *Autoritären Charakter* genauer ansehen, stellt sich eine weitere Frage: Wenn die Grundannahmen der Kulturmarxisten aus der Psychoanalyse stammen und eventuell völlig fehlerhaft sind, bedeutet das automatisch, dass auch deren Ideologie ebenfalls völlig fehlerhaft ist? Leider kann ich diese Aussage hier nicht unterschreiben. Wenn diese Annahme zutreffen würde, dann gäbe es eine Vielzahl von Theorien und Hypothesen, die ebenfalls in sich zusammenbrechen, weil sie auf falschen Annahmen basieren. Ein Beispiel hierfür ist die Medizin. Viele Vorstellungen von Prozessen im menschlichen Körper beruhen auf Hypothesen, die sich nicht beweisen lassen. Dies trifft im besonderen Maße auf das Thema „Immunsystem" zu. Nun funktionieren allerdings einige Behandlungstechniken, obwohl sie lediglich auf Annahmen und dem Glauben daran basieren. Dieses Thema wird auf wirklich unnachahmliche Art und Weise in dem Dokumentarfilm „Maybe Logic" von Robert Anton Wilson behandelt, weshalb ich diesen Film hier ganz ausdrücklich empfehlen möchte.

Belassen wir es an dieser Stelle einfach dabei, dass manche Techniken tatsächlich funktionieren, obwohl sie auf falschen Annahmen basieren. Wenn Sie diese Thematik näher interessiert, empfehle ich einen Blick in meine beiden vorherigen Bücher aus der »Gefährlich!«-Reihe. Den Frankfurtern muss unterstellt werden, dass sie keinesfalls als Wissenschaftler angesehen werden sollten, aber dennoch definitiv als Intellektuelle und sogar als extrem linke Denkfabrik mit einer beachtlichen Reichweite für ihre Ideen. Erich Fromm leistete sozusagen die Vorarbeit für die amerikanischen Studien auch von Adorno, die dann 1973 erschienen sind. Bemerkenswert ist, dass die Frankfurter (und auch Reich) sich in ihren Studien weder mit den politischen Strukturen noch der Idee des Faschismus an sich beschäftigt haben. Ebenso wurden auch nach 1945 keine Interviews oder Studien mit ehemaligen Faschisten geführt. Hier sollte die Frage erlaubt sein, ob dies eventuell damit begründet werden könnte, dass durch solche praktischen Feldstudien die geliebten und gehätschelten Theorien in Gefahr geraten wären?

Wie stellen sich nun aber die Kulturmarxisten die Entstehung der *Autoritären Persönlichkeit* vor? Wieder ist die traditionelle Vater-Mutter-Kind-Familie ganz, ganz böse. Hier gilt sie sogar als Keimzelle des Faschismus. Dies ist wohl der rote Faden, der sich quer durch diese Ideologie zieht und wir sollten dies für unsere späteren Betrachtungen im Hinterkopf behalten. In der Familie kommt es laut den Kulturmarxisten dann bei den Kindern durch die „bösen Eltern" zu einer Triebunterdrückung. Auch hier schließt sich erneut der Kreis zu dem Wahn von Orpheus und Narziss. Die angeblich überzogenen Gehorsamkeitsforderungen der Eltern führen nun dazu, dass sich Aggression gegen angeblich Schwächere und Minderheiten ausprägt. Dies bezieht sich zu Anfang dann auf das Lebensumfeld der Kinder und wird später durch den Anpassungsdruck an das Leistungsprinzip auf Randgruppen „vergesellschaftet": auf Menschen anderer Hautfarbe, anderer Herkunft, anderer Religion, auf Kranke und so weiter – eben auf alle „Schwächeren". Zusätzlich werden die Glaubenssätze, Werte und Normen der angeblich bösen, weil klar autoritären Eltern übernommen. An dieser Stelle winkt uns quasi Antonio Gramscis Hand aus dem Grabe zu…

Wirklich kreativ waren die Kulturmarxisten hier nicht und ihre Ideologie wimmelt nur so von gegenseitigen Referenzen zwischen den Kernthesen. Durch diese Konstruktion wird die kulturmarxistische Ideologie ungeheuer stabil, solange die wenigen Kernthesen nur nicht zu genau untersucht werden. Aus diesen Schlussfolgerungen und dem Freudomarxismus wurde dann die *Antiautoritäre Erziehung* destilliert, die im Dunstkreis der 68er-Bewegung ihr Unwesen treiben konnte. Das Ziel war klar: Kurzfristig sollte bei der damaligen Kindergeneration das Entstehen einer *Autoritären Persönlichkeit* verhindert werden. Mittelfristig sollten diese heranwachsenden Kinder dann auch dafür sorgen, dass es keine Familien mehr mit konservativer Prägung geben sollte. Erinnern wir uns an die skizzierten Wesenseigenschaften des orphisch-narzisstischen Menschen von weiter vorne. Menschen dieses Typus können nicht „in die Welt hinausgehen" und sich dort einen Platz „erkämpfen". Dazu gehören der erfolgreiche Berufsabschluss, ein Studium und auch das Finden eines Partners.

Und schauen wir uns diesbezüglich unsere heutige Gesellschaft an: Immer mehr junge Menschen sind völlig beziehungsunfähig und leben als Singles. Eine Datenerhebung des *Statistischen Bundesamtes* ergab, dass sich die Single-Rate zwischen 1991 und 2011 nahezu verdoppelt hat. Dies trifft leider besonders auf Männer im heiratsfähigen Alter von 18 bis 34 Jahren zu. Der Anteil der Singlehaushalte in Deutschland liegt bei 37,2 Prozent.[42] Diese Folgen können nun unmöglich *allein* auf die Folgen der *Antiautoritären Erziehung* zurückgeführt werden, besonders weil sich bekanntermaßen sehr differenzierte Formen dieser Erziehungsform gebildet haben, die sich auch durchaus nicht mehr ganz so stark an den Ideen der frühen Kulturmarxisten orientieren (hier ist besonders der libertäre Zweig anzuführen). Selbstverständlich hat sich auch das Wissen der Kulturmarxisten weiterentwickelt und wurde durch neue Denkfabriken zusätzlich verfeinert und verbessert, sodass es seine volle Wirkung entfalten konnte. Ebenso muss auch die desaströse Familienpolitik der Bundesregierungen seit dem Bestehen der Bundesrepublik als Faktor für diese Entwicklungen ins Feld geführt werden, denn „Familie" ist ja meist das Endstadium von gemischtgeschlechtlichen Beziehungen (zumindest ab einem gewissen Alter). Wenn dieser Endzustand nun so unattraktiv wie in der BRD gemacht wird, ist es kaum verwunderlich, wenn so wenige Menschen schließlich auch Kinder bekommen. Dies trifft leider besonders auf die intelligenten und die am besten an das Leistungsprinzip angepassten Menschen und Paare zu, denn diese haben im Gegensatz zu weniger leistungsorientierten und gebildeten Paaren deutlich mehr zu verlieren und entscheiden sich dann oft genug nur für ein Kind oder eben für gar keines. Diese skizzierte Entwicklung ist aber nur eine Folge der kulturmarxistischen Manipulation.

Die angesprochene „Versingleisierung" halte ich aus menschlicher und sozialer Perspektive für die schwerwiegendste: Vereinsamung und isoliertes Leben in absolut gesteigerter Form, denn neben einem Partner fehlen natürlich auch andere Sozialkontakte wie Freunde, Familie und Bekannte, also all die Komponenten, die laut neuesten Studien ganz entschieden zum Lebensglück beitragen!

Die Studien zum autoritären Charakter gipfelten letztlich in der sogenannten Faschismus-Skala (F-Skala), mit der „typische" Eigenschaften der autoritären Persönlichkeit erfasst und gemessen werden sollen.

1.8 Die F(aschismus)-Skala

Die *Frankfurter Rundschau* bezeichnet die F-Skala auch 2009 noch als *„Meilenstein der modernen, empirischen Sozialforschung"*. Wenn das wirklich so wäre, dann kann es mit der modernen Sozialforschung jedenfalls nicht so weit her sein – doch jetzt erst der Reihe nach.

Die F-Skala wird Theodor Adorno zugeschrieben, was jedoch so nicht ganz korrekt ist. Adorno war an den Studien beteiligt, denen die F-Skala zugrunde liegt, doch er hat diese keinesfalls entwickelt. Stattdessen ist der amerikanische Sozialpsychologe R. Nevitt Sanford der Konstrukteur des Fragebogens, auf dem die besagten Studien basierten. Adorno war nämlich alles andere als ein Mann der Praxis und hatte es deshalb auch nicht ganz so sehr mit der empirischen Forschung. Denn die F-Skala misst die Anfälligkeit zum Faschismus indirekt, da sie den Weg über die Persönlichkeitsstruktur wählt. Zur Messung umfasst sie insgesamt 9 Subskalen:[43]

1. **Konventionalismus:** Orientierung an konventionellen Werten des bürgerlichen Mittelstands,

2. **Autoritäre Unterwerfung:** Bereitschaft zur unkritischen Unterordnung in der eigenen Gruppe,

3. **Autoritäre Aggression:** Neigung, Menschen, die gegen konservative Werte sind, zu verurteilen, abzulehnen und gegebenenfalls auch zu bestrafen,

4. **Anti-Intrazeption:** Ablehnung von Phantasie, Empfindsamem und Individualität,

5. **Aberglaube und Stereotypie:** Glaube an die Vorsehung, Schubladendenken,

6. **Macht und Rauheit:** Reduzierung der Realität auf Herrschaft und Unterordnung, Führerfiguren, Stärke,

7. **Destruktivität und Zynismus:** Hang zur Menschenfeindlichkeit,

8. **Projektivität:** Angewohnheit, die eigene unterdrückte Triebhaftigkeit auf die Welt zu projizieren und zum Beispiel an den „Kampf ums Dasein" zu glauben und

9. **(Über)Sexualität:** Gesteigertes Interesse und übermäßige Beschäftigung mit Sexualität.

Als Antwortmöglichkeit stehen dem Probanden dann sogenannte „Items" zur Verfügung, die er dann mit von „stimmt genau" bis „stimmt weitgehend" und bis hin zu „stimmt gar nicht" bewerten soll. Um bewusste Manipulation zu erschweren, gibt es zu jeder Frage immer auch eine umgekehrt formulierte Frage gleicher Aussage wie zum Beispiel: *„Ich bewundere Feldherren, die andere Völker unterwerfen konnten."* und zur Kontrolle: *„Ich verachte Menschen, die andere unterwerfen wollen."*

Wie ich eingangs schon erwähnt habe, erfasst die F-Skala vor allem die Persönlichkeitsstruktur eines Menschen. Dies ist die Leistung, die man der F-Skala definitiv bescheinigen kann und sollte. Doch bereits bei dieser originären Funktion weist der Test Probleme auf. Dies betrifft jedenfalls die Abstufung der Items, die bei vielen Probanden einfach zu einer Anhäufung von Extremwerten führen kann und alleine schon deshalb ungenaue Ergebnisse produziert. Wesentlich schwerer wiegt jedoch ein anderer Kritikpunkt, denn der Test wurde zwar an 2.000 Testpersonen durchgeführt, dies geschah aber in den USA an der *University of California* in Berkeley. Keine der Testpersonen hatte irgendetwas mit dem Nationalsozialismus oder dem Faschismus zu tun. Wie kann also daraus geschlossen werden, dass es in der Persönlichkeitsstruktur von „Faschisten" tatsächlich ein erkennbares Muster gibt, wie es die F-Skala ausweist? Die Forscher um Adorno versuchten diese Verbindung herzustellen, indem sie zwei weitere Skalen (Fragebogen-Tests) durchführten und mit der F-Skala in Verbindung zu bringen versuchten. Dabei handelte es sich um die Skalen für Ethnozentrismus und Antisemitismus. Weiterhin wurden Korrelationen zur Skala für Konservatismus gefunden.

Definitiv wird aber auch das Hauptproblem nicht gelöst, denn man kann einfach nicht exakt von einer Persönlichkeitsstruktur auf ein potenzielles Verhalten schließen, ohne zusätzlich ein tatsächlich stattfindendes Verhalten zu beobachten und auszuwerten. Dies fand bei den erwähnten Untersuchungen in Kalifornien nicht statt. Stattdessen verharrte man bei der Persönlichkeitsstruktur. Was wäre aber, wenn es sich bei den Antworten auf die Fragen nur um eine momentane Laune des Probanden gehandelt hätte? Erschwerend kommt hinzu, dass die Probanden den Fragebogen im Rahmen einer Interviewsituation beantworten mussten. Nur die wenigsten der Menschen hatten mit einer solchen Situation bereits Erfahrungen gesammelt, sodass es durchaus auch zu verfälschten Antworten durch Nervosität und Unsicherheiten gekommen sein könnte.

Ein weiteres dickes Manko ist die von vielen Stellen kritisierte fehlende Abgrenzung zum Konservatismus, was ebenfalls zu Messungenauigkeiten geführt hat. Ein hoher Wert in der F-Skala kann nämlich auch lediglich auf eine starke konservative Struktur des Probanden hindeuten. Hier sollte natürlich die Frage erlaubt sein, ob dies nicht sogar gewollt war, um eine möglichst große Gefährdungslage durch eine häufige Disposition für den Faschismus zu erschaffen und gleichzeitig somit auch Front gegen den Konservatismus machen zu können? Zudem dauert in wissenschaftlichen Kreisen bis heute die Diskussion über die sehr ähnliche Auswahl der Subskalen der F-Skala an, was ebenfalls nicht für einen „Meilenstein" spricht. Deshalb muss man feststellen: Ein Trabbi bleibt eben ein Trabbi, da kann man auch ein Porsche-Logo auf die Motorhaube pappen. Die F-Skala wird vor allem von Linken überhöht, da sie so herrlich zu deren Ideologie passt, doch zu einem Meilenstein wird sie deshalb nicht!

Wie auch die Idee der *Autoritären Persönlichkeit* basiert auch die F-Skala auf den Arbeiten von Reich und Fromm, die eben Psychoanalytiker waren. Wie wir gesehen haben, ist auch dieses Fundament mehr als wackelig. Die Mängelliste der F-Skala mündet dann in einem Aspekt, über den man auch als Bewohner der BRD im Jahre 2016 ein Lied singen könnte: linker Autoritarismus wie zum Beispiel in Form der *Antifa*. Diese Form der Gewalt entlädt sich gerade in seiner vollen Wucht gegen die AfD. Dies passierte zuletzt bei deren Bundesparteitag, bei dem es zu Übergriffen auf Teilnehmer und Straßenschlachten mit der Polizei kam. Weiterhin werden auch Ortsvereine der AfD zum Ziel von Anschlägen, wie zum Beispiel auf die Geschäftsstelle des Landesverbandes Schleswig Holstein am 13. Mai 2016. Es sollte uns zu denken geben, dass über diese Vorgänge wenig bis gar nicht in der Presse berichtet wird. So wird die bewusste Unterdrückung von Informationen für politisch linke Zwecke durch autoritäre Persönlichkeitsstrukturen befeuert, auch wenn diese eben eine stark linke Orientierung haben. Diesen Aspekt berücksichtigt die F-Skala leider absolut nicht. Dies kommt natürlich nicht von ungefähr, denn der böse Faschismus darf ja immer nur einseitig von rechts existieren. Historisch betrachtet ist das sogar völliger Unsinn, wenn wir uns sowohl Stalin als auch die Straßenschlachten der Antifa ins Gedächtnis rufen: Rotfaschismus ist absolut real und gefährlich! Gewalt ist außerhalb einer kriegerischen Auseinandersetzung und einer Notsituation immer abzulehnen und es gibt keine Entschuldigung dafür.

Nun existiert also die F-Skala, ein angeblicher Meilenstein der empirischen Sozialforschung, doch was sagt ein hoher Score-Wert beim Abschneiden dieses Tests aus? Ist ein Proband dann wirklich anfällig für faschistische und antidemokratische Tendenzen? Dies wollten uns die Konstrukteure des Tests und auch die heutigen Verfechter der F-Skala glauben machen. Doch genau diese Aussage kann der Test eben nicht belegen. Stattdessen liefert der Test nur eine Aussage über verschiedene Strukturen innerhalb der Persönlichkeit eines Probanden. Da niemals die Persönlichkeitsstrukturen tatsächlicher Faschisten auf vergleichbare Art und Weise untersucht worden ist, ist auch kein Vergleichsmaßstab dazu vorhanden.

Was ein hoher Score-Wert in der F-Skala andeutet, ist eine Art „Syndrom-Komplex", der bei Menschen über eine Neigung zu Vorurteilen entscheiden kann. Auch hier muss aber weiterhin eingeschränkt werden, dass der Begriff „Syndrom" aus der Medizin entliehen wurde und dort eine Anhäufung von Krankheitszeichen bezeichnet, der noch keine Pathologie zugeordnet wurde. *Vorurteile* können je nach Perspektive spießig, realistisch oder auch zynisch sein – aber krankhaft? Wenn realistische Maßstäbe angelegt werden, kann eine pathologische Neigung zu Vorurteilen lediglich bei einem verschwindend geringen Prozentsatz der Bevölkerung angenommen werden. Ein Beispiel für die älteren Leser: Ich stelle mir da den Prototyp der „Else Kling" aus der Lindenstraße vor, die niemals ihre kleine Lebenssituation verlassen, aber über alles und jeden absolut (falsche) Vorurteile hat.

Unter den genannten Kritikpunkten möchte ich jedoch besonders die fehlende Verhaltenskontrolle der Probanden hervorheben. Ein intelligenter Proband kann sich selbst als toleranter Weltbürger darstellen, aber im Privatleben dümmste Ressentiments pflegen. Genau dies würde jedoch durch anschließende Beobachtungen der Probanden verifiziert, denn es ist ja auch genau das Gegenteil denkbar: Wenn jemand eine konservative Weltsicht hat, kann er durchaus einen hohen Score in der F-Skala erzielen. Sein Verhalten im Alltag (oder spezifischen Rollenspielen für eine Verhaltenskontrolle) könnte dann aber zeigen, dass es sich um alles, nur eben keinen Faschisten handelt. Dies hätte natürlich die ganze schöne Auswertbarkeit der Studien im Sinne des Auftraggebers zerstört. Das ist nämlich bei allen Studien die traurige Wahrheit: Studien sind keinesfalls umsonst und müssen finanziert werden. Der jeweilige Geldgeber ist dabei selber oftmals kein vorurteilsfreier Schöngeist, sondern will handfestes Datenmaterial für seine eigene Interessen produzieren lassen – denn warum sollte sonst jemand Mittel ausgeben, wenn er nicht davon profitieren kann?

Im Jahr 2009 startete die *Frankfurter Rundschau* eine große Leseraktion zur F-Skala. Knapp 2.500 Leser nahmen an einer Testung mit einer aktualisierten Fassung der F-Skala teil. Dort gab es dann zum Beispiel in der Subskala zu „Destruktivität und Zynismus" einige Aussagen von CDU und FDP. Wer diesen Aussagen dann stark zustimmte, überschritt sofort den Mittelwert im Bereich *„generalisierende Feindseligkeit, Verleumdung des Menschlichen".* Dies kann als symptomatisch für die ganze F-Skala gesehen werden, die 2009 sehr gewissenhaft an die Bedingungen unserer Zeit angepasst worden war. Jeder Nicht-Linke wird dies als Beleg für die mangelhafte Objektivität der F-Skala erkennen. Die Sozialwissenschaften sind weltweit, aber auch und besonders in Deutschland, ein Biotop für Linke. Da die F-Skala sich bestens in nahezu jede Form linker Ideologie einfügt, würde jeder Linker sich lieber einen Finger abschneiden, als die Tauglichkeit eines so wunderbaren, ideologischen Spielzeugs zu relativieren. Wenn ein Test mehr „Faschisten" statistisch erfasst, als es wirklich gibt, dann ist das doch mehr als nur ein positiver Effekt. Auf diese Weise kann man noch mehr Agitation und Propaganda in eigener Sache finanziert bekommen und nicht zuletzt auch seinen eigenen Lehrstuhl sichern. Klappern gehört eben auch im akademischen Umfeld zum Handwerk!

Die Kritik gegen die F-Skala stammt dann eben auch ausschließlich von eher konservativen oder auch neutralen Wissenschaftlern, die es glücklicherweise auch 2016 noch gab!

Noch einmal genau gefragt: Was ist nun die F-Skala? Sie ist definitiv keinesfalls ein „Meilenstein" und ist grundsätzlich keine gute Skala und kein gutes Untersuchungsinstrument, zumindest wenn es um die Anlagen in der Persönlichkeit eines Menschen geht, die angeblich die Zustimmung zum Faschismus begünstigen. Stattdessen taugt die F-Skala eigentlich nur für einen völlig anderen Zweck: Die Frankfurter haben ungewollt einen Screening-Test erschaffen, der ganz klar die Disposition zur Zustimmung für die linke Ideologie demonstrieren kann. Eigentlich müsste die F-Skala also umbenannt werden in Linksismus, also L-Skala!

Resümee

Was ich hier an Material zusammengetragen habe, ist nur eine kleine Auswahl aus dem nahezu unbegrenzten Material linker Quellen. Dennoch halte ich die von mir getroffene Auslese für mehr als ausreichend, um sie weiter als Basis für meine Argumentation nutzen zu können.

Die genannten Personen sind nicht nur einfach Philosophen, Marxisten, Forscher oder Psychoanalytiker. Diese Menschen sind die Gründerväter einer absolut totalitären Ideologie, die in alle Lebensbereiche des Einzelnen eingreifen möchte und wieder einmal die Erschaffung eines „neuen Menschen" als Ziel hat. Weiterhin trachtet der Kulturmarxismus nach der Freiheit und möchte nur noch ein Leben nach seinen Vorstellungen erlauben. Der neue Mensch der Kulturmarxisten soll eine Marionette sein, die nach orphisch-narzisstischer Blaupause keinerlei Motivation, Leistungsfähigkeit und eigenen Willen mehr besitzen soll. Familiäre Bindungen sollen möglichst völlig zerstört werden, damit ein Kollektiv gleichgeschalteter Bedürftiger entsteht, die einem völlig anders gearteten Herrschaftsapparat ausgeliefert ist. Eine solch autoritäre Regierung ist nämlich nötig, da die Massen über keinerlei eigenen Antrieb als das eigene Bedürfnis mehr verfügen. Doch ein solches Kollektiv würde ohne Machthaber innerhalb kürzester Zeit an der eigenen Dekadenz zugrunde gehen, da die einzige Handlungsmaxime der Genuss ist. Eine ausschließlich hedonistische Gesellschaft würde verhungern, da sie außer der Triebbefriedigung keine Zeit mehr hätte, sich um so lästige Dinge wie zum Beispiel Vorratshaltung zu kümmern.

Nun könnte man auch sagen, dass die Tage zum Beispiel von Marcuse, Gramsci und Reich schon lange vorbei sind. Doch das stimmt so leider keinesfalls, denn diese Autoren werden weiterhin nicht nur gelesen, sondern auch unterrichtet und sogar verehrt.

Die F-Skala gilt auch 2017 noch als angeblicher „Meilenstein der empirischen Sozialforschung", obwohl ihre gravierenden Mängel mehr als offensichtlich sind und sie somit alles andere als ein „Meilenstein" sein kann. Warum wird dieser Umstand aber von der Mehrzahl prominenter Sozialwissenschaftler nicht thematisiert? Aus dem cineastischen Meisterwerk „Die üblichen Verdächtigen" stammt das bereits erwähnte Zitat:

> *„Der größte Trick, den der Teufel je gebracht hat,*
> *war, die Welt glauben zu lassen, es gäbe ihn gar nicht."*

Linke in Deutschland bekommen Schaum vor dem Mund, wenn man den Begriff des Kulturmarxismus auch nur erwähnt: Es darf eben nicht sein, was nicht sein darf. **Kulturmarxismus bedeutet vor allem brutale Gleichmacherei.** Jeder Unterschied zwischen den einzelnen Kulturen und Völkern soll ausgemerzt werden. Im Englischen ist der Begriff „Diversity" schon lange zu einem Kampfbegriff geworden. Das deutsche Pedant und Gegenstück dieses Begriffes ist „Bunte Vielfalt". Letztlich will der Kulturmarxismus aber alles andere als eine vielfältige und individuelle Welt, sondern will einen einzigen Schmelztiegel, in dem sich all die wunderbaren Facetten der unterschiedlichen Kulturen auflösen. Internationalismus und Multikulturalismus sind die Mittel, um dieses Ziel zu erreichen, doch sie haben sich in der Vergangenheit als zu wenig effektiv erwiesen. Im letzten Jahr wurde deshalb Massenmigration als Werkzeug hinzugefügt, um die Agenda der globalen Gleichmacherei auf Kosten der indigenen Bevölkerungen und gleichsam auch auf Kosten der Flüchtlinge brutal voranzutreiben. Denn machen wir uns nichts vor: Der einzelne Mensch hat für die zynischen Strategen lediglich den Stellenwert einer Spielfigur und es gibt keinen Unterschied, welche Herkunft diese Figur hat!

Der „Marsch durch die Institutionen" hat die Ideologie des Kulturmarxismus in nahezu jeden Lebensbereich, Organisation, Partei, Verein, Unternehmen, Religion, Universität und Schule gebracht. Von dort aus wirkt diese Ideologie wie ein Virus, der seinen Wirt infiziert und nun sogar Kontrolle über dessen Nervensystem erlangt hat.

Die Gefahr droht auch aus Richtungen, die man im ersten Moment für völlig unverdächtig halten könnte, wie zum Beispiel aus dem Großkapital. Ich möchte hier exemplarisch auf Maurice Strong verweisen, einen Großunternehmer und Funktionär der *Vereinten Nationen* (UN). Dieser Herr beschrieb sich selbst als „Sozialistischen Ideologen mit kapitalistischer Methodik". Herr Strong will damit sagen, dass er sich kapitalistischer Praktiken bediente, um das Geld zur Umsetzung seiner sozialistischen Ideale einzusammeln. Strong machte mit unterschiedlichen Unternehmen das große Geld und nutzte dieses Geld dann zur Aushöhlung des Systems, das ihn als vermögenden Menschen privilegiert hatte. Ein anderer Aspekt dessen, was er angedeutet hat, ist die bekannte Spielart des „Verluste sozialisieren und Gewinne privatisieren".

Dieser exemplarische Querverweis auf einen Großunternehmer soll verdeutlichen, wie weit der Arm des Kulturmarxismus reicht und wo überall dessen Vertreter anzutreffen sind. Es sind nämlich definitiv nicht nur die klassischen Linken in den Medien, Gewerkschaften und Universitäten, sondern auch deren natürlichen Feinde: die Kapitalisten. Der „Sozialismus für feine Leute" (Kulturmarxismus) hat die beiden Erzfeinde zu Blutsbrüdern gemacht, die nun alles dafür tun, um die Marktwirtschaften weltweit kollabieren zu lassen. Um diesen Zweck zu erreichen, brauchen sie nicht die Internationale singend und Fahnen schwenkend durch die Straßen zu ziehen. Es reicht voll und ganz, wenn jeder Kulturmarxist in seiner jeweiligen beruflichen oder politischen Funktion zu wirken beginnt. Lassen Sie sich also von linken Ideologen künftig nie wieder auf den Holzweg locken und sich von den schönen Worten wie „sozialer Gerechtigkeit" oder „Vielfalt" einlullen. Hier geht es ausschließlich wieder nur um Geld, viel Geld und letztlich nur um die Schaffung eines einzigen, gleichförmigen globalen Marktes, in dem der „Faktor Mensch" noch ausschließlich eine Rolle als Konsument spielt.

Im Folgenden wollen wir uns einmal die ganz konkreten Ausprägungen des Kulturmarxismus in unserer Gesellschaft ansehen. Im nächsten Kapitel beginnen wir zuerst mit dem linken Menschenbild und schauen uns dann die vielbeschworene „Political Correctness" an, da diese gewissermaßen als Bindeglied zwischen den unterschiedlichen Linken-Ausprägungen angesehen werden kann.

Teil 2: Gesichter des Linksismus heute

In diesem Teil des Buchs wollen wir uns mit den Teilaspekten des Linken-Kultes beschäftigen. Ich nenne diese Ideologie auch gerne „Linksismus", denn es handelt sich ganz unzweifelhaft um einen weiteren dogmatischen und widernatürlichen -ismus wie bei allen Ismen: Faschismus, Islamismus, Absolutismus und so weiter. Im englischsprachigen Bereich hat sich der Begriff „Leftism" als Bezeichnung für die linke Ideologie durchgesetzt. Ich halte diesen Neologismus 2017 als wesentlich passender für das Sammelbecken der Linken. Da wir Deutschen aber ebenfalls über eine faszinierende und facettenreiche Sprache verfügen, erlaube ich mir die Eindeutschung zum „Linksismus".

Es muss immer wieder betont werden, dass Linke sich mittlerweile auch dort befinden, wo sie ursprünglich nicht anzutreffen waren: bei ehemals eher konservativen Parteien wie CDU/CSU, dem Militär, der Polizei und der Justiz und natürlich auch im Großkapital. Dass Linke auch die überwältigende Mehrheit im Journalismus stellen, ist jedem halbwegs wachen Menschen wohl schon seit längerer Zeit klar und muss wohl kaum noch besonders betont werden. Dabei spielt es auch keine Rolle, welcher Linken-Facette diese Menschen angehören: der SPD, CDU, den Grünen, der Linkspartei oder jedem anderen Trieb der linken Kernideologie, denn wie wir bereits gesehen haben, hat sich der Kulturmarxismus in nahezu allen Facetten eingenistet und hat diese in seinem Sinne manipuliert.

1. Das linke Menschenbild

Zu Beginn habe ich ja bereits über die Folgen des Kommunismus gesprochen, der für viele Menschen immer noch als ideale Staatsform angesehen wird. Ich möchte es hier ganz explizit sagen: Wer den Nationalsozialismus als ideale Staatsform bezeichnet, macht sich zurecht strafbar. Strafrecht hat nun aber nicht immer mit Logik zu tun, eigentlich sogar viel zu selten. Denn es ist ein absoluter Fakt, dass der Kommunismus bei weitem mehr Menschen das Leben gekostet hat, als es der Nationalsozialismus getan hat. Dies möchte ich hier aber keinesfalls als Verharmlosung des Faschismus verstanden wissen, sondern im Gegenteil als Entzauberung des Kommunismus als angeblich „humane" und „menschenfreundliche" Gesellschaftsform.

Diese seltsame Schieflage in der Außenwirkung der beiden Ideologien kann man damit begründen, dass Linke grundsätzlich bessere PR- Leute haben und somit wesentlich besseres Marketing betreiben als Rechte. Wobei sich hier wieder die Frage stellt, ob der Nationalsozialismus überhaupt eine rechte Ideologie ist, oder viel eher dem linken Spektrum hinzuzurechnen ist. Diesen Gedankengang haben unter anderem schon Erika Steinbach (CDU) und Joachim Fest vorgedacht, natürlich übrigens zum absoluten Entsetzen der Linken. Die Nationalsozialisten und Hitler müssen natürlich „rechts" sein, sonst brechen die letzten Dämme und damit auch die Luftschlösser der Linken vollends in sich zusammen!

Belassen wir es an dieser Stelle einfach bei dem Gedanken, dass sowohl Links als auch Rechts generell zu völlig überholten Begriffen geworden sind und widmen wir uns wieder dem eigentlichen Thema dieses Kapitels. Wie wir eben festgestellt haben, war der Kommunismus mörderischer als der Nationalsozialismus. Diese Aussage wird einigen Lesern die Zornesröte ins Gesicht treiben. Mir ist das aber völlig egal, denn gewisse Wahrheiten müssen einfach ausgesprochen werden. In meinen Augen wäre es nur völlig legitim, wenn die Verherrlichung des Kommunismus ebenfalls unter Strafe gestellt würde. Ich bin aber nur Autor und kein Jurist, deshalb möge man mir meine Meinung nachsehen, schließlich herrscht in diesem wundervollen Land ja auch die Meinungsfreiheit! Der Gipfel der Heuchelei ist aber dann erreicht, wenn sich Linke dazu herablassen und arrogant erklären, dass der Kommunismus nach wie vor die beste aller Ideologien sei und dass sein Scheitern immer nur auf den menschlichen Makel zurückzuführen ist. Kurz: Es braucht eben nur den „richtigen Mensch", um dem Kommunismus zum Erfolg zu verhelfen. Von dieser Einstellung ist es nur noch ein Millimeter zur pathologischen „Erschaffung eines neuen Menschen", so wie es alle totalitären Ideologien wollen. Aber genau darum handelt es sich sowohl beim Sozialismus als auch beim Kommunismus: eine totalitäre, alles durchdringende Ideologie.

Selbstverständlich ist auch am Kommunismus die Zeit nicht ohne Spuren vorbeigegangen und er erfuhr Modifikationen und Änderungen. Dabei spielte natürlich gerade der bereits angesprochene Kulturmarxismus keine unwesentliche Rolle. Sprechen doch die Väter dieser besonders kranken Irrlehre von der Erschaffung des orphischen Menschen, also eines hedonistischen Menschen ohne eigenen Willen, der eher das Dasein eines Tieres in einem luxuriösen Zoo führt: tumbe Bedürfnisbefriedigung. Aus diesem Grund wollen die heutigen Linken den Menschen von allen Repressalien „befreien". Dies ist jedoch ein perfides Spiel mit Worten, das absolut als Paradebeispiel für einen Euphemismus dienen kann. Linke verstehen unter Befreiung nichts anders als die totale Versklavung und Unterordnung unter ein dominantes Wertesystem, das von oben verordnet wird. Da es sich um ein linkes Wertesystem handelt, haben Linke mit dieser Art der Dominanz und der Repression absolut kein Problem, denn es kann ja nicht schlecht sein. Da lacht Stalin doch mal ganz herzlich in seinem Grab!

Hier sind wir dann bei einem ganz wesentlichen Punkt angekommen! Linke haben die Kunst perfektioniert, ihren eigenen Standpunkt als moralisch völlig unangreifbar darzustellen. Es geht dabei aber immer nur darum, dass der Grundsatz der Gesinnungsethik gewahrt wird und ihr Anspruch muss absolut nicht mit Fakten gedeckt sein. Dieser Denkfehler zeigt sich aber bereits bei der oben angesprochenen Frechheit, dass der Kommunismus an sich tadellos ist, es aber stattdessen immer an den Menschen gehapert hat. Der Kommunismus an sich hat es also „gut gemeint" und darf keinesfalls an den historischen Folgen gemessen werden...

Mit Verantwortung dürfen sie wirklich keinem Linken kommen! Sollten Sie mir das nicht glauben, probieren Sie es doch einmal aus! Sprechen Sie einfach mal einen Linken an, warum er zum Beispiel seine Kinder auf eine Privatschule schickt. Oder wie er es mit seiner politischen Einstellung vereinbaren kann, wenn er einen Porsche fährt? Gleiches gilt, wenn er in einer Penthouse-Wohnung oder in einer Villa lebt. Ebenso sollen auch viele Linke über ein recht ansehnliches Aktiendepot verfügen. Ich kann Ihnen aber das Ergebnis dieser „Provokation" voraussagen: die betreffende Person wird ausrasten! In linken Kreisen geht es ausschließlich um das „so tun als ob", also fröhliches „Wein saufen und Wasser predigen"! Aus diesem Grund kann man Linke auch als legitime Nachfolger der biblischen Pharisäer bezeichnen, was auch als Begründung für eine große Schnittmenge mit den Kirchen dienen kann.

Nun wird dem Sozialismus immer wieder zugutegehalten, dass er wenigstens „sozial", also angeblich „für" den Menschen sei. Dies ist aber nur die halbe Wahrheit und die andere Hälfte davon gibt dieser Aussage eine ganz andere Richtung. Der Sozialismus und die Linken sind nicht allgemein auf das Wohlergehen aller Menschen bedacht, sondern nur auf das Wohlergehen einer besonderen Art von Mensch: dem „Lumpenproletariat" oder wie es die Kirche sagt: die „Ärmsten der Armen". Der Grund für diese Aussage ist natürlich ideeller Natur, entspricht doch das Proletariat dem Idealbild des „neuen Menschen" der Linken. Damit ist das Idealbild der Linken der absolute Gegenentwurf zum Idealbild der Rechten: das absolut macht- und besitzlose Opfer. Zu dessen Schutz braucht es dann selbstverständlich einen umso stärkeren Staat, der seinen hilflosen Bürgern selbst in privatesten Angelegenheiten alle Entscheidungen abnimmt und sie zu Tode „bemuttert".

Deshalb ist es umso fataler, dass Linke (wie bereits erwähnt) unter einer verhängnisvollen Verschiebung ihres Wertesystems leiden: gut ist böse und böse ist gut. Der Grund dafür ist das Zauberwort „Repression". Wenn es zu einem Gewaltverbrechen kommt, sehen Linke oftmals den Täter als das eigentliche Opfer an, ist er doch aufgrund eines nahezu beliebigen Parameters aus dessen Biographie selbst das Opfer einer wie auch immer gearteten Unterdrückung gewesen. Die Tat „muss" man dann aus linker Perspektive ausschließlich als direkte Folge dieser Repression ansehen: *„Der Täter konnte gar nicht anders, als so zu reagieren und ist also eigentlich völlig unschuldig an seiner Tat."* Schuld ist stattdessen die Gesellschaft und am Ende irgendwann letztlich ausschließlich wieder die „bösen weißen Männer" (dazu später mehr). Aus dieser Perspektive muss man dann auch den Fall der linken Nachwuchspolitikerin Selin Gören interpretieren.[44] Die damals 24-Jährige wurde von drei Männern vermutlich arabischer Herkunft vergewaltigt. Bei der Polizei gab die Linke dann aber lediglich einen Diebstahl zu Protokoll, ausgeführt von einer angeblich gemischten Gruppe junger Männer, bestehend aus Deutschen und Migranten. Einige Zeit später drang dann doch die Wahrheit ans Licht. Gören erklärte in einem Zeitungsinterview, dass sie die Tat verschwieg, *„weil sie nicht zur Diskriminierung von Flüchtlingen beitragen wollte".*[45]

Weiterhin verfasste Gören ein mittlerweile gelöschtes *Facebook*-Posting, das sie an einen fiktiven Flüchtling richtete: *„Aber was mir wirklich leidtut"*, hieß es da, *„ist der Umstand, dass die sexistischen und grenzüberschreitenden Handlungen, die mir angetan wurden, nur dazu beitrugen, dass du zunehmendem und immer aggressiverem Rassismus ausgesetzt bist."* Und sie verspricht ihm: *„Ich werde schreien… ich werde nicht tatenlos zuse-*

hen und es geschehen lassen, dass Rassisten und besorgte Bürger dich als das Problem benennen. Du bist nicht das Problem. Du bist meistens ein wunderbarer Mensch, der es genauso wie jeder andere verdient hat, sicher und frei zu sein."[46]

Die hinter dieser Begebenheit pulsierende Logik kann sicherlich nur ein Linker verstehen. In diesem konkreten Beispiel wurde durch das Opfer willentlich eine Falschaussage bei der Polizei abgegeben – nur um einem wie auch immer gearteten, ideologischen Sachzwang entsprechen zu können, auch wenn die „lästige" Realität nahezu unvereinbar erscheint.

Ebenso müssen Statements von linken Politikern (quer durch alle Parteien) verstanden werden, wenn wieder einmal ein Terroranschlag passiert. Einmal geschehen, geht es eigentlich zuerst nicht um die Opfer oder die Frage, was man konkret tun muss, um solche Anschläge zu verhindern. Das einzig Wichtige, nämlich dass es sich bei den Tätern um Migranten handeln könnte, ist solange zu bezweifeln, bis es irgendwann nicht mehr bezweifelt werden kann! Dies erreichte beim Anschlag in München ungeahnte Höhen, was sich darin äußerte, dass angebliche Experten immer noch davon redeten, dass es sich bei dem Täter ja durchaus auch um einen Rechtsextremen handeln könnte, während ausländische Fernsehsender bereits den Klarnamen des Täters (und teilweise auch schon Fotos) veröffentlichten und somit kein Zweifel mehr an der Herkunft des Verdächtigen bestehen konnte. Aber auch in der Rückschau bemühen sich diese „Experten" erneut, die Tat in die rechtsextreme Schublade zu bugsieren, da der „deutsch-iranische" Täter sich ja nachweislich für die Taten von Anders Breivik interessiert hat. Dass sich das Interesse des Täters besonders auf die Effizienz konzentriert haben könnte, mit der Breivik vorgegangen ist, wird nicht mit einem Wort erwähnt, vielleicht weil es ja das schöne Bild vom angeblich rechtsextremen Anschlag zerstören könnte…

Das linke Menschenbild ist also ziemlich paradox, wenn nicht sogar pervers. Das äußert sich auch darin, dass Vizekanzler Sigmar Gabriel in Sachsen friedliche Demonstranten als „Pack" bezeichnet, lediglich weil sie eine andere Meinung vertreten. Ähnliches verbreiteten dann die Medien auch über die Demonstranten zum Anlass der Feierlichkeiten zum *Tag der Deutschen Einheit*, als Bundeskanzlerin Angela Merkel und Bundespräsident Joachim Gauck diese unter anderem als „Volksverräter" bezeichneten.

Eine Antwort bleiben aber sowohl Medien als auch die etablierte Politik schuldig: Wie sollen denn Menschen anders reagieren, wenn sie die Politik der Bundesregierung absolut ablehnen? Wir reden hier ausschließlich von einem absolut gewaltlosen Protest, bei dem Demonstranten ihre Meinung zwar drastisch, aber absolut friedlich geäußert haben. Sollen diese Demonstranten es lieber den linksautonomen „Aktivisten" gleichtun und mit Kotbeuteln, Ziegelsteinen und Molotowcocktails um sich schmeißen? In gewisser Weise würde damit dann ja auch völlig der Maxime des „Gewalt-gegen-Unterdrückung-Postulats" der Kulturmarxisten entsprochen. Doch ich bin mir sicher, dass Kulturmarxisten hier sicherlich wieder einen Grund konstruieren, weshalb das hier nicht adäquat wäre.

Man sieht also, dass das linke Menschenbild die freie Meinungsäußerung nur dann vorsieht, wenn sie auch zur linken Ideologie passt. Im Gegenzug sind aber sogar mutmaßliche Aufrufe zur Gewalt gegen Andersdenkende legitim, zum Beispiel durch den allseits beliebten Sympathen Ralf Stegner (SPD). So schrieb Stegner am 8. Mai 2016 auf seinem Twitter-Account: *„Fakt bleibt, man muss Positionen und Personal der Rechtspopulisten attackieren, weil sie gestrig, intolerant, rechtsaußen und gefährlich sind!"* Diese Aussage löste einen Shitstorm aus und Stegner ruderte kräftig zurück, indem er mehrfach betonte, dass er dies keinesfalls als Gewaltaufruf verstanden wissen wolle und er immer für Gewaltlosigkeit plädiert habe. Man stelle sich nur kurz vor, man würde dieses Statement geringfügig modifiziert von einem eher „rechten" Politiker verbreitet sehen! Was wäre wohl der mediale Aufschrei in diesem Fall groß! Doch der Aufschrei der Journalisten in der Angelegenheit Stegner unterblieb wie gewohnt und vielleicht erklärt mir der gute Ralf Stegner ja einmal, wie man Personen ohne Gewalt „attackieren" kann und erklärt auch, warum man das überhaupt tun „muss"...

Man kann also erkennen, das linke Menschenbild ist in sich extrem schizophren – oder sollte ich besser faschistoid sagen? Auf der einen Seite befindet sich der Idealtypus des „Elenden", dem vor lauter Mangelhaftigkeit von oben herab (aus linken Sphären) jede Verantwortung für sein Leben aberkannt wird, und auf der anderen Seite befindet sich der verhasste Rest der Menschheit, der ja irgendwo dann doch irgendwie am Zustand des „Elenden" schuld ist, sodass er die Straftat (deren Opfer er vielleicht geworden ist) vielleicht nicht verschuldet, jedoch zumindest dafür verantwortlich ist und sie deshalb doch irgendwie „moralisch verdient" hat.

Ähnliches bekommt man dann in Extremform auch von den sogenannten „Antideutschen" frei Haus geliefert. Ich habe mir diesen Begriff keinesfalls ausgedacht, sondern es handelt sich um einen gängigen Begriff für eine radikal linke Strömung. Von den Antideutschen werden gerne Slogans wie „Deutschland verrecke!", „Nieder mit Deutschland!" oder „Deutschland, Du mieses Stück Scheiße!" verwendet, was schon Bände über die geistige Reife dieser Menschen spricht. Ebenso kommentieren die Antideutschen konservative Ansichten mit Plakaten wie „Bomber Harris do it again!", was nichts anderes als eine Aufforderung zur erneuten Bombardierung von Dresden durch die englische Luftwaffe darstellt. Diese Geschmacklosigkeit ist (im Gegensatz zu anderen Geschmacklosigkeiten) in Deutschland natürlich wieder keinesfalls strafbewehrt, sondern wird als legitime Form der Meinungsäußerung akzeptiert. Auch der Grüne Matthias Oomen nutzte eine Anspielung auf dieses unsägliche Zitat, als in Dresden eine Fliegerbombe aus dem Zweiten Weltkrieg entschärft wurde: *In Dresden ist Fliegerbombe DD in den Trends? Das lässt ja hoffen. Do! It! Again!"*[47]

Wir leben also in einem Land, in dem solche widerlichen Geschmacklosigkeiten nicht nur ignoriert, sondern auch toleriert werden, und gleichzeitig erklärt man Menschen mit einer anderen Meinung zum „Pack". Wie wird wohl dauerhaft die Wirkung einer so schizophrenen und neurotischen Gesellschaft sein? Die Gesellschaft wird keinesfalls zusammenwachsen, sondern weiter gespalten werden, soviel sollte klar sein. Die Verantwortung dafür trägt aber das Establishment in Medien, Politik und Verwaltung, das seine arrogante Weltanschauung als einzig Richtige ansieht und mit Gewalt in die Köpfe der Bürger einpeitschen will. Mit Gewalt hat man Menschen aber noch nie von etwas überzeugen können – dennoch hat man es quer durch die Geschichte immer wieder versucht und wird es leider wohl auch weiterhin versuchen!

Diese Beispiele dürften ausgereicht haben, um zu demonstrieren, dass die Linke absolut nicht am „Menschen" an sich interessiert ist und auch keine Politik für den „kleinen Mann" machen möchte. Stattdessen möchten die Linken die Welt zu einem einzigen Elendsquartier machen, das sie dann mit Zauberkräften in ein kommunistisches Utopia verwandeln, in der Hoffnung, dieses Mal das richtige Personal dafür zu besitzen.

Nun könnte man dies für ein deutsches Problem halten, doch weitgefehlt. Sozialisten sind immer auch Internationalisten, was natürlich oftmals zu einer natürlichen Überlegenheit gegenüber den politischen Mitbewerbern führt. In den USA ist es zum Beispiel so, dass die Lage der amerikanischen Arbeiter lange Zeit nicht zum Besten bestellt war. Besonders die Konkurrenz der illegalen Einwanderer aus Mexiko stellte für die heimischen Arbeiter ein Problem dar. Nun assoziiert man traditionell Schlagworte wie „Arbeiter" und „Arbeiterbewegung" gerne mit den sozialistischen und linken Parteien. Also müssten diese Parteien ja auch die Interessen der amerikanischen Arbeiter vertreten? Doch weit gefehlt, auch in den USA treten und traten linke Parteien für die Rechte der illegalen Einwanderer ein und tragen so entscheidend zur Schwächung der amerikanischen Arbeiterschaft bei.

Das sind nur einige Beispiele zum Thema „kleiner Mann" im Zentrum der linken Politik! Denn dort steht und stand immer und ausschließlich das absolute Proletariat im Zentrum. Zu Zeiten von Karl Marx war das die vom Elend bedrohte Arbeiterschaft und heute dürfte man den Idealtypus eher in den Slums von Kalkutta oder einem Flüchtlingslager in Afrika finden. Menschenfreundlich sind Linke nur gegenüber Ihresgleichen eingestellt, genauso wie das auch in jeder anderen Ideologie der Fall ist. Linke benutzen lediglich ein bewusst heuchlerisches Vokabular, das sich stets untadelig und menschenfreundlich anhört, aber nicht selten das genaue Gegenteil bedeutet. Klappern gehört eben zum Handwerk!

Wie schon erwähnt, ist im Faschismus die „Stärke" das absolute Ideal, nach dem ganze Staaten ausgerichtet wurden. Dabei bleiben vor allem die Schwachen auf der Strecke und drohen bewusst zerrieben zu werden, statt sie durch geeignete Maßnahmen ebenfalls zu stärken. Im Sozialismus verhält es sich dagegen spiegelverkehrt, denn dort ist die Schwäche das absolute Ideal und die Stärke ist verpönt und droht auf der Strecke zu bleiben. In beiden Systemen geht es nicht um das Individuum, sondern um den Staat an sich. Beide politische Spielarten haben ausschließlich Machtgewinn und Machterhalt im Sinn und keinesfalls das Wohlergehen des kleinen oder auch „mittleren" Mannes. Dies kann nicht oft genug betont werden: Fallen Sie also weder auf rechte noch auf linke Rattenfänger rein!

2. Political Correctness, die Grundlage des Gutmenschentums

Der Begriff der „Politischen Korrektheit" stammt aus den USA.[48] Dort wurde er erstmalig 1793 in einer Gerichtsverhandlung benutzt. Der Gegenstand der Verhandlung war ein Trinkspruch, der auf die USA als *Nation* ausgesprochen wurde. Das Gericht entschied, dass dieser Trinkspruch nicht „politisch korrekt" sei, da der Staat zwar das edelste Werk des Menschen, aber der Mensch schließlich das nobelste Werk Gottes sei. Folgerichtig müsste der Trinkspruch also auf das *Volk* der USA ausgesprochen werden. Hier sollten wir kurz innehalten und den historischen Kontext berücksichtigen, der zu dieser Zeit existierte. Wir sprechen vom Jahr 1793 und die USA waren also erst vor wenigen Jahren gegründet worden. Man kann also sagen, dass es sich um eine wirklich dynamische und aufregende Zeit gehandelt haben wird. Dennoch oder gar gerade deshalb wird die junge Nation USA auch mit gewichtigen Problemen konfrontiert gewesen sein. Der Unabhängigkeitskrieg mit all seinen Toten ist gerade erst ausgefochten und dennoch wird ein Gericht bemüht, um ein Urteil über einen solchen absoluten Bullshit wie einen Trinkspruch zu fällen! Ich finde dieses Urteil deshalb so wichtig, da es ganz klar andeutet, welche Idee hinter der Politischen Korrektheit steht: zuerst einmal Sprachregulation. Und über die Neuregelung von Sprache erlangt man dann mittelfristig auch die Deutungshoheit darüber: Was ist gut und was ist böse? Und langfristig kann man durch diese Praxis dann ebenfalls gewisse Themen zum Tabu erklären und somit nicht nur regeln, „wie" über etwas gesprochen wird, sondern auch „was" gesagt werden darf.

Bleiben wir ganz kurz bei dem historischen Fall. Welchen Unterschied macht es, ob jemand auf den Staat oder auf die Menschen eben jenes Staats anstößt? Grundsätzlich könnte man hier über Nationalismus, Staatslehre oder Religion philosophieren. Letztlich geht es aber um überhaupt nichts anderes als das Recht, jemandem den Mund verbieten zu können. Solange es um keine Beleidigungen oder Lügen geht, handelt es sich also um ein höchst anmaßendes Verhalten!

Die meisten Menschen werden wohl zumindest schon einmal mit der Political Correctness als Sprachregulation in Kontakt gekommen sein. Dabei könnte es zum Beispiel um „Negerküsse", „Zigeunerschnitzel", „Eisneger", „Fräulein", „Eskimos", „Behinderte" oder einem anderen geächteten Begriff gegangen sein. Hierzu ist durchaus Raum für ein paar Überlegungen. Ich persönlich finde es vollkommen nachvollziehbar, wenn ein Mensch nicht als Neger, Behinderter, Zwerg oder als Zigeuner angesprochen oder bezeichnet werden will. Diese Bezeichnungen sind zumindest garantiert nicht „wertschätzend" und erleichtern von daher garantiert nicht das Zusammenleben der Menschen. Gerade der Begriff „Neger" hat bedingt durch seine Historie (unter anderem Rassentrennung) eine durchaus negative Belegung, wenn er auch lediglich die lateinische Ursprungsvariante des heute politisch korrekten Begriffs des „Schwarzen" ist. Es käme des Weiteren wohl auch kein geistig normaler Mensch auf die Idee, einen Bekannten oder gar einen Freund als „Neger" anzusprechen – zumindest nicht, wenn er mit diesem weiterhin ein gutes Verhältnis pflegen möchte...

Was aber die Streichung dieser Begriffe aus historischen Werken angeht, halte ich dies für sehr kritisch, da die Verwendung der ursprünglichen Begriffe ja auch sehr viel über den Zeitgeist und das soziale Klima der vergangenen Zeiten erahnen lassen. Das vielleicht eindrücklichste Beispiel hierfür ist wohl der Bestseller »Ten little Niggers« von Agatha Christie aus dem Jahr 1939. Der Buchtitel basierte auf dem englischen Kinderreim »Ten little indians« aus dem Jahr 1868, der als Vorlage für eine Mordserie in der Handlung von Agatha Christies Bestseller diente. Die deutsche Version von »Ten little indians« lautet (sie werden es vielleicht schon erraten haben) »Zehn kleine Negerlein«. Die Abweichung von „Negerlein" und „Indianer" erklärt sich dadurch, dass die älteste englische Fassung des Kinderreims sich tatsächlich auf Indianer bezog, sich dann aber auch eine Fassung über „Neger" verbreitete. Doch in Deutschland war weitestgehend nur die Fassung mit den „Negerlein" bekannt. In rascher Reihenfolge erhielt dieses Buch mehrere neue Titel, bis sich der Titel »Und dann gab's keines mehr« (engl. »And Then There Were None«) international durchgesetzt hat. Im Buch wurden dann auch alle verfänglichen Textstellen gegen politisch korrektere Formulierungen ausgetauscht. Dies stellt rückwirkend natürlich einen großen Eingriff in die künstlerische Freiheit der Autorin dar. Meiner Meinung nach hätte hier der gesamte Kontext auch der Situation stärker berücksichtigt werden müssen. Denn bei diesem Buch handelte es sich um einen Krimi, der einen (zur Lebenszeit der Autorin) folkloristischen Begriff aufgegriffen hat und nicht um ein Buch, das Rassenhass propagiert oder auf andere Weise die Würde des Menschen in Frage gestellt hatte. Die gewählte Vorgehensweise halte in diesem Fall ich für kulturzerstörend und deshalb verurteile ich sie ganz entschieden.

Ebenso verhält es sich bei dem Klassiker »Die kleine Hexe« von Otfried Preußler. Dort schreibt Preußler unter anderem *„dass Kinder ordentlich durchgewichst werden sollen"*... Zur damaligen Zeit wurde der Begriff „durchwichsen" auch als Synonym für „verprügeln" benutzt. Heute hat der Begriff „wichsen" eine fast ausschließlich sexuelle Belegung (außer beim Schuheputzen) und wurde deshalb bei der letzten Überarbeitung entfernt. Befürworter dieser Änderungen argumentieren, dass sich Sprache eben ändert und ältere Texte dann auch angepasst werden sollten. Auf diese Weise geht natürlich auch immer ein Stück Bildung und gerade auch Sprachkompetenz verloren, denn dies wird ja gerade beim Lesen älterer Werke trainiert.

Grund für diesen Eingriff in den Sprachgebrauch ist die Politische Korrektheit. Befürworter sehen in dieser Vorgehensweise eine Vermeidung von Diskriminierung und Gegner sehen darin einen massiven Eingriff in die persönlichen Freiheitsrechte. Was stimmt nun aber?

Wenn man sich auf einen radikalen Standpunkt stellt, ist Politische Korrektheit geradezu grotesk unsinnig. Befürworter und Denker dieser Ideologie sehen die Welt selber genauso, wie sie auch Rassisten sehen: in einem simplen Schwarzweiß-Schema. Da laufen überall auf der Welt faschistoide weiße Männer herum und diskriminieren den ganzen Tag Frauen und andere Minderheiten. Dazu nutzen sie besonders gerne eine diskriminierende und monotone Sprache, die eigentlich nur aus Schimpfwörtern und Abwertungen besteht. Ist die Welt wirklich so einfach oder ist wahre Diskriminierung nicht sogar viel, viel perfider?

Vertrauen Sie mir, liebe Leserin, lieber Leser – ich weiß, wovon ich spreche. Meine Frau verfügt über einen dieser momentan vielbeschworenen Migrationshintergründe (Südamerika), der bei ihr auch relativ vordergründig ist. Doch niemand ist bisher zu ihr gekommen und hat sie offen aufgrund irgendwelcher äußeren Eigenschaften beleidigt oder diskriminiert. Stattdessen ignoriert man sie lieber gezielt im Geschäft oder sagt ihr (wenn sie mit einem Rucksack unterwegs ist), dass sie ja die „Zeichen der Zeit" erkannt habe und endlich die Heimreise anträte. Wie wird diese reale Art der Repression und Diskriminierung überhaupt durch Political Correctness tangiert? Die Antwort ist einfach: überhaupt nicht! Und so ist das auch überhaupt nicht der Sinn von Politischer Korrektheit. Der Sinn ist der gleiche, den auch schon der bereits erwähnte Antonio Gramsci im Kopf hatte: „kulturelle Hegemonie". Es geht um die Herrschaft über die Sprache, denn auf diese Weise kann man den politischen und gesellschaftlichen Diskurs ganz nach Belieben steuern und zu einem gewünschten Konsens führen.

Bevor ich das weiter beleuchte, habe ich noch ein weiteres Beispiel dafür, wie lächerlich diese Ideologie ist. Ein ganz essentieller Bestandteil dieser Ideologie ist die Idee, dass Diskriminierung und letztlich Rassismus immer nur und absolut ausschließlich von Weißen gegenüber *allen* anderen Minderheiten ausgehen könne. Dies ist damit zu begründen, dass Rassismus ja angeblich von Weißen erfunden wurde und immer nur die Ausgrenzung und Unterdrückung von Minderheiten bzw. von Beherrschten bezeichnet. Wenn nun ein Deutscher als „Drecksdeutscher" oder „Schweinefresser" bezeichnet wird, dann darf man das in den Augen der linksten Vertreter keinesfalls „Rassismus" nennen. Ebenso gilt das, wenn sich der zurzeit in der Türkei inhaftierte Journalist Deniz Yücel in der *taz* darüber freut, dass die Deutschen ja langsam aussterben. („*Der baldige Abgang der Deutschen ist Völkersterben von seiner schönsten Seite. ...diese freudlose Nation kann gerne dahinscheiden.*")

Zum Thema „Alltagsrassismus" kann ich ein völlig banales Beispiel aus meinem Alltag geben: Wenn meine Frau und ich zusammen einkaufen gehen, haben wir eine Strategie entwickelt, wie wir den Einkauf am besten gestalten können. Wenn der Verkäufer offenkundig kein autochthoner Deutscher ist, kümmert sich meine Frau um den Einkauf und wird dabei meist sehr höflich und zuvorkommend bedient. Handelt es sich jedoch um das genaue Gegenteil, also einen sogenannten „Biodeutschen", dann übernehme ich die Sache und erlebe meist das gleiche Erlebnis. Worin könnte das zu begründen sein? Könnte das vielleicht damit zu tun haben, dass ich mit meiner weißen Haut, blauen Augen und fast 1,90 Metern genau dem Phänotyp eines Deutschen entspreche und auch noch „Glatze" trage? Könnte es also gar sein, dass auch ich eventuell gewissen Repressionen ausgesetzt sein könnte? Denken Sie einfach einmal darüber nach und vergleichen Sie bitte Ihre eigenen Alltagserfahrungen damit.

Der Blogger Sebastian Nobile[49+50] beschwerte sich beim *Deutschen Presserat* über einen Artikel der *Huffington Post* mit dem Titel „Die größte Terrorgefahr für Deutschland sind weiße unzufriedene Männer", da dieser seiner Meinung nach gegen die publizistischen Grundsätze des *Deutschen Presserats* verstieß und diskriminierend sei. Wenn man den Begriff des „weißen Mannes" gegen eine beliebige Minderheit austauscht und publiziert, wäre der Aufschrei sicherlich infernalisch gewesen. Was aber sagte der Presserat zu dem Vorwurf von Nobile? Die Antwort fiel kurz und knackig aus:

> *„...Der Deutsche Presserat kam danach zu der Auffassung, dass ein Verstoß gegen den Pressekodex nicht vorliegt... Grundlage unserer Prüfung war in diesem Zusammenhang die Ziffer 12 des Pressekodex... Im Rahmen der Prüfung gelangten wir zu dem Schluss, dass eine Verletzung presseethischer Grundsätze nicht vorliegt. Mit der Headline wird nach unserer Einschätzung die Ansicht der Redaktion, dass Gewalt von rechts offenbar primär von Männern ausgehe, pointiert dargestellt. Mit dieser Überschrift sind erkennbar nicht alle weißen Männer in Deutschland gemeint, sondern ausschließlich die, die zur rechten Gewalt neigen. Eine Diskriminierung liegt daher nicht vor."*

Es ist interessant, wie der *Deutsche Presserat* diese Sache sieht. In seiner Argumentation bezieht sich der Presserat auf Ziffer 12 des Pressekodex. Dort steht: *„Niemand darf wegen seines Geschlechts, einer Behinderung oder seiner Zugehörigkeit zu einer ethnischen, religiösen, sozialen oder nationalen Gruppe diskriminiert werden."* Hört sich das nicht ganz anders an? Dürfen „weiße Männer" also diskriminiert werden? Liest man weiter, könnte man dann schließlich genau das tatsächlich vermuten, denn unter Ziffer 12 findet man auch: *„Besonders ist zu beachten, dass die Erwähnung Vorurteile gegenüber Minderheiten schüren könnte."* Spannend, oder? Also muss man sich über Vorurteile generell keine Sorgen machen, solange sie sich nicht gegen Minderheiten richten? Aus diesen Gründen kann ich mich über unsere angeblich ach so objektive und sauber recherchierende Presse nur amüsieren, wenn sie sich (mal wieder) darüber aufregt, dass sie als „Lügenpresse" bezeichnet wird. Was ist man denn, wenn man sich wissentlich auf einen zumindest „kruden" Codex beruft, der angeblich für Objektivität steht, aber doch zumindest deutlichen Raum für kritische Nachfragen hinterlässt? Verschafft ein solches Verhalten journalistische Reputation? Wieviel besser ist ein solcher Journalist als ein Blogger, der angeblich mit „alternativen Fakten" arbeitet?

Dieser Punkt alleine genügt, um zu erkennen, worum es sich bei der Political Correctness ebenfalls handelt: Nämlich um ein Instrument, damit selektiv und legal spezielle Menschengruppen diskriminieren zu können. Erinnern wir uns an dieser Stelle kurz, wen die Kulturmarxisten als das Übel auf der Welt hielten: die alten europäischen Zivilgesellschaften (weil diese das Hauptbollwerk gegen den Kommunismus waren). Gegen genau diese Menschen ist die Politische Korrektheit konzipiert worden, und nicht zum Schutze von Minderheiten. Minderheiten werden nämlich ständig weiter diskriminiert und unterdrückt – übrigens auch und besonders von Vertretern gewisser Parteien, die sich gerade dem Minderheitenschutz und Multikulturalismus verschrieben haben.

Eine frühere Freundin von mir war die Tochter eines Staatssekretärs, der die Abgeordneten gewisser (rechter) Parteien prinzipiell nicht grüßte, wenn sie ihm auf den Gängen des Landtags begegneten. Doch in seinen Reden und Ansprachen trat er immer für die höchsten und besten Werte ein. Irgendwann wollte der Herr Staatssekretär dann eine Eigentumswohnung als Wertanlage kaufen. Meine damalige Freundin schlug ihrem Vater eine Wohnung in einem bestimmten Neubaugebiet vor. Die Antwort ihres Vaters war bezeichnend: *„Was? Da wohnen doch nur Kanaken, da kann ich mein Geld ja gleich verbrennen."*

In Deutschland häufen sich momentan Fälle, in denen Migrantengruppen mit meist arabischen Wurzeln einzelne Einheimische angreifen. Dabei handelt es sich natürlich keinesfalls um Rassismus (der Deutsche gehört ja per Geburt als Weißer zur „unterdrückenden Mehrheit"). Im Fall des ermordeten 17-jährigen Niklas P. in Bad Godesberg titelte die *Zeit*, dass er *„...Opfer der zwei Welten von Godesberg wurde...".* Damit spielt die Zeitung auf die ambivalenten sozialen Verhältnisse in Bad Godesberg an: auf der einen Seite Villenviertel und auf der anderen Seite soziale Brennpunkte. Eine solche Argumentation ist natürlich *ur-links:* Der Täter ist das eigentliche Opfer, das ja selber eigentlich von der Gesellschaft zu dieser Tat gezwungen wurde. Ebenso verhält es sich mit den weißen Farmern in Südafrika. Nachdem der ANC (African National Congress) schon eine ganze Reihe von Maßnahmen gegen Weiße erlassen hat, setzt nun die momentan aufsteigende Partei EFF (Economic Freedom Fighters) auf noch radikalere Maßnahmen, wie die komplette Enteignung weißer Farmer. Genau wie bei den Enteignungen von Weißen in Simbabwe spricht hier natürlich kaum jemand von Rassismus, denn es sind ja schließlich Weiße die Opfer!

Eine kleine Anekdote zu den südafrikanischen EFF hätte ich noch im Angebot: Natürlich ist deren Parteifarbe rot und es findet sich neben dem Sowjetstern auch eine Faust auf dem Logo der Partei. Selbst bezeichnen sich die EFF dann auch konsequent als „linksradikal" und „antikapitalistisch". Was für Zufälle es doch immer, immer und immer wieder gibt. Dabei ist gerade das Beispiel Südafrika ein warnendes Beispiel, denn vor gar nicht langer Zeit galt dieses Land noch als Industrienation. Seit 1994 jedoch bildet der ANC die Regierung in diesem Land, und wenn man sich das Land heute ansieht, kann man über die Unfähigkeit dieser Partei nur fassungslos mit dem Kopf schütteln. Ich habe hier einen kleinen Test: Wo würden Sie den ANC im politischen Spektrum eingliedern? Nein, es sind keine originären Sozialisten, sondern angebliche Sozialdemokraten. Aber das langt ja meist auch voll und ganz, um eine möglichst schädliche Politik zu initiieren...

Fazit

Politische Korrektheit sieht im ersten Moment gut und richtig aus, denn kein geistig gesunder Mensch kann wollen, dass Menschen planmäßig benachteiligt werden. Auf der einen Seite kann man hier die Moral ins Feld führen, aber auch den gesunden Menschenverstand: soziale Spannungen entladen sich immer unweigerlich irgendwann. Die extremste Folge davon ist ein gesellschaftlicher *Change*, ein Wechsel, der die ehemaligen Unterdrücker zu Unterdrückten macht. Weiterhin „kostet" ein solcher Change dann auch unglaublich viel zusätzliches menschliches Leid. Schon aus diesem Grund sollten übermäßige Spannungen in einer Gesellschaft frühzeitig vermieden oder abgebaut werden. Ein perfektes Beispiel dafür waren die Sozialgesetze von Bismarck.

Was aber steht nun genau hinter der Political Correctness? Schauen wir uns dazu kurz einen weiteren der ersten verbrieften Fälle für das Auftreten der Politischen Korrektheit in unserer Zeit an. Es geht hier um die Erschaffung und Benutzung des Begriffs *Dwem*. Dwem steht für „Dead white European male" also „Tote weiße europäische Männer". Diese Dwems wurden bis in die 1970er-Jahre in den amerikanischen Universitäten als elementarer Bestandteil des Bildungskanons angesehen. Typische Vertreter der Gattung sind zum Beispiel Aristoteles oder Shakespeare.

In den 1970ern begannen nun Diskussionen über die Zusammensetzung und Gewichtung des Bildungskanons, und Reformer wollten zunehmend auch die Größen der „Dritten Welt", Minderheiten und Einwanderer in den Lehrplänen entsprechend repräsentiert sehen. Man könnte diesen Reformern nun vorschnell recht geben, doch man sollte vorsichtig sein. Hier genau könnte man sich nämlich an den scharfen Kanten der Politischen Korrektheit schneiden.

Rekapitulieren wir: Es ging damals nicht um eine basisdemokratisch organisierte Party in einem Studentenwohnheim, bei dem die Gästeliste möglichst fair zusammengestellt werden sollte, damit sich niemand vor den Kopf gestoßen fühlte. Es geht um das vielleicht wichtigste Gut der westlichen Welt: *Bildung!* Was sollte bei der Aufstellung eines Lehrplans Priorität haben, außer einer möglichst qualitativen und vollständigen Auflistung aller wesentlichen Inhalte? Welche Rolle spielt da die Frage, ob diese Inhalte von einem Dwem oder einem Menschen aus der Dritten Welt stammen? Ich gehe davon aus, dass es relativ wenig Gehirnchirurgen in der Sahara gibt. Mit dieser Meinung stehe ich nicht alleine, sondern erhalte prominente Unterstützung von dem Politikwissenschaftler Charles Murray. In seinem vielbeachteten Buch[51] legt Murray eindrücklich und klar dar, dass Europa in nahezu allen Bereichen die treibende Kraft des Fortschritts gewesen ist. Bezeichnend ist dabei der Zeitraum, den Murray ausgewertet hat: 800 v.Chr. bis 1950 n.Chr. Es wäre nun fatal, wenn Lehrpläne in regelmäßigen Abständen nicht angepasst würden, sobald ein neuer Meilenstein erreicht wurde. Doch völlig verrückt wäre es nun, wenn eine Universität lediglich aus Gründen der Politischen Korrektheit ihren Lehrplan umstellt und damit völlig unrelevante Themen aufnimmt, nur weil sie von einem Menschen aus der Dritten Welt stammen. Wäre ein solches Verhalten nicht im Gegenteil ebenfalls rassistisch, wenn man hier mal außen vorließe, dass es ja angeblich keinen Rassismus gegen authochthone Europäer geben kann?

In den 1980er-Jahren kochte diese Thematik dann aber an der *University of California* hoch, wo Studenten gegen einen zu stark auf Dwems ausgerichteten Pflichtkurs an ihrer Universität protestierten. Dieses erste Auftreten der Politischen Korrektheit in der Neuzeit eignet sich hervorragend, um das eigentliche „Thema" der Politischen Korrektheit klar darzustellen. Dieses Thema findet sich ebenfalls in allen anderen Ablegern der Politischen Korrektheit wieder, egal ob es um Antirassismus, Emanzipation oder Gender geht: Ich spreche natürlich von „Repression". Repression bedeutet nichts anderes als Unterdrückung.

Wenn jemand unterdrückt wird, dann muss auch jemand anderes herrschen. Die Herrschenden sind dabei immer die üblichen Verdächtigen: weiße, gesunde und heterosexuelle Männer mit meist christlichem Hintergrund. Diese Männer zwangen der Welt angeblich zuerst das Patriarchat auf, indem sie sich über die Frauen erhoben und diese zu ihren Arbeits- und Sexsklavinnen degradierten. Als nächstes unterwarf der Weiße dann auch alle anderen Völker und unterdrückte diese ebenfalls. Aber das ist ja alles nicht das Schlimmste – das wirklich Verwerfliche, was die Weißen jemals getan haben, besteht in einer unterbliebenen Tat: Bis heute weigern sie sich einfach vehement, den Sozialismus anzuerkennen und endlich den Kommunismus auszurufen! Dies mag jetzt sicherlich verwirren, ist doch der Sozialismus in den Augen der Linken die Lösung aller Probleme dieser Welt. Mit dem Sozialismus verwandelt sich die Sahelzone innerhalb kürzester Zeit in eine blühende Landschaft und auch alle Kriege der Welt würden beigelegt, denn auch an diesen sind immer und ausschließlich die Weißen schuld – ganz, ganz sicher! Dies ist natürlich ausgemachter Humbug, aber wer bis zu dieser Stelle gelesen hat, kann den Braten sicherlich schon riechen. Die „repressive Welt" geht zurück auf die Gedankenwelt der *Frankfurter Schule*. Viele der aktuellen Ausprägungen dieser Ideologie wären noch zu Zeiten von Adorno völlig verrückt und absurd gewesen, aber dennoch finden sich in nicht wenigen kulturmarxistischen Spielarten Querverweise nach Frankfurt. Seltsam, nicht wahr?

Hier sollte man jedoch noch nicht mit dem Nachdenken aufgeben. Kein geistig gesunder Mensch will andere Menschen aufgrund beliebiger Kriterien diskriminieren. Verstehen Sie mich nicht falsch: Diese Menschen gibt es, aber das sind definitiv extreme Narzissten und Psychopathen. Doch es ist gleichgültig, wie wir solche Menschen bezeichnen und definieren wollen – es reicht vollkommen, wenn man ihre Wirkungen analysiert: sie sind bösartig. Wenn nun solche bösartigen Menschen tatsächlich existieren, wer oder was sollte sie daran hindern, andere Menschen zu unterdrücken oder zu diskriminieren? Die naiven Regeln der Politischen Korrektheit? Wer das wirklich glaubt, ist vermutlich völlig weltfremd!

Wie schon erwähnt, findet Diskriminierung nur äußerst selten rein zufällig oder spontan statt. Es geht dabei immer um *gezielte Unterdrückung* und letztlich um *Herrschaft*. Wir können uns mit einem so dummen Glaubenssystem wie der Political Correctness die Welt noch so schön denken, die Wahrheit sieht anders aus. Sie, ich und wahrscheinlich jeder, den Sie kennen, sind in Wirklichkeit nichts anderes als die Sklaven der wenigen Besitzenden dieser Welt. Wie eine Studie der Hilfsorganisation *Oxfam* belegt, „gehört" die Welt nur einer handvoll Menschen. Vergessen Sie ruhig auch die wenigen wohlhabenden oder gar „reichen" Menschen, die Sie persönlich zu kennen glauben, denn in Wirklichkeit sind auch das nur Sklaven – lediglich mit einem besseren Kontostand. Ich spreche hier von Familien, die nicht nur Multimilliardäre sind, sondern das Geld an sich kontrollieren. Wie sie das zustande gebracht haben, beleuchten andere Autoren wie Jan van Helsing oder Michael Morris auf gekonnte Art und Weise in ihren Büchern.

Herrschaft, Dominanz und Diskriminierung sind also bereits faktisch zementiert – nämlich im System, das in *Besitzende* und *Besitzlose* diskriminiert. Auch hier mögen sich einige Leser auf der „sicheren" Seite wägen, weil sie vielleicht ein Haus (oder mehrere) und über beruhigende Vermögenswerte verfügen. Sie können versichert sein: Genau das sollen Sie auch glauben, obwohl leider das Gegenteil wahr ist. Sie sind lediglich eine Spielfigur, die gerade eine positive Ereigniskarte gezogen hat. Die Menschen in der Dritten Welt haben sowieso eine negative Ereigniskarte gezogen. Die Ursache für Ihren momentanen Zustand haben also weder Sie noch ein hungernder Afrikaner selbst zu verantworten. Vielleicht entscheiden die Menschen, die das Spiel kontrollieren, schon bald, dass Sie lange genug den relativen Wohlstand genossen haben. Wenn das geschieht, können Sie selbst rein gar nichts dagegen tun. Vielleicht finden wir uns beide dann ja auch in einem Flüchtlingscamp am anderen Ende der Welt wieder?

3. Affirmative Action oder Positive Diskriminierung

Auch dieses Instrument der Kulturmarxisten ist alles andere als neu und innovativ. Konkret wurde diese Technik 1961 von keinem geringeren als John F. Kennedy mit der *Executive Order 10925* eingeführt. Im Rahmen des bisher in diesem Buch Gesagten ist diese Information relativ spannend, denn sie wirft auch ein ganz anderes Licht auf den Politiker John F. Kennedy, der dann wenige Jahre später bei einem Attentat starb.

Lyndon B. Johnson griff die Politik seines Vorgängers dann auf und verstärkte die Maßnahmen zur *Affirmative Action* auch 1965 mit der *Executive Order 11246*. Was kann man sich unter „Affirmative Action" vorstellen? Der Begriff „Positive Diskriminierung" bringt die Sache wesentlich besser auf den Punkt und wird deshalb auch besonders vehement von seinen Befürwortern abgelehnt. Im Prinzip geht es darum, dass Minderheiten Privilegien bekommen, damit die angeblich gegen sie gerichteten Repressionen und Benachteiligungen in vollem Umfang ausgeglichen werden. Der bereits erwähnte Lyndon B. Johnson sagte einmal in einer Rede, dass man einem Menschen nicht die „Ketten" abnehmen und ihn dann sofort an einem Sprintrennen teilnehmen lassen könne, denn er würde ja durch die Jahre in Ketten noch deutlich hinken. Aus diesem Grunde wäre eine theoretische „Gleichstellung" nicht gleichbedeutend mit einer praktischen Gleichstellung und es würde weitere Maßnahmen erfordern, um dies faktisch herzustellen.

In der *Konferenz über Sicherheit und Zusammenarbeit in Europa* (KSZE) wurde die Affirmative Action dann auch verbindlich eingeführt, um die Menschenrechte und besonders die Grundrechte für Minderheiten zu sichern.[52] In Deutschland wurde 1981 die Broschüre „Ausländer oder Deutsche. Integration ausländischer Bevölkerungsgruppen in der Bundesrepublik" von der *Gesellschaft für Zukunftsfragen* herausgegeben. Dort heißt es unter anderem: *„Um den Ausländern Chancengleichheit zu verschaffen, muss jedoch für wenigstens zwei Generationen mehr für Ausländer getan werden als für Deutsche."* Affirmative Maßnahmen wurden aber nicht nur in Broschüren gefordert, sondern bekamen auch einen ganz konkreten rechtlichen Unterbau. Unter anderem sind hier das Urteil des Bundesverwaltungsgerichts aus dem Jahr 2002 und auch sicherlich der § 5 des AGG (Allgemeines Gleichbehandlungsgesetz) zu erwähnen.[53]

Wie aber sehen konkrete Maßnahmen im Rahmen von *Affirmative Actions* aus? Ein gängiges Beispiel sind Quotenregelungen, die zum Beispiel einem Unternehmen diktieren, welche Arbeitnehmer es einstellen muss. In Deutschland forderte der Soziologe Ralf Dahrendorf[54] eine „Migrantenquote", um der bestehenden „Bildungsbenachteiligung" entgegenzuwirken. Weiterhin beschloss der Bundesvorstand der SPD eine Migrantenquote von 15 Prozent für die führenden Gremien ihrer Partei. Grundsätzlich hört sich eine Quote als Maßnahme ja wirklich gut an. Denn auf diese Weise stellt man definitiv sicher, dass ansonsten in gewissen Bereichen unterrepräsentierte Gruppen Zugang zu diesem erhalten. Grundsätzlich ist dies gut, um „frisches Blut" in fast schon „inzestiöse" Bereiche zu bringen, in dem zum Beispiel auch Frauen verstärkt Zugang in Männerberufe wie den Ingenieur-Berufen bekommen.

Auf der anderen Seite bedeuten Quoten auch immer eine Abkehr von Qualität und (Achtung: Trommelwirbel von den narzisstischen Orpheusjüngern) vom Leistungsprinzip! Ein Teil der Bewerber für einen Studienplatz würde dann zum Beispiel nach Hautfarbe ausgesucht und nicht nach der Qualität ihrer Schulbildung. Auf diese Weise würden definitiv vermehrt auch völlig unqualifizierte Bewerber einen Studienplatz bekommen. Da eine Quote in allerletzter Konsequenz radikal ist, würde ein Teil der Bewerber so schlechte Vorbildungen mit sich bringen, dass sie fähigeren Bewerbern einen Studienplatz wegnehmen, denn ein Bestehen der ungeeigneten Bewerber wäre fraglich. Wird hingegen auch bei Absolventen eine solche Quote gesetzlich vorgeschrieben, könnte es passieren, dass ein taubstummer Student (mit dem soziokulturellen richtigen Background) seine Prüfung als Simultandolmetscher oder als Musiker bestehen könnte. Das klingt doch so richtig vertrauensfördernd, oder?

Eine Variante der Quotenregelung wird auch als „Contract Compliance" bezeichnet. Hier geht es ausschließlich um die Empfänger von staatlichen Subventionen oder Aufträgen, die somit „Vertragspartner" des Staates werden. Diese Unternehmen und Körperschaften verpflichten sich mit der Auftragsannahme, die ethnische Zusammensetzung ihrer Belegschaft und ihrer Kunden(!) zu überwachen und zu steuern. Hat das noch etwas mit freiem Wettbewerb zu tun? Kritiker dieser vor allem in den USA und Südafrika gängigen Praxis entgegnen auf Vorwürfe lediglich, dass ja niemand Subventionen oder öffentliche Aufträge annehmen müsse. Willkommen im wunderbaren und unglaublich menschenfreundlichen Reich der Affirmative Action! Was aber ist von diesen Maßnahmen zu halten? Erfüllt die Affirmative Action ihren Sinn und gibt vermeintlichen Minderheiten bessere Chancen?

In den USA ist umfangreiches Datenmaterial zu dieser Thematik vorhanden. Doch der einzige messbare Effekt bezieht sich auf den Anstieg von Schwarzen in den öffentlichen Verwaltungen.[55] Hingegen ergaben andere Studien, dass Maßnahmen der Affirmative Action keinesfalls zu einer steigenden Quote von Absolventen aus den sogenannten Minderheiten führen. Stattdessen führt Affirmative Action zu einer höheren Abbrecherquote von Studenten der geförderten Minderheiten. Interessanterweise verringert das Fehlen von Affirmative Action keinesfalls die Quote von Absolventen aus den erwähnten Gruppen.[56] Erschwerend kommt hinzu, dass die positive Diskriminierung des Einen immer auch die negative Diskriminierung des Anderen darstellt. Legt man gängige Maßnahmen der Affirmative Action zum Beispiel im Bereich der Auswahl von Studenten zugrunde, würde man das Kind eines schwarzen Rechtsanwalts dem Kind eines weißen Unterschichtenehepaars bevorzugen. Hier würden natürlich unsere lieben Kulturmarxisten dann sagen, dass dies lediglich die Wiedergutmachung an den Schwarzen darstellen würde.

Auch Maßnahmen wie die erwähnte *Contract Compliance* sind eher kritisch zu sehen. So kommt es laut dem Historiker Steven Farron oftmals dazu, dass diese Praxis zwar dazu führt, dass zum Beispiel schwarze Unternehmer häufiger Aufträge zugesprochen bekommen, diese dann aber von spezialisierten (weißen) Subunternehmern durchführen lassen. Am Ende steht dann ein Nullsummenspiel, das durch die Verwaltungskosten der Affirmative Action dann zusätzlich noch weiter in den negativen Bereich kippt. Das ist für Linke kein Problem, denn die Kosten tragen dann ja nicht die Bürger, sondern der ominöse „Staat". Niedlich, nicht wahr?

Dieses Kapitel möchte ich mit einem Gedankenspiel abschließen: Stellen wir uns vor, wir besitzen ein Mehrfamilienhaus und vermieten Wohnungen. Unabhängig welcher Ethnie, Hautfarbe oder Religion wir angehören: An wen würden wir eher eine Wohnung vermieten:
    a) an Menschen mit einem ähnlichen Hintergrund oder
    b) an Menschen mit einem völlig anderen Hintergrund?

Die Antwort wird höchstwahrscheinlich meistens a) lauten, es sei denn, es gibt handfeste andere Gründe für die Auswahl. Schon hierbei handelt es sich um Diskriminierung – völlig egal, ob wir nun Weiße, Schwarze oder Asiaten sind. Dies sehen Kulturmarxisten und ihnen nahestehende Soziologen natürlich völlig anders, doch das sind ideologische Standpunkte, die uns jetzt nicht weiter beschäftigen sollten. Die Wahrheit lautet: Jeder Mensch diskriminiert, und das jeden Tag mehrfach. Diskriminierung bedeutet nichts anderes, als zu „trennen" und zu „unterscheiden". In einer Gesellschaft freier Bürger ist dies unser gutes Recht, solange das Privatrecht und damit die Vertragsfreiheit gelten. Jedermann ist frei, Geschäftsbeziehungen zu Menschen seiner Wahl aufzubauen oder zu unterlassen.

In den Medien sorgten vor gewisser Zeit einige Gastronomen für Wirbel, indem sie ihre Lokalitäten für Kinder sperrten. Ebenso gibt es „Adult only"-Hotels, die keine Familien mit Kindern als Gäste begrüßen wollen. Ich selber bin Vater eines Kindes und finde dies schade, aber es ist auch das gute Recht von Unternehmern, exakt so zu handeln. In der Praxis offenbart eine solche Handhabung ein echtes Hindernis, um wirtschaftlich und unternehmerisch sinnvoll zu handeln, doch dies ist dann die Konsequenz für den verantwortlichen Unternehmer.

Genauso verhält es sich mit Bewerbern um einen Arbeitsplatz. Wie dumm wäre ein Unternehmer, den besten Bewerber aufgrund äußerer Kriterien nicht einzustellen? Welches Adjektiv außer „dumm" würde zu einem solchen Verhalten passen? Auf der anderen Seite gibt es „softe" Gründe, die dazu führen können, dass ein Bewerber leider nicht in ein Team oder ein Unternehmen passt. Die zwanghafte Einstellung eines völlig unpassenden (aber fachlich qualifizierten Bewerbers) würde garantiert nicht zur Verbesserung des Arbeitsklimas und damit auch nicht zur Produktivitätssteigerung führen. Welchen Grund sollte also ein gut qualifizierter Arbeitnehmer haben, sich unbedingt in einem Unternehmen hineinzuzwängen, in dessen Struktur er absolut nicht passt? Haben nicht auch die bereits angestellten Arbeitnehmer ebenfalls einen Anspruch auf ein gutes und deshalb reibungsarmes Betriebsklima?

Abgesehen von diesem Punkten gibt es natürlich noch einen anderen Aspekt. Gehen wir nochmal zurück zum Thema Bildungspolitik. Niemand hat wohl ernsthaft etwas dagegen einzuwenden, wenn bildungsferne Schichten besonders gefördert werden, damit die Zugehörigen dem Arbeitsmarkt zugeführt und Hartz IV dauerhaft entzogen werden. Ist jedoch ausschließlich „soziale Gerechtigkeit" der Motor hinter den Bestrebungen zur brutalen Gleichmacherei, begibt sich eine ganze Gesellschaft freiwillig ins Reich der Absurdität. Warum das so ist, möchte ich gerne an einer kleinen Metapher verdeutlichen: Denken Sie bitte einmal an das *Russische Staatsballett*. Dieses Ensemble ist weltbekannt und nimmt nur die besten Tänzer auf. Wie würde dieses Tanz-Ensemble wohl aussehen, wenn die Auswahlkriterien von politisch korrekten Gesichtspunkten wie zum Beispiel der Antidiskriminierung dominiert würden? Das Ensemble würde dann paritätisch mit Mitgliedern aller Minderheiten besetzt. Selbstverständlich müssten auch Schwerbehinderte, Taube und Blinde aufgenommen werden – es soll sich ja niemand benachteiligt fühlen... Wen interessiert es da noch, dass die Tänzer kaum noch einen Fuß hinter den anderen setzen können oder gar einige im Rollstuhl sitzen?

Das Beispiel ist natürlich völlig überspitzt, aber ist es deshalb fern jeder Realität? Wir leben in einer Gesellschaft, die sich rühmt, eine „Leistungsgesellschaft" zu sein. Diese Bezeichnung ist auch heute schon nur noch Hohn. Anstelle von Leistung haben andere Attribute an Wichtigkeit gewonnen: Vitamin B (Beziehungen), Besitz, aber auch die Frage, wer staatliche Fördermittel bekommt und wer eben nicht. Der Grundgedanke der sozialen Gerechtigkeit ist durchaus lobenswert, beruht aber auf falschen Annahmen. Soll es wirklich darum gehen, angeblich privilegierte Menschen zu diskriminieren, damit gleiche Startbedingungen für alle erzeugt werden – also soziale Gerechtigkeit durch Repressionen für jeden? Ich halte diesen Standpunkt für grotesk falsch!

Wäre es nicht wesentlich klüger, Strategien zu entwickeln, die zum Beispiel jeden Schüler dort „abholen", wo er nun mal mit seinem Leistungsniveau steht? Auf diese Weise würde man kontinuierlich das Leistungsniveau jedes Einzelnen steigern und damit schließlich das Leistungsniveau eines ganzen Landes. Somit würde man dann letztlich auch das aufbauen, was jedes Land benötigt: echte Leistungsträger und damit echte Eliten. Dies würde dann allerdings den absoluten Gegenentwurf zu dem darstellen, was uns zum Beispiel als „politische Elite" (wie sie im Bundestag sitzen sollte) verkauft wird. Seien wir doch ehrlich: Wieviele der Abgeordneten in Berlin und in den Landtagen wäre denn faktisch überhaupt in der Lage, sich außerhalb eines Parlaments selbstständig zu ernähren? Sicherlich nicht ganz so viele – genau deshalb haben auch so viele überhaupt niemals auch nur den Versuch dazu unternommen!

4. Critical Whiteness

Weiter oben habe ich ja schon einiges über die absurde Weise angesprochen, in der einige Menschen das Thema „Rassismus" interpretieren. In dem dazu zugrundeliegenden Konzept sind Weiße die Wurzel allen Übels, ja sie haben den Rassismus angeblich sogar erfunden. Wie ebenfalls bereits erwähnt, kann sich deshalb Rassismus auch vermeintlich niemals gegen Weiße richten. So formuliert Lalon Sander, der Verfasser der Kolumne „Dumme weiße Männer" in der Zeitung *taz*[57]: *„Man würde einige Jahrtausende zurückkreisen* (mit einer Zeitmaschine, A.d.V.), *um die Menschheit dann abzupassen, wenn sie noch klein ist und die Saat für das weltweite Matriarchat säen."* Sander schlägt dann noch eine zweite Zeitreise vor: *„Wenn das Matriarchat fest verankert wäre, würde man in die Vorkolonialzeit weiterreisen. Im späten 15. Jahrhundert würde man eine riesige Koalition der Herrscherinnen Asiens, Afrikas und denen Amerikas schaffen und Europa kolonisieren. Die unterlegenen weißen Einheimischen würden dazu gezwungen werden, Cash Crops für weit entfernte Gesellschaften anzubauen."*

Der Verfasser dieser Kolumne benutzt einen jovialen, fast schon gutgelaunten Ton, doch er meint es vollkommen ernst. Mit dieser Meinung ist Sander nicht allein, denn sie wird von äußerst vielen Linken geteilt. Ist dies ein Beweis für die Engstirnigkeit, Dummheit oder doch vielleicht das Werk der Kulturmarxisten? Es ist zwar ziemlich überraschend, doch „Weißsein" ist ein offizielles, „transdisziplinäres" Forschungsfeld. Aus diesem Forschungsfeld hat sich das Schlagwort „Critical Whiteness" entwickelt – also „Kritische Weißseinsforschung" (die Nähe zur „Kritischen Theorie" muss hier wohl kaum noch betont werden). Es handelt sich jedoch keinesfalls um eine Theorie, sondern wirklich nur ein „Thema",[58] auf dem sich mehr oder minder talentierte und gebildete Linke austoben können, wenn ihnen zum Beispiel selbst Gender-Wissenschaften zu „wissenschaftlich" sein sollten!

Konzeptioniert wurde Critical Whiteness in den 1990er-Jahren und konstruiert und basiert auf einer fast schon „genialen" Idee: Weiße Menschen sollen beigebracht bekommen, dass sie nicht einfach nur Menschen sind, sondern dass sie *weiße Menschen* sind und eine Sonderrolle innehaben. Wenn Weiße diese Rolle ablehnen, entspreche das grundsätzlich Rassismus. Auf gewisse Art und Weise hat die Critical Whiteness somit eine absolut enge Verwandtschaft zur Affirmative Action, denn Weiße sollen sich durch diese Erkenntnis des „Weißseins" nicht besser, sondern schlechter fühlen. So schreibt zum Beispiel der *Deutschlandfunk*[59]: „*Die Critical Whiteness möchte die Figur des Weißen seiner zentralen, normstiftenden Position entheben und fragt: Inwiefern stellt Weißsein als unsichtbarer Maßstab das Nicht-Weiße als Abweichung und minderwertige Abstufung dar?*"

Weiße Menschen sollen durch Critical Whiteness auf gewisse Art und Weise als einzige Gruppe global diskriminiert werden, indem alle anderen Ethnien als „Person of Color" bezeichnet werden. Hier wäre für sarkastisch veranlagte Menschen auch eine andere Bezeichnung denkbar: „Nichtweiße Menschen". Alleine dieser Verweis sollte genügen, um die Gefahr dieses Themenfeldes zu skizzieren und sich mittlerweile natürlich auch bemüht, zur Wissenschaftlichkeit aufzusteigen. Bisherige Anti-Rassismusprogramme bauten auf dem richtigen Gedanken auf, dass Hautfarben egal sind und keine Rolle spielen. Bei der Critical Whiteness hingegen wird ganz bewusst „diskriminiert": eben in Weiße und Nichtweiße. Dies hatten wir aber leider schon mehrfach und nennt sich *Apartheid*. Im Sinne der Critical Whiteness sollen sich Weiße natürlich schuldbewusst ihrer angeblichen Privilegien bewusst sein und sich neurotisch selbst zerfleischen. Doch bei diesem Unterfangen erhalten hier Weiße unfreundliche Unterstützung von „Persons of Color".

So häuften sich auf Colleges in den USA (aber auch bereits zu unterschiedlichen Gelegenheiten in Deutschland) Fälle, in denen Weiße von selbsternannten „Persons of Color" angegriffen wurden, weil sie zum Beispiel ihre Dreadlocks abschneiden sollten. Dreadlocks wären ein Zeichen der schwarzen Kultur und Weiße dürften sich diese Frisur nicht zueigen machen. Wenn Affirmative Action auch als „Positive Diskriminierung" bezeichnet wird, dann könnte man Critical Whiteness wohl mit gutem Recht als „positiven Rassismus" bezeichnen oder besser gleich als das, was es ist: Rassismus!

Doch es wäre ein Fehler anzunehmen, dass die Anhänger der *Ethnic Studies* (die amerikanische Spielart der Critical Whiteness) bzw. den *Postcolonial Studies* (europäische Variante) eine homogene Masse darstellen, die einem roten Faden folgen würden. Stattdessen gibt es sogar Eifersüchteleien, warum andere Themen wie White Supremacy (Studien zur Weißen Überlegenheit), White Privilege (Privilegien der Weißen) oder

White Accountability (Weiße Rechenschaftspflicht) außerhalb der USA und vor allem in Europa nahezu keine Erwähnung finden. Aus diesem Grund haben sich die Anhänger dieser thematischen Spielplätze etwas ganz besonders Absurdes einfallen lassen. Laut diesen Kritikern der Critical Whiteness handelt es sich bei dieser Idee sogar um etwas völlig anderes als einen ernstgemeinten Ansatz zum Antirassismus. Diese überzeugten Antirassisten sehen in der Critical Whiteness wieder nichts anderes als einen raffinierten Trick der Weißen, um sich im Deckmantel der Selbstkritik und Selbsterniedrung doch wieder ins Rampenlicht zu drängen und somit wieder ein weiteres Privileg zu erschleichen.[60] Was soll man dazu noch sagen?

Viel interessanter für unsere Belange sind aber auch hier die Verbindungen zum Kulturmarxismus. Critical Whiteness zielt natürlich mit voller Wucht auf das Fundament der bürgerlichen Gesellschaft, denn dieser Schutzwall gegen den Sozialismus besteht in Europa noch mehrheitlich aus Weißen. Kritisches Weißsein hat neben den beschriebenen Wirkungen noch eine weitere Wirkung: Die Identität eben dieses Bollwerks soll geschwächt werden. Ebenso sind die Länder Europas 2017 immer noch überwiegend weiß, wenn auch Multikulturalismus, geplante Migrationswellen (zum Beispiel Gastarbeiter) und Massenmigration durch Flüchtlinge den Anteil der weißen Bevölkerungsschichten deutlich verringert haben. An diesem Punkt soll es allerdings gar nicht um Sinn und Unsinn dieser Entwicklungen gehen oder auch darum, ob dies gar alles so gewollt sein könnte. Stattdessen geht es um die Wirkung auf die Zivilgesellschaften Europas. Hier sind wir beim bereits erwähnten „integralen Staat" von Antonio Gramsci (Gefängnishefte).

Critical Whiteness möchte nun nichts anderes, als eine Transformation des integralen Staates bzw. dessen Hegemonie vornehmen, indem er deren bisherigen Hauptakteure (Weiße) in eine Identitätskrise stürzt. Dies wäre in einer homogenen Gesellschaft in dieser Form natürlich unmöglich, da ja keine Menschen anderer Hautfarbe vorhanden sind. Da nun aber doch Menschen anderer Hautfarbe vorhanden sind, ist der Nährboden für diese Art psychologischer Kriegsführung bereit. Während dabei besonders die gebildeten Bevölkerungsteile beginnen, sich fast ausschließlich nur noch um sich selbst zu drehen und damit auch sich selbst zu lähmen, bleiben

Menschen anderer Hautfarbe völlig unbelastet und können ihre Kraft ganz in die Arbeit stecken. Dabei werden zwangsläufig andere und für die Gesamtbevölkerung eher schwer zugängliche Netzwerke innerhalb des Staates entstehen. Je nach Perspektive kann man diese Strukturen entweder als „Netzwerke", „Subkulturen" oder auch als „Parallelgesellschaften" bezeichnen. Auf diese Weise wird sich die Zivilgesellschaft bzw. der integrale Staat definitiv verändern und auf gewisse Art und Weise „frakturiert", also in Einzelstücke zerlegt werden. Dadurch wird diese Instanz kritisch geschwächt werden und einer Transformation der Gesamtgesellschaft weniger effektiv entgegenstehen. Wenn man in einer Gesellschaft nun weitere effektive soziale Probleme erschafft, wird in großen Teilen der Bevölkerung die Bereitschaft wachsen, wie die Ratten hinter den Linkspopulisten mit ihren betörend schönen Worten herzulaufen.

Fazit

Der böse, weiße Mann ist wieder da. Überall unterdrückt er so viele andere Menschen (und vor allem Frauen), wie er nur kann... Das ist simples Schwarzweiß-Denken, das sich durch die Vorwürfe der verwandten (ähnlich unsinnigen) Disziplinen völlig selbst karikiert. Das Strickmuster bleibt aber gleich: Die Welt muss von der allgegenwärtigen Unterdrückung befreit werden und das bedeutet im Zweifel die Bekämpfung der Weißen. Diese Art von Repression ist aber niemals Repression und schon gar kein Rassismus, denn das funktioniert aus ideologischen Gründen nicht. Rassismus liegt immer nur dann vor, wenn Weiße die Täter und „Nicht-Weiße" die Opfer sind. Gewalt gegen Weiße und/oder Christen kann laut der geschilderten Situation niemals rassistisch sein. Stattdessen liegen einfach andere Gründe vor: psychische Verwirrung, Drogen, Erregung oder zur Not haben die Täter durch ihre (von den Weißen verschuldete) Situation und Traumata nie die Chance, andere Arten des Verhaltens zu kultivieren. Letztlich ist der Weiße auch immer selbst schuld, wenn er zum Gewaltopfer wird – schließlich ist er es, der die Welt unterdrückt. Selbstverständlich nutzt auch hier der Einwand nichts, dass Sie oder ich niemals eine Baumwollplantage besessen, als Conquistador nach Lateinamerika gesegelt sind oder einen Harem besessen haben. Beim Weißsein ist Sippenhaft natürlich vollkommen legitim, denn wir sind ja im Geiste des Genannten sozialisiert. In jedem von uns steckt demnach ein Hitler, ein Pizarro oder ein Kreuzritter… `

Wäre es nicht an der Zeit, andere Menschen ganz einfach zu akzeptieren? Ich finde, die Zeit ist überreif und ich erkenne absolut keinen Sinn darin, „nichtfarbigen Personen" ein schlechtes Gewissen einzureden. Fördert das nicht sogar die Entstehung neuer Ressentiments und zementiert weitere, bereits bestehende?

Man sollte natürlich nicht immer böse Absichten unterstellen. Sicherlich gibt es Menschen, die die Idee der *Critical Whiteness* wirklich toll und konstruktiv finden. Genauso gibt es aber auch heute noch Menschen, die Rassentrennung für eine klasse Idee halten. Nur weil also jemand von einem ideologischen Sachverhalt völlig überzeugt ist, bedeutet das keinesfalls, dass diese Person nicht im Unrecht ist. Diese Überzeugungstäter hat es immer gegeben und in der Geschichte waren es meist sogar die effektivsten und kaltblütigsten Täter, schließlich glaubten sie sich ja im Recht und die ganze Welt im Unrecht…

All die cleveren Soziologen, die nahezu wöchentlich neue Theorien entwickeln, um die Diversität der Menschen zu belegen (und zu fördern), haben vielleicht tatsächlich gelegentlich auch hehre Ziele, das ist keine Frage. Doch wie sieht unsere Welt 2017 aus? Die westliche Gesellschaft ist so stark fragmentiert, dass die Menschen nur noch in ihren entsprechenden Peergroups (soziale Homophilie) und Subkulturen miteinander kommunizieren. Ist das die ersehnte Vielfalt? Meint die Soziologie wirklich *das* mit Diversität? Na dann, Glückwunsch!

Eine maximal frakturierte Gesellschaft bietet natürlich den Vorteil, dass sie äußerst leicht gesteuert und manipuliert werden kann. Niemand redet mehr mit jemandem und alle käuen das wieder, was Regierung und angebliche Experten ihnen vorsetzen. Außerdem hat jede Peergroup und jede Subkultur ihre eigenen Bedürfnisse, die gerne von der Industrie erfüllt werden. Das sind doch mal Aussichten!

5. Gender

Gender – dieses Wort löst meist eine von zwei sehr unterschiedliche Reaktionen bei Menschen aus: Unwissenheit, die sich vielleicht in einem Schulterzucken zeigt, oder schallendes Gelächter. Ledlich in linken Kreisen wird man beglücktes Lächeln oder sonstige Zustimmung für dieses besonders exquisite Studienfach erfahren. Doch was verbirgt sich nun überhaupt hinter der Gender-Idee?

Gender ist vor allem ein sprachlicher und außerdem rein akademischer Begriff. Bereits um 1960 wurde, motiviert durch die intersexuelle Forschung im Bereich der Medizin, der Begriff „Gender" eingeführt, um den Begriff des *Geschlechts* (engl. *Sex*) zu ersetzen. Die Motivation dahinter war die vermeintlich bessere Differenzierung zwischen dem *biologischen Geschlecht* und dem *sozialen Geschlecht*. Ich werde nun alles andere tun, als den „Genderisten" nach dem Mund zu reden, aber diese Unterscheidung ist trotz seiner vermeintlichen Absurdität nicht grundsätzlich falsch. Anders als meine geliebten Gender-Fachleute beziehe ich mich jedoch lediglich und absolut ausschließlich auf „Transsexualismus". Es gibt bereits seit langer Zeit Berichte über Menschen, die „im falschen Körper" oder mit dem falschen Geschlecht geboren werden. Inzwischen dürfte es auch in Deutschland so sein, dass wahrscheinlich jeder Mensch über drei Ecken zumindest von einem solchen Fall gehört hat. Laut der *Internationalen Klassifizierung von Krankheiten und verwandter Gesundheitsprobleme* (ICD-10) handelt es sich bei Transsexualität um eine offiziell und international anerkannte Krankheit. Jedenfalls galt dies bis 2015, denn hier wurde der Neuentwurf der ICD-10 vorgestellt, der vermutlich noch 2018 in Umlauf kommen soll. In dieser Neufassung wird Transsexualität nur noch neutral als „medizinischer Zustand" definiert und wird dann zusätzlich *genderisiert*. Ich halte dies für falsch und werde deshalb kurz darlegen, weshalb.

Stellen wir uns einen Kreißsaal vor. Eine Mutter bringt ein gesundes Kind zur Welt. Die Hebamme kümmert sich um das Kind und sagt: *„Ein Junge!"* Gender-Mainstreamer sähen bereits hier eine Diskriminierung, denn woher will die Hebamme wissen, dass es sich bei dem Kind wirklich um einen Jungen handelt? Was die Hebamme bewerten kann, ist das biologische Geschlecht – also, ob da ein kleines „Zipfelchen" ist. Was aber ist nun, wenn dieser Junge transsexuell ist und sich als Mädchen fühlt? Gender-Ideologen wittern also bereits schlimmste Ausgrenzung, wobei hier die Fragen lauten sollten: Kann ein neugeborenes Baby überhaupt Angaben zu seinem Geschlecht machen? Würde die unwissentlich-falsche Angabe sich irgendwie nachteilig auf das Baby auswirken?

Hierbei sollten wir besonders einen Fakt im Auge behalten: die Prävalenz von Transsexualität. Unter *Prävalenz* versteht man die Häufigkeit von Transsexualität in der Gesamtbevölkerung. Laut amerikanischen Studien liegt die Prävalenz bei etwa 0,26 Prozent. Es kommt also nur bei maximal 0,26 Prozent der Menschen zu einer Geburt mit dem falschen Geschlecht, dennoch wird im Reich der Gender so getan, als handele es sich bei Differenzen zwischen sozialen und biologischen Geschlecht eher um die Regel als um die Ausnahme. Aus dieser Perspektive betrachtet, musste auch die Definition von „Transsexualität als Krankheit" in der ICD-10 fallen. Ein „gesundheitlicher Zustand" ist viel variabler und wesentlich omnipräsenter als eine Krankheit, die nur bei 0,26 Prozent der Menschen vorkommt. Die ganze Idee der Gender-Ideologie basiert nämlich auf der Idee, dass Menschen quasi nach „Lust und Laune" ihr Geschlecht wechseln können und sollen – wahlweise nur das soziale, aber auf Wunsch natürlich auch das biologische Geschlecht. Ich wehre mich gegen diesen Ansatz, da damit die Bedürfnisse und auch Nöte von Transsexuellen trivialisiert werden.

Es mag Menschen geben, die Freude daran haben, mehrfach ihr Geschlecht zu wechseln und dafür sogar Verständnis erwarten. Genauso gibt es auch Menschen, die sich im Rahmen ihrer Religiosität selbst mit drakonischen Maßnahmen geißeln. Ebenso gibt es Menschen, die höchste Wonnen dabei empfinden, wenn sie deren Partner mit seinen Fäkalien einreibt. Weiterhin habe ich von Menschen gehört, die immer wieder ungeschützten Geschlechtsverkehr mit Fremden haben. All das ist ebenso wie der spontane Wechsel des sozialen Geschlechts keine Straftat und auch nicht unbedingt moralisch verwerflich. Dennoch bringe ich dafür kein Verständnis auf und muss ein solches Verhalten auch nicht gutheißen. Ebenso wenig würde ich ein solches Verhalten in meinem Umfeld „erdulden". Stattdessen zucke ich mit den Schultern, lasse den Menschen ihre Freude und lasse mich im Gegenzug aber auch nicht für einen Zweck instrumentalisieren, den ich nicht gutheiße.

Ich könnte jetzt hier noch sehr viel über allerlei Wortspielereien aus dem Gender-Reich schreiben, aber das hat Birgit Kelle[61] bereits auf sehr humorvolle Art und Weise getan. Aus diesem Grund erspare ich mir und auch Ihnen an dieser Stelle die Ausführungen über das Binnen-I, das Gendersternchen* und die „zahlreichen" Müllfrauen bei der Müllabfuhr. Die Beschäftigung mit dieser Thematik ist keinesfalls banal, funktioniert jedoch nur als flankierende Maßnahme der Gender-Ideenlehre. Und Kern der Lehre ist und bleibt die ständige Differenzierung in *biologisches* und *soziales Geschlecht*, was eben auch durch den eigenen Gender-Sprachcode unterstrichen werden soll.

Interessanter ist da eine aktuelle Episode aus den USA. Bei dieser Geschichte geht es um öffentliche Toiletten und um sehr viel Empörung. Immerhin spielen keine Geringeren als der Musiker Bruce Springsteen, die Band Pearl Jam, die Moderatorin Ellen DeGeneres, der Unternehmer Richard Branson und einige andere Promis die Hauptrollen. Es geht um das Gesetz mit dem offiziellen Titel „Public Facilities Privacy & Security Act" oder „H.B.2". Dieses Gesetz regelt im US-Bundesstaat North Carolina die Toilettenbenutzung für Transsexuelle. Das Gesetz sagt aus, dass jeder Mensch die Toilette analog zu der Geschlechtsangabe im Personalausweis zu benutzen hat. Grundsätzlich empfinde ich es als tragisch, dass zur korrekten Toilettenbenutzung überhaupt ein Gesetz erlassen werden muss. Stattdessen sollte nach dem Duschen ein Blick in den Spiegel genügen, um das eigene Geschlecht herauszufinden. Ist einer Person das eigene Geschlecht einmal bekannt, sollte die Auswahl der korrekten Toilette kein Problem mehr sein. Gender-Ideologen werden mich jetzt als „deterministisch", „reaktionär" oder auch „biologistisch" bezeichnen – sei es drum, so bin ich eben. Das Leben ist kein absurdes Lustspiel, in dem es jedem Plessierchen eines jeden Tierchens stets gerecht gemacht werden muss oder sollte. Wer sein „Geschlecht" täglich oder wöchentlich mehrfach ändern möchte, kann das ja gerne tun, nur warum sollte eine solche Person die Macht verliehen werden, andere Menschen zum Mitspielen in dieser Show zu verpflichten? Doch in den USA waren Prominente und vor allem der bereits erwähnte Musiker Bruce Springsteen anderer Meinung und sahen hier eine gigantische Diskriminierung durch den Bundesstaat North Carolina. Springsteen und Pearl Jam sagten aus Protest ihre Konzerte in North Carolina ab, andere Prominente empörten sich medienwirksam und auch

Firmen sowie Abgeordnete andere Bundesstaaten cancelten Besuche und Veranstaltungen in dem angeblich so furchtbar sexistischen Bundesland.

Dies ist auch genau der Grund, weshalb ich persönlich zwischen Transsexuellen und „Gendersensitiven" unterscheide. Bei dem Einen erzeugt die Realität Leidensdruck, bei dem Anderen dient sie dem ausschließlich Lustgewinn. Erinnert Sie das Thema „Lustgewinn" nicht an etwas? Ja, genau: an den orphisch-narzisstischen Menschen, die Blaupause der Kulturmarxisten. Stellen Sie sich doch bitte die Möglichkeiten der grenzenlosen Sinnesfreuden vor, gerade im sexuellen Bereich.

Gehen wir einmal von einem stinklangweiligen „Hetenpaar" (heterosexuelles Paar, also Mann und Frau) aus. Nennen wir das Paar doch einfach Oscar und Sarah. Beide arbeiten im Bereich Pädagogik, Sarah als Erzieherin und Oscar als Lehrer. Das Ehepaar hat also bereits im Studium sehr viel mit Adorno, Marcuse und anderen Kulturmarxisten zutun gehabt. Irgendwann ist die „Luft" raus und Oscar bemerkt, dass er Frauenunterwäsche sehr sexy findet und es ihm einen Kick verschafft, wenn er diese auch selbst anzieht. Sarah findet es auch irgendwie „geil", wenn ihr Oscar sich als Frau verkleidet und so wird das Liebesleben neu beflügelt. Soweit so gut, schließlich haben beide ihren Spaß. Doch mit der Zeit reicht der Kick irgendwie nicht mehr für Oscar. Er empfindet den Geschlechtsakt mit Sarah immer mehr als eine gewaltsame Penetration von Sarah und bekommt Schuldgefühle. Stattdessen entdeckt Oscar seine Leidenschaft für sanfte Berührungen und Küsse und stellt sich auch immer mehr die Frage, wie sich wohl ein weiblicher Orgasmus anfühlt. Nach einigem Hin und Her entscheidet sich Oscar zu einigen Terminen bei verschiedenen Ärzten und schon bald ist klar: Oscar möchte seine neue, weiblichere Seite mit Leib und Seele ausleben. Also wird eine Hormontherapie begonnen und ebenso auch eine Geschlechtsumwandlung geplant. Aus Oscar wird nun Oscarina und aus der heterosexuellen eine homosexuelle Beziehung. Hier könnte die Story nun enden, das tut sie aber nicht. Anstelle dessen entdeckt nun Sarah den Mann in sich und tut es ihrer Oscarina gleich – sie lässt eine Geschlechtsumwandlung durchführen und wird nun zu Sven. Beide haben viel Spaß, doch auch dies dauert nicht lange an. Sven fühlt sich nämlich plötzlich zu Männern hingezogen, weshalb sie eine Liaison mit ihrem Nachbarn Harald anfängt. Es entspinnt sich ein Dreiecksverhältnis, das vom viel zitierten „gegenseitigen Respekt" und „Liebe" getragen ist. Harald lernt jedoch eine junge Frau (Michaela) kennen und diese ist offen für dieses Beziehungsmodell. Nach kurzer Zeit stellt sich dann heraus, dass Harald zeugungsunfähig ist. Bei Sven können aber funktionsfähige Spermien entnommen werden und Michaela, die sich als Leihmutter zur Verfügung stellt, wird damit befruchtet und schwanger.

Sie sehen, den orphischen Wonnen wären fast keine Grenzen gesetzt. Lediglich bei der Angabe der Elternschaft dürfte es in diesem Fall zumindest etwas schwieriger werden, denn wer ist Vater und wer Mutter? Um dieser Problematik gerecht zu werden, haben Genderisten die Begrifflichkeit des *Elter 1*, *Elter 2*, *Elter 3*, *Elter 4* usw. entwickelt. Auf diese Weise muss dann niemand als „Vater" oder „Mutter" determiniert werden. Was meinen Sie, wie hier ein Georg Lukács vor Freude in seinem Grab zu applaudieren beginnt? Genau das ist doch die effektivste und denkbarste Schädigung oder gar Vernichtung der Familie.

Ein kleines Goodie habe ich aber für Sie aufgespart: Eine der Gründungsfiguren der Gender-Ideologie ist die Amerikanerin Judith Butler. Sie veröffentlichte 1990 das Buch »Das Unbehagen der Geschlechter« und ist auch heute noch eine der schillerndsten Figuren im Gender-Business. Es ist jetzt auch nicht so spannend, dass Butler bekennende Lesbe ist, denn schließlich sind nicht alle Homosexuellen Befürworter der Genderei. Viel spannender ist eher die Tatsache, dass Judith Butler 2012 den Theodor-Adorno-Preis der Stadt Frankfurt verliehen bekommen hat. Wenn das nicht wieder ein „kuriöser Zufall" und ein weiterer Beweis für die internationale Verbreitung des Kulturmarxismus ist. Dies sollte uns zu denken geben!

Abschließend möchte ich hier jedoch gerne noch Dick Swaab zu Wort kommen lassen. Swaab ist Neurobiologe und dreißig Jahre lang Direktor des *Niederländischen Instituts für Hirnforschung*. International gilt der Neurobiologe als führender Hirnforscher und kann deshalb wohl definitiv als Referenz angeführt werden. Jedoch dürften diese Aussagen vor allem den Linken keinesfalls gefallen:

„Das Y-Chromosom des Jungen setzt einen Prozess in Gang, der zur Produktion des männlichen Hormons Testosteron führt. Je nachdem, ob Testosteron produziert wurde oder nicht, entwickeln sich die Geschlechtsorgane des Kindes zwischen der 6. und 12. Schwangerschaftswoche zu männlichen oder weiblichen. Später, in der zweiten Hälfte der Schwangerschaft,

differenziert sich das Gehirn in die männliche oder weibliche Richtung. Denn im Gegensatz zu Mädchen produzieren Jungen in dieser Zeit eine hohe Konzentration von Testosteron. In dieser Phase wird unsere Gender-identität – das Gefühl, ein Mann oder eine Frau zu sein – unumkehrbar in den Hirnstrukturen verankert."[62]

Diese Aussage eines anerkannten Neurobiologen bedeutet nun, dass all das Gerede über das angeblich „soziale" (und damit eben „erworbene") Geschlecht nichts anderes als purer Unsinn ist. Die Entscheidung über unser Geschlecht wird in der 6. bis zur 12. Schwangerschaftswoche (!) unveränderbar in unserem Gehirn festgeschrieben. Mit dieser Tatsache müssen die Genderisten nun eben leben. Wie sagt unser Freund Donald aus den USA so gerne? Deal with it! Auf gut Deutsch: Kommt damit klar!

Fazit

Wir leben in einem freien Land und deshalb darf sich jeder Bürger eine eigene Meinung zum Thema „Gender-Studies", „Transgender" oder auch „Genderismus" bilden. Es gibt ganze Studiengänge, Professoren und eine Menge von Fachliteratur, die sich alle mit der Thematik beschäftigen und vehement darauf pochen, eine ausgewachsene Wissenschaft zu sein. Im Rheinland sagen wir: *„Mer muss och jünne künne!"* (Man muss auch gönnen können!). Ich habe also Verständnis dafür, wenn jemand unbedingt Akademiker sein möchte und sich auch nicht scheut, an der Erschaffung einer völlig künstlichen Wissenschaft beteiligt zu werden. Ich für meinen Teil habe eine andere Definition von „Wissenschaften", aber dies ist ja schließlich auch mein gutes Recht. Mir spuken da eher so Wissenschaften wie Physik, Chemie oder von mir aus Literaturwissenschaften durch den Kopf, aber doch keine rein ideologischen Konstrukte.

Als Bürger dieses Landes kann und darf ich mir jedoch anmaßen, gesellschaftliche Probleme zu beobachten und auch zu analysieren. Wenn es eine Prioritätenliste für Probleme gibt, dann müsste die Situation von Familien ganz oben stehen. Schlicht und einfach deshalb, weil die Familie das Rückgrat unserer Gesellschaft bildet. Linke und besonders Kulturmarxisten sehen das völlig anders, wie wir ja bereits feststellten.

Lassen wir diese linken Ideologien beiseite und sehen wir uns die Realität an: Die deutsche Scheidungsrate betrug 2012 ganze 46,2 Prozent.[63] Es wird also nahezu jede zweite Ehe wieder geschieden. Wie sehen dazu die Lösungsvorschläge der Sozial- und besonders der Genderwissenschaften aus? Recherchieren Sie doch einmal selbst, verehrte Leserinnen und Leser. Ich will es kurz machen: Es herrscht Schweigen im Walde. Vielleicht liegt es daran, dass es sich um ein reales und nicht um ein rein imaginäres Problem handelt. Der Nachteil an realen Problemen besteht ja darin, dass man sie tatsächlich lösen kann und muss, ganz im Gegensatz zu „akademischen" Problemen, mit denen sich die Sozialwissenschaften beschäftigen (und das besonders gerne mit selbsterschaffenen, rein imaginären Problemen). Nein, es geht nicht um ideologischen Schwachsinn, sondern um Probleme, die gelöst werden müssen. Stellen wir hier einige kühne Thesen auf: Immer wieder berichten die Medien auf ihren Titelseiten von den brutalen Gewaltverbrechen jugendlicher Täter in deutschen Großstädten. Entweder werden diese Taten als „Singularitäten" dargestellt, mit denen abwechselnd a) niemand rechnen konnte oder b) jederzeit in Großstädten zu rechnen ist. Um diese Verbrechen zu rechtfertigen, werden dann die immer gleichen Stereotype als Motiv ins Rennen geschickt: Ego-shooter am Computer, Heavy Metal oder wahlweise Hiphop, gewaltverherrlichende Filme usw. Einige mutige Psychologen vermuten aber einen ganz anderen Grund hinter diesen Taten: die vaterlose Gesellschaft. Die Väter fehlen durch Abwesenheit aus Karrieregründen/Selbstentfaltung/Desinteresse oder sie sind auch tatsächlich nicht mehr verfügbar. Es ist eine Binsenweisheit, dass ein Kind Vater und Mutter braucht. Beide Elternteile können dem Kind ganz unterschiedliche Qualitäten vorleben, die für eine gelungene Entwicklung zu einer runden Persönlichkeit nötig sind.

Fehlt nun der Vater, von wem soll das Kind Werte wie Disziplin, Beherrschung und Respekt vermittelt bekommen? Ich höre es jetzt in den Herzen meiner Leserinnen revoltieren, aber ich möchte Sie beruhigen: Alle Menschen können einem Kind diese Werte beibringen, ganz unabhängig vom Geschlecht. Es ist jedoch meist so, dass Attribute bei den beiden Geschlechtern unterschiedlich stark besetzt sind. Deshalb wird es einem Mann leichter fallen, die oben genannten Werte zu vermitteln. Denken Sie diesen Gedanken nun konsequent zuende, werden Sie auf eine skandalösen Widerspruch in meiner Argumentation stoßen: Was ist denn dann mit homosexuellen Paaren, die ein Kind adoptieren wollen? Nach dem oben ausgeführten Gedanken müsste ich dann doch auch für ein Adoptionsrecht für homosexuelle Paare sein? Ganz richtig, ich kann das nur befürworten. Jedes heterosexuelles Paar kann ein Kind bekommen, da es sich um die von der Natur vorgesehene „Reproduktionsvariante" handelt. Bei dieser natürlichen Variante bleibt jedoch die Eignung der Eltern vollkommen außen vor. Wenn also dort kein Regulationsmechanismus vorgesehen ist, warum sollte man homosexuellen Paaren künstliche Hindernisse in den Weg stellen, wenn sie ein Kind adoptieren wollen?

Ich denke, viele Menschen hängen aus religiösen oder sonstigen Gründen auch 2017 noch einem Denkfehler an: Homosexualität hat nichts, aber auch gar nichts mit Pädophilie zu tun. Bei der Homosexualität handelt es sich um eine sexuelle Orientierung, bei der Pädophilie um eine Paraphilie (sexuelle Neigung, die sich auf *nicht* einverständnisfähige Personen und Tiere bezieht). Wer zum Beispiel Schwulen unterstellt, dass sie sich grundsätzlich an ihrem adoptierten Sohn vergehen, muss sich als heterosexueller Mann fragen lassen, wann er denn das letzte Mal mit seiner Tochter geschlafen hat. Nichts anderes steckt nämlich hinter dem Denkfehler der Gegner eines Adoptionsrechts für Homosexuelle.

Eine völlig andere Frage ist wiederum, ob es ein solches Kind dann in seiner Kindheit einfacher oder schwerer als das Kind eines heterosexuellen Paares haben wird. Dies ist dann aber letztlich eine Herausforderung an die jeweiligen Eltern des Kindes und natürlich auch an die Gesellschaft überhaupt. Jeder, der diesem Thema skeptisch gegenüber eingestellt ist, hat absolut das Recht dazu. Dennoch sollte er sich selbst die Frage stellen, wie es für das adoptierte Kind wäre, in einem Kinderheim aufzuwachsen. Ich glaube, man kann sagen: Nein, das wäre für das Kind nicht die bessere Lösung. Weiterhin sollte man sich fragen, ob ein Paar generell überhaupt leichtfertig auf die Idee kommen würde, ein Kind zu adoptieren. Ich glaube, diese Entscheidung macht sich fast kein Mensch zu einfach, ist sie doch mit einer unglaublichen Verantwortung verbunden!

Es ist dabei überraschend, dass es eine interessante Analogie zum Thema „Familie" gibt: die kleinen und mittelständischen Unternehmen in Deutschland. Ebenso wie beim Thema „Familien" fühlt sich eigentlich niemand mehr dazu berufen, etwas an deren Situation zu verbessern. Das ist umso verwunderlicher, da diese Unternehmen eine Art Skelett der deutschen Wirtschaft darstellen. Es sind nicht die Aktiengesellschaften und Konzerne, die auch heute noch wirtschaftliche Dynamik und eine Motorfunktion in Deutschland übernehmen, sondern mittelständische Unternehmen und Kleinunternehmen – genauso, wie sie es auch schon seit dem letzten Krieg getan haben. Stattdessen philosophiert man lieber über eine Erhöhung des Mindestlohns, neue Steuern und auch sonst alle möglichen Ideen, um dem „Herz" der deutschen Wirtschaft Hindernisse in den Weg zu räumen. Dies mag auch gerade darin begründet sein, dass bei diesen Unternehmen natürlich Ross und Reiter zu benennen sind und es sich nicht um gesichtslose Großkonzerne handelt.

Haben wir in Deutschland mit dem Thema Neid ein größeres Problem als anderswo? Auch dies hat natürlich historische Wurzeln, denn Schwäche und Opferbewusstsein sind ja unverfänglicher als Erfolg und Durchsetzungsvermögen. Es steht ja jedem frei, wie er sich selbst sieht, aber warum muss man immer Neid und Missgunst geradezu abfeiern? Symptome davon sind Schlagworte wie „Reichensteuer" und „Umverteilung von oben nach unten". Liebe Leserin, lieber Leser, Sie können sich sicher sein: Solche Ideen treffen die wenigsten Macher ins Mark, und der bereits angesprochene „Finanzadel" lacht nur darüber. Er verfügt einfach über ein völlig anderes Instrumentarium – inklusive international agierenden Rechtsanwalt-Büros und Vermögenstransfers in ein Netzwerk aus Stiftungen und Batterien von Auslandskonten.

Vom Thema „Familien" zum Thema „mittelständische Unternehmen" ist es oftmals nur ein Katzensprung, denn hinter klein- und mittelständischen Unternehmen steht nicht selten eine Familie. Es gibt aber noch eine weitere Verbindung zwischen Familien und Unternehmen. Erinnern wir uns zurück an das gewünschte Menschenbild der Linken: ein Mensch, der sich lediglich an seiner Bedürfnisbefriedigung orientiert und sich geradezu darin suhlt. Kurzer Check: Wird so ein Mensch Unternehmer? Wird so ein Mensch den Hintern hoch bekommen, um ein Ziel zu erreichen oder gar die Welt zu verbessern? Um einen Menschen zu formen, der hocherhobenen Hauptes durch die Welt geht und die Dinge anpackt, benötigt man eine familiäre Struktur. Ich habe an dieser Stelle bewusst nicht „Familie" gesagt, denn eine Familie besteht nicht nur aus Mutter, Vater und Kind. Auch die Großeltern gehören dazu und können ihren Enkeln wertvolle

Kenntnisse und Fähigkeiten für das Leben mitgeben. Dies ist umso wichtiger, wenn gerade die Väter aus beruflichen Gründen oft abwesend sind.

Allerdings hat sich auch die Rolle der Großeltern in unserer Zeit massiv verändert. Gerade die Generation der Babyboomer (Geburtsjahrgänge 1955 bis etwa 1965) interpretiert ihre Rolle deutlich anders als die vorherigen Generationen. Dies hat mit einer deutlich besseren Gesundheit auch in fortgeschrittenem Alter zu tun, aber auch mit ihrer Kindheit in den Wirtschaftswunderjahren. Viele Vertreter dieser Generation essen das Leben mit dem „ganz großen Löffel" und wollen sich auch als Großeltern vorrangig entfalten, nachdem sie ja solange berufstätig waren. Da bleibt dann oftmals einfach keine Zeit mehr für vermeintlich „lästige" Pflichten, wie zum Beispiel die Betreuung der Enkelkinder. Die eigenen Interessen sind einfach wichtiger, sogar als die Interessen von Kindern und Enkelkindern. So ergab zum Beispiel die Studie eines renommierten Meinungsumfrageinstituts, dass Angela Merkel gerade durch die Zustimmung der Babyboomer in ihrem Amt betoniert wird, selbst als die halbe Republik sich in einer Flüchtlingskrise wähnte. Der Grund dafür ist keine Begeisterung für die Flüchtlingspolitik, sondern der Glaube daran, dass Frau Merkel einfach die Renten und Pensionen sichern würde. Dies ist natürlich mindestens so naiv wie dumm, doch vielleicht auch einfach nur eine Heilslehre, die nach Leibeskräften von den Massenmedien unterstützt wurde. Frei nach dem Motto: Hauptsache meine Rente ist sicher, ist mir doch egal, wie meine Enkel leben müssen, um sie zu bezahlen!

Dies ist die eine Seite, doch es gibt natürlich auch hier noch eine andere Perspektive. Unsere Gesellschaft ist jung, sexy und es geht nur um den nächsten Kick. Ältere Menschen sind all das eben gerade nicht und noch viel mehr: sie sind vielen Familienmitgliedern einfach nur lästig. Was läge also näher, als unsere Alten zu ghettoisieren und somit dem Vergessen auszuliefern? Exakt diese Entwicklung findet in den letzten Jahren noch verstärkt statt, denn selbst in Kleinstädten sprießen die „Aktivwohnungs"-Komplexe aus dem Boden. Man muss heutzutage also weder senil noch gebrechlich zu sein, um von der Familie ausquartiert zu werden. „Altsein" reicht dazu völlig aus! Dies ist natürlich eine Zuspitzung und ich habe nichts gegen solche Wohneinrichtungen, halte sie sogar im Wesentlichen für absolut sinnvoll und gut – es kommt einfach darauf an, wie diese Wohnungen genutzt werden.

Es wäre hier also auf allen Ebenen ein Umdenken nötig, denn wir brauchen uns schlicht und einfach alle: die Kinder, die Eltern und die Großeltern. Zusammen leben alle Beteiligten einfach ein besseres und schöneres Leben, als sie das alleine könnten. Gleichzeitig wäre auch für die Bedürfnisse aller Beteiligten auf höchst effiziente Art und Weise gesorgt. Dazu bedarf es aber den Willen aller Beteiligten und ein gesellschaftliches Grundklima, das auch von einem entsprechenden Willen der Politik mitgetragen werden muss. Solange Kindergärten, Ganztagsschulen und Seniorenheime die Zeit vor und nach der Berufstätigkeit dominieren, stehen die Zeichen dazu aber nicht besonders gut!

6. Rassismus

Rassismus existiert, und das sowohl latent unterschwellig als auch akut. Bevor ich konkret etwas dazu sagen möchte, will ich mich ganz klar gegen Rassismus aussprechen. Rassismus ist dumm und ich will hier keinesfalls als Apologeten dafür verstanden werden. Es muss aber auch hier differenziert werden, denn nicht alles, was als „Rassismus" bezeichnet wird, ist es auch tatsächlich. Stattdessen handelt es sich auch hier um eine vortreffliche Möglichkeit, um durch Begriffshoheit ein Totschlagsargument zu besitzen. Siehe auch: Faschismuskeule.

Bevor wir fortfahren, sollten wir uns den Begriff „Rassismus" ansehen. Es ist ein Ismus, also ist er „böse". Im Begriff steckt dann auch noch die Rasse und damit haben wir in Deutschland ja so ein richtig dickes Problem – natürlich bedingt durch „unsere" Geschichte, auch wenn wir zu der entsprechenden Zeit noch überhaupt nicht geboren waren. Soziologen sind ja gewissermaßen die (selbsternannten) akademischen Allzweckwaffen und haben zu jeder anderen Wissenschaft etwas zu sagen und wissen so einiges unglaublich viel besser. Aus diesem Grund ist auch fast jeder Soziologe zeitgleich ein genialer Zoologe und auch Biologe und kann sagen: Rassen gibt es nicht, alles Unsinn!

Leider sind Naturwissenschaften aber etwas komplexer als Geisteswissenschaften und interessieren sich in wesentlich geringeren Umfang für Ansichten und Meinungen eines mehr oder minder objektiven Beobachters, der einfach nicht den Mund halten kann.

Eine gängige These unter Biologen lautet deshalb auch: Es ist unmöglich, den Beweis für Rassen nachzuweisen, aber auch ebenso unmöglich, den Beweis anzuführen, um Rassen auszuschließen. Das ist natürlich ein unangenehmes Problem, besonders für die Linken, denn alle Menschen sind doch gleich, oder nicht?

Exakt hier liegt der dickste Denkfehler der linken Gleichheitsideologie begründet, denn Linke verwechseln ständig Begrifflichkeiten. Jeder aufgeklärte Mensch wird bestätigen, dass alle Menschen den gleichen Wert haben. Ein Afrikaner ist nicht weniger wert als ein Europäer oder ein Asiat. Die Menschen sind aber nicht in jeder Beziehung gleich und das ist verdammt gut so! Dazu benötigt es aber noch nicht einmal angeblich „rassistische" Differenzierungsmerkmale wie Schädelumfang, Hautfarbe oder die

Form der Nase. Jeder Mensch ist individuell und niemand gleicht unbedingt Irgendjemandem. Die Menschen bringen individuelle Fähigkeiten und Schwächen mit, dennoch haben wir alle den gleichen Wert und sind miteinander genetisch verwandt.

Aber leider diskriminiert die Natur ganz willkürlich und es ist ihr mit keinem Gleichstellungsbeauftragten oder mit Antidiskriminierungsgesetzen beizukommen. Schwarze Menschen erkranken jünger und häufiger an Herzkrankheiten.[64] Dafür überleben Schwarze länger bei der Diagnose von Alzheimer als Weiße.[65] Asiaten leiden statistisch signifikant weniger an Brustkrebs. Ebenso gibt es mittlerweile eine Vielzahl von Untersuchungen und Studien zu der Frage, wie man ideale Medikationen für die unterschiedlichen Ethnien erstellen kann. So wurde Anfang der 2000er-Jahre das Herzmedikament *BiDil* zum ersten Mal in der Geschichte nur für Schwarze von der US-Arzneimittelbehörde zugelassen. Es geht bei dieser Praxis keinesfalls um eine Differenzierung, um Menschen qualitativ unterschiedlich, sondern möglichst individuell und damit effektiv zu behandeln. Sally Satel, Professorin an der *Universität Yale*, sagt dazu treffend: *„Krankheiten und Therapien sind nicht farbenblind"*!

Seit der Entschlüsselung des menschlichen Genoms gehen Mediziner und Genetiker davon aus, dass etwa 99,9 Prozent des menschlichen Erbguts identisch sind. Das bedeutet, dass sich die Menschen genetisch maximal in der Größenordnung von einem Tausendstel voneinander unterscheiden. In der Medizin geht man deshalb auch heute noch von zumindest drei unterschiedlichen Großrassen aus: Europide, Mongolide und Negride. Die UNESCO definiert 1951 Großrassen wie folgt: *„Gruppen der Menschheit, die gut ausgeprägte und erblich bedingte physische Unterschiede gegenüber anderen Gruppen aufweisen."*

Auch die Aufteilung in Großrassen wird in der Literatur weitestgehend als überholt und veraltet angesehen, da die genetischen Ähnlichkeiten in einer dieser Großrassen geringer wären als Unterschiede zu den jeweils anderen Großrassen. Bei dieser These konzentriert man sich aber ausschließlich auf die quantitative Menge des Genmaterials, das den Unterschied zwischen den Großrassen ausmacht, nicht jedoch auf deren Funktion im Erbgut. Ebenso resultiert aus diesem Problem der quantitativen Betrachtung des genetischen Unterschieds die Frage, wann genau von einem sogenannten „Drift" zu sprechen ist, also ab wann man eine neue Hauptrasse definieren kann. Wie bereits erwähnt, existiert momentan aber kein endgültiger Beweis, dass es keine Rassen gibt. In Kombination mit dem Erfolg der „Ethnomedizin" halte ich es für legitim, die Menschheit sehr wohl in gleichwertige Hauptrassen einzuteilen, die allesamt zur Menschenrasse gehören. Aktuelle Forschungen haben „Haplogruppen" und „Menschengruppen" als Gegenstand und dienen damit exakt dem, weshalb auch der Begriff der „Rasse" benutzt wurde: zur Katalogisierung und Differenzierung der Menschheit hinsichtlich ihrer anatomischen und physiologischen Eigenschaften. Für den Missbrauch der aus diesen Forschungen resultierenden Daten kann man die Begrifflichkeit an sich wohl kaum verantwortlich machen.

Im Umkehrschluss wäre nämlich eine Abwertung durch die Definition unterschiedlicher Haplo- und Menschengruppen ebenfalls möglich. Ich behaupte deshalb, dass diese neuen Forschungsansätze genau deshalb früher oder später von den geisteswissenschaftlichen Fakultäten ebenfalls als „rassistisch" gebrandmarkt werden. Der Grund dafür ist einfach und erinnert dabei an die bereits besprochene Gender-Idee: Kein Mensch soll sich in irgendeiner Weise vom Anderen unterscheiden – auch nicht, wenn der eine Mensch fast doppelt so groß oder doppelt so schwer wie der andere Mensch ist. Wie das mit der mittlerweile auch im deutschen Sprachraum immer häufiger anzutreffenden Vielfalt zu vereinbaren ist, kann Ihnen vielleicht ein Soziologe erklären...

Weiterhin gibt es immer wieder Bestrebungen, psychische Eigenschaften auf diese Rassen zu projizieren. Dies ist jedoch eine Frage des soziokulturellen Hintergrunds eines Menschen. Hier beginnt dann bereits das, was wir im nächsten Abschnitt genauer beleuchten wollen: Rassismus. Was hier tatsächlich stattfindet, ist die zwangsweise Kollektivierung von Menschen, denen auf diese Weise zwangsweise psychische Eigenschaften zugeordnet werden.

Der Begriff der „Rasse" wird von vielen Menschen und Gruppen tabuisiert und als veraltet bezeichnet. Dies sind letztlich lediglich nur Meinungen und da wir in einem freien Land leben, kann sich jeder Mensch eine eigene Meinung bilden und auch leisten. Wie aber sieht es beim Thema „Rassismus" aus? Zuerst sollte man sich Gedanken darüber machen, was Rassismus eigentlich ist und wozu dieses Schlagwort heute instrumentalisiert wird! Rassismus bedeutet im klassischen Verständnis, dass ganze „Rassen" in ihrer Wertigkeit abgewertet werden. Im Extremfall wird dann auch die Existenzberechtigung einer ganzen Rasse negiert. Die *Bundeszentrale für politische Bildung* definiert Rassismus als Form der Fremdenfeindlichkeit, die sich auf tatsächliche oder behauptete Rassenunterschiede stützt.

Hier könnte jetzt bei dem einen oder anderen Leser Verwirrung entstehen, denn in dieser Definition werden nun doch wieder Rassenunterschiede zugegeben und damit auch wieder unterschiedliche Rassen. Diesen Sachverhalt greifen nun auch verschiedene Antidiskriminierungs-Gesetze und Kommentare so zusammen, dass die Verwendung dieser Begrifflichkeiten keinesfalls die Existenz von Rassen implizieren soll. Dies erscheint mir persönlich dann doch etwas sehr dünn und fadenscheinig... Es soll mal wieder nicht sein, was nicht sein darf und das aus ideologischen Gründen.

Schauen wir uns hier ein ganz interessantes Beispiel an. In der Ausgabe der Talkshow *Anne Will* vom 5. Juni 2016 war die Migrationsforscherin Bilgin Ayata als Gast geladen und gab dort einige beachtenswerte Aussagen von sich. Unter anderem sagte Ayata: *„Jede Kritik am Islam ist Rassismus!"* Frau Ayata ist zuerst einmal Politikwissenschaftlerin und es überrascht, dass sie sich mit einer solchen Äußerung aus dem Fenster lehnt. Kurze Zeit später schwingt sie sich dann zu der Äußerung auf, weshalb sie überhaupt in die Talkshow gekommen sei, denn sie behauptet mit bedeutungsschwangeren Blick, dass es in Deutschland *noch nie* eine Debatte um Rassismus gegeben hätte. Das ist faktisch völliger Unsinn und sogar ziemlich niederträchtig, denn Ayata geht es um etwas völlig anderes, das nun in den linken Kampfbegriff des Rassismus hineininterpretiert werden soll: die Verwendung des Rassismusbegriffs in Bezug auf eine Religion.

Doch wie wird hier jetzt aus dem Islam eine „Rasse" konstruiert bzw. eine andere homogene Gruppe? Zuerst muss man den Befürwortern der „Rassismus"-Keule im Bezug auf den Islam sagen: Es handelt sich hier um eine Religion, die *ethnisch* absolut nicht exklusiv ist. Das beste Beispiel dürfte hier der besonders engagierte Prediger Pierre Vogel sein, der zumindest keinen offensichtlichen Migrationshintergrund besitzt. Also kann Kritik am Islam zumindest nicht grundsätzlich in die rechte Ecke gestellt werden. Islamkritik an sich ist sowieso eher schwierig, mit einer sprachlichen „Keule" zu tabuisieren.

Der Begriff der „Islamophobie" hingegen kann schon eher mit dem Oberbegriff der „gruppenbezogenen Menschenfeindlichkeit" benannt werden. Damit gleicht er zwar der Homophobie und dem Sexismus, nicht aber dem Rassismus. Der britische Soziologe Chris Allen definiert Islamfeindlichkeit als eine dem Rassismus ähnliche, aber keinesfalls identische Ideologie.[66] Dabei bezieht sich Allen darauf, dass es sich hier um kulturellen Rassismus handeln soll, der in der Rassismusforschung jedoch definitiv heftig umstritten ist. Prominente Unterstützung erhält Allen dabei von seinen Kollegen Robert Miles und Malcolm D. Brown. Weiterhin sieht Allen Probleme bei der Kulturalisierung des Islams, da dieser eben keinesfalls über eine durchgängige Homogenität verfügt. Genau das ist aber die Form des Rassismus, die Menschen wie zum Beispiel Bilgin Ayata sicherlich liebend gerne in Deutschland besprechen wollen. Bei einer solchen Diskussion können einige Islamverbände und Islamisten nur gewinnen, denn wenn „kultureller Rassismus" sich als stehender Begriff durchsetzt, könnten zahlreiche neue Antirassismusprogramme aufgelegt werden, was eine in der BRD niemals versiegende Kapitalquelle bedeuten würde. Weiterhin wäre dann Kritik am Islam tatsächlich immer rassistisch. Eigentlich ziemlich clever, oder?

Hierzu gibt es dann ein Zitat von Theodor Adorno, das auch hier andeutet, wer wieder mitgespielt hat: *„Das vornehme Wort Kultur tritt anstelle des verpönten Ausdrucks Rasse, bleibt aber ein bloßes Deckbild für den brutalen Herrschaftsanspruch."* Wir sind wieder beim Anfang angekommen... Wir, die bösen „Unterdrücker", haben eben kein Recht auf eine freie Meinung, denn wir wollen schließlich nur unseren Herrschaftsanspruch durchsetzen. Wer diese Art Thesen wirklich glaubt, sollte einmal in Bad Godesberg, Duisburg-Marxloh oder in Berlin-Neukölln eigene Feldstudien anstellen und nicht in der muffigen Bude sitzenbleiben!

Dies ist jetzt auch der passende Zeitpunkt, um zu verraten, warum es keine Rassen geben darf: Wenn es nun biologische Differenzen zwischen Menschen gibt, wackelt eine der essentiellen Thesen der Kulturmarxisten. Ähnlich wie das Geschlecht ja eigentlich eine gesellschaftliche Konstruktion sein muss (Gender), müssen auch Nationen und Rassen gesellschaftliche Konstruktionen sein. Eine mess- und anfassbare Realität passt eben nicht in das Phantasiereich des Kulturmarxismus. Denn diese identitätsstiftenden Institutionen unserer Gesellschaft sind ja gerade das Hindernis bei der Einführung des Kommunismus. Es geht hier keinesfalls um echte

Nächstenliebe oder gar Menschenliebe – weit gefehlt! Dennoch halten viele Unbedarfte die Linken für gut, weil sie etwas „für" die Menschen erreichen wollen. Sicherlich gibt es in diesen Kreisen sogar Menschen, die tatsächlich davon überzeugt sind, etwas Gutes zu tun. Wie in jeder Bewegung finden sich diese Menschen aber eher auf der untersten Ebene der Trittleiter. Diese pyramidale Struktur findet sich eben nahezu überall!

Für tatsächlichen Rassismus gibt es keine Begründung. Wer Schwarze, Asiaten, Weiße, Latinos, Juden oder wen auch immer aufgrund rein körperlicher Merkmale abwertet, ist schlicht und einfach dumm. Es gibt eben keine einzige Begründung für einen solchen Irrglauben – außer Dummheit oder persönliche Willkür. Rassismus darf gleichfalls wie Faschismus nicht als Totschlagargument dienen, um in berechtigten Diskussionen zuerst die Sprache und dann auch das Denken zu dominieren. Wohlgemerkt: Ich spreche hier von unberechtigten Vorwürfen, die lediglich erhoben werden, um bestimmte Diskussionen zu unterbinden – wenn man nicht als Rassist, Faschist, Chauvinist oder ähnlichem gebrandmarkt werden möchte.

Ein unschönes Beispiel dazu ist der Begriff des „Nafri". Dieser Begriff war vor den Unruhen der Übergriffe in der Silvesternacht 2015/16 nahezu unbekannt. Doch nach dieser Nacht war er plötzlich weltweit bekannt. Es gibt jedoch dabei einen Clou: dieser Begriff war in Polizeikreisen schon sehr lange bekannt, nämlich als dienstinterne Abkürzung für den Begriff: *nordafrikanische Intensivstraftäter.* Selbstverständlich alarmierte die Benutzung dieses Begriffs und erregte dann in linken Kreisen mehr Empörung als die Verbrechen in Köln. Sofort wurden dann auch die Rufe laut, die hinter all dem nichts anderes als Rassismus vermuteten. Dies entspricht auch wesentlich mehr der linken Ideologie, als sich zu fragen, warum gerade anscheinend Nordafrikaner in Köln so viele Straftaten begehen, dass es für diese spezielle Tätergruppe auch eine eigene Bezeichnung gibt. Stattdessen regten sich Linke eben lieber über den Begriff an sich auf – ist ja völlig logisch! Wie war das noch gleich mit Gesinnungs- und Verantwortungsethik?

In der Silvesternacht 2016/17 wollte die Kölner Polizei dann erneute Ausschreitungen und Verbrechen wie im Vorjahr um jeden Preis verhindern. Aus diesem Grund kontrollierten Polizisten dann verstärkt Menschen mit nordafrikanischem Aussehen. Verehrte Leserin, lieber Leser, raten Sie doch bitte, wie Linke dies kommentiert haben? Natürlich mit „Ras-

sismus"! In der Tat nennt sich das Vorgehen der Polizei „Racial Profiling",
(Triggerwarnung: Rasse!!!) es werden also Menschen aufgrund ihres Aus-
sehens „diskriminiert" (unterschieden), da sie zu dem erwarteten Profil der
potentiellen Täterschaft gehören. Unglaublich rassistisch, nicht wahr?

Es wird Sie vielleicht überraschen, dass dieses polizeiliche Verfahren
überaus erfolgreich in Israel angewandt wird, also in einem Land, das mit
Terrorismus viel Erfahrung hat. Handelt es sich bei diesem Land also auch
um ein rassistisches Land?

7. Liberalismus

Beim Liberalismus handelt es sich um eine der ältesten der politischen Ideologien, die wir heute kennen. Hier ist der Name gleichzeitig auch Programm: *Liber* stammt aus dem Lateinischen und bedeutet nichts anderes als *frei*. Freiheit ist ein Wert, den wohl jeder Mensch anstrebt und deshalb kann Liberalismus ja kaum etwas Schlechtes sein, oder?

Ich gebe zu, lange Zeit hielt ich den Liberalismus für das ideale politische System. Insgesamt ist das aber ein vergleichbarer harmloser Fehlgriff, denn viele Menschen suchen in jungen Jahren vor allem im Sozialismus ihr Heil. Mit wachsender Lebenserfahrung begann ich jedoch an dem System zu zweifeln, denn es stellt hohe Ansprüche an den Einzelnen. Wer den Menschen kennengelernt hat, kann deshalb so einige Schwierigkeiten mit dieser Idee haben. Doch schauen wir uns die Inhalte dieser Ideologie zuerst einmal in aller Ruhe an.

In finsteren und schon lange vergangenen Tagen herrschten die Adelshäuser mit absoluter Macht über Europa. Diese Epoche wird dann auch folgerichtig als die „Epoche des Absolutismus" beschrieben. Das nicht adelige Bürgertum strebte aber vermehrt nach persönlicher Freiheit und daraus entstand dann in Großbritannien unter der Federführung von John Locke der politische Liberalismus. Diese Ideologie zielte dann ganz konkret auf die Selbstbestimmung der Bürger, der Beschränkung der staatlichen Macht und auch auf die wirtschaftliche Freiheit (besonders Privateigentum und Vertragsfreiheit) ab.

Doch bereits zu seiner Geburtsstunde scheiterte der Liberalismus, denn er wurde einer bestimmten Tatsache nicht gerecht. Bereits zu den Zeiten, als noch Könige und Kaiser herrschten, war Privateigentum auch bei Bürgern an der Tagesordnung. Man denke zum Beispiel an Händler und andere wohlhabende Zeitgenossen, die bereits über ein beträchtliches Vermögen verfügten – ganz im Gegensatz zu den Arbeitern und Leibeigenen. Im Liberalismus spricht man sehr viel von Freiheit und Rechten. Jeder Mensch hat das Recht, zum Beispiel ein Mehrfamilienhaus zu kaufen. Dies gilt selbstverständlich nur dann, wenn ein Mensch sich eine solche Immobilie auch tatsächlich finanziell leisten kann. Ebenso besitzt jeder von uns die Freiheit, eine Weltreise zu machen, aber eben nur, wenn wir die nötigen Mittel dazu auf der hohen Kante haben. Hierzu gibt es auch ein geflügeltes

Wort von keinem geringeren als Karl Marx, dem man zumindest eine unglaublich scharfe Analyse unseres Wirtschaftssystems nicht absprechen sollte. Marx machte als erster darauf aufmerksam, dass Arbeiter nun durch die verbriefte Vertragsfreiheit sich niemals mehr eine Pistole auf die Brust setzen lassen würden. Stattdessen würden die Arbeiter durch einen knurrenden Magen zur Unterschrift unter Knebelverträge genötigt, damit diese sich und ihre Familien ernähren konnten. Diese Form der Unfreiheit ist Mitgliedern des Großkapitals sicherlich (aus eigener Erfahrung) völlig fremd!

Von Großbritannien aus verbreitete sich der Liberalismus dann über ganz Europa und ignorierte dabei konsequent die Tatsache, dass es die erwähnten Ungleichgewichte bei der Verteilung von Privateigentum zu seiner Gründungsstunde gab. An dieser Stelle kann man durchaus sagen, dass genau dieser Mangel direkt zur Entstehung des Sozialismus mit seinem Klassenbegriff beigetragen hat. Rechte und Freiheiten sind im Liberalismus nämlich auch vom Besitz eines Individuums abhängig. Besitzt ein Mensch nichts, ist er unfreier als ein wohlhabender Mensch. Ähnlich verhält es sich auch beim Thema „Recht". Im Liberalismus sind alle Menschen vor dem Gesetz gleich. Wenn sich ein wohlhabender Mensch nun eine ganze Armada von exzellenten Rechtsanwälten hält, wird es vor Gericht für einen Normalverbraucher zumindest deutlich schwerer gegen ihn. Die praktische Ungleichheit des Liberalismus von der Stunde Null an ist sicherlich auch eine Möglichkeit, um die krasse Ungleichverteilung des Besitzes in der westlichen Welt zu erklären (siehe *Oxfam*-Studie).

Was mir immer am Liberalismus gefallen hat, ist die Betonung der Selbstverantwortung und die Förderung der Eigeninitiative. Wie wir aber eben gesehen haben, handelt es sich bei der Perspektive des Liberalismus nur um eine sehr oberflächliche Form der Selbstverantwortung, denn sie berücksichtigte die ungleiche Ausgangslage zwischen Bürgern und Arbeitern nicht, als der Liberalismus eingeführt wurde. Ebenso wenig führen auch Intelligenz und Fleiß nicht immer zwangsläufig zum Bestehen des Einzelnen in der Gesellschaft. Ohne das nötige Kapital kann man in vielen Geschäftsbereichen überhaupt nicht sinnvoll wirtschaftlich tätig werden und der Weg von 0 Euro zu 1 Million Euro ist immer noch wesentlich weiter als der Weg von der ersten zur zweiten Million.

Bleibt dann zumindest noch die Förderung der Eigeninitiative des Liberalismus. Ich halte nämlich *Eigenmotivation* für einen zentralen Faktor, um zum persönlichen Glück zu finden. Wer keine Ziele hat, strengt sich meist nicht mehr an und lässt seine Fähigkeiten verkümmern. Dies kann auf Dauer nicht gesund sein, denn ein Mensch verkümmert genauso wie ein Muskel, wenn er sich nicht regelmäßig kontrollierten Belastungen aussetzt. Wenn also die Förderung von Eigeninitiative Bestandteil einer Ideologie ist, kann das doch nur gut sein. oder?

Das kann man sicherlich unterschreiben, zumindest wenn diese Anforderung für alle Menschen gilt. Doch genau hier hapert es schon wieder beim Liberalismus, denn die Eigeninitiative soll ausschließlich zum Verdiensterwerb gefördert werden. Das bedeutet konsequent zu Ende gedacht, dass Wohlhabende keinesfalls weiterhin motiviert sein müssen, denn sie verfügen ja bereits über alles zum Leben Notwendige (und noch viel mehr), sind also „satt" und können bräsig (ziemlich gefühllos) in einem Luxusghetto vor sich hinvegetieren. Stattdessen sollen eben die Normalverdiener schwitzen. Das ist eigentlich doch wieder eine schöne Analogie zu den bereits erwähnten Beispielen mit der Weltreise und dem Immobilienerwerb: Der Wohlhabende pendelt zwischen einem Luxushotel auf Sylt, seiner Loftwohnung in Frankfurt und einem anstrengenden Tauchgang auf den Seychellen, während seine Aktien und Immobilien jeden Tag wertvoller werden. Der Arbeitnehmer hingegen pendelt von seiner Sozialwohnung zur Arbeitsstelle und zurück, verdient jeden Monat (gemessen an der realen Inflationsrate) weniger und kann sich vielleicht maximal einmal im Jahr einen Urlaub leisten, wenn er seine Altersvorsorge vernachlässigt.

Überhaupt ist der *Freiheitsbegriff* im Liberalismus die für mich persönlich abstrakteste Idee. Freiheit hört sich ja immer toll an, doch was ist damit eigentlich genau gemeint, wenn Politiker und Wirtschaftsbosse davon sprechen? Das Geheimnis ist nämlich, dass dabei zwischen zwei unterschiedlichen Formen von Freiheit unterschieden werden muss. Der Otto-Normalverbraucher hat beim Schlagwort Freiheit wahrscheinlich einen Ozean, eine Motorradtour durch Kanada oder den Marlboro-Mann vor Augen. Diese Art von Freiheit könnte man als „positive Freiheit" oder als

„Freiheit für" bezeichnen: Freiheit, um ausgedehnte Spaziergänge zu unternehmen, Freiheit, um einem Hobby nachgehen zu können oder Freiheit, um einfach nichts tun zu können. Davon sprechen allerdings weder die Vordenker des Liberalismus noch die heutigen politischen oder wirtschaftlichen Führer. Stattdessen sprechen diese Menschen von der „negativen Freiheit".

Diese Freiheit kann als „Freiheit von Zwang" definiert werden. Wenn wir beim Thema „Arbeit" bleiben, würde das die Freiheit vom Arbeitszwang bedeuten. Kein Mensch in der westlichen Welt hat die Verpflichtung, arbeiten gehen zu „müssen". Wenn er wohlhabend ist, kann er auch den ganzen Tag auf dem Sofa liegen oder auf dem Golfplatz stehen. Wer sich das nicht leisten kann, der darf sich dann „freiwillig" zur Arbeit entscheiden, denn sonst hat er kein Geld oder muss beim Amt vorstellig werden. An diesem Punkt schimmert wieder die Doppelmoral des Liberalismus durch: Zwang gibt es nicht für die, die sich davon durch finanzielle Mittel freikaufen können, sondern nur für die anderen.

Analog zu den Beispielen muss man sich ernsthaft fragen, ob der Liberalismus grundsätzlich überhaupt irgendetwas mit Gleichheit und Freiheit zu tun hat, außer eben im Bezug auf Vertragsfreiheit & Co. Eigentlich handelt es sich beim Liberalismus um eine Ideologie ausschließlich für und von der Elite, denn die kann sich faul auf die Sonnenseite des Lebens lümmeln, während sich alle anderen selbst und freiwillig ausbeuten lassen sollen, da kann man nämlich auch den Aufseher und den Sklaventreiber einsparen. Damit hat der Liberalismus dann eigentlich mehr mit Unfreiheit, als mit Freiheit zu tun. Was für ein cleverer Zaubertrick, dass man zwischen zwei ziemlich unterschiedlichen Freiheitsbegriffen jonglieren kann, eben der positiven und der negativen Freiheit – getreu dem Motto: Ein Mensch in der Wüste *muss* ja kein Wasser trinken...

Weiterhin bezieht sich der Liberalismus auf das *Individuum*, also den einzelnen Menschen. Diesem Individuum wird im Liberalismus als Selbstregulativ Vernunft unterstellt. Das hört sich zwar gut an, doch ist das bei der Mehrheit der Menschen wirklich der Fall? Diese Idee kann ich nur als weltfremd bezeichnen, denn wenn der Einzelne flächendeckend über Vernunft verfügen würde, dann sähe unsere Welt völlig anders aus. Vielleicht würden wir in einem real existierenden Paradies leben. Stattdessen werden unaufhörlich Kriege geführt, Menschen aufgrund von Kleinigkeiten ausgeraubt und die Umwelt fröhlich weiter verschmutzt. Wo soll dort die Vernunft sein?

Ich möchte hier eine kühne Spekulation wagen: Könnte es sein, dass die im Liberalismus vielgepriesene Vernunft letztlich eigentlich das ist, was wir treffender als Gier bezeichnen? Auf diese Weise würde das System Liberalismus wieder einen Sinn bekommen, indem man dann auch wahrhaftig von Zynismus sprechen könnte!
Ich halte den Liberalismus immer noch für eine sehr gute politische Idee, die aber am wichtigsten Kriterium scheitert: Der Mensch ist in der Mehrheit leider nicht hilfreich und gut, vor allem auch nicht „vernünftig", sondern ist dafür umso gieriger.

An vielen Stellen übergießen sich frustrierte Menschen mit Selbstmitleid und Hass auf die böse, böse Elite und das wird dann auch als Vehikel benutzt, um sich nur ja nicht selbst zu bewegen. Hierbei ist es besonders spannend, wie solche „Zukurzgekommenen" die Herrschenden charakterisieren. Im Allgemeinen sind dies nämlich Charakterzüge, die die Nicht-Elite an sich selbst entdeckt hat und strikt ablehnt. Ein gutes und banales Beispiel hierfür sind die Steuereskapaden von Uli Hoeneß. Wie viele Menschen haben öffentlich hasserfüllt über seine Vergehen gesprochen? Wenn Sie bei diesen klagenden Menschen genau hingesehen haben, konnten Sie vielleicht sogar etwas in den Gesichtern dieser Bessermenschen erkennen, nämlich das, was man auch als Inkongruenzen bezeichnet: sich widersprechende Gesichtsausdrücke, die von unterschiedlichen Emotionen gespeist sind. Gerade die schlimmsten Kritiker hätten höchstwahrscheinlich genauso wie Hoeneß gehandelt und deshalb verurteilen sie nämlich dieses Verhalten so vehement – sie erkennen sich selbst darin wieder.

Dennoch müssen wir an dieser Stelle eine kleine Lanze für den Liberalismus brechen, denn zumindest in Deutschland spielt er nur eine äußerst untergeordnete Rolle. Das führt dann dazu, dass sich seine (zumindest auf dem Papier) positive Wirkung überhaupt nicht entfalten kann, denn diese wird durch vielerlei Eingriffe des Staates in den Markt ausgehebelt. Als Beispiel sind hier auf der einen Seite die Arbeitslosenversicherung, die Renten und die Hartz-IV-Thematik zu nennen. Auf der anderen Seite werden liberale Prinzipien durch die hohe Steuerbelastung, obligatorische Krankenversicherungen und andere restriktive Maßnahmen ausgehebelt. Hier könnte man sich nun vortrefflich darüber streiten, ob dies positiv oder negativ ist. Ich will es so sagen: Die wirtschaftliche Seite des Liberalismus kann nicht für die Zustände in diesem Land verantwortlich gemacht werden. Wenn der Liberalismus stärker ausgeprägt wäre, würden sich zumindest die Empfänger staatlicher Leistungen in ihre jetzige Situation zurückwünschen. Doch auch die meisten anderen Bürger dürften wenig Verbesserungen an ihrem Lebensstandart feststellen.

Der Liberalismus hat aber neben der wirtschaftlichen Ausprägung auch noch eine andere, eine eher politisch-philosophische Facette. Doch diese Seite des Liberalismus trägt eine tonnenschwere Last an der Situation in unserem Land, ja sogar der ganzen westlichen Welt! Denn der *politische Liberalismus* wird in der westlichen Welt als Grundlage für den Pluralismus (Gewaltenteilung) angesehen, bei dem nicht alle Macht im Staate von einer zentralen Stelle aus kontrolliert werden kann.

Die meisten der Parteien in der westlichen Welt und auch die Mehrzahl der Politiker bezeichnen sich als liberal. Kritik am Liberalismus findet sich deshalb generell nicht ganz so häufig und kommt dann auch meistens aus der linken Ecke. Über linke Gedankenkonstrukte will ich an dieser Stelle jedoch keine Worte mehr verlieren, sondern möchte es lieber mit dem Staatsrechtler Carl Schmitt halten, dem „Klassiker des politischen Denkens". Schmitt sagte einmal, dass der Liberalismus den Einzelnen vergöttere und diesen über die politische Gemeinschaft stellen würde. Weiter führte Schmitt aus, *„dass Liberale damit die wahre Natur des Menschen inklusive seinem blinden Verstand, seinem schwächlichen Willen und dem lächerlichen Elan seiner fleischlichen Begierden verkennen."*[67]

Hat Schmitt hier recht? Kollektivismus, also die Idee davon, dass die Gemeinschaft (Kollektiv) die höchste Priorität einnimmt, ist fast zu einem Schimpfwort geworden. Die Steigerung davon bietet lediglich noch der Begriff „Volksgemeinschaft", der bei vielen Menschen kaum zu übertreffende Reaktionen auslöst. Die negative Betonung des Begriffs rührt sowohl vom Nationalsozialismus wie auch vom Sozialismus her. Beide Ideologien beziehen sich auf Kollektive: entweder eine rassische oder ein globale sozialistische Gemeinschaft.

Was aber ist mit dem Gemeinwohl? Kann es sich eine Gesellschaft leisten, nur aus Individuen zu bestehen, die lediglich ihr eigenes Wohl im Fokus ihres Handelns haben? Der klassische Liberalismus geht davon aus, dass, wenn „jeder für sich sorgt, auch für alle gesorgt ist". Der liberale Vordenker Adam Smith ging davon aus, dass diese Fürsorge für das Allgemeinwohl völlig unbeabsichtigt von den Egoisten erfolgt. Die Idee dahinter beruhte darauf, dass es ja ausschließlich Egoisten gibt, die dann eben alle durch ihr natürliches Verhalten für sich auch für das Allgemeinwohl sorgen. Doch ein Problem bleibt: Wie bereits an anderer Stelle erwähnt, wurde das Problem der Ungleichverteilung des Besitzes niemals berücksichtigt. Deshalb hat ein wohlhabender Egoist natürlich wesentlich mehr Möglichkeiten, um sich gegen die anderen Egoisten durchzusetzen und diese sogar für seine Ziele einzuspannen. Weiterhin gibt es Psychopathen, die über keinerlei Hemmungen verfügen. Der Wettbewerb wird also durch ungleiche Startbedingungen und damit auch der ungleiche Bereitschaft zu skrupellosem Verhalten verzerrt. Deshalb hat die moderne Ausprägung des Liberalismus erkannt, dass der Staat keine hundertprozentige Abstinenz in wirtschaftlichen und sozialen Fragen üben sollte und damit den Einzelnen nicht total auf sich selbst gestellt lässt, da sonst zu viele Verlierer in der Bevölkerung entstehen.

Hier sollte man einen kleinen Moment innehalten und nachdenken. Wenn sich also ein System doch wieder Gedanken um die Gesamtheit der Menschen macht, die innerhalb dieser leben – handelt es sich dann nicht grundsätzlich doch auch wieder um ein kollektivistisches System? Wenn das so sein sollte, ist es dann nicht sogar schizophren, wenn diese Verwandtschaft geleugnet wird? Kann ein politisches System ohne Komponenten des Kollektivismus überhaupt dauerhaft funktionieren? Ich glaube dies nicht und damit bin ich keinesfalls allein. Die „soziale Marktwirtschaft" kann ebenfalls als deutsche Erfindung angesehen werden und basiert sogar ganz essentiell auf dem Gedanken, die Interessen der „Allgemeinheit" (Kollektiv) und die Interessen der Wirtschaft in Einklang zu bringen!

Der Liberalismus stellt jedoch das Individuum in den Mittelpunkt seiner Betrachtungen. Zwar geht es hier um Individuen, doch es geht nicht um Individualismus und somit nicht um den einzelnen Menschen. Stattdessen betrachtet der Liberalismus das Individuum als Marktakteur und als Homo Oeconomicus. Darüber hinaus kann sich der Liberalismus keine Gemeinschaft und keine Organisation vorstellen. Es geht lediglich um die Interessen und Bedürfnisse des einzelnen Marktakteurs und nicht um die Interessen von Menschengruppen oder ganz realen Menschen.

Dies resultiert unter anderem auch aus der Tatsache, dass viele Liberale den Einzelnen als Vorstufe zum Sozialen sehen. Diese Annahme ist aber rein willkürlich und wird durch keinerlei seriöse Belege abgesichert. Aus diesem Grund kann der Liberalismus überhaupt nicht annähernd abbilden, was eine Familie oder die Bevölkerung eines Landes ausmacht. Stattdessen sieht der Liberalismus immer nur die Interessen der einzelnen Marktakteure. Somit werden auch Nationalstaaten zu einem Problem, da sie in gängigen liberalen Modellen nicht bzw. nur mit der Funktion eines übergeordneten Marktakteurs dargestellt werden können. Der *wirtschaftliche* Liberalismus will Gemeinschaften auflösen, da sie doch nur Ansammlungen einzelner Marktakteure sind, und der *politische* Liberalismus will Gemeinschaften auflösen, da ja das Individuum an sich das Thema ist. Doppelt genäht hält eben besser, besonders wenn diese Wirkung den Kulturmarxisten besonders gut in den Kram passt – wird auf diese Weise doch vor allem der Familie, also dem wichtigsten Bollwerk gegen den Kommunismus, die Existenzgrundlage abgesprochen. Apropos Kommunismus: Was bedeutet denn dann eigentlich der Kommunismus, wie er in der Sowjetunion ausgeprägt war? Der Philosoph Alain de Benoist bezeichnet diesen Kommunismus folgerichtig als „Staatskapitalismus". Die einzelnen Vertreter des Homo Oeconomicus werden einfach in einem Staat zusammengefasst und es entsteht ein übergeordneter „Super-Oeconomicus", der dann in der globalen Marktgesellschaft stellvertretend für seine Bürger agiert. Das drückt sich darin aus, dass die Sowjetunion Kapital, Rohstoffe und andere Wirtschaftsgüter aus dem Handel mit anderen Marktakteuren generieren konnte. Welche Rolle spielt es in dieser liberalen Weltsicht also, ob es sich um einen kommunistischen, einen demokratischen oder einen faschistischen Staat handelte? Letztlich doch nichts anders, als einen großen Etikettenschwindel… Ich gebe zu, dass diese Ansicht tatsächlich radikal ist, doch hier treffen mit dem Liberalismus und dem Kommunismus zwei Todfeinde aufeinander und könnten eine unheilvolle Allianz miteinander eingehen. Sind also Liberalismus und Kommunismus am Ende nichts anderes als zwei Seiten ein und derselben Medaille?

Nach dem letzten Krieg fand in der BRD die sog. „Reeducation" durch die Alliierten statt, um ein erneutes Aufbäumen der Deutschen zu verhindern. An diesem Programm war die *Frankfurter Schule* maßgeblich beteiligt, deshalb war es auch so erfolgreich.

Der aufmerksame Leser könnte nun anmerken, dass ich vorhin nur von der BRD sprach. Es gab ja einmal einen weiteren deutschen Staat, in dem die Dinge etwas anders gehandhabt wurden: die DDR. Dort legte man von Anbeginn an sehr großen Wert darauf, dass die „Nazis" ja nur in der BRD waren. Doch das hinderte die sowjetischen Machthaber nicht daran, Internierungslager zu errichten, in denen Funktionäre der NSDAP und Systemkritiker ermordet wurden. Korrektes Datenmaterial liegt natürlich nicht vor und die Schätzungen über die Todesopfer pendeln zwischen 30.000 und 80.000. Weiterhin galt in der damaligen DDR bereits schon die Mitgliedschaft in der NSDAP als Vergehen. Historiker bewerten die „Vergangenheitsbewältigung" in der DDR bzw. der sowjetischen Besatzungszone als deutlich härter und kompromissloser als in der BRD. Aus diesem Grund beanspruchte die DDR auch den Status als einziger wahrlich antifaschistischer deutscher Staat.

Eine Reeducation, wie sie in der BRD stattgefunden hatte, blieb in der DDR jedoch aus. Stattdessen wurden die Menschen dort nun der marxistischen Umerziehung ausgesetzt, die (wie wir zum Beispiel in der Personalie eines Georg Lukács erfahren haben) keinesfalls mit der Ideologie der Kulturmarxisten vergleichbar oder gar synonym war. Ebenso wurde auch dem Liberalismus nicht der Weg geebnet. Dieser Sachverhalt ist es, der das Phänomen PEGIDA und den Erfolg der AfD zum Beispiel in Sachsen-Anhalt möglich gemacht hat: die Menschen sind noch zu so etwas wie Solidarität fähig und besitzen auch noch ein aktivierbares Potenzial. Die als „Lügenpresse" bezeichneten Medien sehen das natürlich völlig anders und führen als Grund an, dass die Menschen in den neuen Ländern lediglich zuwenig Berührungspunkte mit Ausländern und deshalb Angst vor diesen hätten – die Mär vom besorgten Bürger. Ich sehe eher den (bisher) fehlenden Einfluss der Kulturmarxisten als Grund für die nicht verlorengegangene Fähigkeit des selbstständigen Denkens und der Fähigkeit zum „Hintern vom Sofa hieven" an. Nur wer sich nicht wehrt, lebt verkehrt! Ob das jetzt auf meinen autoritären Charakter schließen lässt?

Wie ich bereits geschrieben habe, gibt es neben dem wirtschaftlichen Liberalismus auch den gerade angeschnittenen politischen bzw. weltanschaulichen Liberalismus. Spannend in dem Zusammenhang ist die Tatsache, dass erklärte Anhänger des politischen Liberalismus stets eher im linken Spektrum zu finden sind und Anhänger des wirtschaftlichen Liberalismus stets aus dem rechten Lager stammen. Dies ist natürlich praktisch, denn egal, was der Bürger nun wählt, etwas Liberalismus bekommt er durch die Hintertür immer mit.

Der *wirtschaftliche Liberalismus* lässt sich hier jedoch am einfachsten beschreiben und benennen und man benötigt lediglich ein Wort dazu: Kapitalismus. Um der Chimäre des gesamten Liberalismus nun etwas näherzukommen, könnte man sagen, dass dieser das politische und wirtschaftliche Klima für den Kapitalismus bestellen möchte. Weiterhin gehört noch das Schlagwort der *Marktgesellschaft* (mit ihren totalitären Zügen, die auch auf das Privatleben der Menschen übergreifen) erwähnt und letztlich auch ebenso permanente Verweise auf das Thema „Menschenrechte", denen wir uns aber an späterer Stelle widmen wollen.

7.1 Liberalismus in den USA

Nun wird es wirklich spannend. Wer sich auch nur ansatzweise mit der politischen Landschaft in den USA beschäftigt hat, wird schon nach relativ kurzer Zeit echte Verwirrung erfahren, wenn er auf die amerikanische Definition des Liberalismus-Begriffs stößt. Für amerikanische Konservative ist die Bezeichnung „Liberale" ein echtes Schimpfwort, denn hier werden die Demokraten als Liberale bezeichnet. Liberalismus in den USA setzt sich vor allem für Mitgefühl, Schutz von Minderheiten, Meinungsfreiheit und öffentliche Hilfsprogramme für Arme und Kranke ein, jedoch auch für hohe Steuern und besonders einer Vielzahl von einschränkenden Gesetzen, die zur praktischen Entmündigung des Bürgers führen. Im ersten Moment hört sich das irgendwie sehr nach klassischen Standpunkten der SPD an, doch das kann nur eine Annäherung sein, denn dafür sind die Unterschiede in den politischen Landschaften der USA und Deutschlands einfach zu groß. Wenn man nun aber dennoch echten Liberalismus in den USA finden will, dann kann man ihn am ehesten bei den Konservativen finden, also bei den Republikanern. Es wäre nun aber wieder völlig übereilt, wenn man alle Republikaner für liberal im europäischen Sinne halten würde.

Es bleibt jedoch spannend, wenn man sich ansieht, was Gegner den US-Liberalen vorwerfen: Liberalismus sei nichts anderes als neuzeitlicher Kryptosozialismus; sie würden die US-Flagge am liebsten verbrennen, Veteranen verachten und den Islamfaschisten die Welt überlassen.

Klingelt es da gerade irgendwo bei Ihnen?
Erinnert Sie das an etwas?

Übertragungen von linken und rechten Inhalten zwischen diesseits und jenseits des großen Teichs fallen aufgrund der unterschiedlichen gesellschaftlichen und historischen Entwicklungen relativ schwer, besonders wenn man sich auf einzelne Parteien beziehen möchte. Dennoch gibt es hier eine interessante Parallele zur deutschen Politik, nicht wahr? Wie nennt man noch gleich die Menschen, die angeblich im Sinne einer guten Sache unterwegs sind, jedoch Andersdenkende zuerst aus Diskussionen ausschließen und kurze Zeit später auch gerne hart für eine eigene Meinung bestrafen wollen? Menschen, die die ganze Welt voller Opfer sehen und denen man einfach helfen „muss"? Ach ja, das sind doch nichts anderes als die Menschen, nach denen dieses Buch benannt ist: *linke Gutmenschen*. Wir werden uns dieser Sorte Mensch an anderer Stelle noch genau zuwenden, doch schon bereits hier finde ich die Parallelen zwischen Vertretern des Gutmenschentums und den US-Liberalen sehr verblüffend: Umweltschutz, Menschenrechte, materielle Gleichheit aller Menschen, Feminismus und Gender-Mainstreaming, eine einseitige definierte Ausdrucksweise (Political Correctness), Minderheitenschutz, Gesetze, die die Gesellschaft vor der Freiheit Einzelner schützt usw. Wir werden später noch sehen, wie absolut beliebig diese angeblichen Werte sind, wenn sie sich im ersten Augenblick auch völlig schlüssig und wünschenswert anhören – sie sind es aber nicht.

Die Spielart des US-Liberalismus kann auch als *Linksliberalismus* oder auch als *Sozialer Liberalismus* bezeichnet werden. Einer der Hauptvertreter dieser Ideologie ist John Rawls (1921-2002), der seine Art zu Denken in seinem Hauptwerk »Eine Theorie der Gerechtigkeit« (A Theory of Justice)" zu Papier brachte.

8. Menschenrechte

Wie passt nun das Thema „Menschenrechte" in dieses Buch? Sind diese „Gesetze" nicht letztlich etwas ausschließlich Positives und die Basis unserer Zivilisation? Die bittere Wahrheit lautet jedoch, dass es in unserer materiellen Welt sehr wenig bis überhaupt keine Dringlichkeit mit rein unipolarem Charakter gibt, besonders wenn es sich um etwas durch Menschenhand Geschaffenes handelt, wie es eben auch bei den Menschenrechten der Fall ist.

Grundsätzlich sind die Menschenrechte sehr eng mit dem Humanismus und dem Zeitalter der Aufklärung verwandt, denn sie basieren auf dem Naturrecht. Doch schauen wir uns einmal die Geschichte der Menschenrechte an.

Abb. 3: *Déclaration des Droits de l'Homme et du Citoyen*

153

Die Abbildung 3 zeigt die Erklärung der Menschen- und Bürgerrechte *(Déclaration des Droits de l'Homme et du Citoyen)* der französischen Nationalversammlung vom 26. August 1789. Der Einfachheit halber erlaube ich mir zur Verdeutlichung einer interessanten Parallele die Vergrößerung eines sehr aufschlussreichen Bildausschnitts.

Abb. 4: *Déclaration des Droits de l'Homme et du Citoyen (Ausschnitt)*

Ich versichere Ihnen, dass ich diesen Bildausschnitt und auch nicht das Original in keiner Weise in irgendeiner Form (außer einer Vergrößerung) bearbeitet habe. Erinnert Sie dieses Symbol an etwas? Vielleicht zum Beispiel an das hier:

Abb. 5: *1 Dollar Note (Ausschnitt)*

Hierbei handelt es sich natürlich um das Große Siegel der USA. Um jetzt nicht zu sehr auf dieses Thema einzugehen, möchte ich mich hier auf das „Allsehende Auge" beschränken. Ursprünglich handelte es sich um freimaurerisches Symbol, das aber dann auch praktischerweise von den Illuminaten übernommen wurde.

Die Erklärung der Menschen- und Bürgerrechte entstanden auch auf Basis der Verfassung der *Grand Loge National*, die sich diese analog zu den Zielen der Französischen Revolution gegeben hatte. So findet sich zum Beispiel der Passus *„Das Gesetz ist der Ausdruck des Willens der Allgemeinheit!"* sowohl in logeninternen Briefen der *Grand Loge National* als auch im Originaltext der Menschenrechtsdeklaration 1:1 wieder. Konsequenterweise sprach man nach der Französischen Revolution von den Bürgern auch als „Bürger der Freimaurer-Demokratie". Hierbei ist es dann nur noch als Absurdität zu bezeichnen, dass die Freimaurer selbst größten Wert darauf legen, eigentlich überhaupt nichts mit der Revolution an sich zu tun gehabt zu haben. Selbstverständlich handelt es sich auch erneut nur um die unglaubliche Verkettung ebenso unglaublicher Zufälle...

Bevor wir hier weiter nachdenken, sollten wir uns die Schlagworte der sogenannten Aufklärung ansehen. *Wikipedia* definiert diese so:

„Der Begriff Aufklärung, auch für das ‚Aufklären' beliebiger Sachverhalte verwendet, bezeichnet seit etwa 1700 das gesamte Vorhaben, durch rationales Denken alle den Fortschritt behindernden Strukturen *zu überwinden."*

Ergänzend fügt *Wikipedia* hinzu, dass die *Frankfurter Schule* dieses Vorhaben als „noch nicht abgeschlossen" betrachtet hat. Das war jetzt aber eine ultimative Abkürzung zur Aufklärung von den Freimaurern zur *Frankfurter Schule*!

Aber was sind denn die grundlegenden Themen der Aufklärung? Als Basis kann man wohl die Vernunft als ultimative Urteilsinstanz, die Konzentration auf die Naturwissenschaften, religiöse Toleranz, Emanzipation, Bildung, Bürgerrechte, Gemeinwohl, Menschenrechte und die Orientierung am Naturrecht annehmen. Liebe Leserin, lieber Leser, hört sich das für Sie nach allem, was ich bisher dargelegt habe, immer noch ausschließlich positiv an?

Aus den bisher in diesem Buch geschilderten Perspektiven kann man auch zu einer völlig anderen Lesart dieser Ideen kommen, besonders, was die angebliche Beseitigung der „behindernden (repressiven) Strukturen" und die Ansichten der Frankfurter Kulturmarxisten angeht. Es blieben dann aber noch die Ansätze der Rationalität und Wissenschaftlichkeit – wie steht es nun damit? Schauen wir uns doch zu diesem Zweck einfach die Präambel der hier bereits erwähnten Erklärung der Menschen- und Bürgerrechte an. Dort sollte es ja entsprechend *rational* und *wissenschaftlich* zugehen, oder? Unter anderem kann man dort diesen Passus finden:

„Dementsprechend anerkennt und erklärt die Nationalversammlung in Gegenwart und unter dem Schutze des höchsten Wesens Menschen- und Bürgerrechte."

So, die Verfasser sprachen also 1789 noch von der „Gegenwart und dem Schutze des höchsten Wesens". Das finde ich spannend, denn bei diesem höchsten Wesen muss es sich um *einen* Gott handeln (ich schreibe hier bewusst nicht „Gott", dazu aber später mehr). Wie aber lässt sich ein göttliches Wesen mit den Werten der Aufklärung verknüpfen, die dieses Dokument ganz entscheidend geprägt haben? Zur Erinnerung: Wir reden von Wissenschaftlichkeit und Ratio, also Vernunft. Ich behaupte, dass dies ein absoluter und unauflösbarer Widerspruch ist. Schauen wir uns dazu noch ein weiteres Dokument an, das maßgeblich durch die Aufklärung geprägt wurde: die „Allgemeine Erklärung der Menschenrechte".[68] Dort lesen wir in Artikel 1:

„Alle Menschen sind frei und gleich an Würde und Rechten geboren. Sie sind mit Vernunft und Gewissen begabt und sollen einander im Geist der Brüderlichkeit begegnen."

Alle Menschen sind mit Vernunft und Gewissen begabt? Also auch Stalin, Charles Manson und Pol Pot? An diesem Punkt sind wir ganz dicht an einer neuralgischen Stelle des Kulturmarxismus angelangt. Ebenso sollte dieser Passus auch an die Ideen des Liberalismus erinnern, der den Menschen ähnlich Positives unterstellt. Wie ich das bereits an anderer Stelle in diesem Buch betone, haben alle Menschen definitiv den gleichen Wert. Eine andere Einstellung haben lediglich Psychopathen und anderweitig gestörte Menschen. Doch es ist nun etwas völlig anderes, wenn man alle Menschen gleichmachen will. Dies ist nichts anderes als der Glaubenssatz einer Ideologie, der durch kein einziges wissenschaftliches oder rationales Argument zu halten ist.

Dazu ein kleines Beispiel: Stellen wir uns einen Menschen vor, der nur allein diesen Glaubenssatz verinnerlicht hat. Stellen wir uns weiter vor, dieser Mensch würde als Arzt in einer Notaufnahme arbeiten. An einem frühen Abend kommt es auf der nahen Autobahn zu einer Massenkarambolage mit vielen Schwerverletzten, die alle im betreffenden Krankenhaus behandelt werden müssen. Durch die hohe Frequentierung entsteht Stress und Unruhe in der Notaufnahme. In diesem Moment werden erneut zwei neue Patienten eingeliefert: ein Krimineller mit schweren Schussverletzungen und einer der Polizisten, die gegen den Kriminellen eingesetzt worden waren, ebenfalls mit schweren Schussverletzungen. Zur Versorgung steht nur noch ein Behandlungsraum zur Verfügung. Wen soll der gute Arzt dort zuerst behandeln?

Selbstverständlich handelt es sich hier um ein theoretisch konstruiertes Dilemma, das eine ähnlich schwere Verletzung der beiden Personen voraussetzt. Alle genannten Parameter (Polizist, Terrorist, Arzt, Verletzungen usw.) sind beliebig austauschbar. Wichtig ist lediglich, dass es um eine Entscheidungssituation geht, in der eine zwangsläufig und unausweichliche Entscheidung getroffen werden muss.

Gehen wir von einem Befolgen des Artikels 1 der Menschenrechte aus, darf der verantwortliche Arzt keinen moralischen Grund bei seiner Entscheidungsfindung als Basis benutzen. Gültig wäre nur das Werfen einer Münze oder jedes andere Verfahren, das zwischen den absolut gleichwertigen Patienten eine Entscheidung trifft. Wem das Beispiel mit dem Polizisten und dem Verbrecher zu abstrakt ist, der könnte stattdessen einen schwerverletzten Vergewaltiger und sein ebenso schwer verletztes Opfer einsetzen. Wie würden Sie sich hier entscheiden, liebe Leserin, lieber Leser? Beide Leben haben den gleichen Wert, doch haben Täter und Opfer eine gleichwertige Behandlung „verdient"?

Erneut muss betont werden, dass es sich hier um ein konstruiertes Beispiel handelt, das in der Realität sicherlich nicht häufig vorkommt. Dennoch ist es an der Zeit, Farbe zu bekennen. Da ich Sie als meine Leser direkt angesprochen habe, will ich Ihnen auch nicht meine Haltung dazu verheimlichen: Ich würde mich jedes Mal für den Patienten entscheiden, dessen Behandlung moralisch zu begründen wäre. Deshalb bin ich eben kein Gutmensch, aber eben auch kein Arzt!

Artikel 25 Abschnitt 1 der „Allgemeinen Erklärung der Menschenrechte" wagt eine geradezu überirdisch vermessene Aussage:

„Jeder hat das Recht auf einen Lebensstandard, der seine und seiner Familie Gesundheit und Wohl gewährleistet, einschließlich Nahrung, Kleidung, Wohnung, ärztliche Versorgung und notwendige soziale Leistungen gewährleistet sowie das Recht auf Sicherheit im Falle von Arbeitslosigkeit, Krankheit, Invalidität oder Verwitwung, im Alter und anderweitigem Verlust seiner Unterhaltsmittel durch unverschuldete Umstände."[69]

Wer möchte hier nicht zum Abschluss andächtig gen Himmel blicken und „Amen" sagen? Haben diese Aussagen irgendetwas mit Rationalität oder gar Vernunft zu tun (von der die Aufklärung ja doch so stark durchdrungen gewesen sein soll)? Das genaue Gegenteil ist der Fall, denn bei dieser Erklärung handelt es sich in Wahrheit um eine pseudoreligiöse Sammlung frommer Sprüche!

Die wenigsten Menschen würden sich gegen diese in der Erklärung definierten Aussagen wenden, da die meisten Menschen grundsätzlich keinem Anderen etwas Schlechtes wünschen. Man sollte jedoch immer genau sein, wenn es um das Leben anderer Menschen geht. Welches überirdische Wesen könnte denn diese Forderungen global tatsächlich umsetzen? Welche Person oder Organisation hätte die Fähigkeiten und wäre überhaupt willens, diese einzusetzen? Wer würde diese Maßnahmen finanzieren wollen? Letztlich ist es unmöglich, diesen Ansprüchen gerecht zu werden und es handelt sich um eine Sammlung von Geschwätz, welche bestenfalls den Charakter einer völlig unverbindlichen und hypothetischen Absichtserklärung hat.

Was in der „Refugees-Welcome-Hysterie" völlig untergegangen ist, ist die Tatsache, dass auf der Welt tatsächlich unzählige Menschen existieren, die vor Hunger so geschwächt sind, dass sie niemals in ein Flüchtlingsboot steigen, geschweige denn die kleine Kreuzfahrt überhaupt finanzieren könnten. Wenn einige angebliche Flüchtlinge mit der beneidenswerten Physiognomie eines Bodybuilders in Europa an Land gehen und von den

Medien gefeiert werden, verblassen die Bilder von Kindern, deren Bäuche durch ein Hungerödem angeschwollen sind, und die sich nicht einmal mehr gegen die Fliegen wehren können, im Bewusstsein der Menschen. Wo sind denn die Gutmenschen, die die Menschenrechte dieser Menschen schützen und wahren? Oder ist unsere Gesellschaft wirklich schon so zynisch, dass diese real hungernden und gefährdeten Menschen ihrerseits keine Anstrengungen mehr „wert" sind, da sie die Reise bis nach Europa sowieso nicht schaffen würden? Dies sind provokante Fragen, die wir uns alle stellen müssen und ich erwarte eben dies auch von unseren Volksvertretern, denn exakt deshalb haben wir sie doch gewählt! Leider bleibt Ersteres sehr oft aus und das Zweite eigentlich immer. Warum eigentlich?

Artikel 2670 der gutmenschlichen Pseudoreligion „Allgemeine Erklärung der Menschenrechte" philosophiert eifrig weiter an der Wirklichkeit vorbei:

1. *„Jeder hat das Recht auf Bildung. Die Bildung ist unentgeltlich, zum mindesten der Grundschulunterricht und die grundlegende Bildung. Der Grundschulunterricht ist obligatorisch. Fach- und Berufsschulunterricht müssen allgemein verfügbar gemacht werden, und der Hochschulunterricht muss allen gleichermaßen entsprechend ihren Fähigkeiten offenstehen.*

2. *Die Bildung muss auf die volle Entfaltung der menschlichen Persönlichkeit und auf die Stärkung der Achtung vor den Menschenrechten und Grundfreiheiten ausgerichtet sein. Sie muss zu Verständnis, Toleranz und Freundschaft zwischen allen Nationen und allen rassischen oder religiösen Gruppen beitragen und der Tätigkeit der Vereinten Nationen für die Wahrung des Friedens förderlich sein.*

3. *Die Eltern haben ein vorrangiges Recht, die Art der Bildung zu wählen, die ihren Kindern zuteil werden soll."*

Stellen wir uns eine der weiterhin existierenden Stammesgesellschaften zum Beispiel in den Regenwäldern Südamerikas vor. Die Mitglieder des Stammes haben natürlich ebenfalls Anspruch auf Menschenrechte. Selbstverständlich dürften diese Menschen in den seltensten Fällen überhaupt jemals etwas von diesen abstrakten Rechten erfahren. Welche Konsequenz hat das nun für die westliche Zivilisation?

Die Kinder dieser Stammesgesellschaften erhalten keine Bildung, wie sie in Artikel 25 der Menschenrechte gefordert wird. Brechen hier also die Stammesältesten genau genommen die Menschenrechte? Bedeutet das eine Pflicht zur Intervention durch die westliche Welt?

Hier wird der absurde Charakter der Menschenrechte sehr deutlich. Eine Anwendung der Menschenrechte auf Stammeskulturen würde diese Kulturen so starker Veränderungen aussetzen, dass eine weitere Existenz überhaupt nicht mehr möglich wäre. Schauen wir uns Afrika an und wir finden zahllose Beispiele, wie „guter Wille" ganze Nationen an den Rand der Vernichtung getrieben hat. Dies ist genau der Stoff, aus dem das „Gutmenschentum" gemacht ist: das Wissen darum, was das vermeintlich Beste für andere ist.

Artikel 2871 spricht dann plötzlich eine völlig andere Sprache:

„Jeder hat Anspruch auf eine soziale und internationale Ordnung, in der die in dieser Erklärung verkündeten Rechte und Freiheiten voll verwirklicht werden können."

Ich weiß nicht, wie es Ihnen beim Lesen dieser Zeilen geht, doch ich werde wütend. Die „Menschenrechte" gelten obligatorisch für *jeden* Menschen und folglich hat auch jeder ein „Recht" darauf, dass eine soziale und internationale Ordnung existiert, in der diese voll verwirklicht werden können. Das bedeutet dann also tatsächlich das Ende tribaler Strukturen, wie eben die der Stammesgesellschaften, denn wir wollen ja schließlich jeden Menschen zu seinem „Recht" kommen lassen – ob er das selbst überhaupt möchte, steht ja nicht zur Debatte!

Was aber ist mit einem Menschen, der sich seinen Menschenrechten bewusst ist, diese (und die resultierenden Konsequenzen) aber freiwillig ablehnt? Niemand durfte jemals über die Menschenrechte abstimmen, sie wurden einfach jedem zwangsweise verliehen. Wie ist das eigentlich in Zusammenhang auf demokratische Mitbestimmung und freie Willensbildung zu interpretieren? Dies ist besonders spannend, da an anderer Stelle in den Menschenrechten ganz klar das Recht auf den Wechsel der Religion zementiert ist. Seine Religionszugehörigkeit darf ein Mensch also frei wählen und jederzeit wechseln, seine Menschenrechte kann er aber niemals ablehnen. Folgendes ist für mich die beste Definition des Begriffes „totalitär" bzw. „autoritär": in ein System der sog. Menschenrechte geboren zu sein, welche das eigene Leben bis zu intimsten Fragen durchdringen und denen man nicht entgehen kann. Dieser Totalitarismus ist dann aber einer der zentralen Pfeiler der westlichen Zivilisation. Was soll man dazu noch sagen? Willkommen in der Matrix!

Weiterhin kann man sich noch Gedanken darüber machen, was diese Menschenrechte eigentlich grundsätzlich sind und wer diese Würde dem Menschen überhaupt jemals verliehen hat? Wenn nun, wie bereits erwähnt, jeder Mensch mit diesen Rechten und der Würde geboren wurde, kann die Quelle davon kein Mensch sein. Es bleiben also wahlweise nur ein Außerirdischer oder ein Gott als edler Spender. Schaut man sich die Definition des Begriffs „Religion" an, bekommt man eine Idee, worum es dabei eigentlich geht. Hier zum Beispiel die Definition von *Wikipedia*:

> *„Der Glaube an einen Gott oder an mehrere Götter und die damit verbundene Praxis in Kult und Lebensformen."*

Man kann die Menschenrechte somit auch als Religion oder als Kult verstehen! Gutmenschen sind also ebenfalls Anhänger eines religiösen Kults! Ist Gott wissenschaftlich nachweisbar? Selbstverständlich ist das nicht möglich und deshalb verhält es sich bei den Menschenrechten ebenso um ein rein mythologisches Konstrukt. Das ist eine harte Aussage, oder? Wir werden zu späterer Stelle erneut darauf zurückkommen, denn die Konsequenzen daraus sind drastisch – fundieren sie doch eben eine bereits angesprochene (und von den Kulturmarxisten ersehnte) Ersatzreligion: das Gutmenschentum!

Schaut man sich das Grundgesetz der Bundesrepublik Deutschland an, so findet man dort ebenfalls deutliche und direkte Bezüge zu den Menschenrechten. Die markanteste Parallele ist wohl Artikel 1: (1) *Die Würde des Menschen ist unantastbar.* Aber auch (2) ist interessant, wenn auch deutlich weniger bekannt: *„Das Deutsche Volk bekennt sich darum zu unverletzlichen und unveräußerlichen Menschenrechten als Grundlage jeder menschlichen Gemeinschaft, des Friedens und der Gerechtigkeit in der Welt."* Ich will jetzt an dieser Stelle gar nicht darauf eingehen, dass dieses Grundgesetz zwar immer als „Verfassung" bezeichnet wird, dies aber durchaus angezweifelt werden kann und darf. Auch dass nach Kriegsende gerade die Alliierten eine gewichtige Rolle bei der Formulierung des Grundgesetzes gespielt haben, lassen wir an dieser Stelle mal außer acht.

Zu welchem Zeitpunkt aber hat sich das „Deutsche Volk" zu den Menschenrechten bekannt? Korrekter sollte es wohl heißen: *„Wurde das Deutsche Volk zu den Menschenrechten zwangsverpflichtet?"* Nun könnte man fragen, wo denn hier überhaupt der Schuh drücken könnte und was mich daran stört? Auf der einen Seite unterliegt Artikel 1 des Grundgesetzes der „Ewigkeitsklausel", darf also weder verändert, noch abgeschafft werden. Klartext dazu: **Die Deutschen haben sich niemals selber zu den Menschenrechten bekannt und können sich auch niemals davon abwenden.** Weiterhin existiert noch ein anderes Problem, das gerade in den Zeiten der Flüchtlingskrise zum Tragen kommt. Es wird immer gesagt, dass unser Grundgesetz das „Zusammenleben der Menschen in Deutschland regelt". Auf den ersten Blick ist dies völlig neutral und auch gut so, aber ist es das wirklich? Der Teufel lauert bekanntlich im Detail, denn alle im Grundgesetz definierten Rechte gelten dann auch für *alle* Menschen in Deutschland und eben nicht nur für die Deutschen an sich. Hier wurde ganz bewusst eine liberale Sicherung eingebaut, damit keine Form des Kollektivismus entstehen kann, der letztlich immer auch als eine Art natürliches Immunsystem verstanden werden könnte. Sobald „Flüchtlinge" das Staatsgebiet der BRD betreten, sind *„diese Menschen eben da"*, wie es Bundeskanzlerin Merkel einmal so treffend gesagt hat. Wie ist es in diesem Zusammenhang dann zu verstehen, wenn diese Frau öffentlich die „Armen dieser Welt" auch noch auffordert, nach Deutschland zu kommen?

Aber soweit muss man ja überhaupt nicht gehen, denn wer meinen letzten Auszug aus dem Grundgesetz aufmerksam gelesen hat, findet dort eine erneute Überraschung: Das Grundgesetz(2) gilt nicht nur für Deutschland, sondern alle Menschen auf der ganzen Welt: *„...als Grundlage jeder menschlichen Gemeinschaft, des Frieden und der Gerechtigkeit in der Welt...".* Wir sollen eben als Deutsche besonders hilfreich und gut sein – von der Wiege bis zur Bahre. Aber warum eigentlich? Warum sollten wir als Deutsche auch 2017 noch so eine besondere Verpflichtung gegenüber der Welt haben?

Die Erschaffung der Menschenrechte war ein genialer Schachzug, denn auf diese Weise kann man (wie wir gesehen haben) weltweit auch militärische Aktionen rechtfertigen. Die Weltgeschichte ist voll von Beispielen, und an dieser Stelle möchte ich mich auf das Beispiel Libyen beschränken, zumal es die Janusköpfigkeit dieses Themas auf den Punkt bringt. Beginnen wir unsere Überlegungen, wie es sich für den Anlass gehört: Es war einmal … ein böser Diktator namens Muhammar Gaddafi, mit dem sich der Westen über Jahrzehnte bestens arrangiert hatte. Dieser böse Mensch führte umfangreiche Sozialleistungen in Libyen ein, die weltweit Ihresgleichen suchten und suchen. Dies erklärt sich natürlich durch den Reichtum des Landes an Erdöl, ist aber definitiv keinesfalls symptomatisch für jedes Erdölförderland. Auch „böse" Menschen scheinen also gelegentlich ihre guten Seiten zu haben, auch wenn das dann so gar nicht zum Bild passen will… 2011 kam es dann zum „Arabischen Frühling", der dann angeblich einen Bürgerkrieg in Libyen auslöste. Die Rebellen wurden umfangreich von der NATO unterstützt, da Gaddafi angeblich Truppen gegen die „eigene Bevölkerung einsetzte" und somit gegen die Menschenrechte verstieß. Der Kreuzzug für die Menschenrechte endete in der finalen Ermordung des Diktators und einem Land, das in die Anarchie versinkt und auch 2017 nur als „Failed State" beschrieben werden kann. Jeder denkende Mensch zweifelt heute an der Authentizität des Arabischen Frühlings wie auch an der Natur des „Bürgerkriegs" in Libyen. Es ist sicherlich keinesfalls vermessen, wenn man in diesem Zusammenhang an das Wirken illustrer NGOs (Nichtregierungsorganisationen) wie zum Beispiel der *Open Society Foundations* unseres besonderen Freundes und lupenreinen Philantropen George Soros denkt, denn diese waren ebenfalls am genauso geplanten „Change" in der Ukraine beteiligt gewesen.

Erinnern wir uns kurz, wie vor allem die USA seit den 1960er-Jahren ihre Konflikte bevorzugt austrägt. Schon in Kuba wurden gezielt oppositionelle Kräfte mit finanziellen Mitteln, Ausbildung und Waffen versorgt, um die Drecksarbeit zu erledigen. Ähnlich verhielt es sich anfänglich in Vietnam, in Afghanistan und an vielen kleineren Brennpunkten. Warum sollte das in Libyen anders gewesen sein? Wobei ich hier keinesfalls ausschließlich antiamerikanische Tendenzen bedienen möchte. Die Briten haben diese Technik selbstverständlich ebenfalls perfektioniert, wie auch sehr viele andere westliche Staaten, die hier nur angedeutet sein sollen. Das Grundrezept ist sehr einfach: Ich liefere den Anlass (Arabischer Frühling) und die Möglichkeiten (Waffen und Ausbildung) und warte nur darauf, dass es dann irgendwann „knallt". Wenn das passiert, kann ich dann mit aller Macht zuschlagen, und Bodentruppen in Form von notdürftig ausgebildeten Einheimischen befinden sich dann ja schon im jeweiligen Land (zum

Beispiel Libyen). Diese Truppen müssen dann nur noch mit Spezialkommandos ergänzt werden, um auch verheerende Luftangriffe koordinieren zu können. „Fertig" ist die Anarchie und bald auch der Systemwechsel – siehe Somalia, Irak oder Syrien. Syrien ist allerdings ein Ausnahmefall, da hier mehrere konkurrierende Kräfte ihren Stellvertreterkrieg spielen und sich gegenseitig ausbooten. Selbstverständlich ist man 2017 cleverer und überlässt den erwähnten NGOs die Drecksarbeit, da diese ja angeblich nicht im Namen einer Regierung tätig sind, sondern rein philanthropische Werte wie zum Beispiel die Förderung der „Demokratisierung" (Verbreitung des Sozialismus) pflegen.

Das Beispiel Libyen wiegt für uns Europäer jedoch schwerer als irgendein lokaler Konflikt in Südamerika oder anderswo. Über das Gaddafi-Regime kann und sollte man durchaus differenzierter Meinung sein. Niemand käme auf die Idee und würde Gaddafi als Menschenfreund oder mustergültigen Demokraten bezeichnen, doch hat der versuchte Systemwechsel irgendeinen positiven Effekt für die Menschen dort gehabt? Fragen Sie doch einmal einen Libyer!

Für uns Europäer war Gaddafi ein guter Partner. Auf der einen Seite bot der Diktator Erdöl und gleichzeitig sicherte er die nordafrikanischen Grenzen, was uns Europäern große Flüchtlingsströme vom Hals hielt. Das alles hatte zwar seinen Preis, war aber allemal günstiger als die momentane Migration in europäische Sozialsysteme. Apropos günstig: Die aktuelle, keinesfalls irgendwie legitimierte libysche Regierung verlangte auf dem Flüchtlingsgipfel am 20. März 2017 in Rom die stolze Summe von 800 Millionen Euro für einen Flüchtlingsstopp. Weiterhin forderte diese Regierung eine ganze Liste von Fahrzeugen, inklusive einer kleinen Flotte von Hubschraubern und Schiffen für die Küstenwache. Das Problem an der Sache ist nur, dass durchaus an der Durchsetzungsfähigkeit der aktuellen Regierung gezweifelt werden darf, denn momentan streiten in Libyen gleich mehrere Regierungen um die Vorherrschaft.

Im Internet und anderswo sind Bilder der ehemals stolzen, libyschen Marine und Küstenwache zu finden. Die Schiffe existieren allesamt noch – als Wracks. Die Seiten der Schiffe wurden von den präzisen Angriffen der NATO aufgerissen und zerstört. Diese Angriffe werden aber von offizieller Seite her dem „libyschen Bürgerkrieg" zugeschrieben, was nur als lächerlicher Witz angesehen werden kann. Denn es bleiben die Fragen: Verfügten die Rebellen über Bomber? Und welche Gefahr ging eigentlich genau von der Küstenwache Libyens für die Bevölkerung aus? Die Wahrheit ist am Ende sehr bitter. Gaddafi sollte um jeden Preis beseitigt werden. Der wahre Grund waren keinesfalls seine realen oder angedichteten Maßnahmen gegen seine eigene Bevölkerung, sondern geopolitisches Kalkül. Die „Menschenrechte" waren nur das Alibi und der Deckmantel, um selber in gigantischem Ausmaß gegen die Menschen in Libyen und Europa vorgehen zu können: im Bombenhagel, in den Wirren des „Bürgerkrieges", im anschließenden Chaos durch die Erschaffung von Fluchtursachen in sinkenden Schiffen auf dem Mittelmeer und in der Vernichtung der Sozialsysteme in Europa. Eine intakte Küstenwache wäre da doch sehr hinderlich gewesen!

Politisieren wir doch einmal wie die Linken: Wer den Befehl gab, Gaddafi zu entfernen, war zum Beispiel auch für die Kölner Silvesternacht 2016 „mitverantwortlich". Das ist für einen Friedensnobelpreisträger wie Obama aber eine ziemlich schlechte Perspektive, nicht wahr? Durch die selektive und willkürliche Wahrung angeblicher „Menschenrechte" (in Libyen) wurden und werden die Menschenrechte von Millionen anderer Menschen beeinflusst und mit Füßen getreten. Was sagt dies über die Institution der „Menschenrechte" aus? Handelt es sich nach diesen Überlegungen immer noch um die Speerspitze der westlichen Zivilisation oder um das genaue Gegenteil – ist es gar deren absolute Achillesferse?

9. Multikulturalismus

Multikulti ist nahezu jedem Menschen ein Begriff, doch die wenigsten Menschen können diesen Begriff in seiner vollen Tragweite beschreiben oder gar verstehen. Generell gibt es meist auch nur Gegner oder Befürworter der Idee, es ist also Zeit, sich mit dieser Vorstellung etwas eingehender auseinanderzusetzen. Multikulturalismus ist jedoch kein isoliertes Symptom, sondern gehört essentiell zur „Linken Agenda" und damit auch zum Programm der Kulturmarxisten.

Am Anfang dieses Buches haben wir uns bereits mit dem Begriff „Kultur" und der Schwierigkeit seiner Definition beschäftigt. Ich möchte hier an dieser Stelle ergänzen, dass sich der Begriff Kultur vom lateinischen Wort *colere* ableitet, was soviel wie *pflegen*, *bebauen* oder *bewohnen* bedeutet. Der niederländische Wissenschaftler Alfons Trompenaars hat die für mich treffendste Definition von Kultur abgegeben:

„Ein Fisch spürt erst dann, dass er Wasser zum Leben braucht, wenn er nicht mehr darin schwimmt. Unsere Kultur ist für uns wie das Wasser für den Fisch. Wir leben und atmen durch sie."

Wenn wir dieser Definition folgen, stoßen wir im Zusammenhang mit Multikulturalismus auf ein Problem. Wenn es nun zwei verschiedene Sorten „Wasser" gäbe, was bedeutet das dann für die beteiligten Fische? Können beide „Fische" in dem unterschiedlichen Wasser überhaupt überleben? Hierbei handelt es sich selbstverständlich um eine vereinfachende Metapher, denn sie deutet auf das Problem der Sache hin. Grundsätzlich stellt sich natürlich überhaupt die Frage, warum Migranten ihre Kultur verlassen, in ein anderes Land gehen und ihre Kultur (vor deren Folgen sie vielleicht sogar geflohen sind) dann im Gastland zu etablieren suchen. Welchen Sinn hat das? Ist das nicht sogar schizophren?

Ich selbst bin in der Nähe von Bonn aufgewachsen. Ich kenne noch die Zeiten von Bonn als Hauptstadt und erinnere mich gerne zurück. Trotz aller anderslautenden Lippenbekenntnisse stirbt diese Region einen langsamen Tod, denn der kontinuierliche Wegzug der Parlamentarier und Ministerien hat verheerende ökonomische Folgen für diese Region gehabt und hat sie auch noch heute. Davon ist auch besonders der Stadtbezirk Bad Godesberg betroffen, der nicht nur durch den tragischen Mordfall an dem

Schüler Niklas P. in den letzten Monaten ins Gespräch gekommen ist. Ich kann jedem objektiven Beobachter nur wärmstens eine Ortsdurchfahrt von Bad Godesberg ans Herzen legen. Der unvoreingenommene Beobachter wird jede Menge Geschäfte mit fremdländischer Beschilderung in lateinischer und arabischer Schrift, vollverschleierte Frauen und Männer in traditionellen Gewändern vorfinden. Ebenso gilt Bad Godesberg als Salafisten-Hochburg und wird deshalb mittlerweile oftmals in einem Atemzug mit Duisburg-Marxloh oder sogar dem belgischen Molenbeek genannt. Außerdem gibt es hier eine Frage, die sich kein Journalist (meines Wissens nach) je öffentlich zu stellen gewagt hat: Wo ist denn der Multikulturalismus in Bad Godesberg, in Duisburg-Marxloh oder im belgischen Molenbeek? Wo ist dort die vielgepriesene „Bunte Vielfalt"? Oder wurde in diesen Städten nicht anstelle dessen eine lupenreine muslimisch-islamistische Monokultur errichtet, die sogar alle anderen Kulturen verdrängt hat? Ehe Sie vorschnell die Nazi-Keule schwingen: Besuchen Sie bitte wenigstens eine der erwähnten Städte und bilden Sie sich vor Ort eine eigene Meinung, bevor Sie sich unnötig aufregen!

Um zu unserer Metapher zurückzukommen: Können andere „Fische" in einem so speziellen „Wasser" überhaupt noch überleben? Hierzu hat der in Deutschland lebende, syrische Sozialwissenschaftler Bassam Tibi eine ganz klare Meinung. Er sieht das Problem beim Thema „Kulturrelativismus". Unter diesem Schlagwort vertritt Tibi die Ansicht, dass es so etwas wie „kulturelle Grundrechte" gibt. Das hört sich im ersten Moment geradezu selbstverständlich und logisch an, bezieht sich aber direkt auf das Thema der oben angesprochenen, unterschiedlichen Wasserarten. Dieses Missverständnis ist das grundsätzliche Problem beim Multikulturalismus. Anhänger dieser Ideologie stellen zwei beliebige Kulturen gleichberechtigt nebeneinander, akzeptieren unkritisch kulturelle Differenzen und wollen diese sogar mit den fiktiven „kulturellen Grundrechten" legitimieren. Ein plakatives Beispiel wären zwei Religionen, bei der die eine Religion einen Teil ihrer kulturellen Identität aus dem Hass auf die andere Religion bezieht. Jeder Schuljunge versteht, dass dies keinesfalls durch kulturelle Grundrechte abgedeckt werden kann, wenn weiterhin Frieden herrschen soll. Stattdessen muss es einen Grundkonsens geben, der gewisse Ansichten und Ideologien unmöglich macht.

Wie aber sieht die alltägliche Praxis aus? Das beste Beispiel hierfür sind die Zustände in den Flüchtlingsheimen in Deutschland. Dort verfolgen Gruppen islamistischer Flüchtlinge andere, nichtmuslimische Flüchtlinge. Ist auch dies mit Kulturrelativismus und den daraus resultierenden kulturellen Grundrechten zu entschuldigen? Ebenso verhält es sich mit der Scharia, dem religiösen Recht des Islam. Diese Wertevorstellungen sind nicht mit der liberalen Wertevorstellung des Westens zu kombinieren, egal ob es dabei um die Stellung der Frau, um Homosexuelle oder um andere ganz alltägliche Dinge handelt. Der *Europäische Gerichtshof für Menschenrechte* (EGMR) belegte dies mit einem Urteil[72] und stellte fest, dass die Scharia *„inkompatibel mit den fundamentalen Prinzipien in der Demokratie"* sei. Kleiner Check an dieser Stelle: Erinnern Sie sich noch an den Wirbel als Reaktion auf das Parteiprogramm der AfD? Wo waren da die wahrhaft kritischen Journalisten, die sich und ihre Konsumenten an dieses wegweisende Urteil des EGMR erinnerten?

Nun existiert da die Scharia und eine Vielzahl von Menschen, die diesem Wertesystem eine größere Relevanz in der alltäglichen Rechtsprechung einräumen wollen[73] – doch was bedeutet das für die westliche Welt, die diesen Menschen eine neue Heimat gegeben hat? Um unsere Metapher erneut zu bemühen, wollen diese „Fische" in einem „Wasser" schwimmen, das die Mehrheit der übrigen Bevölkerung klar für sich ablehnt. Haben Scharia-Anhänger nun ein kulturelles Grundrecht, ihre zumindest fremdartige Gesetzesgrundlage als Maßstab in ihrer neuen Heimat einzuführen?

Hier sollte man sehr genau nachdenken, bevor man antwortet. Aus einer Antwort ergeben sich nämlich Konsequenzen, die man auf den ersten Moment vielleicht gar nicht so ganz genau absehen kann. Ich will an dieser Stelle erst gar nicht von dem anfangen, was in unserer westlichen Welt als Bigamie, also Vielehe, bekannt ist. Stattdessen möchte ich hier den Fokus auf eine andere besorgniserregende Entwicklung lenken. In vielen islamischen Ländern sind „Kinderbräute" an der Tagesordnung. Erwachsene Männer jeden Alters dürfen minderjährige Bräute ehelichen. Hier denkt man als normal sozialisierter Mensch an junge Frauen, die vielleicht noch nicht ganz die Volljährigkeit erreicht haben. Doch weit gefehlt, denn auch Hochzeiten mit Mädchen nach der Vollendung des *neunten* Lebensjahres sind vielerorts völlig legal und an der Tagesordnung. Was aber passiert, wenn nun ein solches „Ehepaar" nach Deutschland „flüchtet"? Meinem Verständnis nach handelt es sich hier um nichts anderes als Pädophilie und somit Kindesmissbrauch. Doch meine privaten Befindlichkeiten haben rein gar nichts mit der Anwendung des gültigen Rechts in der BRD zu tun. Ein Gericht in Bayern[74] hat nun im Juni 2016 entschieden, dass solche Ehen rechtlich gültig sind, wenn sie in einem Land geschlossen wurden, in dem die Scharia Anwendung findet. Sex mit Kindern wird unter diesem Deckmantel dann auch im Rahmen der „ehelichen Pflichten" legalisiert. Dies wird sicherlich jeden normal sozialisierten Vater und jeder Mutter die Zornesröte in die Wangen treiben. Wollen Sie, liebe Leserin, lieber Leser, in einem solchen Wasser schwimmen? Ich für meinen Teil lehne ein Bad in einer solchen Kloake entschieden ab!

Schließt sich dann an dieser Stelle der Kreis, weshalb manche Vereinigungen geradezu gewaltsam die Existenz unterschiedlicher Kulturen in Deutschland zementieren wollen? Geht es letztlich nur um einen Deckmantel, mit dem abartigste Perversionen an und mit Kindern legalisiert werden sollen?

Erinnern wir uns erneut: Es war Georg Lukács, der die Frühsexualisierung bereits Anfang des letzten Jahrhunderts einführen wollte. Ebenfalls plädierten andere Kulturmarxisten für die Einführung des orphisch-narzisstischen Menschen, der sich niemals von seiner Mutter trennt und durch pseudoinzestuöse Beziehungen niemals seine eigene, gesunde Sexualität entwickeln kann. Weiterhin würde damit auch die vaterlose Gesellschaft bewusst vorangetrieben und schlussendlich die traditionelle Familie zerstört – um endlich, endlich ein Vakuum zu schaffen, in dem der Kommunismus gedeihen kann. Doch was wäre, liebe Sozialisten, wenn in diesem Vakuum dann etwas völlig anders und noch viel besser gedeihen würde?

Das hört sich gewiss hart an, aber können Sie es sich sonst erklären, weshalb gerade die Linke einer so autoritäre Ideologie wie dem radikalen Islamismus so bereitwillig als Waffenbruder und Toröffner zur Seite steht? Dies geschieht jedenfalls garantiert nicht, weil Linke kollektiv und spontan eine Gotteserfahrung gemacht hätten.

Ich möchte an dieser Stelle erneut betonen, dass ich hier ganz explizit auf die Rolle des Neomarxismus anspiele und keinesfalls auf Stalinismus bzw. klassischen Marxismus. Ich bin zwar, wie unzweifelhaft klar geworden sein dürfte, auch kein Freund dieser Ideologien, doch ich würde diese keinesfalls so schädlich und gefährlich ansehen wie den Kulturmarxismus. **Der Kulturmarxismus ist deshalb so gefährlich, weil es vielleicht die totalitärste und bösartigste Ideologie in der bisherigen Menschheitsgeschichte überhaupt darstellt.** Die Gefährlichkeit resultiert aus dem Objekt dieser Lehre: Sie zielt ganz explizit auf den einzelnen Menschen und seine Identität ab. Dabei kleidet sie sich in ein scheinbar so menschenfreundliches Gewand, in dem sich dann besonders die verantwortungsbewussten und auch intelligenten Menschen leicht verfangen können. Rattenfänger bleibt eben immer Rattenfänger!

10. Globales Nomadentum

Der Begriff „Weltbürgertum" ist wohl den meisten Menschen ein Begriff: Vorwiegend besonders erlauchte Menschen fühlen sich ebenso in Castrop-Rauxel zuhause wie in Marbella, in New York oder in Tokio. Wer tatsächlich viel durch die Welt reist, wird sich früher oder später auch im Ausland zuhause fühlen, doch der Mensch hat immer nur eine Heimat: das Land, aus dem ein Mensch ursprünglich stammt. *Weltbürgertum* war und ist aber auch ein Kampfbegriff, um den Internationalismus zu verbreiten, denn wer „überall" zuhause ist, hat auch keine Heimat, für die sein Herz schlägt und kann somit auch kein Patriot sein.

Jede Idee kann gesteigert werden, so auch die Idee des Weltbürgertums. Die nächste Entwicklungsstufe wäre die Idee des *Globalen Nomadentums*. Diese Idee wurde in der Hochphase der Flüchtlingskrise 2015 publiziert, eine Zeit also, in der solche Phantasien durchaus für einen Aufschrei hätte sorgen müssen. „Aufschreie" werden in letzter Zeit aber nur noch medienwirksam inszeniert, wenn sie von den Linken organisiert werden und als Ziel die AfD haben. Ansonsten „schreit" fast niemand mehr auf, was auch nicht unbedingt ein gutes Zeugnis für die übrige Gesellschaft ist. Es sollte auch bedacht werden, dass die überlauten Aufschreie allesamt „laut" gemacht werden, da die in allen Institutionen untergebrachten Meinungsverstärker ihre Rolle im „Linken Orchester" spielen. Deshalb muss man fair sein und feststellen: Nichtlinke „Aufschreie" werden einfach ignoriert und verbreiten sich damit auch kaum.

Zurück aber zum eigentlichen Thema: Eltern der Idee des Globalen Nomadentums sind die Politikwissenschaftlerin und ehemalige Leiterin des *European Council on Foreign Relations* (ECFR) Ulrike Guèrot und der Autor Robert Menasse.[75] Es geht um nichts anderes als eine Welt völlig ohne Grenzen. Linke führen ja gerne an, dass es nicht sein könne, dass es für LKWs keine Grenze gäbe, wenn es für Flüchtlinge sehr wohl welche geben würde.

Dieser Standpunkt hört sich im ersten Moment nachvollziehbar an: Die „Bonzen" können weltweit Geschäfte machen, doch „arme Menschen" lässt man an den Grenzen „verrecken". Diese Idee beruht allerdings auf einem Denkfehler, denn ein bereits realisierter Fehler, wie zum Beispiel der Schengen-Raum, berechtigt nicht zu weiteren Fehlern der gleichen Bauart.

Dies gilt auch dann, wenn solche unzulässigen Schlussfolgerungen besonders kuschelig anmuten und so prima zur eigenen Ideologie passen – wie bei diesem Thema.

Schon 2015 stellte kein einziger Politiker mit Regierungsverantwortung die allesentscheidende Frage: Welches Recht sollten angebliche Flüchtlinge haben, mehr als 2000 Kilometer durch friedliche (und damit sichere) Länder zu ziehen, um dann in einem präferierten Wunschland Asyl bzw. Schutz zu suchen? Diese Frage hätte jeder Politiker mit Rückgrat stellen müssen, aber diese feinen Herrschaften überließen diese Frage dem „Pack", dem „Pöbel" oder den „Wutbürgern". Ebenso stellte niemand Fragen wegen der scheinbar regelmäßig „verlorenen" Ausweispapiere. Kaum jemand verlor auf der langen Reise sein Smartphone, doch unglaublich viele Flüchtlinge verloren ihre ungleich wichtigeren Ausweispapiere. Fernfahrer und andere Reisende fanden in Ungarn brennende Stapel vor, deren Überreste verdächtig nach Ausweisen aussahen. Ist das alles nur reiner Zufall? Und warum gibt es bis heute keine Konzepte, um Ähnliches zukünftig zu verhindern? *„Will man nicht, kann man nicht oder darf man nicht?"*

Aus der Perspektive des *Globalen Nomadentums* werden solche Fragen wahrscheinlich fast schon als „Hatespeech" oder gar Volksverhetzung angesehen. Guèrot und Menasse stellen sich die Freiheit wirklich absolut grenzenlos vor. Flüchtlinge könnten sich dann völlig frei auf der Welt bewegen und in jedes Land ihrer Wahl reisen. Wenn sich die Flüchtlinge dann in einem Land niederlassen wollen, können sie das dann spontan tun und bekommen dann sogar Gelder garantiert, mit denen sie im neuen Land dann auch ihre eigenen Städte bauen können – zum Beispiel „Neu-Aleppo" oder „Neu-Kundus". In Europa wäre laut dieser Vordenker noch mehr als genug Platz für mehr als ein Dutzend solcher Städte, die dann zwar in der Nähe, aber trotzdem auch in gebührendem Abstand zu „unseren" Städten gegründet werden würden. Die Grundstücke würde man den Flüchtlingen zuweisen und das Geld kommt dann einfach aus den gleichen Töpfen, aus denen wir jetzt schon Integrationsmaßnahmen und sämtliche Unterbringungs- und Verpflegungskosten zahlen.

Ich persönlich verstehe nicht, was diese Art der Politik überhaupt noch in irgendeiner Weise mit dem Thema „Flucht" zu tun hat. Stattdessen würde ich ein solches Projekt als „Kolonisation 2.0" bezeichnen. Auf diese Weise würden wir die Dritten Welt einfach zu uns holen, zumal ja demnächst auch Klimaveränderungen als Fluchtursache anerkannt werden sollen. Konservative Schätzungen gehen von etwa 100 Millionen Menschen aus, die momentan bereits schon auf ihren Koffern sitzen. Würde man nun die Ideen des Globalen Nomadentums umsetzen, würde das der Startschuss für diese Menschen sein. Was würde das für die europäischen Nationen bedeuten? Wie sollten diese Volkswirtschaften dieses Fass ohne Boden füllen können?

Die Autoren Guèrot und Menasse sprechen immer nur von *„Geldern, die man ja sowieso für Integration"* ausgeben würde. Diese Art der Argumentation kennen wir ja nun bereits von überzeugten Linken. Der Denkfehler ist immer gleich: Es wird davon ausgegangen, dass Staaten über „eigenes Geld verfügen". Doch dem ist faktisch absolut nicht so. Der Besitz eines Staates ist automatisch ausschließlich das Geld der Menschen, die es erwirtschaftet haben – also dem jeweiligen Volk, das dafür gearbeitet hat. Es spricht geradezu Bände, wie Linke wieder freigiebig gerade das Geld der „kleinen Leute" mit vollen Händen ausgeben, als gäbe es kein Morgen. Der Gipfel der Frechheit sind dann gar solche Aussagen: *„Es wird doch niemandem etwas weggenommen!"* Wir sprechen also über den Einsatz eines „Dukatenesels"! Wenn dem so ist und unbegrenzt Geld ausgegeben werden kann, dann dürfen sich Vertreter dieser Thesen ausgesprochen gerne an den *Amadeus Verlag* wenden, um mir Geldspenden zukommen zu lassen. Bitte keine falsche Scheu oder Bescheidenheit!

Doch welche Instanz genau verurteilt eigentlich die westlichen Staaten dazu, einen festen Betrag X kontinuierlich für diese Ausgaben bereitzustellen? Handelt es sich dabei um eine weltliche Instanz, um ein Gesetz oder um irgendeine Art Gott? Selbst wenn Europa weiterhin Jahr für Jahr im gleichen Umfang Gelder zur Verfügung stellen würde, würde der finanzielle Rahmen damit definitiv gesprengt. Jeder Euro kann nur einmal ausgegeben werden. Kritiker skizzieren im Zusammenhang mit den Integrationskosten immer eine Art „Perpetuum Mobile", nachdem die Ausgaben für Integration auf wundersame Weise mindestens in der gleichen Höhe wieder „irgendwann" zurückkommen. Meist handelt es sich hierbei aber um die gleiche Art Leute, die zum Beispiel auch eine Vollbeschäftigung frenetisch feiern würde, auch wenn die Mehrheit der Arbeitsplätze von staatlicher Seite finanziert würde und deshalb so gut wie keinerlei Produktivität geschaffen wird. Doch Moment mal: Wir reden ja von Linken, und das gerade skizzierte Beispiel schildert genau die Zustände im Kommunismus! Reden wir somit vom „gelobten Land"?

Linke können grundsätzlich nicht mit Geld umgehen, deshalb machen sie sich eben auch keine Gedanken über die Realisierbarkeit ihrer Ideen. Woher aber sollten nun also die finanziellen Mittel für das „Globale Nomadentum" kommen? Die geistigen Väter dieser Idee kümmert dieser Umstand nicht so sehr, vielmehr fassen sie das Thema unter dem Oberbegriff „Gelder der Europäischen Idee" zusammen. Der Haken an dieser Sache ist nur, dass die EU genauso wie die einzelnen Staaten ebenfalls kein eigenes Geld, sondern nur über Steuereinnahmen aus ihren Mitgliedstaaten verfügt. Dieses Geld gehört aber ebenfalls weder den Staaten und erst recht nicht einem Staatenbund wie der EU. Eigentümer dieser Gelder sind und bleiben die jeweiligen Völker Europas. Dieser Fakt wird von den meisten Politikern, von der EU und von den Journalisten gerne schamhaft verschwiegen – was aber absolut nichts an seinem Wahrheitsgehalt ändert!

Im Klartext würde das bedeuten, dass die Gesamtheit der europäischen Völker ohne Limit und auf ewige Zeiten für die linke Utopie des Globalen Nomadentums zur Kasse gebeten werden würden. Was aber wäre nun das Ergebnis des Globalen Nomadentums? Die europäischen Staaten würden sich Parallelwelten finanzieren und freiwillig auf Teile ihrer Hoheitsgebiete verzichten. Klingt gerade das vielleicht etwas nach einer freiwilligen Selbstaufgabe? Was wären „Neu-Aleppo" und „Neu-Kundus" wohl für Städte? Jegliche Versuche der Definition einer Leitkultur wurden in der Vergangenheit als angeblich „faschistoid" und „rassistisch" abgeurteilt. Außerdem würde eine verbindliche Leitkultur ja auch dem Geist des Globalen Nomadentums widersprechen, denn die „Nomaden" sollen sich ja ungehindert in aller Welt bewegen können. Wenn man den Nomaden nun zum Beispiel in Kursen unsere Grundwerte und die Idee unserer Gesellschaft oder gar unsere Sprache beibringen wollen würde, müsste man deren Freiheit ja temporär einschränken. Wahrscheinlich würde man den Nomaden dann einfach ein Faltblatt mitgeben, ähnlich wie man das in letzter Zeit mit den Verhaltensregeln für Neuankömmlinge in unseren Schwimmbädern macht. Es ist ja so gar nicht selbstverständlich, dass man sich keinesfalls ins Badewasser erleichtern oder in aller Öffentlichkeit masturbieren darf!

Irgendwie wäre es ja auch voll „nazi", wenn man den Nomaden vorschreiben würde, wie die indigene europäische Bevölkerung sich das Zusammenleben vorstellt... Wahrscheinlich würde innerhalb kürzester Zeit das passieren, was der syrische Sozialwissenschaftler Bassam Tibi in seinen Arbeiten immer wieder betont: Die dominante Kultur wird sich ohne eine gemeinsame Grundübereinkunft gegen alle anderen Kulturen durchsetzen. Wie das dann konkret aussieht, kann man sich (wie erwähnt) in den sogenannten „No-go-Areas" wie Duisburg-Marxloh, Brüssel-Molenbeek oder Bonn-Bad Godesberg ansehen: das Ende aller „bunten" Vielfalt und der viel beschworenen (und ebenso falsch verstandenen) „Offenen Gesellschaft".

Dies wäre dann der erste Schritt: von der indigenen Bevölkerung finanzierte und autarke „Failed Cities" (gescheiterte Städte). Welche Polizei sollte dort für Ordnung sorgen? Wer übernimmt die Verwaltung? Wer ist für die Gesundheitsfürsorge zuständig? Ach, wieder so lästige Detailfragen! Solche verbindliche Regelungen schränken ja auch wieder die Freiheit ein. Deshalb lieber völlige Autonomie – oder was meint Ihr, liebe Linke? Der zweite Schritt könnte dann in der Bildung weiterer Städte oder aber einer Fluchtbewegung aus den Retortenstädten heraus in die „indigenen" Städte bestehen. Was sollte in diesem Fall dann mit diesen Nomaden-Flüchtlingen passieren? Sollen diese Flüchtlinge dann doch wieder in die bereits bestehenden „alten" Städte integriert werden oder sollen auch diese Flüchtlinge dann wieder eigene Städte gründen dürfen, bis diese Städte dann ebenfalls kippen usw. usw. usw.?

Das Konzept des Globalen Nomadentums ist – im besten Fall! – nicht mehr als eine naive Phantasie. Im negativsten Fall kann man diese Idee auch als Agenda verstehen, um jedes westliche Land zu einem „Failed State" zu machen. Integration hat immer dann funktioniert, wenn Migranten auf eine homogene Ursprungsbevölkerung gestoßen sind. Auf diese Weise sind die Migranten bemüht, sich in diese Gesellschaft zu integrieren und dies wird ebenso von der Ursprungsbevölkerung erwidert. Als Beispiel sei hier die Integration der Gastarbeiter in der deutschen Nachkriegszeit genannt, die überwiegend funktioniert hat.

An dieser Stelle muss allerdings immer wieder auf einen entscheidenden Punkt hingewiesen werden: Politiker und Journalisten bedienen sich gerne auf verwirrende Weise der Begriffe „Flüchtling", „Asylbewerber" und

„Migrant". Der Begriff des „Asylanten" ist mittlerweile auch „nazi", weil er ja irgendwie abschätzig sein könnte. In der gängigen Politik herrscht die Auffassung vor, dass Flüchtlinge integriert werden müssen. Selbstverständlich gibt es auch andere Prozedere, die aber seltsamerweise höchst selten thematisiert werden. Doch bleiben wir nun beim Thema „Integration": Gelingt die Integration im Kontext „Flucht", kommt es unweigerlich irgendwann zu echten menschlichen Tragödien: Wenn die Fluchtgründe beseitigt sind, sollen die Flüchtlinge wieder in ihre Heimat zurückkehren. Das unterscheidet einen *Flüchtling* von einem *Migranten*. In direkter Folge werden langwierige Gerichtsprozesse um das Aufenthaltsrecht geführt, Medien berichten über die traurigen Schicksale der integrierten Flüchtlinge, alles sei „umsonst" gewesen und so weiter. Dies ist aber eine direkte Folge der „Direktive Integration" und resultiert aus dem unehrlichen Umgang mit den Flüchtlingen, indem man Integrationsbemühungen fordert, obwohl der Status eines Flüchtlings längst und grundsätzlich absolut eindeutig und rechtlich definiert ist. Wer sich nun aber die Statistiken über erfolgreiche Abschiebungen ansieht, könnte auch auf den Gedanken kommen, dass nicht nur die Flüchtlinge an der Nase herumgeführt werden sollen, sondern auch die aufnehmende Bevölkerung!

Neben den bereits erwähnten Aspekten, weshalb die Idee des Globalen Nomadentums völliger Nonsens ist, gibt es noch einen anderen wesentlichen Aspekt. Diese Idee der „grenzenlosen Flüchtlingsbewegung" scheitert bereits im Ansatz, denn es gibt weiterhin Grenzen, auch wenn Politiker wie Angela Merkel dies geradezu frenetisch negieren. Grenzen können auch geschützt werden, wie dies zum Beispiel Ungarn oder die Türkei eindrucksvoll beweisen. Letztlich ist es alles nur eine Frage des dahinterliegenden politischen Willens. Ob es den Linken in den unterschiedlichsten politischen Parteien passt oder auch nicht: In dieser Welt existieren weiterhin Nationalstaaten und das ist auch gut so! Natürlich können diese Staaten gemeinsam miteinander Probleme lösen oder Ziele erreichen, doch die „europäische Integration" zum Beispiel (mehr dazu im nächsten Kapitel) ist ein völlig unnatürliches Konstrukt, das bis auf die Vollblutlinken niemand will und die wenigsten Menschen verstehen. Überhaupt ist das *Nichtverstehen* der *Europäischen Integration* auch der Grund, weshalb die Bevölkerungen Europas nicht auf die Barrikaden gehen. Hier muss aber erwähnt werden, dass gerade deutsche Politiker die Triebkräfte dieser europäischen Integrations-Bewegung waren und sind. Andere europäische Länder haben ein deutlich geringeres Interesse daran!

Zurück wieder zum Globalen Nomadentum: So phantastisch und absurd die Ideen von Menasse und Guérot auch sind, sie werden leider rezipiert. Kurt Edler, der eigentlich Lehrer und ein Politiker der *Grün-Alternativen Liste* (GAL) ist, tritt in einem Interview mit der *Welt*[76] als „Islamismus-Experte" auf und schwärmt nun auch seinerseits von einem „Neu-Aleppo" in Vorpommern, das dann von fähigen Syrern und „unseren Leuten" betrieben wird (welches Kollektiv hier Edler genau meint, erschließt sich dem Leser nicht). Diese Idee feiert die Welt dann in der Überschrift zum Interview auch noch als „erstaunlich einfach". Woher diese Idee ursprünglich stammt, klären weder die Zeitung noch Edler selbst auf.

An diesem Beispiel lässt sich nun wieder erahnen, wie erfolgreich das war, was als linker „Marsch durch die Institutionen" in die Geschichte eingegangen ist. Heute sind die ideologischen Soldaten (schließlich marschieren nur Soldaten im Gleichschritt) überall in der Zivilgesellschaft angekommen und indoktrinieren ihre Umwelt selbst mit dem absurdesten Mist – wie mit der Idee des Globalen Nomadentums oder im Speziellen mit der Idee eines Neu-Aleppos. Diese Wahnideen werden dann keinesfalls durch eine kritische Presse hinterfragt, sondern im Gegenteil auch noch gelobt (verblüffend einfach!). So funktioniert kulturelle Hegemonie! Wer etwas anderes behauptet, ist dann eben ein Nazi! Ebenso ergeht es auch Menschen, die es wagen, das seltsame „organisierte Schleppertum" zum Beispiel auch der Bundesmarine dann zu hinterfragen: Wenn eine deutsche Fregatte eine Gruppe schiffbrüchiger Flüchtlinge im Meer vor Tripolis aufnimmt, werden diese dann umgehend nach Italien gebracht. Dies motiviert Schlepper dann natürlich auch dazu, Flüchtlinge mit möglichst havariegefährdeten Schiffen in Richtung der Kriegsschiffe zu schicken, denn die kümmern sich ja quasi um den Rest. Wo ist hier der gesunde Verstand? Die Krone setzte dem Ganzen dann auch noch der Kapitän einer deutschen Fregatte auf, der in einer Talkshow auf diese Art der Seenotrettung auch noch unglaublich stolz war und dies weiterhin auch als Dienst für Deutschland ansah. Naja, irgendwie muss wohl auch dieser Mann noch täglich seine Arbeit tun und da redet man sich wahrscheinlich schon mal so etwas ein!

Fazit

Das *Globale Nomadentum* ist ein gutes Beispiel, um den aberwitzigen Wahnsinn hinter dem linken *Gutmenschentum* zu verstehen. Es geht weder um Realisierbarkeit noch um die Frage der Finanzierbarkeit und auch nicht um die Frage der Ganzheitlichkeit. Dieses Beispiel zeigt uns aber noch viel mehr: Es demonstriert die krasse Distanz von Theoretikern – wie vom Schlag einer Ulrike Guèrot – zur Alltagssituation von normalen Menschen in der westlichen Welt. Im Gegensatz zu den Theoretikern müssen die normalen Menschen ihren Lebensunterhalt durch eigene Leistung (und Produktivität) erwerben und weiterhin versteuern. Diese Steuern gehen dann teilweise in den Staatshaushalt der BRD ein und werden ebenso auch an die EU weitergeleitet. Das bedeutet nichts anderes, als dass die BRD und die EU überhaupt kein *eigenes* Geld haben – stattdessen verwalten diese Institutionen das Geld von vielen Millionen Steuerzahlern. Diese Aussage ist so unglaublich banal, aber gleichzeitig auch fundamental, dass ich sie nicht oft genug wiederholen kann.

Dass diese absolut grundlegende Wahrheit aber auch nicht immer von *den* Menschen verstanden wird, die eben jenes Geld treuhänderisch verwalten sollten, demonstrierte unter anderem auch die ranghohe CDU-Politikerin Julia Klöckner. Auf *Facebook*[77] gab die Politikerin dieses merkwürdige Statement ab:

> *„Um 7.15 Uhr spreche ich im Live-Interview mit dem Deutschlandfunk über die Flüchtlingsfrage und wer für die Kosten aufkommt. Der Steuerzahler jedenfalls nicht – der Bund hat gut gewirtschaftet!"*

Frau Klöckner hat die Sache mit den Steuern auch nicht so richtig verstanden und hat sich deshalb als Volksvertreterin absolut disqualifiziert! Linke Politiker bekommen diesen Sachverhalt generell nicht in ihren Kopf hinein. Politiker mit Schieflage nach links saßen früher eher selten bei der CDU, heute sind sie aber auch dort an der Tagesordnung. Ein anderes Exempel dafür ist kein geringerer als Finanzminister Schäuble, der sogar noch viel extremer ist und nur als Anhänger des extremsten Geldsozialismus bezeichnet werden kann. Dabei ist die Angelegenheit so einfach: Der „Bund" (oder die Gemeinde, das Bundesland, der Staat) wirtschaftet ausschließlich mit Geld, das ihm überhaupt nicht gehört. Das Geld gehört stattdessen den

178

Menschen, die es *erarbeitet* haben und es sollte auch ausschließlich für deren Bedürfnisse ausgegeben werden. Wenn Frau Klöckner hier also sagt, dass *„der Steuerzahler nicht zahlen muss"*, dann ist das ziemlich dumm, denn der Steuerzahler hat ja bereits gezahlt und dieses Geld wird nun ausgegeben. Ebenso wird der Steuerzahler Jahr für Jahr weiterzahlen und das Geld wird dann für unterschiedlichste Projekte ausgegeben. Doch am Ende dämmert es dann dem guten Menschenverstand und der Erkenntnis, dass man auch einen Euro exakt nur einmal ausgeben kann!

Dieses Thema könnte ich hier an dieser Stelle nach belieben aufblasen, doch das wäre nicht im Sinne dieses Buchs. Stattdessen lade ich meine Leserinnen und Leser dazu ein, einmal über den Spruch *„Steuern sind Diebstahl!"* nachzudenken. Am Ende dieser Überlegung könnte man dann nämlich in Anlehnung an das bekannte Zitat von Berthold Brecht (*„Was ist ein Einbruch in eine Bank gegen die Gründung einer Bank?"*) sagen: *„Was ist schon die Gründung einer Bank gegen die Erfindung der Steuern?"*

Das ist aber genau der Punkt: Linke wollen und können einfach das Prinzip des Privateigentums nicht verstehen. Aus diesem Grunde verstehen sie auch nicht den gewaltigen Eingriff des Staates, dem die Bürger Deutschlands und anderer europäischer Staaten bereits schon jetzt ausgesetzt sind. Durch die allgemeine Steuerlast zuzüglich der Mehrwertsteuer bedient sich der deutsche Staat überaus großzügig bei seinen Bürgern. Man kann sogar sagen, dass über 40 Prozent des Jahreseinkommens somit einfach „verdampfen" und für unbekannte Zwecke verwendet (oder sollte ich sagen *missbraucht*) werden? Meine weiteren Fragen lauten hier: Was hat das mit dem Leistungsprinzip zu tun? Wie weit sind wir denn überhaupt noch vom Sozialismus entfernt? Haben wir als Leistungserbringer nicht ein absolutes Recht, mitzuentscheiden, was mit *unserem* Geld passiert?

Die These, von der die Erfinder des Globalen Nomadentums ausgehen, ist auf den ersten Blick vielleicht sogar schlüssig, doch beim ersten Nachdenken zerfällt diese Prämisse schnell zu Staub: Das Geld wird ja sowieso für Integration ausgegeben werden, warum dann nicht gleich den vorhandenen Wasserkopf einsparen und damit die Finanzierung von „Neu-Aleppo" ermöglichen? Dieser Schluss ist einfach nicht komplett und auch nicht authentisch. Ob und wie viel Geld in Zukunft für die Unterbringung von Flüchtlingen ausgegeben wird, ist überhaupt noch nicht beschlossen.

Linke gehen in allen Sachfragen immer nur von ihrem eigenen Wertehorizont und ihrem Wollen aus, doch es gibt da jede Menge andere Meinungen und Sichtweisen. Was wäre denn, wenn die Flüchtlingsströme nach Europa so exponentiell heranwachsen, dass nur noch eine Unterbringung in Flüchtlingslagern übrig bliebe, um diese Menschen aufzunehmen (Ja, da haben wir ein weiteres Tabu-Wort in Deutschland: Lager!)? Ebenso wäre es denkbar, dass sich der politische Wind in Europa drehen und wirklich eine „Festung Europa" entstehen würde. Auch in diesem Fall wären dann Konzepte wie das Globale Nomadentum vollkommen überflüssig, nachdem sie vorher Unsummen verschlungen haben.

Letztlich bleibt dann eine sehr, sehr böse Frage über, die ich meinen Lesern an dieser Stelle aber keinesfalls ersparen möchte. Nehmen wir einmal die Idee des Globalen Nomadentums ernst: Alle „Nomaden" dieser Welt könnten sich dann nach Belieben in Europa niederlassen und würden in den Genuss von Steuergeldern kommen, die vorher von den Völkern erwirtschaftet wurden, die schon „länger da waren". Was würde in dem Fall passieren, wenn sich wirklich die ganze Dritte Welt auf den Weg nach Europa machen würde und wie sollten diese Konsequenzen finanziert werden? Wer von den Gutmenschen wäre wirklich dazu bereit?

Wir sollten uns nichts vormachen: diese Utopien sind solange kuschelig, bis es um deren Bezahlung geht. Warum kann ich das so arrogant behaupten? Nun, wir alle schauen (weitestgehend) tatenlos zu, wie in Teilen Afrikas Menschen tatsächlich abgemetzelt oder versklavt werden. Ebenso tatsächlich gibt es in Afrika Gegenden, in denen Menschen verhungern: Tag für Tag, Woche für Woche, Monat für Monat, Jahr für Jahr. Wir alle wissen das und wir alle unternehmen nichts. Hilfe wäre möglich, ist aber unglaublich kostspielig und mit Opfern verbunden. Da zeigen wir doch lieber „unser freundlichstes" Gesicht und akzeptieren massenhaft Menschen ohne jeden Identitätsnachweis als „Flüchtlinge". Das beruhigt ja schließlich auch irgendwie das Gewissen und wir stehen international als „gute Deutsche" da. Zusätzlich verdrängen wir dann die Idee, dass diese Flüchtlinge irgendwann (im günstigsten Fall) unsere Renten zahlen könnten – dann leben wir so richtig den „Gutmenschenstyle"...

11. Der europäische Superstaat

„Es war einmal...", so beginnen für gewöhnlich Märchen und so beginnt auch diese Geschichte. Es waren einmal Menschen, die angeblich so sehr von den Schrecken des letzten großen Krieges gezeichnet waren, dass diese in Europa etwas völlig anderes machen und auf diese Weise weitere Kriege verhindern wollten. Eines sei diesen Menschen absolut zugestanden: Seit dem letzten großen Krieg gab es tatsächlich keine Auseinandersetzungen mehr in Europa, abgesehen vom Krieg mit NATO-Beteiligung im ehemaligen Jugoslawien. Man sollte aber ganz genau sein und fragen: Herrschte der Frieden in Europa wegen oder trotz der Europäischen Union? Die jüngeren Leser wird es vielleicht sogar überraschen, doch Europa gab es bereits schon lange vor der Europäischen Union und ist mit dieser zwar leicht zu verwechseln, darf aber niemals mit dieser gleichgesetzt werden. *Europa* ist eine historische und geografische Bezeichnung für einen Kontinent bis zum Ural, die *Europäische Union* hingegen ist lediglich eine Bezeichnung für ein politisches Konstrukt mit absolut variabler Größe.

Nun waren damals diese Staatenlenker mit einer angeblich so famosen Idee da: Damit es in Europa niemals wieder zu einem schrecklichen Sterben wie im letzten Krieg kommen sollte, entschied man sich, die *Europäische Währungsgemeinschaft* (EWG) zu gründen – einerseits um die europäischen Staaten enger miteinander zu verflechten und andererseits zur Förderung der Wirtschaft einen großen Markt zu erschaffen. Aus der rein sachlich begründeten EWG mutierte dann die Europäische Union mit all ihren bizarren Auswüchsen, die wir heute kennen.

Bevor wir uns der EU widmen, sollten wir klären, ob die EWG nicht nur eine (an sich zwar schöne) Idee ist und ob sie auch auf soliden Füßen steht. Zuerst kann man einmal darüber philosophieren, ob diese Grundannahmen überhaupt korrekt sind. Und bereits hier wird es etwas „bizarr", wenn wir uns die tatsächlichen Gegebenheiten 2016 ansehen.

Die EU als Nachfolger der EWG ist in mindestens zwei Lager gespalten: die meist südeuropäischen Staaten, die sich jedem Versuch der „Austerität" (vereinfacht: Verringerung der Staatsschulden) entziehen und die übrigen Staaten, die vehement auf eine sparsame Haushaltspolitik pochen. Dieser Streit wird dann seit 2015 durch die Folgen der Flüchtlingspolitik konterkariert, indem nun die immensen Kosten entgegen allen angeblichen

Bestrebungen der Austerität stehen. Doch pardon, Flüchtlinge kosten natürlich keinerlei Geld, sie sind ausschließlich und immer eine Bereicherung... Wieso Unterkünfte, Verpflegungen, medizinische Versorgungen, Weiterbildungen und sehr vieles mehr für diese Menschen vollkommen gratis sind, fragen Sie bitte einen Linken. Der kann Ihnen das zwar nicht erklären, wird Ihnen stattdessen aber eine wilde Story erzählen. Denn wenn Sie solche Fragen stellen, werden Sie vorschnell als voll-„assi" und irgendwie „nazi" gelten, seien Sie also bitte vorsichtig – ich hafte nicht für resultierende Schäden an Ihrem Ruf oder Ihrem Eigentum!

Selbstverständlich kostet die Unterbringung von Flüchtlingen auch Geld, denn bekanntlich ist nichts auf dieser Welt umsonst. Dies ist jedoch an dieser Stelle nicht unser Thema und auch generell nicht unser Problem. Es hat zu jeder Zeit Phantasten und Psychopathen gegeben, deshalb gibt es sie auch heute genauso wie Kriminelle und Geschäftemacher.

Doch wir waren bei der Austerität, die sich überhaupt nicht gut mit steigenden Ausgaben verträgt. Linke glauben, einen Ausweg zu kennen, denn sie glauben, die EU würde das ja „zahlen". Die EU verfügt aber tendenziell über exakt genauso viel eigenes Geld, wie die einzelnen Mitgliedstaaten: 0,00 €. Letztlich ist es immer das Geld des Steuerzahlers. Es spielt dabei keine Rolle, ob die Steuerausgaben der eigenen Regierung *zu*fließen oder nach Brüssel *ab*fließen – es ist immer noch das Geld der Menschen. Hier zeigen sich dann auch die Dreistigkeit und die Verlogenheit, wenn Politiker der etablierten Parteien über angebliche Populisten wie die AfD sprechen. Diese Parteien würden dem Volk nach dem Mund reden usw. Eigentlich stimmt das sogar, denn das Volk ist grundsätzlich der Finanzier, der all diesen Hokuspokus finanzieren muss! Wäre es da nicht angebracht, dem Finanzier eine größere Möglichkeit der Partizipation zu bieten? Es gilt eben noch immer die alte Weisheit: Wer zahlt, darf auch die Musik bestimmen! Warum aber gilt dieser Grundsatz nicht auch in der Politik?

Die EWG als reine Wirtschaftsunion kann einer nüchternen Betrachtung durchaus standhalten und bietet den Mitgliedsstaaten einen faktischen Wegfall von Handelsbarrieren. Dennoch handelt es sich unter den Mitgliedsstaaten weiterhin um konkurrierende Marktteilnehmer. Dies drückt sich im Jahr 2017 zum Beispiel in deutlich unterschiedlichen Handelsbilanzen aus. Dies machte unlängst Donald Trump Deutschland zum Vorwurf, nämlich seinen gigantischen Handelsüberschuss gegenüber den anderen EU-Mitgliedsstaaten. Hier findet also eine erneute „Akkumulation" statt, die durch einen weitestgehend dysregulierten Markt noch befeuert wird und den Erfolg des einen Marktteilnehmers zum Misserfolg des anderen Teilnehmers macht. Wenn dies ausbleiben soll, muss der Markt wieder reguliert werden, was massive Eingriffe der EU in die ureigenen Angelegenheiten der einzelnen Mitgliedsstaaten voraussetzt. Auf diese Weise würden Dysbalancen in den Handelsbilanzen vermieden, doch die Souveränität der einzelnen Mitgliedsstaaten würde massiv beschränkt werden. Wir sollten also genau sein und dieses System den Namen geben, den es zurecht trägt: Planwirtschaft. Der „Sozialismus" droht damit dem Europa auch durch die Instrumentalisierung der Strukturen der EU.

Deshalb muss gesagt werden: Es ist „nett", überall in Europa mit der gleichen Währung bezahlen zu dürfen. Doch eine monetäre EWG (und damit eine Einheitswährung) sind ohne europäischen Einheitsstaat dauerhaft absolut undenkbar. Hier geht es wohlgemerkt um eine Langzeitperspektive und es spielt keine Rolle ob 10, 20 oder auch 30 Jahre vergehen müssen: Der „Superstaat EU" wird mit Sicherheit kommen, wenn die einzelnen Mitgliedsstaaten nicht wirksam ihre Souveränität schützen werden. Also: Nein, bereits die EWG war eine Totgeburt! Die EU ist somit eine widernatürlich am Leben gehaltene Kreatur, die für alle Mitgliedsstaaten irgendwann zur Apokalypse werden wird!

Die EU als Vorstufe zu einem europäischen Einheitsstaat muss mit allen Mitteln bekämpft werden, damit die wunderbare Pluralität in Europa erhalten werden kann und nicht durch einen Schmelztiegel verdrängt wird. Gegen internationale Kooperationen und gemeinsame Wirtschaftsräume spricht nichts, ganz im Gegenteil.

Doch nach dem Willen der Linken soll es nicht nur bei einer völlig entarteten EU bleiben, sondern es sogar einen europäischen Vielvölkerstaat geben! Am 7.12.2017 sagte Martin Schulz auf dem Bundesparteitag der SPD: *„Ich will, dass es einen europäischen Verfassungsvertrag gibt, der ein föderales Europa schafft."*[78], deshalb will er die EU bis 2015 in die *Vereinigten Staaten von Europa* umwandeln. Das Werkzeug dazu ist die sogenannte *europäische Integration*, die wir uns im nächsten Kapitel ansehen wollen.

Wenn Sie sich selbst einen kleinen Überblick über die Propaganda für dieses widernatürliche Projekt verschaffen wollen, reicht dazu der Gang in eine mittelgroße Buchhandlung Ihrer Wahl. Selbst in Buchhandlungen mit ansonsten eher unpolitischer Ausrichtung werden Sie eine ganze Reihe von Büchern auf den begehrten Plätzen auf den Büchertischen finden. Dies ist natürlich kein Zufall, denn einen solchen Platz bekommt ein Verlag nur gegen Aufpreis. Das ist kein Witz und keine Verschwörungstheorie – prominente und deshalb gut sichtbare Plätze in Buchhandlungen werden durch regelrechte Mietzahlungen von den großen Verlagen erkauft. Wenn es sich dabei um den neuen Bestseller von Stephen King handelt, ist dies ja vielleicht noch nachvollziehbar. Wenn auf diesen begehrten Plätzen dann aber solche kruden Bücher landen, die so gut wie nicht verkauft werden, dann spricht das eine deutliche Sprache: Propaganda! Und raten Sie mal, welche alten Bekannten wir dann auf diesen Tischen wiedersehen? Unter anderem finden Sie dort dann auch unsere alte Freundin Ulrike Guérot und ihren Spannmann Robert Menasse, die wir ja auch schon als glühende Vordenker des *Globalen Nomadentums* kennengelernt haben. Diese sind nun auch ganz massiv im Namen der *Vereinigten Staaten von Europa* unterwegs und unterhalten selbstverständlich auch Unterstützung durch die Kulturmagazine des öffentlich rechtlichen Rundfunks und das Feuilleton der Printpresse. Zu Bestsellern werden diese kruden Schinken dann nicht zwangsläufig, aber diese Themen sickern durch die kontinuierliche Marketingstrategie, getreu dem Motto „*Steter Tropfen höhlt den Stein*", in das Bewusstsein der Menschen und werden dort aufgrund mangelnder Reflexionsfähigkeit als *eigene* Standpunkte übernommen. Ein Klassiker in dieser Richtung ist das Narrativ über den Zwang zur EU aus Gründen der Wettbewerbsfähigkeit gegenüber den USA, China oder Russland. Dies ist natürlich eine unzulässige Vereinfachung komplexer wirtschaftlicher Zusammenhänge, denn eine marode EU ist ebenfalls völlig untauglich, um im Wettstreit gegen andere Big Player bestehen zu können. Fundiert, logisch begründet oder auch nur durchdacht muss Propaganda nun aber auch wirklich nicht sein, dafür gibt es ja schließlich die beschriebenen Marketingstrategien mit ihren medialen „Lichtgestalten".

11.1 Europäische Integration

Der Begriff *Europäische Integration* gleicht dem Begriff der Freiheit, doch kaum jemand würde hier wohl misstrauisch werden. Laut Präambel des *Vertrags über die Arbeitsweise der Europäischen Union* (AEUV) versteht man unter dem Begriff der Europäischen Integration einen *„immer engeren Zusammenschluss der europäischen Völker"*. Grundsätzlich handelt es sich hier also um eine fast schon dreiste Mogelpackung: **Nicht „Europa" soll in die einzelnen Nationalstaaten integriert werden, sondern die einzelnen Nationalstaaten sollen in „Europa" integriert werden.**

Europa habe ich absichtlich in Anführungszeichen gesetzt, damit es zu keinen Verwechselungen kommt. Genauer und korrekter sollte jedoch stattdessen von „Integration der Europäischen Union" gesprochen werden, denn das eigentliche Europa muss nicht in die Völker integriert werden, genauso wenig, wie die europäischen Völker nicht in Europa integriert werden müssen. Anders sieht das eben mit dem geprägten Konstrukt der EU aus. Diese kranke Ideenwelt hat mit dem ursprünglichen Europa so viel zu tun wie eine Prostituierte mit Liebe.

Anhand des bereits sehr lange kursierenden Begriffs der Europäischen Integration ist ersichtlich, wes Geistes Kind die EU war und ist. Es ging und geht immer nur vordergründig und oberflächlich um Vorteile für die einzelnen Mitgliedsstaaten. Stattdessen war die Schaffung eines europäischen Superstaates, zu dessen Gunsten alle Mitgliedstaaten ihre Identität verlieren, das Endziel der europäischen Integration. Dazu passen dann auch die Bestrebungen eines Jean Claude Juncker, der aus der EU-Kommission eine „politische Kommission" machen möchte, also ein zweites EU-Parlament. Diese Planspiele zeigen, wie die Funktionäre der EU wirklich denken. Ursprünglich sollte die EU den Menschen und der Wirtschaft aller Mitgliedsstaaten dienen. Doch von der Erfüllung dieser Aufgaben kann ich beim besten Willen nichts mehr erkennen. Stattdessen erkenne ich einen mysteriösen „Staat zwischen den europäischen Staaten", der die gleiche Tendenz wie ein Tumor hat: Wachsen, wachsen, wachsen und das um jeden Preis – bevorzugt auf Kosten der „Wirtstaaten". Selbst vor einer Einverleibung der Türkei zögert man nicht, auch wenn dies absolut unvorhersehbare Folgen für die Bevölkerungsstruktur in der EU und damit auch deren Sozialsysteme haben könnte. Es stört sich auch niemand daran, dass nur der kleinste Teil der Türkei dem europäischen Kontinent geographisch zuzuordnen ist. Der nächste Kandidat für eine EU-Mitgliedschaft wäre dann Israel und irgendwann würde man dann wahrscheinlich konsequent die EU bis nach Japan „weitererweitern". Diese Mission wird unweigerlich scheitern, denn das hat die Weltgeschichte schon eindrücklich gezeigt. Das System eines Superstaats wird irgendwann der Tendenz zur Desintegration nachgeben, da die einzelnen Elemente zu wenig Verbindungen und Gemeinsamkeiten miteinander haben. Beispiele dafür sind das Römische Reich, das ehemalige Jugoslawien oder auch die Sowjetunion.

Grundsätzlich will die Europäische Union aus Italienern, Franzosen, Deutschen und anderen Völkern Bürger der Europäischen Union machen. Ich bediene mich dazu bewusst des Begriffs „völkisch", da ich diesen Begriff im Zusammenhang mit der EU für absolut wichtig halte. Die Europäische Union bietet vielleicht manches, aber sicherlich keine Identität! Ein „Europäer" ist in etwa so genau definiert wie *ein* SUV, wie *ein* Gedicht, wie *eine* Mahlzeit, wie *ein* Mann oder *eine* Frau. Es fehlt einfach die Spezifizierung, der Inhalt, die Definition oder das Regionale. Im Idealfall spricht ein Europäer dann auch noch ausschließlich akzentfreies Englisch und dann ist der Europäer aus der Retorte und ohne eigene Identität fertig.

Die ursprüngliche Definition der Idee der Europäischen Integration spricht noch von der *„zunehmenden Verflechtung der europäischen Völker"* – also ist hier ebenfalls ein völkischer Aspekt vorhanden und genau das kann man nicht genug betonen. Wenn zum Beispiel benachbarte Völker eine solch enge Kooperation eingehen, kann dies aufgrund der Ähnlichkeiten in ihren jeweiligen Identitäten und Traditionen durchaus von Erfolg gekrönt sein. Wenn aber Völker mit einer völlig anderen Identität und anderen Traditionen in dieses Kollektiv EU aufgenommen werden, dann gefährdet man das komplette Kollektiv ganz entschieden. Das Ergebnis werden dann Reibereien und Dysbalancen sein. Man sollte also genau sein und mittlerweile besser von „Europäischer Desintegration" sprechen. Selbstverständlich könnte man an dieser Stelle auch frei assoziieren: *„...ob nicht genau diese Idee der Zerstörung hinter den größenwahnsinnigen Expansionsplänen der EU steckt?"* Soll die EU also mit immer neuen Mitgliedstaaten überlastet und damit hingerichtet werden? Wem würde das in die Karten spielen?

12. Der Schuldkult

Wir Deutsche sind nicht nur ein Volk mit Vergangenheit, sondern auch mit Gegenwart! Wie bei jedem anderen Volk beinhaltet die Vergangenheit Lichtblicke, Katastrophen und Menschliches, allzu Menschliches. Vor einigen Monaten jährte sich der 75. Gedenktag des Massakers von Babi Jar, bei dem SS-Einsatzgruppen in der Ukraine ein Massaker angerichtet hatten. Insgesamt reduziert man gerne die deutsche Vergangenheit auf den Nationalsozialismus. Diese Periode deutscher Geschichte ist zweifelsohne ein wichtiger Abschnitt auf dem Zeitstrahl, doch definitiv nicht der einzig relevante und vor allem auch nicht die längste Phase deutscher Geschichte. Zu dem oben erwähnten Jahrestag reiste auch Bundespräsident Gauck zu einer Gedenkfeier für die Toten von Babi Jar. Zu diesem Anlass sprach der Bundespräsident dann auch von „gigantischer Schuld". In meinen zwei vorherigen Büchern habe ich schon ausführlich über das Thema „Schuld" nachgedacht. Schuld ist ein Begriff, der sehr eng mit dem Begriff der Sünde verwoben, also überwiegend im Zusammenhang mit der Religion zu sehen ist. Ebenso hat Schuld natürlich auch mit dem Strafrecht zu tun, wenn ein Richter ein Individuum verurteilt und ihm somit die „Schuld" gibt. Weiterhin ist natürlich noch das Thema der Finanzen anzuführen. Wer sich Geld von einem anderen Menschen leiht, schuldet diesem den entsprechenden Betrag – plus Zinsen…

Schuld ist deshalb ein Konzept, das ich gerne den Geistlichen, der Bank oder den Juristen überlasse. Doch im Zusammenhang mit unserer deutschen Vergangenheit werden wir Deutsche aber ständig mit dem Schuldbegriff konfrontiert. Dies geschieht besonders im Bereich der „Holocaust-Erziehung" (dieser Begriff stammt nicht von mir, sondern von der *Bundeszentrale für politische Bildung*[79]), bei der zum Beispiel in den Schulen junge Menschen entsprechendes Wissen vermittelt bekommen. Dies kann man selbstverständlich als Prophylaxe gegen eine Wiederholung des Holocausts interpretieren, was dann zweifellos sinnvoll ist. Ebenso legt man nun auch Wert darauf, Migranten die „besondere Rolle Deutschlands in der Welt" zu vermitteln. Die Idee dahinter: Auch „neue" Deutsche sollen sich für den Holocaust verantwortlich fühlen.

Die Schattenseite des Ganzen ist die fehlende Aufarbeitung des Schuldkomplexes. Doch ein Migrant trägt am Holocaust wahrscheinlich die gleiche „Schuld" wie jeder Deutsche, der während des Dritten Reichs noch ein Kind war oder überhaupt erst nach dem Krieg geboren wurde. Selbst wenn mein Großvater Überzeugungstäter gewesen wäre – wie genau könnte man mich dann eigentlich für etwas schuldig sprechen, was lange vor meiner Geburt passiert ist und wessen ich mich dann unmöglich schuldig gemacht haben kann? Vielleicht stellt dies eine perfide Form von Sippenhaft dar, hat aber mit realer Schuld absolut nichts gemeinsam!

Aus diesem Grund empfinde ich persönlich absolut keine Schuld für etwas, was vor meiner Geburt passiert ist. Das wäre in meinen Augen lediglich ein Symptom für eine psychische Störung. Aus diesem Licht sehe ich auch die geradezu rituellen Abläufe von Staatsbesuchen in Israel. Ich respektiere Israel wie jedes andere Land, das mit Deutschland befreundet ist. Aus welchem Grund beinhaltet aber nahezu jeder Besuch eines deutschen Politikers immer auch einen Abstecher zu einer Holocaust-Gedenkstätte?

Sollte ich jemals ein politisches Amt bekleiden und beispielsweise Israel besuchen, würde ich den Besuch einer solchen Gedenkstätte grundsätzlich ablehnen. Stattdessen würde ich mir viel lieber Projekte ansehen, die als Zeugnis für die hervorragenden deutsch-israelischen Kooperation stehen, zum Beispiel Bildungsprojekte, wirtschaftliche Kooperationen oder auch kulturelle Projekte.

Ich respektiere die Geschichte des israelischen Volkes, doch ich respektiere auch meine eigene Identität, und in dieser ist einfach kein Raum für den Nationalsozialismus, für den Holocaust oder für Adolf Hitler. Stattdessen trete ich für eine Art des Miteinanders ein, in der man miteinander über alles in fairem Ton sprechen kann, so wie es die Meinungsfreiheit vorsieht. Auch aus diesem Grund habe ich dieses Buch geschrieben: gegen Denkverbote und gegen Sprachregulationen. Ein Überschuss daran ist in meinen Augen eine der Keimzellen, die die Ungeheuerlichkeiten des letzten Jahrhunderts überhaupt erst ermöglicht haben.

Statt nun für ein Klima der Verständigung zu sorgen, werden die Deutschen jeden Tag mit Filmen, Berichten und Interviews bombardiert – egal, ob das Guido Knopp mit einer seiner zahlreichen Dokumentationen, ein Gedenktag, Stolpersteine in den Fußgängerzonen oder Zeitungsberichte sind. Hitler und der Nationalsozialismus sind auch 2017 zu einer festen Größe im Alltag der Deutschen gemacht worden. Was soll das? Zusätzlich findet weiterhin eine Verfolgung und Verurteilung von Tätern des Nationalsozialismus statt, die in seltsam anmutenden Gerichtsverhandlungen gipfeln, in denen über 90-Jährige geurteilt wird. Ein Beispiel für diese Denkweise ist der Fall des 94-jährigen ehemaligen SS-Wachmann Reinhold Hanning. Hanning war zweieinhalb Jahre in Auschwitz beschäftigt und hat in dieser Zeit nachweislich keinen Gefangenen geschlagen, getötet oder direkte Beihilfe dazu geleistet. Dennoch wurde Hanning schuldig gesprochen und erhielt eine 5-jährige Freiheitsstrafe, was in Anbetracht seines hohen Alters höchstwahrscheinlich einer lebenslänglichen Freiheitsstrafe gleichgekommen wäre – doch er ist inzwischen verstorben. Die Begründung für den Urteilsspruch: Als Mitglied der SS-Wachmannschaft habe Hanning von dem Massenmord gewusst und nichts dagegen getan. Deshalb sei Hanning der Beihilfe in 170.000 Mordfällen schuldig.

Eine Frage sei hier gestattet: Wie genau hätte sich der Wachmann verhalten sollen? Hätte er seinen eigenen Tod (und womöglich auch den seiner Familienmitglieder) in Kauf nehmen und gegen das „System" rebellieren sollen? Wie hätten sich wohl die Menschen dabei verhalten, die über Reinhold Hanning gerichtet haben? Diese Fragen wurden und werden nicht offen gestellt, stattdessen steht massiv die deutsche Schuld im Zentrum der Betrachtung und der Berichte. Mir geht es hier auch gar nicht darum, eine Entschuldigung für Hanning zu finden, denn er war nachweislich Mitglied der SS und das wird man nicht unfreiwillig. Mir geht es hier eher um den Standpunkt, den unsere Gesellschaft einnimmt. Dieser ist eng damit verbunden, dass es sich bei dem Holocaust um eine „Singularität" handelt, also um ein absolut einzigartiges Erlebnis in der Menschheitsgeschichte. Aus diesem Grund wird hier auch die freie Meinungsbildung erheblich eingeschränkt.

Wohlgemerkt, ich stelle hier keinesfalls den Holocaust oder irgendetwas anderes damit Assoziiertes in Frage. Mir geht es um den Umgang mit dieser Episode und ob hier vielleicht mit mehrerlei Maß gemessen wird. Ansonsten könnte man ja auch fragen, wie man wohl die Schuld des Piloten der „Enola Gay" einsortieren könne, dessen reine Pflichterfüllung das Leben von bis zu 166.000 japanischen Zivilisten kostete, als er die Atombombe auf Hiroshima abwarf. Diese Frage traut sich auch 2016 kein Journalist zu stellen, denn man will sich ja nicht dem Vorwurf der Volksverhetzung schuldig machen und auch nicht dem Vorwurf, die deutsche Schuld relativieren zu wollen. Meiner Ansicht nach geht es aber nicht um die Relativierung von Schuld, sondern um eindeutige und allgemeingültige moralische Standards. Wenn mich nun das in den Augen von Linken zu einem schlechten Menschen macht, so soll es mir recht sein!

Apropos „schlechter Mensch" – das erinnert mich an eine besonders denkwürdige Ausgabe von Markus Lanz im ZDF. Zu Gast war unter anderem der ehemalige Staatsanwalt und spätere Leiter der *Zentralen Stelle zur Aufklärung nationalsozialistischer Verbrechen,* Kurt Schrimm. Schrimm berichtete über seine Arbeit, die zum größten Teil aus der Verfolgung mutmaßlicher Naziverbrecher bestand. Diese Aufgabe ist selbstverständlicher Teil der Strafverfolgungsbehörden der BRD. Der Fanatismus, den sowohl Lanz als auch Schrimm ausstrahlten, war aber alles andere als selbstverständlich, und ebenso wenig angemessen und schon gar nicht professionell. Wäre es bei der Arbeit von Schrimm nicht um Naziverbrecher, sondern um „gewöhnliche" Verbrecher gegangen, hätte es einen Shitstorm oder aber zumindest einen weiteren Aufschrei aus dem linken Lager gegeben. So handelte es sich aber ja „nur" um ehemalige Nazis, daher ging das so ja voll in Ordnung. Ich habe hier einen kurzen Check: Was ist noch eines der Merkmale eines jeden faschistischen Systems? Genau, es werden „unwerte Menschen" deklariert und benannt. Eigentlich ein Armutszeugnis, oder? Doch prüfen Sie mal selbst, liebe Leserin, lieber Leser: Ist ein ehemaliger Nazi weniger wert als andere Menschen? Denken Sie einfach mal darüber nach!

Berücksichtigt man nun das bereits Gesagte über Rassismus- und Whiteness-Studien, so könnte man meinen, dass wir Deutschen unter den Weißen noch eine absolute Sonderrolle haben. Unsere Hautfarbe ist eben weiß, deshalb sind wir ja automatisch schon widerliche Rassisten – quasi per Geburt. Nun sind wir aber nicht „nur" Weiße, sondern Anhänger des Volkes (Achtung: in diesem Zusammenhang scheut sich seltsamerweise niemand vor dem Gebrauch völkischen Vokabulars), in dessen Geschichte es zu der großen „Singularität" namens Holocaust gekommen ist. Tja, also haben wir die Karte mit dem großen, goldenen A: die absolute Arschkarte.

Im Leben ist es aber wie bei einigen Kartenspielen: Man muss nicht jedes Blatt akzeptieren, man kann es stattdessen auch einfach wegschmeißen. Niemand hindert mich oder auch Sie daran, exakt das zu tun! Das heißt Freiheit, und die besteht ja in ganz wesentlichen Anteilen darin, was wir *selber* so über uns denken und wie wir uns fühlen. Die andere Seite der Medaille ist das, was ich als „Schuldkult" bezeichnen möchte: das freiwillige Kriechen im Staub und zwar vor jedem, der die richtige Klaviatur spielt. Auch dies mag gültig sein und auch dies darf im Rahmen der persönlichen Freiheit gewählt werden. Doch bei manchen Menschen führt die Mitgliedschaft im Schuldkult dazu, dass sie gar nicht mehr ohne Selbsterniedrigung leben können. Dabei handelt es sich um ein interessantes psychologisches Phänomen, das sehr eng mit dem Sadomasochismus verwandt ist: *„Erniedrige mich, damit es mir gut geht!"* Letztlich führt eine solche Lebenseinstellung zu einem Lustgewinn und ist also rein egoistisch geprägt. Völlig pervers wird diese Haltung dann, wenn diese Menschen von anderen auch noch Beifall erhalten möchten, weil sie sich zum Beispiel so sehr von anderen Menschen ausnutzen lassen, um somit ihre besonders hohe Leidensfähigkeit zu demonstrieren.

Es wäre jetzt sehr kurz gedacht, wenn wir diese Lebensphilosophie als vollkommen freie Wahl ansehen. Selbstverständlich sind Vertreter dieser Ideenlehre den Kulturmarxisten auf den Leim gegangen, natürlich ohne, dass sie es je gemerkt hätten. Zu irgendeinem Zeitpunkt hatten diese Menschen Kontakt mit den Ideen der Kulturmarxisten – sei es mit dem Anti-Rassismus, dem Feminismus oder einer anderen Spielart. Der Trick ist immer der gleiche: Kein intelligenter und empathischer Mensch will freiwillig zu den „Bösen", sondern will doch zu den „Guten" gehören! Genau hier schnappt dann die Falle zu... Und irgendwann findet man sich dann in einer Situation wieder, wo man sich geradezu lustvoll völlig irrationalen Erwartungen fügt. Für diese Selbsterniedrigung erwarten diese Menschen jedoch definitiv Applaus – was nun aber absolut nicht zum selbstauferlegten Büßergewand passt. Außerdem bewundert niemand Menschen, die sich freiwillig ausbeuten lassen, zumindest würde diese Bewunderung nicht kontinuierlich aufrechtzuerhalten sein. An dieser Stelle beginnen die Schuldkultisten dann, sich so richtig minderwertig zu fühlen und intensivieren deshalb die Selbstkasteiungen mit ebenso wenig Erfolg. Ein Teufelskreis hat seinen Anfang genommen!

Selbstverständlich ist es eine gute Sache, in irgendeiner Form zu helfen. Dies liegt grundsätzlich in der Natur des Menschen, denn wir sind soziale Lebewesen. In einer gesunden Gemeinschaft lebt es sich eben am besten.

Wer also die Möglichkeit hat, freudig mit Taten oder auch monetär zu helfen: Machen Sie es einfach und haben Sie Freude dabei!

Die Flüchtlingskrise war natürlich eine willkommene Spielwiese für besonders schuldbewusste Kultisten. Je nach Laune konnte man sich als „Bahnhofsklatscher" oder „Teddybärschmeißer" für ein paar Stunden als besonders guter Mensch (oder Gutmensch?) fühlen. Wer etwas mehr Zeit investieren wollte, konnte als ehrenamtlicher Helfer anfangen und sich nach Belieben für politische Zwecke instrumentalisieren lassen. Hierzu gibt es übrigens eine sehr interessante Untersuchung[80]: Wie bereits erwähnt, ist das Bedürfnis zur Hilfe dann besonders groß, wenn wir uns mit den Menschen, denen wir helfen, identifizieren können oder diese für uns nachvollziehbar sind. Wenn also eine Katastrophe in Österreich oder in den Niederlanden stattfinden sollte, wäre es ein völlig natürlicher Impuls, unseren Nachbarn unbürokratisch und solidarisch zur Seite zu stehen. Doch dies trifft nun gerade eben nicht auf die Massenmigration der letzten Zeit zu. Die Menschen, die innerhalb dieser Völkerwanderung zu uns kamen, kommen von extrem weit (zum Beispiel Mittlerer Osten oder Afrika), stammen also aus völlig anderen Kulturkreisen und bringen für uns fremdartige Bräuche und Ansichtsweisen mit sich. Aus diesem Grund sind diese Menschen uns weder so nah wie ein Holländer und auch meist nicht so sympathisch – da sie uns nicht so ähnlich sind. Diesen Menschen zu helfen, stellt also aus psychologischer Sicht keine selbstverständliche Reaktion dar. Hierbei spielt es auch keine Rolle, wie empathisch ein Mensch ist.

Welchen Grund haben also die Menschen, wenn sie völlig Fremden helfen? Die oben angeführte Untersuchung kommt zu dem erstaunlichen Schluss, dass die Helfer hier weniger aus karitativen Gründen tätig werden, sondern weil sie sich einen konkreten Vorteil daraus erhoffen. Altruismus war gestern, Egoismus ist heute! Diese Art von Interesse muss man nun auch der Industrie unterstellen, wenn Ulrich Grillo (BDI) die angeblich fremdenfeindlichen und islamkritischen Thesen der AfD als schädlich für den deutschen Export ansieht. Als ob es einen Saudi interessieren würde, was Alexander Gauland wieder gesagt hat. Er gibt trotzdem desinteressiert eine nächste Großbestellung Leopard-Panzer auf und unterdrückt damit seine eigene Bevölkerung. Das interessiert dann im Gegenzug ja auch keinen deutschen Politiker…

Fazit

Schuld ist auch im Jahr 2017 noch Kult in Deutschland, während auf der Welt Tag für Tag irgendwo unaussprechliche Gräueltaten geschehen. Von Zeit zu Zeit bezeichnet ein wahnsinnig gebildeter Zeitgenosse auch schon mal Auschwitz als „Gründungsmythos" der Bundesrepublik Deutschland. An dieser Stelle möchte ich diese Aussage weder befürworten noch abstreiten. Ich mache das deshalb, weil mir diese Aussage schlicht und einfach viel zu abstrakt und fremdartig ist. Man kann definitiv länger darüber nachdenken! Ich bin Deutscher und wurde 1978 geboren, also 33 Jahre nach dem Ende des Zweiten Weltkriegs. Nach Helmut Kohl wurde mir also die „Gnade der späten Geburt" gewährt und ich kam also gar nicht erst in Verlegenheit, „Täter" zu werden. Ob Sie es mir glauben oder nicht: Auschwitz, der Nationalsozialismus, Hitler, die SS und alles, was es da sonst noch gegeben hat, kenne ich lediglich aus Dokumentationen im Fernsehen und aus dem Geschichtsunterricht. Ebenso habe ich bisher niemals Auschwitz besucht und beabsichtige auch nicht, überhaupt dorthin zu reisen. Was dort geschehen ist, hat schlicht und einfach nichts mit mir zu tun. Es ist für mich und meine Lebenssituation so fremdartig, dass ich daran absolut kein Interesse habe. Gestatten Sie mir dazu eine Nachfrage: Was würde es ändern, wenn ich dorthin reisen würde? Tote bleiben tot und es würde auch nichts ungeschehen machen. Sollte ich mich deshalb also schlecht fühlen? Bin ich gar ein schlechter Mensch deshalb?

Von Beruf aus habe ich Kontakt mit sehr vielen Menschen. Wahrscheinlich sind auch Juden darunter, ebenso wie Moslems, Hindus oder orthodoxe Christen. Ich begegne jedem Kunden und jedem Geschäftspartner auf Augenhöhe und erwarte ebenfalls ein entsprechendes Verhalten. Warum sollte ich einer speziellen Menschengruppe gegenüber anders auftreten, als ich es für gewöhnlich mache? Weil ich eine wie auch immer geartete Kollektivschuld trage? Wäre das nicht eine ziemlich widerliche Form der Sippenhaft bzw. Sippenverurteilung?

Nein, ich als Stefan Müller nehme mir das Recht heraus, an meinen eigenen Taten gemessen und beurteilt zu werden und nicht an den Taten meiner Eltern oder Großeltern. Ich habe schon selber genug Fehler, warum sollte ich mir die Fehler meiner Vorfahren freiwillig aufbürden? Genau das geschieht aber in diesem Land und deshalb muss man schon attestieren, dass das Bekenntnis zur Schuld auch etwas mit der Definition zu tun hat, mit der sich dieses Land selbst beschreibt und das ist, vorsichtig ausgedrückt, *seltsam*. Eine Selbstauskunft der BRD könnte lauten: *Wir sind keine Nazis!* Eine andere wäre: *Ich akzeptiere meine Schuld an den Vorgängen im Zweiten Weltkrieg nicht.* Ich behaupte jedoch: Das reicht nicht! Eine Definition besteht niemals nur aus Aussagen darüber, was etwas eben *nicht* ist. Stattdessen muss man auch „Butter bei die Fische tun" (zum Wesentlichen kommen) und sagen, was man denn dann genau ist. Und da sind wir gleich beim nächsten Problem.

Wer sich mit „ich bin *nicht*"-Definitionen begnügt, hat nämlich einen Vorteil, indem er nicht sagen muss, was er ist. Denn wer sich zu etwas bekennt, muss Kritik und Abwehr einkalkulieren. Da ist es doch viel entspannter, lediglich zu sagen, was man nicht ist – da wird dann auch keiner böse und ich kann es jedem recht machen, nur mir selber nicht! Wer hingegen erhobenen Hauptes durch die Welt geht und sagt: „*Ich bin der X und ich will das Y*", der muss damit rechnen, dass er mit anderen Menschen in Konflikt gerät. Da ist es doch leichter, sich selbst zu erniedrigen und nur ja selber keine Ansprüche zu haben... Ist das aber die Art, wie wir wirklich leben wollen? Wollen wir wirklich weiterhin die nützlichen Idioten von anderen sein, die eine klare Vorstellung von ihren Zielen haben?

Sicherlich ist es auch der umsichtigen Art der deutschen Politik nach dem Zweiten Weltkrieg zu verdanken, dass es in Europa eine ungeheuer lange Friedensperiode gibt, und das wird wohl kaum jemand bestreiten. Wenn man die Zeit nach dem Zweiten Weltkrieg jedoch objektiv betrachtet, wird man feststellen, dass es in diesem Zeitraum auch keine faktische Bedrohung militärischer oder ökonomischer Natur in Europa gab. Der Kalte Krieg dominierte das Lebensgefühl, aber es kam zu keiner Zeit zu tatsächlichen Auseinandersetzungen. Ebenso gab es in Europa wenig natürliche Feinde, sodass es auch keinen Wirtschaftskrieg gab. Kurz gesagt: In Europa hatte man es mit handzahmen Staaten zu tun. Wer aber garantiert uns, dass sich diese Situation nicht ändern könnte? Sollte einmal ein tatsächlicher Aggressor auftauchen, sollen wir dann außenpolitisch wie gewohnt zuerst als Schwätzer auftreten und dann doch wieder einmal mehr umkippen, wenn unser Gegenüber einfach nur vehement genug ist? Was passiert dann dauerhaft mit unserer Freiheit und der Freiheit in ganz Europa? Freiheit ist nicht gratis und wächst auch nicht auf den Bäumen. Gelegentlich muss man auch für dieses Grundbedürfnis einstehen und manchmal muss man auch zum Letzten entschieden sein. Wie war das nochmal mit dem „*Lieber stehend sterben als kniend leben*"?

Ich denke, das trifft es letztlich am besten: In Deutschland lebt man kniend lieber als im Stehen. Das hat natürlich auch einen Vorteil: Wenn man hinfällt, ist die Sturzhöhe deutlich geringer...

13. Technikfeindlichkeit

Nach den Reaktorunfällen im japanischen Fukushima war plötzlich alles anders. Die Kernenergie galt zwar bereits seit Jahrzehnten aufgrund der zwangsläufig entstehenden radioaktiven Abfälle als höchst problematisch, aber dennoch war sie als die Technologie der Wahl für Industrieländer. Dies änderte sich durch Fukushima radikal, selbst höchste Kosten wurden vor allem in Deutschland in Kauf genommen, um sich aus den langfristigen Verträgen mit den Betreibergesellschaften der Atomkraftwerke herauszukaufen. Atomenergie galt jetzt nicht mehr nur als problematisch, sondern fast schon irgendwie als „böse". Ebenso wurde die Tatsache völlig außer Acht gelassen, dass die geographische Situation Japans kaum mit der Deutschlands verglichen werden kann. Für Tatsachen, Fakten und kühle Evaluationen war keine Zeit mehr. Wie einige Jahre später, nämlich 2015 zur Flüchtlingskrise, verlor die Bundesregierung Merkel die Nerven und wollte einfach nur noch raus aus der Kerntechnik. Hier sollten wir uns einen Moment Zeit nehmen und innehalten. War das wirklich alles so der Fall, oder müssen wir das differenzierter sehen? Grundsätzlich muss gesagt werden, dass die Zeit der Kernenergie schon lange abgelaufen ist. Wenn wir ehrlich sind, müssen wir uns sogar fragen, ob es für diese Technologie überhaupt jemals die richtige Zeit gegeben hat. Nach allem, was wir heute wissen, liegt die Antwort wohl nahe: Nein, Kernenergie war schon immer falsch und ist nie richtiger geworden!

Nun soll es in diesem Buch nicht generell um technische Aspekte gehen, sondern um die Kräfte hinter der Einführung (und Abschaffung) von Technologien. Erneut könnte man hier nämlich auf die Idee kommen und die Ideenwelt der Kulturmarxisten ins Feld führen. Kernenergie ist definitiv eine Technologie, die auf dem *promethischen Prinzip* basiert: die Fähigkeit, „unendliche" Energie zu erzeugen und damit die Kraft um eine globale Industriekultur voranzutreiben. Wenn nun die Technologie abgeschafft wird, schneiden dann sprichwörtlich Orpheus und Narziss dem guten Prometheus seine Männlichkeit ab?

Ich bin zu 100% davon überzeugt, dass Fukushima schlichtweg der ultimative Vorwand war, um endlich die ideologischen Gelüste der verantwortlichen Politiker nach einem Ende dieses furchtbar „promethischen" Zeitalters der Kernenergie zu befriedigen. Dies gilt umso mehr dann, wenn es eigentlich überhaupt keine Idee gibt, was eigentlich danach kommen könnte. Orpheus und Narziss ist das aber egal, denn denen geht es schließlich nur um gegenseitige Bedürfnisbefriedigung und Sinnesfreuden…

Wie nun der Ersatz für den gefährlichen Atomstrom aussehen könnte, war 2011 alles andere als klar. Wichtig war nur: Raus aus dieser vermeintlich so unheilvollen Technologie, koste es, was es wolle, und egal, wie es dann weitergeht. Seit 2011 sind nun gute sechs Jahre ins Land gegangen. Das sollte eine mehr als ausreichende Zeitspanne sein, um über alternative Energiekonzepte nachgedacht zu haben. Doch selbst wenn man intensiv danach sucht, wird man wenig bis gar nichts Innovatives im Bereich der Energieerzeugung und Reaktortechnik finden. Ich spiele jetzt auch nicht auf völlig revolutionäre Konzepte wie die Freie Energie, die Repulsine oder sonstige Konzepte an, sondern auf eher „evolutionäre" Technologien, die bereits Vorhandenes besser, effizienter und ökonomischer machen. Gibt es da gar nichts in dieser Richtung?

Ich will nun keinesfalls die Kernenergie über den grünen Klee loben, denn die ausgebrannten Brennstäbe müssen schließlich irgendwo untergebracht werden. Eine Technologie, die hochgefährliche Rückstände produziert, ist äußerst kurz gedacht, keine Frage. Aber wie soll es nun ohne Atomkraft weitergehen?

Das Thema „nachhaltige Energie" liegt mir persönlich sehr am Herzen, wenn ich nun auch absolut kein „Klimawandel-Hysteriker" bin. Atomenergie hatte eigentlich nie eine Existenzberechtigung, da diese Technologie gefährlich ist und problematische Abfälle erzeugt. Was aber ist los im Land der Dichter, Denker, Ingenieure und Erfinder? Wo sind denn die revolutionären Fusionsreaktoren, Geothermiekraftwerke, die piezoelektrischen Elemente in den Straßen und Methangasanlagen? Kann es vielleicht sein, dass die BRD gar keine effizienten Lösungen zur Deckung des Energiehungers entwickeln und bauen *darf*? Würden diese Meilensteine gar einem besiegten (und weiterhin besetzten) Land wie dem unseren am Ende gar nicht zustehen?

Man sollte die Dinge immer in ihrer Ganzheit sehen. Windräder und Solaranlagen sind „nett" und irgendwie so herrlich „kuschelig", denn sie passen so wunderbar in die orphisch-narzisstische Denkweise. Wind und Sonne gibt es immer, die Geräte nutzen diese Kräfte und erzeugen dadurch völlig „passiv" Energie. Diese Form der Energieerzeugung hat ihren Stellenwert, ist aber keinesfalls mit dem Hunger einer industriellen Welt zu vereinbaren. Zur Erinnerung: Es geht nicht nur um die ca. 6,9% unseres Primärenergieverbrauchs, die von der Kernenergie bisher abgedeckt wurden. Es wird zukünftig um den Ersatz aller fossilen und damit nichterneuerbaren Energieformen gehen, zumindest wenn wir unseren Kindern etwas von Wert hinterlassen möchten! Da ist es fast schon ironisch, dass Autos mit Elektromotor momentan der letzte Schrei sind. Neben der eher zweifelhaften Ökobilanz dieser Fahrzeuge bleibt die Frage, woher denn der nötige Strom dafür überhaupt kommen soll?

Die wenigsten Menschen wollen Windräder in ihrer Umgebung dulden, denn sie verschandeln die Landschaft, produzieren möglicherweise schädlichen Infraschall, sind tödlich für gewisse Vogelarten, erzeugen angeblich auch Lärm usw. Einzelne Solarkollektoren haben oftmals zu wenig Effizienz und für Solarstromparks fehlt zumindest in Deutschland oftmals die pure Fläche und auch die Sonnendauer. Technologien wie Wasserstoff oder Fusionsreaktoren sind nach und nach aus dem öffentlichen Interesse verschwunden. Können Sie sich daran erinnern, wann in Ihrer weiteren Umgebung ein Wasserkraftwerk in Betrieb genommen wurde? Ich auch nicht! Bleiben also am Ende nur Kohlekraftwerke, die ihre Abgase in die Luft blasen. Stellen Sie sich das einmal vor, liebe Leserin, lieber Leser: Damit wir dann alle unsere Teslas am Laufen halten können, müssen wir zahlreiche neue Kohlekraftwerke bauen und die nötige Kohle aus dem Ausland importieren, denn unsere Kumpels haben wir ja mehrheitlich bereits nach Hause geschickt. Des Wahnsinns fette Beute!

Gleichzeitig ticken Zeitbomben, wie zum Beispiel das belgische Kernkraftwerk Tihange, weshalb schon Jodtabletten als Prophylaxe entlang der deutsch-belgischen Grenze verteilt wurden. Sollte dieses (oder ein anderes Kernkraftwerk in unserer direkten, europäischen Nachbarschaft) dann hochgehen, haben wir nicht nur alle Asthma (wegen der Luftverschmutzung durch unsere antiquierte Kohlekraftwerks-Technologie), sondern werden auch wunderbar verstrahlt. Trotzdem haben wenigstens *wir* dann die erfolgreiche Energiewende hinter uns gebracht. Klasse, oder?

Auch wenn Angela Merkel das sicher nicht gerne hört, doch diese Energiewende war nichts anderes als Populismus in Reinkultur und lange, bevor auch nur jemand über die AfD überhaupt nachgedacht hat: Politik für die Ängste der Wähler!

Wie hätte nun eine adäquate und nachhaltige Reaktion auf Fukushima ausgesehen? Zuerst hätte eine klare Analyse erfolgen müssen. Die daraus gewonnenen Ergebnisse hätten dann der Bevölkerung in sachlicher Form vermittelt werden müssen. Ich will das Ergebnis vorweg nehmen: Kernenergie ist sicher, wenn man nicht gerade ein Atomkraftwerk in einem Erdbebengebiet, in direkter Nähe zu einem Ozean errichtet, der dann auch noch von Tsunamis heimgesucht wird. Ist man dann auch noch so konservativ und investiert in die nötige Wartung und Modernisierungen, kann man sagen: Kernenergie ist sicher! Das bedeutet aber keinesfalls, dass alles daran klasse ist und wir dieser Technologie länger frönen sollten. Deshalb wäre der nächste Schritt gewesen, Forschungen zu starten, die nach Lösungen für das radioaktive Abfallproblem suchen. So und nicht anders hätte es passieren müssen, ist es aber nicht. Anstelle einer verantwortungsethischen Lösung wurde eine gesinnungsethische Lösung gewählt, die keinesfalls der Problematik gerecht werden wird. Ich lege mich hier an dieser Stelle fest: In nicht all zu ferner Zukunft wird ein Bundeskanzler den Ausstieg aus der Energiewende verkünden, wenn nicht etwas promethischer Forschungsgeist beschworen wird. Alle Kosten, die aus dieser rein ideologischen Entscheidung resultiert sind (und dann wieder erneut resultieren werden), werden völlig umsonst gewesen sein. Aber was soll es schon? Hauptsache, wir haben alle tüchtig Beifall klatschen können und haben uns in „Muttis" Schoß wohl gefühlt – oder auch nicht…

Dies ist wohl eines der krassen Beispiele für Technikfeindlichkeit in der westlichen Welt und eben besonders für Deutschland, aber eben nicht das Einzige. Weiter oben habe ich bereits das Stichwort *Dieselgate* erwähnt. Wir sollten uns diese weitere Katastrophe aus der Merkel-Ära ebenfalls an dieser Stelle noch etwas genauer ansehen, denn auch dieses Krisenmanagement trägt stark kulturmarxistische Züge. Auch wenn es heute fast schon ketzerisch klingen mag: Dieselmotoren sind deutlich höher entwickelt als Benzinaggregate. Mit diesem Fakt müssten Politiker und Journalisten einfach umgehen können, tun es aber nicht. Anstelle dessen sagt Angela Merkel der *Blitz-Illu* am 14. August 2017, dass ein Verbot von Fahrzeugen mit Diesel-Motoren der richtige Weg sei. Dies geht sowohl an der technischen Realität als auch an der Kausa *Dieselgate* völlig vorbei. Stattdessen schlägt hier erneut die generelle Technikfeindlichkeit des Systems Merkel zu: Es taucht ein Problem auf? Schnell die metaphorische Abrissbirne holen!

Denn was war eigentlich passiert? *Volkswagen* suchte und fand eine Möglichkeit, um die Abgasnormen der US-Umweltbehörde *Environmental Protection Agency* (EPA) zu umgehen. In geschätzt etwa 11 Millionen Fahrzeuge wurde eine Software installiert, die den Beginn einer Schadstoffmessung registrierte und dann den Schadstoffausstoß auf legale Werte begrenzte. Außerhalb der Messung war das Fahrzeug dann leistungsfähiger und „dreckiger". Grundsätzlich handelte es sich also um einen Betrug am Käufer und um einen nachhaltigen Schaden am Gütesiegel *Made in Germany*. Anstelle einer schnellen Regulierung dieses Schadens begann nun ein medialer Eiertanz, der seinesgleichen sucht. Auf dieses Schmierentheater möchte ich an dieser Stelle überhaupt nicht eingehen, da ich mich auf das Wesentliche begrenzen möchte. Und der bisher letzte Akt dieses Mummenschanzes lautet: *Volkswagen* wird weiterexistieren, während die Diesel-Technologie dafür geopfert wird. Ob das strategisch und ökologisch richtig war?

Es gibt bereits heute neue technische Möglichkeiten, um Diesel noch grüner zu machen: der Einsatz von Harnstofflösungen (Adblue), bessere Partikelfilter, neuartige Katalysatoren und natürlich Modifikationen der Motorsoftware. All diese Maßnahmen machen die ohnehin (im Vergleich zu Benzinern) schadstoffärmeren Fahrzeuge noch umweltverträglicher. Ganz praktisch ergeben sich aber einige Fragen, auf die es (mal wieder) noch überhaupt keine Antworten gibt:

- Was ist mit LKW-Motoren? Sollen diese ebenfalls auf Benzin umgestellt werden?
- Was ist mit Krankenwagen und Polizeifahrzeugen?
- Was ist mit Taxis? Baufahrzeugen? Lieferfahrzeugen?

Die Wahrheit lautet, dass ein „Dieselverbot" so viele Löcher wie ein Schweizer Käse haben wird, denn zum heutigen technischen Stand ist der Verzicht auf Diesel weder finanzierbar, aus ökologischen Gründen sinnvoll und ebensowenig technisch machbar!

Weiterhin kollidiert hier erneut die Wirklichkeit mit der Merkelschen-Idealwelt. Elektroautos sind ja der momentane Gral in Medien und Politik, denn es wird schon eifrig über die Einführung einer Quote bei den Zulassungen nachgedacht. Erneut soll in Deutschland der übernächste vor dem nächsten Schritt gemacht werden. Die Zeit ist für Elektrofahrzeuge überhaupt noch nicht reif, denn es existiert noch keine ausreichende Infrastruktur, was sich besonders an der geringen Verbreitung von Ladestationen ausdrückt. Ebenso ist auch der Preis eines Elektrofahrzeugs noch nicht besonders attraktiv, was sich neben der geringen Reichweite in eher zurückhaltenden Absatzzahlen niederschlägt.

Der bereits erwähnte „nächste" Schritt besteht in der flächendeckenden Einführung von Hybridfahrzeugen, also Autos mit konventionellem- und (ergänzendem) Elektroantrieb. Somit würden Elektromotoren den Alltag erobern, während die Reichweite der Fahrzeuge nicht sinken würde. Für diese Fahrzeuge würde sich eben besonders auch die Dieseltechnologie anbieten, aber diese soll nun ja verboten werden... Durch diese schrittweise Einführung könnten wertvolle Erfahrungswerte und Zeit gewonnen werden, um Batterien für Elektroautos sowohl ökologischer als auch effizienter zu gestalten. Denn wir sollten uns nichts vormachen – der Verbrennungsmotor hat mittelfristig ausgesorgt. Die Druck-Technik (siehe dazu auch mein Buch »Gefährlich! Band 2« hat einfach ausgedient. Es bleibt jedoch abzuwarten, wie die deutsche Industrie den Anschluss an die Konkurrenten wie zum Beispiel *Toyota* und *Tesla* aufholen will. Ich sehe bisher wirklich kaum etwas, was dem Markenzeichen *Made in Germany* Ehre machen würde! *Volkswagen*, der Hauptakteur von *Dieselgate*, kündigte vor Kurzem eine Kooperation mit *JAC*, einem der führenden chinesischen Hersteller von Elektrofahrzeugen, an.[81] Dies kann je nach Lesart als cleverer Schachzug zum Technologietransfer oder als Bankrotterklärung für die eigenen technologischen Fähigkeiten im Bereich der Elektromobilität aufgefasst werden. Erneut müssen wir uns fragen: Können oder dürfen wir es nicht besser machen? Gehört sich das nicht für ein besetztes Land? Oder ist das am Ende auch wieder viel zu sehr im Sinne von Prometheus?

Denken wir doch an die ehemalige Prestigetechnologie weltweit: die Raumfahrt. Die USA haben ihr Shuttleprogramm nach einer dramatischen Pannenserie auf Eis gelegt. Nur durch das Knowhow und die Technik Russlands kann die internationale Raumstation ISS mit Vorräten und Personal versorgt werden. Im Jahr 2024 soll das letzte Stündlein der Raumstation schlagen und sie soll über dem Südpazifik verglühen. Vielleicht glauben Sie, verehrte Leserin, lieber Leser, dass es dann keine Raumstation im Weltall mehr gäbe? Weit gefehlt! Das chinesische Weltraumprogramm floriert ungebremst und visiert ambitionierte Ziele an, darunter auch eine erneute bemannte Mondmission. Eine Raumstation besitzen die Chinesen bereits, diese soll zumindest massiv ausgebaut werden.

Nun könnte man sagen: USA und China, das sind Weltmächte. Da kann das kleine Deutschland doch nicht mithalten! Das ist völlig korrekt, denn Deutschland kann sich einfach kein Raumfahrtprogramm nach Beispiel der USA leisten. Anstelle dessen könnte Deutschland aber einen entscheidenden Beitrag zu einem europäischen Raumfahrtprogramm leisten. Wie genau sieht aber der deutsche Beitrag aus? Im Wesentlichen kann man die Projekte an nur einer Hand abzählen: Aufbau der ISS, Ariane-Raketenprogramm, das Navigationssystem Galileo, das Kopernikus-Programm (das auf Beobachtungssatelliten basiert) und ein globales Telekommunikationssystem. Diese Projekte sind durchaus ambitioniert, aber keinesfalls ehrgeizig. In der Vergangenheit gab es immer wieder Bestrebungen für ein europäisches Space-Shuttle-Programm, die aber allesamt aus Kostengründen wieder eingestellt wurden. In Kurzfassung bedeutet das: Raumfahrt ja, aber bitte nicht zu teuer. Auf diese Weise verliert Europa aber den Anschluss in diesem Segment der Hochtechnologie und wird irgendwann auf die Dienste anderer Nationen angewiesen sein. Deutschland wird seine Stärken (zum Beispiel im Bereich der Optik) nicht weiter verbessern und ebenso auch kaum neue Fähigkeiten hinzugewinnen können. Anstatt nun in diese Technologie gezielt zu investieren, gibt Deutschland lieber Milliarden für die bereits erwähnten und fragwürdigen Unternehmungen aus. Was ist schließlich schon Raumfahrt, wenn man auch dafür Gender-Studiengänge flächendeckend fördern kann?

Anstelle technischen Fortschritts hat es Deutschland eher die utopische Transformation der Gesellschaft und deren Menschen angetan. Selbst abstruseste Ideen erhalten öffentliche Gelder, um dann in epischer Breite „erforscht" (oder sollte ich gar sagen: auf diese Weise konstruiert?) und dann gelehrt zu werden. Hier können wir dann wieder die Nähe zum „orphischen" Leitbild entdecken: Technik wird männlich charakterisiert und ist deshalb böse. Sozialwissenschaften haben angeblich den Menschen im Mittelpunkt ihres Interesses, sind eher links und deshalb in den Augen der kulturmarxistisch indoktrinierten Entscheider „förderungswilliger".

Generell gelten Spitzenleistungen ja irgendwie als „nazi", deshalb fand die Idee der „Elite-Unis" ja auch so wenig Anklang in Deutschland. Dies beruht auf der Idee, dass man weniger intelligente Schüler und Studenten in solchen Programmen diskriminiert und eine Art „Intelligenz-Faschismus" betreibt. Auch hier dominiert die Idee dahinter: alle Menschen sind gleich. Folgt man dieser Maxime nur lange genug, trifft sie auch wirklich zu: Alle Menschen sind dann irgendwann gleich arm, gleich dumm, gleich faul und gleich fett!

Die latente Fortschrittsfeindlichkeit ist aber totalitär und zeigt sich in nahezu jedem Lebensbereich und vor allem auch im ganz alltäglichen Leben. So wird Kopenhagen von einigen besonders glühenden Technikfeinden aufgrund ihrer Fahrradfreundlichkeit als Vorbild auch für deutsche Städte dargestellt. In Kopenhagen gibt es so zum Beispiel durchgehend 3 bis 4 Meter breite Fahrradspuren, die mit einem speziellen Verkehrsleitsystem ausgestattet sind, um Fahrradfahrern bei Einhaltung einer speziellen Geschwindigkeit die „grüne Welle" zu garantieren. Das hört sich im ersten Moment ja vielleicht ganz nett an, sobald man aber die Kosten für diesen Atavismus berücksichtigt, könnte einem da auch ziemlich übel werden. Wie wäre es denn alternativ mit diesem Vorschlag: In deutschen Städten werden überall Bäume gepflanzt, an denen sich die Menschen entlanghangeln können? Das wäre ein tolles Fitnessprogramm und gleichzeitig würden die Städte auf diese Weise grüner…

Nein, verstehen Sie mich bitte nicht falsch: Das Fahrrad ist sicherlich ein tolles Gerät. Wir schreiben aber das Jahr 2017, und was Grüne und Linke nicht verstehen wollen, ist diese Tatsache, dass Städte keine isolierten Inseln sind, die sich lediglich um sich selbst drehen. Es mag ja unglaublich toll sein, wenn ortsansässige Studenten oder Beamte innerhalb kürzester Zeit morgens (bzw. mittags) stressfrei mit dem Rad an ihrem Arbeitsplatz ankommen. Leider ignorieren diese Menschen zum Beispiel konsequent die Bedürfnisse ihrer Kollegen von außerhalb, die oftmals mit dem Auto in die Stadt fahren müssen. Einer aktuellen Statistik[82] zufolge pendeln 60 Prozent der Deutschen, was die Idee von abgeschotteten Biotopen für Fahrradfahrer und Fußgänger noch lächerlicher aussehen lässt.

Am besten wäre es wahrscheinlich, wenn „Nicht-Städter" ihre Autos vor der Stadtgrenze abstellen müssten, um dann auf ein Fahrrad umzusteigen. Ebenso stehen dann dort auch Fahrrad-Rikschas bereit, um die Ladung von LKWs und Lieferwagen entgegenzunehmen und auszuliefern. Das wäre wohl der feuchte Traum eines jeden grünen Städters, aber leider auch völlig egoistisch und zusätzlich unfinanzierbar. Aber wen stört das schon? Die Realität deutscher Großstädte sieht doch bereits jetzt schon chaotisch genug aus. In letzter Zeit sind dann zu den obligatorischen Fahrrädern auch die Elektroräder hinzugekommen. Zusätzlich tummeln sich auch täglich mehr Elektrorollstühle in deutschen Städten und es weiß eigentlich niemand so recht, ob die Rollstühle auf den Radweg, die Straße oder den Gehweg gehören. Addieren wir hierzu die Skate- und Snake-, und Hoverboards, die Rollschuhe und Rollerblades, Sprungstelzen (die auch als „Siebenmeilenstiefel" bekannt sind), Hüpfstäbe und Tretroller, dann ergibt das doch bald ein recht ansehnliches Panoptikum. Lediglich eine Gruppe Verkehrsteilnehmer haben wir dann noch vernachlässigt: Fußgänger, die auf ihr Smartphone starren! Hier könnte man ja noch spezielle Warnnachrichten auf das Display einblenden, wenn diese sich zum Beispieleiner roten Ampel oder einem Hindernis nähern! Die Sicherheit der Bürger darf ja keinesfalls am Finanziellen scheitern...

Ich habe noch etwas Ketzerisches: Wie wäre es mit der Idee, sich in Großstädten voll und ganz auf Autos und Fußgänger zu beschränken? Oh Gott, ich ahne es: Der ADFC will mir bald an den Kragen, Linke verklagen mich wegen meiner „repressiven Hetze" gegen Radfahrer usw. Wo kämen wir denn auch hin, wenn Menschen sich auf zumutbare Art und Weise auf das Wesentliche beschränken, um ein sinnvolles und geordnetes Miteinander zu ermöglichen? Zugegeben, ich bin Idealist...

14. Der Hass auf die Familien

Die Institution Familie ist ein zentraler Angriffspunkt der Kulturmarxisten. Aus diesem Grund gab es bereits seit Gramsci Ansätze zur Zerstörung der Familien wie zum Beispiel die Frühsexualisierung oder andere Bestrebungen, die gegen die klassische Familie aus Vater, Mutter und Kind bestehend gerichtet sind (zum Beispiel pseudofamiliäre Konstrukte mit geschlechtsneutralen Erziehungspersonen Elter 1, Elter 2, Elter 3...). Deshalb sollten wir uns fragen, weshalb das so ist.

Aufgrund der Einkommenssituation in vielen Familien (und natürlich auch wegen des Traums von unbegrenzter Selbstentfaltung) wurde das Angebot von Kindertagesstätten zur Versorgung von Kindern massiv ausgebaut. U3-Gruppen für Kinder von 0(!) bis 3 Lebensjahren sind vielerorts verfügbar und werden weiterhin ausgebaut. Ich selbst bin Vater und stehe mitten im Erwerbsleben, aber dennoch möchte ich hier die Frage stellen: Was kann dabei herauskommen, wenn man die Prägung seines Kindes Menschen überlässt, die (im weitesten Sinne) selbst durch die Sozialwissenschaften geprägt wurden? Diese Studiengänge und alle aus ihnen hervorgegangen Triebe wurden maßgeblich von linken bis linksextremistischen Denkern ausgelegt und vermittelt.

Aus meinem Bekanntenkreis kann ich dazu ein eindrückliches Beispiel anbieten. Ein befreundetes Paar schickte sein Kind mit der Vollendung des 3. Lebensjahres in einen Kindergarten. Nach einigen Tagen kam es dann in der Familie zu einem interessanten Gespräch. Ihr Kind hatte sich im Kindergarten mit einem anderen Kind unterhalten, das schon deutlich früher in dieser Einrichtung betreut wurde. Das Kind unserer Freunde wurde von dem anderen Kind gefragt, warum es eine bestimmte Sache so mache wie es sie mache. Der Junge antwortete, dass es ihm seine Eltern so beigebracht hätten. Das andere Kind schüttelte irritiert den Kopf und sagte: *„Du musst doch nicht glauben, dass Deine Eltern immer alles wissen!"*

Linke bekommen an dieser Stelle sicherlich orgiastische Höhepunkte, da das andere Kind erfolgreich dazu gebracht wurde, die Autorität seiner Eltern anzuzweifeln. Ich hingegen kann nur meine Hände über dem Kopf zusammenschlagen. Für Neomarxisten ist Autorität das Böse schlechthin. Jedes Kind wird eines Tages erkennen, dass seine Eltern tatsächlich keinesfalls auf jede Frage eine Antwort haben oder sonst wie fehlerfrei wären, denn letztlich handelt es sich auch bei Eltern nur um Menschen aus Fleisch und Blut und um keine Götter. Wenn nun aber bereits kleinen Kindern die Sicherheit genommen wird, die ihnen ein intaktes und starkes Elternbild geben kann, dann fragen wir uns, zu was für einem Menschen wird ein solches Kind heranwachsen? Ein solches Kind hat verinnerlicht, dass seine Eltern nur auf die wenigsten Fragen eine korrekte Antwort bereithält, wenn überhaupt. Folgerichtig wird es dann Antworten außerhalb des Elternhauses suchen, bei angeblichen oder tatsächlichen Experten oder Autoritäten. Im besten Fall handelt es sich dann um Kapazitäten aus dem jeweiligen Fachbereich, doch im schlimmsten Fall um politische Rattenfänger, deren gesellschaftliche Akzeptanz lediglich auf der Verkündung halbgarer sozialistischer Ideale beruht. Eines ersetzen diese beiden Gruppen aber keinesfalls: elterliche Führung und Nestwärme, wie sie in einem intakten Elternhaus zu finden sind.

In diesem Zusammenhang muss man den Architekten in den kulturmarxistischen Thinktanks Respekt zollen, denn sie haben weitestgehend die Ideen ihrer Vordenker wie Gramsci & Co. in der Realität umgesetzt. Gerade die Institution der klassischen Familie ist eines ihrer größten Feindbilder, denn es ist vielleicht das massivste Bollwerk gegen die Manipulation durch künstliche Ideologien und steht letztlich auch der Einführung des Kommunismus massiv im Weg. Zu einer Familie benötigt man Vater, Mutter und Kind(er). In einem anderen Kapitel haben wir im Zusammenhang mit dem „Genderismus" über das klassische Familienbild nachgedacht. Selbstverständlich kann man natürlich auch die klassische Familie weiterhin existieren lassen, aber so massiv unter Druck setzen, dass sie kaum noch funktionieren kann. Den größten Trumpf für diese Mission stellte man durch den Feminismus zur Verfügung, nämlich die flächendeckende Implementierung der Idee, dass Frauen nicht vorrangig für die Rolle der Mutter vorgesehen sind.

Oh ja, ich dreckiger Chauvinist! Ich wage exakt diese These in diesem Buch und sehe einige meiner Leser – es werden mehrheitlich wohl Leserinnen sein – schnaubend das Buch in die Ecke schmeißen. Aber wissen Sie was? Dies ist die Konsequenz, wenn man seine Meinung vertritt – und nichts anderes tue ich schließlich hier.

Ebenso muss ich erneut auch die Vertreter der Idee (oder sollte ich sagen des Wahns?) erzürnen, dass es lediglich ein *soziales* Geschlecht" gebe.

Ich halte gar nichts von diesem Unfug. Es mag sein, dass man diese Ideen vortrefflich studieren und im Anschluss hochwissenschaftliche Literatur dazu verfassen kann, trotzdem messe ich dieser Ideologie keine Relevanz für die Realität zu: Nur Frauen können Kinder zur Welt bringen – wo ist hier Platz für eine Diskussion?

Zurück zum Feminismus: Da bringt nun diese fantastische Bewegung die Gleichberechtigung von Mann und Frau. Das ist ja an und für sich nichts Negatives, schließlich sind ja Männer und Frauen gleichwertig. Dies wurde nicht immer so gesehen und deshalb ist die Idee hinter dem Feminismus nicht generell schlecht. Nun brachte der Feminismus aber vor allem ganz praktisch auch die Berufstätigkeit von Mann *und* Frau mit sich. Beide Geschlechter sollten sich nach eigenem Gusto frei entfalten können, und die Anti-Baby-Pille und Kindergärten sollten es richten. Doch diese „Segnungen" transformierten die deutsche Gesellschaft in ihren Grundfesten. In den 1950er-Jahren war es noch an der Tagesordnung, dass der Mann der Alleinverdiener einer Familie war. Die Frau kümmerte sich um Haushalt und Kinder und der Mann brachte das Geld nach Hause. Wie man sich den Alltag dieser Zeit vorstellen kann, dokumentieren einige TV-Werbungen aus den 1950er- und 1960er-Jahren: Haushaltsarbeit wurde belächelt, die Frau hatte nichts Besseres zu tun, als ihrem Mann jeden Wunsch von den Lippen abzulesen und ihm selbstverständlich sein Bierchen ans Sofa zu bringen. Dies alles war bundesdeutsche Realität und man kann sich über die Ausgestaltung dieses Lebensmodells vortrefflich den Mund fusselig reden.

Neben der eigenen Meinung gibt es aber auch zwei Aspekte, die nicht subjektiver Natur sind und in diesem Zusammenhang eine große Relevanz besitzen. Der eine Punkt betrifft die Kaufkraft und der andere Punkt die Geburtenrate. 1 DM aus dem Jahr 1960 hatte bis 2001 sage und schreibe 71,75 Prozent ihres Werts verloren und war nur noch 28 Cent wert. Das Durchschnittseinkommen im Jahre 1960[83] lag bei 6.101 EUR, also umgerechnet 11.932,52 DM. Im Jahr 2000[84] betrug das durchschnittliche Einkommen 54.256,00 DM. Das sieht auf den ersten Blick ja nach einer stattlichen Summe aus. Was aber passiert, wenn wir den Kaufkraftverlust berücksichtigen? Dann könnte man durchaus einen Schock erleben, denn dann schrumpft das Jahreseinkommen auf nur noch 15.191,68 DM. Doch wir sind noch nicht fertig mit unserer Rechnung – leider. 1960 waren ca. 24,4 Prozent[85] als Beitragssatz für die Sozialversicherung fällig. 1990 wurden daraus 35,3 und in 2013 schließlich 39,4 Prozent. Im Jahr 2000 betrug der Beitragssatz sogar stattliche 41,1 Prozent. Die Steigerung des Beitragssatzes drückt nun das Einkommen im Jahr 2000 auf einen realen Betrag von nur noch 12.993,57 DM. Da wir aber keine Milchmädchen sind, wollen wir natürlich nicht den Solidaritätszuschlag vergessen und drücken die Summe weiter auf 12.343,89 DM. Halten wir an dieser Stelle kurz fest: Im Jahr 2000 verdienten zwei Erwerbstätige (bereinigt) 24.687,66 DM. Gegenüber dem durchschnittlichen Einkommen von 1960 von etwa 11.932,52 DM wirkt die bereinigte Bilanz von knapp dem doppelten Betrag im Jahr 2000 doch eigentlich fast schon „fair", oder?

Nun, schauen wir uns doch zur Illustration ein paar Preise aus der damaligen und auch aus der heutigen Zeit an. 1960 konnten zum Beispiel Familien in Hannover günstigen Wohnraum für 1,43 DM[86] pro Quadratmeter finden (Neue Heimat). Doch 2016 liegt der durchschnittliche Mietpreis bei 7,70 EUR[87] (15,06 DM) pro Quadratmeter. Ohne Taschenrechner kann man sagen: die Mietpreise haben sich also seit 1960 verzehnfacht! Ein Opel Kadett kostete 1960 ca. 5.500 DM[88], doch der legitime Nachfolger Opel Astra kostet 2017 ca. 15.000 EUR (29.337,45 DM). Ein Liter Benzin kostete 0,58 DM, heute kostet er 1,36 EUR (2,66 DM).

Ich könnte mit dieser Aufzählung noch weitermachen, aber eigentlich würde sich an der Quintessenz kaum etwas ändern. Auf dem Papier haben sich die Löhne drastisch erhöht, jedoch gleichen sie in Wirklichkeit einem Stück Fleisch vom Discounter: In der heißen Pfanne schrumpft es zusammen und verliert einen Großteil seines Gewichts. Demgegenüber stehen dann aber die realen Preise, die wir alle dafür auf den Tresen legen müssen.

Abseits jeder feministischen Ideologie entsteht jetzt gerade ein anderes Bild. Die „Errungenschaft", dass Frauen sich ebenfalls beruflich entfalten und betätigen dürfen, ist längst schon zu einer Notwendigkeit mutiert. Doch damit nicht genug. Wie anhand der gerade nur angedeuteten Preissteigerungen ersichtlich gewesen sein dürfte, könnte es sogar noch drastischer sein: Das gemeinsame Einkommen eines Paares besitzt nicht einmal mehr die Kaufkraft des Einkommens eines einzelnen Erwerbstätigen von 1960 – wenn man reale Zahlen und keinen schön gerechneten „Warenkorb" (wie es das *Statistische Bundesamt* tut) für diese Berechnung zugrunde legt. Was bedeutet das nun für unsere Überlegungen? War „früher" einfach „alles" besser?

Ganz so einfach ist es natürlich nicht. Ich würde es lieber so formulieren: Früher war vieles noch nicht so sehr vom Weg abgekommen. Durch den Feminismus wurde der natürliche Wunsch nach Selbstbestimmung und Gleichheit aufgegriffen. Die Folge davon war eine Liberalisierung und Öffnung des Arbeitsmarktes, dessen Türen jetzt auch für Frauen aufgingen. Arbeitgeber jubilierten, denn bis heute können sie Frauen oftmals günstiger einstellen als Männer. Ebenso freuten sich die öffentlichen Haushalte, denn nun entstanden ja pro Ehepaar gleich zwei Einkommen, da man selbstverständlich **auch beide besteuern konnte.**

Gehen wir hier einfach davon aus, dass heute zwei Leute durchschnittlich das verdienen, was 1960 ein einziger Verdiener als Familieneinkommen erwirtschaftet hat – wohlgemerkt rede ich hier von der Kaufkraft. Das bedeutet doppelter Aufwand, halber Ertrag. Selbstverständlich muss man diese Tatsache mit genügend Camouflage ausstatten, damit der gerade genannte Sachverhalt weiterhin akzeptiert wird. Das Zauberwort lautet: Spießigkeit! Was war das nur früher spießig und langweilig! Die Frau war für Haushalt und Kinder zuständig und der Ehemann brachte das Geld nach Hause. Wie unglaublich rückständig und bieder! Wie unglaublich progressiver und cooler ist es doch, wenn beide Partner arbeiten und sich in ihrer mageren Freizeit dann gemeinsam mit Haushalt und im besten Fall Kindererziehung beschäftigen? Unglaublich viel besser – *oder nicht, nicht, nicht*?

Ich habe es bereits angedeutet: In Beziehungen, in denen beide Partner arbeiten, ist Zeit Mangelware. Selbstverständlich bedroht dies die Institution Familie. Erziehung wird deshalb gerne an eigentlich nicht zuständige Institutionen wie Kitas oder Schulen delegiert. Gruppen in Kindergärten für Kinder unter 3 Jahren sind flächendeckend verbreitet und es wird auch über eine Pflicht des Kindergartenbesuchs diskutiert. Was wird wohl mit Kindern geschehen, die schon im frühen Alter nicht mehr im Familienverbund aufwachsen? Eines ist zumindest sicher: Sie werden den Wert Familie höchstwahrscheinlich mit noch weniger Wertschätzung begegnen, denn sie haben nur noch Familie „light" kennengelernt... Da lacht doch das Herz eines jeden Neo-Marxisten!

Wer eine Gesellschaft verändern will, beginnt am besten bei den Kindern. Ein Kind (besonders, wenn es zu früh aus der Familie entlassen wird) hat raffinierter Manipulation wenig entgegenzusetzen. Instinktiv erkennt es außerdem die Falschheit der Situation, wenn das Kind von Fremden erzogen wird, was es dann seinen Eltern ankreiden wird. Dies vereinfacht die Manipulation des Kindes insoweit, dass den Kindern jetzt nur noch die Fehlerhaftigkeit der eigenen Eltern vorgeführt werden muss, damit sich die Kinder schlussendlich auch emotional von den Eltern entfernen und als seriöse Informationsquellen und Erzieher nur noch Außenstehende akzeptieren: Es sind „kritische Kinder" entstanden (ganz im Sinne der „Kritischen Theorie"), die nun im Sinne der kulturmarxistischen Idee durch die Welt gehen. Im Laufe ihres Lebens werden sie dann noch weiter „gleichgeschaltet" und tragen ihre Ideologie weiter in die Welt – das perfekte, manipulative Perpetuum Mobile.

Das Paradoxe daran ist, dass diese ach so „kritischen" Menschen dann aber völlig unkritisch angeblich „seriösen" Quellen wie den Medien oder den etablierten Politikern glauben. Wer auch nur den Versuch der Kritik an diesen Quellen wagt, ist mindestens ein „Alu-Hut-Träger", also ein Verschwörungstheoretiker. Wie lässt sich dieser scheinbar paradoxe Widerspruch zwischen „kritischen Bürgern" und „Sklavischgläubigen" nun aber erklären? Stellen Sie sich bitte vor, jemand hätte alle Ihre sozialen Bindungen, Ihre Familie und Ihre Intuition geraubt bzw. abgeschaltet. Nun stolpern Sie völlig unbeholfen durch die Weltgeschichte und haben keine einzige Quelle, der Sie mehr vertrauen können. Irgendwann entdecken Sie dann den Fernseher und schalten ihn ein. Da sitzen dann die immer gleichen Politiker in den Talkshows und die Kommentatoren geben wie gewohnt ihren Rapport ab. Da Sie sonst niemandem zuhören können, beginnen Sie, diesen Menschen zu glauben, schließlich sind das ja seriöse Profis – oder nicht? Sie können schließlich niemandem sonst vertrauen, denn irgendwo da draußen sind ja jene Verantwortlichen, die all Ihre sozialen Bindungen gekappt haben! Mit der Zeit werden diese Talkshows dann wichtig für Sie und Sie beginnen ihnen zu glauben. Wie würden Sie sich verhalten, wenn nun ein „dahergelaufener" Zeitgenosse vorbeikommt und ihnen erklären will, dass diese Leute aus den Medien Sie belügen? Zur Erinnerung: Sie haben sonst Niemanden außer den Medien und werden auch niemals jemanden mehr persönlich vertrauen, denn es könnte ja der hinterhältige Dieb sein, der Sie beklaut hat.

Zugegeben – dieses Beispiel ist eine Metapher, sie skizziert aber den Sachverhalt für unsere Zwecke. Selbstverständlich glauben die Gutmenschen nur das, was auch in den Kanon ihrer Programmierung passt. Würde eines der Gesichter aus dem Fernsehen plötzlich etwas anderes sagen, würde die entsprechende Person in Ungnade fallen, denn ihre Aussagen stünden in Konflikt mit ihrer ideologischen Überzeugung. Genaugenommen handelt es sich bei diesen Menschen also um Bioroboter, die lediglich innerhalb ihrer Programmierung agieren. Ich möchte hier ganz ausdrücklich betonen, dass diese Menschen unser Mitgefühl verdient haben, denn eigentlich sind es nur „große Kinder", die durch eine diabolische Ideologie erheblichen Schaden an ihrer Psyche genommen haben und alles und jeden außerhalb ihrer Ideologie als gefährlich und irgendwie dumm ansehen.

Hierzu kann ich noch ein spannendes Experiment anbieten: Fragen Sie doch mal einen Lehrer, was in seiner alltäglichen Arbeit das größte Problem darstellt. Meist wird er als ersten oder zweiten Punkt anführen, dass die Eltern die Erziehungsaufgabe immer stärker an die Schule delegieren und deshalb die primäre Aufgabe der Schule, nämlich die Wissensvermittlung, deutlich schwieriger geworden ist. Wenn er Ihnen gegenüber dann etwas Ähnliches geäußert hat, können Sie das Gespräch ja mal zu ganz banalen und seichten politischen Themen lenken. Auf diese Weise erfahren Sie oft viel über die politischen Ansichten und Standpunkte Ihres Gegenübers. Dabei werden in der überwältigenden Mehrheit aller Fälle die Lehrer mit grün-linksroten Thesen übereinstimmen. Doch Moment mal... *Hier stimmt doch etwas nicht!* Worüber regt sich dieser Lehrer denn auf, wenn die Eltern gemäß *seiner* Ideologie immer weniger das klassische Elternbild ausfüllen und immer weniger autoritär sind? Genau *das* will die politische Linke doch erreichen!

Schauen wir uns nun auch den zweiten Aspekt an, den der Feminismus zumindest sehr stark mitzuverantworten hat: die Anzahl der Kinder, die in diesem Land das Licht der Welt erblicken. Ich spreche hier natürlich auf das Schlagwort des „Pillenknicks" an. Unter diesem Begriff versteht man den signifikanten Rückgang der Geburten nach der Einführung der Antibabypille Mitte der 1960er-Jahre. In Abb. 6 lässt sich diese Entwicklung sehr leicht nachvollziehen. Selbstverständlich handelt es sich hier zuerst einmal um eine Korrelation, also eine Wechselwirkung, zumindest zwischen Geburten und Einführung der Antibabypille. Darüber, ob es auch einen ursächlichen Zusammenhang zwischen diesen beiden Faktoren gibt, werden wir uns dann im Folgenden ebenfalls Gedanken machen.

Abb. 6: *Darstellung des „Pillenknicks"*

Bei diesem Thema gibt es bereits im Vorfeld etwas Bemerkenswertes. Ich wette mit Ihnen, dass Sie den Begriff „Pillenknick" wahrscheinlich ähnlich lange wie den Begriff „Ozonwert" nicht mehr gehört haben, stimmt's? Beide Begriffe sind einfach zu problematisch geworden und seit etwa 10 Jahren schweigt man sich deshalb darüber lieber aus. Beim Ozonwert ist es einfach so, dass die Konzentration im Sommer oftmals flächendeckend viel zu hoch ist. Würde man zum Beispiel dies zuverlässig weiterhin per Radio melden (wie man es in den 1990er-Jahren getan hat), hätten Schulen, Unternehmen und der Öffentliche Dienst zu viele Probleme beim Einsatz im Freien. Also: Besser den Mund halten, denn wenn die Leute umkippen, ist es halt ihr persönliches Pech. Da wären Meldungen über den Ozonwert doch eher nur mit Scherereien verbunden.

Die Antibabypille wurde ja von den Feministen als wunderbarstes Instrument zur Befreiung der Frau gefeiert, da sie nun bewusst entscheiden konnte, ob und wann sie schwanger wird. Aus diesem Grund gibt es immer wieder Bestrebungen, alternative Begründungen für das Nachlassen der Geburten im letzten Jahrhundert zu finden. Es kann ja schließlich nicht angehen, dass eine der größten linken Errungenschaften Verantwortung für etwas tragen müsste! Zur Erinnerung: Linke haben ja alle Errungenschaften der modernen Welt erarbeitet(!), tragen aber niemals für etwas Verantwortung. Linker müsste man sein – *oder besser doch nicht?*

Fakt ist einfach: Die Geburtenraten liegen bereits lange unter der Selbsterhaltungsrate von zwei Kindern pro Paar. Die These davon, dass sich die „Deutschen abschaffen", stimmt also tatsächlich. Diese Entwicklung ist faktisch eine absolute Gefährdung gleich in mehrerer Hinsicht, und zwar für unsere Gesellschaft, für diesen Staat und natürlich auch für etwas so Banales wie die Renten. Politiker und Journalisten schreien jetzt orgiastisch von den Segnungen der Migration, doch dies ist vor allem Ablenkung und Augenwischerei. Mehr Kinder bedeuten ja mitnichten gesicherte Sozialsysteme. Stattdessen müssen diese Kinder ja auch auf Chancen im Arbeitsmarkt treffen. Die Formel lautet schließlich: Mehr Beitragszahler bringen stabile Sozialsysteme.

Wo aber sind denn all die Jobs, die vor allem den wenig bis schlecht qualifizierten Schulabgängern offenstehen? Wo sind denn die zahlreichen Fabriken, die mit sicheren Arbeitsplätzen und fairer Bezahlung locken? Die Wahrheit sieht doch dank der Globalisierung mit ihrer Arbeitsplatzvernichtung (in Deutschland) ganz anders aus. Doch wir sollten dabei niemals vergessen, dass die Jobs (zum Beispiel der Textilarbeiterinnen) ja keinesfalls „weg" sind – die sind nur woanders, zum Beispiel in Bangladesch. Dass dort auch noch Kinder zur Arbeit gezwungen sind, ist ja nur eine unbedeutende Randnotiz. Die Hauptsache ist ja erfüllt und die große Masse der Schlafschafe kann weiterhin ihre billige Kleidung in großer Stückzahl erwerben.

Weiterhin schwebt unter dem Schlagwort „Industrie 4.0" ein gigantisches Damoklesschwert über uns und stellt nichts anderes als die vierte industrielle Revolution dar. Das hört sich zwar schick und innovativ an, wird aber vor allem die Jobs kaputtmachen, die gerade durchschnittlich qualifizierte Schulabgänger ergreifen können – also insgesamt das, was der „Sachbearbeiter-Ebene" zugerechnet wird. Anstelle dieser sollen Maschinen (hier wahrscheinlich eher Programme und Applikation) diese klassischen Beschäftigungen übernehmen, während sich die bisher darin tätigen Menschen nur noch gegenseitig die Haare schneiden werden.

Dies ist die Wahrheit: Deutschland fährt einen harten Kurs hin zu einer reinen Dienstleistungsgesellschaft. Selbstverständlich wird es einige wenige Überflieger geben, die sich mit ihren höchsten Qualifikationen nur noch schöngeistigen Themen widmen und zudem noch sehr gut dafür bezahlt werden. Dem Rest (oder sollte ich sagen: der überwältigenden Mehrheit) stehen dann aber nur noch die mehrheitlich schlechter bezahlten und auch durch schlechtere Arbeitsbedingungen gezeichneten Dienstleistungsberufe zur Verfügung. Ganz sarkastisch könnte man auch argwöhnen, dass diese Berufssparte dadurch auf absehbare Zeit völlig sicher ist. Die Entwicklung von Programmen und Maschinen für diesen Sektor ist schließlich viel zu unlukrativ und das können dann ruhig weiterhin echte Menschen aus Fleisch und Blut übernehmen!
Diese Entwicklung ist keinesfalls neu und wer mit offenen Augen durch die Welt gegangen ist, hat auch in den letzten Jahren bereits erste Anzeichen dieser Entwicklung wahrnehmen können: „softer" Stellenabbau durch ausbleibende Neubesetzung von vakanten Stellen, verstärkter Einsatz von ausgelagerten Callcentern, radikale Schließung angeblich überflüssiger Geschäftsstellen (zum Beispiel in letzter Zeit Filialen der gesetzlichen Krankenkassen) usw. All das sind aber erst die Vorboten. Wie geht es Ihnen denn bei dem Gedanken, dass Ihre Kinder und Enkelkinder später dann mal entweder Empfänger staatlicher Unterstützungen sind oder sich ausschließlich als Paketbote, Taxifahrer, Kellner oder als „Fachkraft für Systemgastronomie" bei einem amerikanischen Fastfood-Giganten durchschlagen müssen? Verstehen Sie mich hier bitte richtig: Die genannten Tätigkeiten sind anständige und anerkannte Berufe, aber in der Zukunft möglicherweise „alternativlos", weil es einfach keine anderen Arbeitsplätze mehr gibt.
Wer sich (bewusst) zu einem Kind entschließt, macht sich viele Gedanken und gelegentlich auch Sorgen. Ich unterstelle einfach, dass die meisten Eltern das Beste für ihre Kinder wollen – ist das aber in unserer heutigen Situation in Deutschland (und anderswo) überhaupt möglich? Linke tau-

meln ja 24 Stunden lang durch ihren abgefahrenen „Uns-geht-es-ja-so-gut-wie-niemals-zuvor-Traum" und sehen deshalb auch nicht die tristen Zukunftschancen der heranwachsenden Generationen. Wen wundert es da, dass Jugendliche ihr fragwürdiges Glück in dubiosen Casting-Shows suchen oder auf der Suche nach dem schnellen Geld auf die schiefe Bahn geraten? Alle Welt jammert darüber, dass Deutschland ja so ein furchtbar kinderfeindliches Land wäre. Damit sind oftmals normale Verhaltensregeln gemeint, die lärmenden Kindern keinen völligen Persilschein zusprechen. Aber dennoch stimmt es: Deutschland ist ein kinderfeindliches Land, denn es schert sich nicht um die Perspektiven seiner Kinder und Jugendlichen! Es ist sicherlich zum Teil auch dieses Klima, das bei manchen Paaren entweder gar keinen Kinderwunsch oder aber nur den Wunsch nach einem einzigen Kind entstehen lässt.

Doch vor ein paar Monaten gab es einen Jubelschrei in der Presse. Angeblich war der Geburtenrückgang gestoppt worden! Grund für diesen Jubelschrei war eine Meldung des *Bundesinstituts für Bevölkerungsforschung* (BiB). Laut dieser Meldung sei bei Frauen mit dem Geburtsjahrgang 1973 die Geburtenziffer auf 1,56 gestiegen, nachdem sie vorher kontinuierlich abgenommen hatte. Es wird hierbei sogar von einer Trendwende gesprochen, die langfristig das sogenannte „Ersatzniveau" erreichen könnte (was einer Geburtenziffer von 2,1 entsprechen würde) und was für die Stabilität einer Bevölkerung sprechen soll. Dies ist natürlich eine völlig undifferenzierte Messgröße, aber solange sie in den Kram passt, kann sie unseren Freunden in Politik und Presse ja nur recht sein! Das sogenannte „Ersatzniveau" bezieht sich nämlich selbstverständlich ausschließlich auf die quantitative Anzahl der Mitglieder einer Bevölkerung. Sie sagt definitiv nichts über die Zusammensetzung dieser Bevölkerung an sich aus. Genauer gesagt wird hier nur eine Aussage über die Geburten *aller* Deutschen getroffen, unabhängig, ob es sich um autochthone Deutsche oder Deutsche mit Migrationshintergrund handelt.

Doch hier beginnt das ganze Durcheinander und auch wirklich der berüchtigte Tanz um den heißen Brei. Laut veröffentlichter Meinung und geltendem Gesetz ist jeder ein Deutscher, der auch einen deutschen Pass hat. Hier wird auch nicht differenziert, ob jemand vielleicht auch noch einen zweiten Pass hat. Deutscher ist, wer einen deutschen Pass hat – egal ob es auch noch einen zweiten oder dritten Pass gibt, basta! Die *WELT* veröffentlichte unter dem Titel: „Babyboom in Deutschland bei ausländischen Müttern" einen auf den ersten Blick ganz interessanten Artikel.[89] Dort wird unter anderem behauptet, dass im Jahr 2015 von ausländischen Müttern 148.000 Kinder in Deutschland geboren wurden. Laut *Statistischem Bundesamt* wurden 2015 insgesamt 738.000 Kinder in Deutschland geboren. Dies würde bedeuten, dass nun ein Fünftel der Geburten in Deutschland von ausländischen Müttern stammen würde. Das Problem an dieser Zahl ist nun aber, dass „ehemalige" Migrantinnen (die also bereits einen deutschen Pass besitzen) folgerichtig auch als „deutsche Mütter" bezeichnet werden. Welcher Sinngehalt steckt nun also zum einen im Artikel der die *WELT* und zum anderen im Datenmaterial des *Statistischen Bundesamts*?

Dennoch gibt es auch durchaus nüchternes Datenmaterial, das gerne frei interpretiert werden kann: Afrikanerinnen haben eine Geburtenziffer von durchschnittlich 2,6. Dies entstammt nun definitiv nicht aus dem Fundus vom AfD-Politiker Björn Höcke (der für eine entsprechende Rede heftig kritisiert wurde), sondern ebenfalls wieder vom *Statistischen Bundesamt*. Die Geburtenrate in Marokko beträgt 2,71, in Ägypten 2,81, in Pakistan 3,26 und in Nigeria ganze 6,00. Besteht hier noch Gesprächsbedarf?

Die Wahrheit lautet: Beeinflusst durch die Lehre des Multikulturalismus gibt es nahezu keine belastbaren Zahlen darüber, wie sich unsere Gesellschaft 2017 eigentlich wirklich zusammensetzt, denn Deutscher ist eben jeder mit einem deutschen Pass. Dies ist rechtlich völlig logisch und zwingend, doch wir reden hier nicht über die Mitgliedschaft in einem Club, sondern über die Zugehörigkeit zu einem Volk.

Wer genau hingeschaut hat, hat meinen kleinen Spaß bemerkt, denn wir reden weder über das Eine noch über das Andere! Die Politik und die Medien bedienen sich dieses kleinen Scherzes auch sehr gerne und ernten dafür lediglich völlige Unverständnis, wenn diese sprachliche Ungenauigkeit (mal wieder) benutzt wird. In der Bundesrepublik Deutschland geht es ausschließlich und immer nur noch um die Staatsangehörigkeit und nicht um die „Volkszugehörigkeit". Diesen Begriff gibt es übrigens tatsächlich und er ist keinesfalls „rechtslastig" oder gar sonst irgendwie anrüchig oder strafbar. Deshalb ist es auch vollkommen korrekt, wenn eine sprachliche Stilblüte wie „Deutscher mit afrikanischem Migrationshintergrund" von einem Journalisten formuliert wird. Bei dem angesprochenen Menschen handelt es sich um einen Afrikaner, der die deutsche Staatszugehörigkeit angenommen hat. Dies ist politisch korrekt und rechtlich vollkommen legitim. Staatszugehörigkeit ist aber eben nicht zwangsläufig deckungsgleich mit dem Begriff der Volkszugehörigkeit – kann es aber natürlich sein. Der Begriff der Volkszugehörigkeit wird übrigens bis heute nicht verfassungsrechtlich definiert (lassen wir mal großzügig außer Acht, dass es sich um ein uns *„gegebenes* Grundgesetz" und eben nicht um eine Verfassung handelt), sondern wird im *Bundesvertriebenengesetz* (BVFG) geregelt. Dort heißt es zum Beispiel *„...(wer) sich in seiner Heimat zum deutschen Volkstum bekannt hat, sofern dieses Bekenntnis durch bestimmte Merkmale wie Abstammung, Sprache, Erziehung, Kultur bestätigt wird...".*

Bis zum Jahr 1987 hieß es dort übrigens noch *„...wer von einem deutschen Staatsangehörigen oder deutschen Volkszugehörigen abstammt und sich zum deutsche Volkstum bekannt hat".* Diese gesetzliche Definition wurde also 1987 entschärft, beinhaltet aber noch die wesentlichen Inhalte, sodass es keinesfalls völlig ausgehebelt wurde. Es ist nun also vollkommen legitim zu behaupten, dass nahezu jeder Mensch auf dieser Welt die deutsche Staatsangehörigkeit bekommen kann, nicht aber die Volkszugehörigkeit. Und das Beste daran ist: das ist keinesfalls rassistisch, faschistisch oder sonst wie „-istisch" und eben auch nicht fremdenfeindlich. Ebenso hat der Begriff der *Volkszugehörigkeit* auch nichts mit dem *völkischen* Begriff zu tun. Wer auf diese Rattenfängerei der Medien immer noch hereinfällt, sollte sich einmal die Zeit für eine ausführliche Recherche nehmen. Hierbei sollte man sich besonders ansehen, wie skrupellos zum Beispiel die Nationalsozialisten mit Organen der „völkischen Bewegung" umgegangen sind.

Eine solche Recherche kostet aber Zeit und gerade Linke haben es ja oftmals mit der Arbeit nicht ganz so. Das durfte zum Beispiel auch die ehemalige AfD-Frontfrau Frauke Petry erleben, als sie sich 2016 gar für die Rehabilitation des „völkischen" Begriffs stark machte. Ein medialer Shitstorm tat sich auf, der sich meist lediglich darauf stützte, dass die Redaktion des guten alten „Duden" den völkischen Begriff mit der Ideologie des Nationalsozialismus gleichsetzt. Das Blöde dabei ist die Tatsache, dass das leider eben so nicht ganz richtig ist. Dies haben auch einige prominentere Historiker postuliert, doch auch darauf wird jeder aufrichtig interessierte Leser von alleine stoßen. Mir geht es hier ja keinesfalls um den völkischen Begriff, sondern um die Idee des Volkszugehörigkeitsbegriffs. Hierbei ist übrigens noch erwähnenswert, wie sehr sich Angela Merkel ziert, jemals den Begriff des „deutschen Volk" zu benutzen. Wahrscheinlich kommt dieser Begriff (wie einige andere auch) einfach nicht in ihrem Wortschatz vor. Dies ist natürlich für eine Bundeskanzlerin eine reichlich spleenige Eigenschaft, aber es ist ja keinesfalls der schwerwiegendste Kritikpunkt, den man gegen diese Person anführen kann. Gelegentlich hört man dann auch aus Regierungskreisen die Formulierungen „die Menschen in Deutschland", „die schon länger hier leben" oder „die erst seit kurzem hier leben". Dies bedeutet im Gegenzug eben nichts anderes, als dass sich die Betreffenden genaugenommen nur für „Staatsangehörigkeitsvertreter", aber keinesfalls für wahre Volksvertreter halten. Volk ist ja doch auch immer ein „blödes" Wort, gerade wenn man auch noch ein Linker ist…

Die Quintessenz dieses kleinen Ausflugs ist völlig banal. Ich wollte lediglich zum Ausdruck bringen, dass sämtliche Berichte und Meldungen über die Anzahl der Geburten und die Geburtenziffer völliger Nonsens sind. Kein anderer Sachverhalt illustriert wohl das berühmte Churchill-Zitat bezüglich Statistiken besser!

Gerade bei der autochthonen Bevölkerung in Deutschland hat die Einführung der Antibabypille Mitte der 1960er-Jahre zu einem drastischen Rückgang der Geburten geführt und ebenso gehören auch typische Großfamilien der Vergangenheit an. Die meisten Frauen wollen eben nicht mehr „nur" Mutter oder Großmutter sein. Die Gründe dafür sind natürlich zuerst beim Feminismus zu suchen, aber ebenso ganz natürlich dem finanziellen Druck geschuldet, unter dem Paare und Familien in unserer Zeit stehen. Interessanterweise fehlt eine Statistik, die etwas Licht ins Dunkel bringen könnte: Wie hoch ist die Geburtenziffer bei Empfängerinnen von staatlichen Leistungen? Hierbei spreche ich natürlich nicht von Rentnerinnen, sondern vor allem über Empfängerinnen von Hartz 4 und vergleichbaren Leistungen. Aber das wäre sicher auch wieder nicht politisch korrekt!

15. Reframing oder: Alles, was nicht links ist, ist rechts!

Konstruktiver Meinungsaustausch gehört in jede funktionierende Beziehung – sei es die klassische Paarbeziehung, eine Familie, eine Hausgemeinschaft oder am Ende eine ganze Gesellschaft. Um das zu illustrieren, sollten wir uns ein ganz einfaches Beispiel ansehen: Ein Paar sitzt auf dem Sofa und möchte gemeinsam fernsehen, was schließlich in den besten Beziehungen gelegentlich vorkommt. Helmut schaut kurz in die Fernsehzeitung und gibt sie dann Claudia, die eine ganze Weile darin liest. Nach ein paar Minuten sagt Claudia dann: *„Du Helmut, ich würde gerne die Literaturverfilmung auf Kanal X sehen!"*

Helmut steht so abrupt auf, dass er fast den Tisch umwirft. *„Bist Du irre? So einen Blödsinn schauen sich nur Versager und ungebildete Zeitgenossen an! Die einzig angemessene Fernsehsendung für uns ist das Fußballspiel auf Kanal Z!"*

Wir lassen an dieser Stelle einfach mal offen, wie sich diese Situation weiterentwickelt. Stattdessen wollen wir uns einmal in „Claudia" versetzen – wie fühlt die sich wohl in dieser Situation? Fühlt sie sich ernst genommen? Glaubt sie, dass Helmut ihre Meinung interessiert oder gar wertschätzt? Das dürfte wohl alles nicht so recht der Fall sein. Dabei fängt es so nett an: Helmut lässt Claudia in die Fernsehzeitung schauen und vermittelt ihr so den Eindruck, dass sie das Fernsehprogramm mitentscheiden darf. Als sich Claudia ein Bild gemacht hat, haut er ihr aber den verbalen Baseballschläger direkt vor den Kopf, indem er ihre Entscheidung nicht akzeptiert und auch sogar völlig entwertet. Doch dabei belässt es Helmut nicht, denn aufgrund ihrer Entscheidung greift er Claudia persönlich an. Kann auf diese Weise ein gemütlicher Fernsehabend beginnen? Wohl eher unmöglich.

Es soll hier auch gar nicht um Literaturverfilmungen oder Fußball gehen, sondern darum, wie man einen Konsens findet – oder eben garantiert nicht. Nach exakt diesem Muster wird nämlich in unserem Land verfahren, wenn es um Politik geht. Erlaubt sind CDU/CSU, SPD, Grüne, Linke und FDP. Die Parteien AfD oder gar NPD sind nur für Faschisten, Pack, Nazis, besorgte Bürger, Wutbürger, Verlierer der Globalisierung, Ostdeutsche, Unempathische, Aluhutträger, Verschwörungstheoretiker und so weiter da. Parteien außerhalb des gebilligten Parteienspektrums wählt „man" einfach nicht und „man" vertritt auch nicht deren Positionen. Das gilt selbst dann, wenn die Politiker der sogenannten etablierten Parteien von Katastrophe zu Katastrophe eilen und grundsätzlich jedes Vertrauen verspielt haben müssten.

Damit nun das an dieser Stelle ganz klar rüberkommt: Ich rede nicht darüber, dass Parteien grundsätzlich alle Positionen erlaubt werden sollten. Stattdessen spreche ich lediglich von Parteien, die sich eindeutig im Rahmen unserer freiheitlich demokratischen Grundordnung bewegen. Zwangsläufig tun das aber alle der eben genannten Parteien, denn ansonsten würden diese verboten werden. Lediglich gegen die NPD wurden mehrfach Verbotsverfahren in Gang gesetzt, jedoch bisher ohne Erfolg. Wenn sich nun Politiker und Medien wie „Helmut" verhalten, sollte spätestens nach dem Wahlsieg von Donald Trump klar sein, wie sich die Wähler auch hierzulande verhalten könnten. Kein geistig gesunder Erwachsener will sich bevormunden und belügen lassen. Passiert dies dennoch, wird er sich das vielleicht merken und sich zu gegebener Zeit entsprechend verhalten – in der Wahlkabine. In Deutschland müssen sich die Politiker aber keine Sorgen machen, denn die Deutschen sind einfach zu contrafaktisch. Dies haben zum Beispiel zuletzt die Landtagswahlen im Saarland (März 2017) gezeigt, wo mehr als 40 Prozent der Wähler die CDU und fast 30 Prozent die SPD gewählt haben. Manch ein Mitbürger weigert sich eben kategorisch, zumindest einmal nachzudenken, bevor er wieder sein Kreuzchen macht.

Ein anderer interessanter Punkt hinsichtlich der Parteien in Deutschland bezieht sich auf das politische Spektrum an sich. Hier hat es eine lautlose Transformation innerhalb der letzten Jahrzehnte gegeben. Heute gilt: Union = konservativ, FDP = liberal, SPD = links, Linke = ultralinks und Grüne = links-ultralinks. Schaut man sich zum Beispiel Wahlplakate der CDU aus der Ära Kohl an, dann könnte man vermuten, dass diese heutzutage auch von der AfD stammen könnten. Der erste harte Hinweis auf eine Transformation des politischen Spektrums ist die „Agenda 2010" der aus Grünen und SPD bestehenden damaligen Bundesregierung. Egal, wie man zu dieser Reformkonzept steht, es ist vor allem eines gerade nicht: links. Egal, wie dieses Konzept damals verkauft wurde, es basiert auf einem eher negativen Menschenbild, wie es eben gerade Konservative vertreten. Böse

Zungen halten es für neoliberal, was aber in diesem Zusammenhang eher unzutreffend ist.

Wir Deutschen erlebten, wie die SPD im Zeitraum von 2003 bis 2005 einen hartkonservativen Kurs einschlug, dabei vieles richtig machte und doch am Ende vom Wähler irrational und knallhart abgestraft wurde. Angela Merkel wurde 2005 zur Bundeskanzlerin gewählt und Gerhard Schröder „wechselte" zur russischen *Gazprom*. 2017 ist dann das politische Spektrum geradezu „mutiert". Konservative Politik wird von niemand mehr außerhalb der AfD betrieben und auch bei dieser Partei handelt es sich nicht ausschließlich und zu 100 Prozent um eine konservativ-patriotische Gruppierung, auch wenn es dort hervorragende Konservative zu finden gibt. Dennoch bin ich zuversichtlich, dass unter Alexander Gauland und auch Alice Weidel konservative Inhalte eine Heimat finden werden. Man darf nicht vergessen, dass es sich bei der AfD um eine äußerst junge Partei handelt, die sich selbst ein paar mal neu erfinden und ebenso neu definieren kann und muss.

Aus diesem Grund kann man von einer geradezu fundamentalen Veränderung des politischen Spektrums sprechen. Oder noch genauer: von einer Amerikanisierung unserer politischen Landschaft. Der Komplex Union-SPD-Grüne-Linke-FDP vertritt exakt die politischen Inhalte wie die Demokraten (oder Liberalen) in den USA. Diesem „liberalen Komplex" steht die AfD gegenüber, die ihre Entsprechung folgerichtig in den amerikanischen Republikanern gefunden hat, die eine merkwürdige Melange aus konservativ-freiheitlichen-kleinbürgerlichen Inhalten vertreten. Aus dieser Warte aus sollte man auch einige der Aussagen deutscher Politiker der etablierten Parteien nach den jüngsten Landtagswahlen verstehen. So wurde zum Beispiel nach der Wahl des Berliner Abgeordnetenhauses gebetsmühlenartig wiederholt, dass ja schließlich 85,9 Prozent der Wähler nicht die AfD gewählt hätten. Diese Kalkulation beruht auf der simplen Addition der Prozentsätze aller anderen Parteien. Auf gut Deutsch heißt das: Willkommen im Zweiparteiensystem!

Ob die AfD dieser Herausforderung gerecht werden kann, wird uns die nächste Zukunft zeigen. Da sie als einzige Partei zumindest teilweise konservative Inhalte vertritt, sei mir hier an dieser Stelle eine Portion Daumendrücken gestattet.

Wer AfD sagt, kann auch über die Parallelen zu Donald Trump nachdenken. Selbstverständlich muss man immer wieder betonen, dass die politischen Landschaften in Deutschland und den USA keinesfalls direkt miteinander verglichen werden dürfen. Zwischen Europa und den USA klafft nicht nur eine geographische Distanz, sondern auch und vor allem eine historische. Immer noch muss die USA als „junge Nation" angesehen werden, die keinesfalls über die Erfahrungswerte einer Jahrtausende währenden Kultur verfügt, auch wenn Auswanderer aus Europa die Gründer der USA waren und natürlich einen Teil ihrer Geschichte mitgebracht haben.

Gerade das Beispiel 9/11 mit seinen Anschlägen auf die Türme des WTC spricht Bände. Auch 16 Jahre nach diesem Ereignis muss man sagen, dass dies immer noch das grundlegende Trauma der US-amerikanischen Nation ist. In dieser Hinsicht haben gerade wir Deutschen andere Dimensionen an Zerstörung und Gewalt erfahren müssen: Dresden, Hamburg, Köln. Diese Städte wurden nahezu vollständig dem Erdboden gleichgemacht, ohne zum nationalen Trauma zu werden. Mir geht es dabei um die richtige Relation und nicht um das Kleinreden. Hier wie da starben Menschen mit Familien. In den USA handelte es sich dennoch nur um wenige Gebäude – wie würde sich diese Nation wohl nach einem Krieg fühlen, der zum Großteil auf dem eigenen Territorium ausgetragen wurde?

Die Konflikte und Feldzüge der USA hatten meist eine Sache gemeinsam: Sie fanden in weiter Ferne statt, nämlich in Europa, Korea, Vietnam, Irak und so weiter. Hinzu kommt, dass sich die USA bis September 2001 grundsätzlich in der Rolle des unangreifbaren Hegemons der freien Welt fühlte. Der Angriff gerade auf das WTC als Symbol des freien Handels war metaphorisch gemeint und entfaltete deshalb auch eine größere Wirkung als lediglich seinen faktischen und messbaren materiellen Schaden.

Die Älteren von uns können sich sicherlich noch gut an die Zeit vor „Ground Zero" erinnern: Die USA waren der Weltpolizist, der seine Flugzeugträger in alle Himmelsrichtungen ausschickte, sobald es Probleme gab. Diese Ausgangslage hat sich geändert, denn unter Obama übernahmen die USA eher die Speerspitze einer internationalen Koalitionsstreitmacht, spielten aber nicht mehr den verwegenen Cowboy, der immer irgendeine Tür eintrat.

In dieser Situation betritt dann Donald Trump die Bildfläche, der in einiger Hinsicht relativ widersprüchlich wirkt. Zum einen will Trump die

USA wieder groß machen, aber internationale Militärabenteuer sollen deutlich verringert werden. Trotz dieses Widerspruchs ist Trump für Konservative weltweit die bessere Option als die Globalistin Clinton – das hat man zumindest vor der Wahl gedacht.

In einem überaus interessanten Interview in der ZEIT[90] bringt es die Feministin Nancy Fraser auf den Punkt: „...*Trump ist ein Symptom dafür, dass die seit 1945 bestehende Nachkriegsordnung am Ende ist...*" Die Linke Fraser bezieht sich mit der „Nachkriegsordnung" auf die Zeit nach dem Zweiten Weltkrieg! Dies sollte natürlich auch uns Deutsche aufhorchen lassen, besonders wenn man dies aus der Perspektive betrachtet, dass Donald Trump mehrfach im US-Wahlkampf betont hat, dass er massiv amerikanische Truppen aus Europa abziehen will. Nun wollte sein Vorgänger auch Guantanamo schließen und hat dies leider versäumt. Aber diese Aussage über eine Reduktion der amerikanischen Truppen in Europa bedeutet vor allem eines: einen Paradigmenwechsel!

Dies hat sich gerade auch in der bundesdeutschen Medienlandschaft niedergeschlagen, was eben auch schlicht und einfach der Grund für die parteiische Berichterstattung im US-Wahlkampf war: Die linkslastige Hillary Clinton wäre der Garant gewesen, dass das bisherige System einfach weitergefüttert worden wäre. Die Perspektive von Journalisten und Medien-Unternehmen sieht nicht besonders gut aus, denn wenn sie weiterhin auf gewohnte Weise Trump kritisieren, „beißen sie die Hand, die sie füttert". Über diese Zustände haben bereits Autoren wie Udo Ulfkotte, Christoph Hörstel und andere Kollegen eindrücklich dargelegt, wie „wenig objektiv und unparteiisch" Journalisten sind – um es vorsichtig auszudrücken und nicht böse Begriffe wie den der Lügenpresse zu bemühen. Ich erhoffe mir von diesem „Change" in den USA nun auch eine objektivere Berichterstattung und nicht den „Backlash" auf die andere Seite, denn für Indoktrinierung, weil nun der Wind aus einer anderen Seite weht, gibt es keine Ausreden. Und eines sollte dabei klar sein: Egal, ob sie aus konservativer oder linker Seite gesteuert wird, Manipulation und Meinungsmache sind in jedem Fall zu verurteilen!

Wie weit manipuliert und indoktriniert wird, konnte der aufmerksame Zuhörer besonders gut nach der amerikanischen Präsidentenwahl bemerken. Ich sprach an einem Tag mit zwei unterschiedlichen Menschen über

Trump. Die beiden Personen waren sowohl vom Bildungsniveau, ihrem Beruf als auch dem soziokulturellem Hintergrund kaum vergleichbar, dennoch gaben sie 1:1 den gleichen Kommentar zu Trump ab: *„Naja, vielleicht bremsen ihn ja seine Berater etwas ein, also so wie Leitplanken auf der Autobahn.“* Diese Formulierung ist höchstwahrscheinlich in einer Fernseh- oder Radiosendung gefallen und wurde dann von den beiden Menschen aufgegriffen. Da es sich um eine sehr bildhafte Aussage handelt, bleibt sie natürlich auch umso präsenter im Gedächtnis, was keine Frage ist. Aber, meine Lieben, wo bleibt hier der gesunde Menschenverstand?

Donald Trump ist weder ein Trottel (der an der Hand geführt werden müsste), noch würde er sich wohl kaum von 1.000 Beratern „einbremsen lassen“. Diese Metapher von der Autobahn wurde übrigens umgehend nach Bekanntwerden der angesprochenen Trump-Berater revidiert, nämlich dahingehend, dass „diese“ Berater ja mindestens genauso „irre“ wie Trump selbst wären. Das ist sehr bemerkenswert, denn es handelt sich dabei um einen mit allen Wassern gewaschenen General des Marine Corps (Mattis), einen international anerkannten General der Army (McMaster), einen Industriekapitän (Tillerson) und mehrere erfolgreiche Investmentbanker. Das sind also alles „Irre“? Sind Menschen außerhalb der Politindustrie also alle irre? Dürfen die Mitglieder einer Regierung also keine Erfahrungen im realen Leben gesammelt haben?

Doch auch Donald Trump ist nicht ganz zielsicher bei der Auswahl seiner Führungsmannschaft gewesen. Der oben bereits erwähnte General H. R. McMaster könnte sich noch als fauler Apfel entpuppen. Rein fachlich kann dem hochdekorierten Offizier sicher nur wenig abgesprochen werden. Interessanter ist jedoch eine vor kurzem aufgedeckte Nähe zu ehemaligen Mitgliedern der Obama-Administration, dem *Ploughshares Fund*, dem *International Institute for Strategic Studies* (IISS) und schlussendlich auch zu keinem geringeren als einem gewissen George Soros persönlich. So war McMaster federführend bei dem Deal zwischen Obama und dem Iran, der ebenfalls ganz nach Gusto des besagten Soros war und ist.[91] Trump scheint sich zunehmend im Kampf mit seinem eigenen Team zu befinden, was von Medien geradezu begeistert aufgegriffen wird. Wenn ich an dieser Stelle einen Tipp auf eine der nächsten freien Positionen abgeben müsste, wäre das zweifelsohne der Stuhl von McMaster!

Das waren nun einige Beispiele für noch recht moderate Manipulationen der Medien im Zusammenhang mit der Berichterstattung über Nichtlinke. Richtig amüsant wird es aber, wenn wir uns die Darstellung der AfD in der deutschen Öffentlichkeit ansehen. Diese Partei wird als „rechtspopulistisch", gelegentlich auch als „faschistisch", aber definitiv als „rechts" bezeichnet und feiert trotzdem (oder deshalb) beachtliche Wahlerfolge. Ich habe den letzten Satz durchaus nicht nur als Wortspielerei formuliert, alle Formulierungen wurden tatsächlich bereits von angeblichen Alphajournalisten öffentlich benutzt.

Wer dieses Buch bis zu dieser Stelle gelesen hat, kennt meine konservative bis traditionelle Weltsicht. Mit genau dieser Perspektive bin ich zu Veranstaltungen der AfD gegangen und habe mit den Menschen dort gesprochen. Den Leser wird es vielleicht verwundern, aber ich fand dort eine überraschend heterogene Gruppe vor: Ex-Mitglieder unterschiedlicher Altparteien (CDU, SPD, FDP, Grüne, PDS), Männlein wie Weiblein, generell eher ältere Jahrgänge, aber auch jüngere Vertreter und so weiter. In den Gesprächen herrschten meist moderate Ansichten vor, wie sie auch 2018 wohl von Mitgliedern der CDU oder SPD vertreten wurden. Doch es gab viele Gedanken an den „kleinen Mann", die Fehler des Establishments und besonders auch an Kanzlerin Merkel. Die Flüchtlingsfrage wurde meist mit Glacéhandschuhen angefasst und es wurde pedantisch darauf geachtet, nicht in plumpe Kollektivierungen („die Muslime") zu verfallen, sondern nur bloß immer und überall zu differenzieren. Über Schlagworte wie zum Beispiel *Identität* wurde nahezu gar nicht gesprochen. Dies schlägt sich im selben Verhältnis auch im Programm[92] der AfD wieder. Dort wird zwar der Begriff „Identität" auch als Programmpunkt genannt, jedoch lediglich auf die deutsche Sprache begrenzt. Eine weitergehende Definition findet nicht statt, was auch durchaus keine einfache Angelegenheit sein dürfte, die aber definitiv mehr als dringend ist. Hier gibt es meiner Meinung nach noch programmatische Arbeit für die AfD zu erledigen. Aber auch dies sei noch dem geringen Alter der AfD und den drängenden, tagespolitischen Problemen unseres Landes geschuldet.

Im Westen geriert sich die AfD gelegentlich als Retro-CDU oder Retro-FDP und verspielt damit ihre grundsätzlich sehr gute Ausgangslage vor lauter Bemühungen, nur ja nicht zu entschlossen und zu rüde aufzutreten. Dies gelingt mal weniger gut und hin und wieder auch katastrophal. So kam es zum Beispiel zu der mehr als überflüssigen „Affäre Gauland", als dieser sich zuerst in einem Interview mit der *FAZ* übertöpeln und sich dann zu einigen unglücklichen und völlig unnötigen Statements über den Fußballspieler Jerome Boateng nötigen ließ. Im Anschluss trat Gauland dann als Gast in der Sendung *Maischberger* auf und versuchte sich dort mit einer recht wackeligen Strategie durchzumogeln. Die Strategie gelang und Gauland ist glücklicherweise weiterhin Mitglied des Bundesvorstands der AfD. Dieses Beispiel verdeutlicht zusätzlich, wie die Medien mit Vertretern der AfD umgehen. Letztlich stand in diesem Beispiel Aussage gegen Aussage, und warum sollten wie einem Journalisten mehr Glauben als Alexander Gauland schenken?

Während Gauland über Boateng sprach, war in Deutschland die Flüchtlingsfrage ebenso aktuell wie auch heute, doch anstelle hier mit handwerklich solider und gleichzeitig publikumswirksamer Arbeit zu glänzen, machte die AfD-Führungsriege einen schweren taktischen Fehler und verabschiedete sich mehrheitlich in die Sommerferien. Nach dem Ferien-Ende tauchte dann Frauke Petry auf und wollte mit den Medien ernsthaft über die Rehabilitation des Begriffs „völkisch" diskutieren, was ihr kurzzeitig durchaus Aufmerksamkeit einbrachte. In Kombination der beiden Fälle wird hier die eklatante Führungsschwäche von Frauke Petry deutlich, die zum damaligen Zeitpunkt die Verantwortung trug. Hier hätte die AfD noch viel mehr Boden gutmachen können!

Was ich damit sagen will, ist ganz einfach: Die AfD bedient sich gelegentlich einer populistischen Methodik, ich spreche ihr jedoch ganz klar den Rechtspopulismus ab. Verrückt, oder? Viele Menschen (vor allem Journalisten) nutzen den Begriff als Beschimpfung oder Geschichtsklitterung. Hier ist als Beispiel besonders das RTL-Nachtjournal zu nennen. In einem Filmbeitrag über die österreichische FPÖ wurde diese Partei als erfolgreichste rechtspopulistische Partei seit 1933 bezeichnet. Diese Bezeichnung ist faktisch völlig falsch (hier wird natürlich auf die NSDAP angespielt, die aber nachweislich keine rechtspopulistische Partei war, denn die Entstehung des Phänomens des Rechtspopulismus wird auf die 1970er-Jahre datiert) und hat auch ausschließlich den Sinn, der FPÖ zu schaden. RTL wird schließlich auch in Österreich gesehen und zum damaligen Zeitpunkt stand noch der zweite Durchgang der Bundespräsidentenwahlen an.

Nun leben wir aber in einem freien Land und jeder darf sagen, was er möchte, zumindest wenn er keine Lügen verbreitet. Deshalb ist es, je nach persönlicher Meinung, vollkommen legitim, einer Partei den Rechtspopulismus zu bescheinigen – doch haben Sie sich schon einmal gefragt, warum eigentlich nie jemand von Linkspopulismus in der Politik spricht? Diese Form des Populismus ist nämlich wesentlich älter und viel häufiger verbreitet als sein Gegenstück.

Die AfD ist eine Partei, die bisher keine klar umrissene Ideologie verfolgt, sondern stattdessen die Volksnähe als Parteiprogramm gewählt hat. Ideologien sind grundsätzlich eher nachträglich, deshalb müsste das kein Nachteil sein. Dennoch sollte aber eine Definition, ein Ziel oder eine Kursfestlegung erfolgen, damit eine Partei überhaupt greifbar wird und an Substanz gewinnt. Fehlt diese Ausrichtung, wird sie schnell substanzlos. Vielleicht begnügen sich genau deshalb einige der führenden Vertreter der Partei mit knackigen Aussagen, ohne dass dazu ein geschlossenes Fundament von Werten präsentiert werden kann. Stattdessen laviert man sich durch Talkshows, denn „eigentlich" war das alles „so" gar nicht gemeint. Der Modus Operandi lautet ausschließlich *Schockstrategie!* – möglichst provokante Statements abgeben und diese dann herunterreden und mit teils hanebüchenen Ausreden begründen... Denn: Aufmerksamkeit ist klasse, doch nur die Definition der eigenen Person oder Partei könne schädlich sein.

Natürlich könnte man sich auf den Standpunkt stellen, dass dies nun mal in der großen Politik eben so ist. Und genau dieses Verhalten spiegelt sich aber auch oft im Kleinen wider, also in der Basis der AfD. Dort wird besonders die Kultur des „Motzens" kultiviert, ohne jedoch über eigene Lösungen zu verfügen. So kam es 2016 in NRW zu dem Desaster, dass zur Bildung der nötigen Landesliste für die Landtagswahlen 2017 volle drei Wochenenden(!) benötigt und am Ende Unterschriften für einen Sonderparteitag gesammelt wurden, der eine Wiederholung der Landeswahlveranstaltungen beschließen sollte, da Absprachen in Form von Chatprotokollen bekannt wurden – als hätte die Basis nicht mehr als genug Zeit für alle möglichen Allianzen, Gedanken und Netzwerke gehabt. Um Einigkeit herzustellen, müssen aber Inhalte genannt, definiert und an den Mann gebracht werden. Kurz: Genau das, was die AfD eben nicht kann. Exakt aus diesem Grund erlebte die Partei auch ein erstes Desaster, indem sie magere

6 Prozent bei der Landtagswahl in NRW einholte. Substanzlosigkeit lässt sich eben nicht dauerhaft kaschieren!

Ich möchte dies hier aber keinesfalls als AfD-Bashing verstanden wissen, denn ich halte der Partei zugute, dass sie erst 3 Jahre alt ist und sich noch weiterentwickeln muss und darf. Dummerweise fehlt uns gerade in Deutschland die Zeit dazu, was gleichzeitig meine Begründung für die teils harten Worte hier darstellen soll. Die AfD muss sich entscheiden: Will sie die jüngste der Altparteien sein oder besinnt sie sich auf ihre Essenz bzw. hat sie überhaupt den Mut, diese freizulegen?

Prominenten AfD-Vertretern wünsche ich den Mut und die Kaltschnäuzigkeit, sich nicht mehr von den Medien vorführen zu lassen. Alice Weidel hat dies in einer Talkshow eindrücklich demonstriert, als sie diese schlicht und einfach verlassen hat. Ich möchte an dieser Stelle aber auch ermuntern, den (verbalen) Säbel auszupacken und sich nicht mehr mundtot machen zu lassen. Die *Abteilung Attacke* wurde von der AfD noch zu wenig besetzt, dabei ist natürliche Aggressivität doch so *sexy*!

16. Der angebliche Kampf gegen Fake-News

Um die Glaubwürdigkeit der deutschen Medien ist es in unseren Zeiten nicht mehr gut bestellt. Zu viel Tendenzielles, zu viel Bevormundung und zu viel Parteiisches in Kombination mit scheinbar gezielten Weglassungen haben den Medien den unschönen Namen „Lügenpresse" eingebracht. Dabei handelt es sich um eine grundsätzliche Glaubwürdigkeitskrise der Medien, denn viele Menschen glauben den Alphajournalisten schlicht und einfach nicht mehr. Die Verantwortung für diesen Vertrauensverlust tragen die betreffenden Journalisten und Medienschaffenden vollständig selbst. Gerade die ehemaligen Lichtgestalten vom Format eines Claus Kleber haben viel zu der Beschädigung ihres eigenen Berufsstandes beigetragen. Als Beispiel sei hier das denkwürdige Interview[93] mit dem Erdogan-Anwalt Michael-Hubertus von Sprenger vom 13. April 2016 erwähnt, als die *Causa Böhmermann* (Erdogan-Gedicht) ihren Höchststand erreicht hatte. Der Genuss dieses Interviews ist jedem strengstens angeraten, bevor er auch nur einen Gedanken an das Thema „Fake-News" verschwendet. In direkter Folge sollten dann die unterstützenden Kommentare der Kollegen verglichen werden. Zum Beispiel im *Focus*[94], in der *Gala*[95] oder im *Kölner Stadtanzeiger*.[96] Natürlich handelt es sich um „Kommentare", aber auch diese Kommentare zu einem relativ soften Thema dienen hauptsächlich einem Zweck, nämlich der Definition einer Wirklichkeit, die es (vielleicht) so überhaupt nicht gibt. Claus Kleber stellte den besagten Anwalt nicht bloß und wurde auch nicht vom „Internet" gefeiert. Diese Behauptung ist im positivsten Fall absurd und im negativsten Fall eine dreiste Lüge.

Wenn nun die Damen und Herren Journalisten bereits so großzügig in ihrer Wertung und ihren Aussagen absolut überprüfbar sind, wie kreativ sind Journalisten dann bei Sachverhalten, bei denen wir ihnen lediglich glauben sollen, müssen und können? Sind also die Vorwürfe, die in dem Begriff „Lügenpresse" kulminieren, am Ende gar gerechtfertigt? Man könnte zu dieser Auffassung kommen, wenn man sich zum Beispiel auch die Berichterstattung über Russland und im Besonderen über Putin ansieht. Als klitzekleines Beispiel sei hier die unreflektierte Ausstrahlung von gefälschtem Videomaterial genannt, das von der ARD gesendet wurde. Gezeigt wurden russische Panzer, die angeblich in der Ukraine gefilmt worden waren. Es stellte sich jedoch heraus, dass die Aufnahmen von einer russischen Militäroperation aus 2009 stammten und im Kaukasus aufgenommen wurden. Wie war das noch gleich mit Fake-News und angeblich gesicherten Quellen sowie fundierter Recherche?

Nun ist es aber alles ganz anders, nur wir „normalen Bürger" verstehen das nicht so ganz. Die waidwunden Medien helfen uns dummen Konsumenten aber freundlich weiter und erklären, dass nur sie gesicherte Informationen liefern, während das böse Internet voll mit gefakten Informationen ist, die uns lediglich manipulieren sollen. Die hohe Vervielfältigung (mittels „Likes" in den sozialen Medien) würde den Fake-News dann eine unrechtmäßige Glaubwürdigkeit und Reputation verleihen, weshalb Journalisten für eine vehemente Bekämpfung dieser Informationen eintreten. Der (überführte) Lügner bezichtigt nun also den (vermeintlichen) Lügner ebenfalls der Lüge. Ob die geschätzten Journalisten tatsächlich glauben, auf diese Art und Weise auch nur ein einzelnes Quäntchen Glaubwürdigkeit zurückgewinnen zu können? In dem Fall würde es sich aber wirklich um reichlich kindische Gemüter handeln!
Wie kindisch manche dieser Gemüter wirklich sind, wird dann klar, wenn man sich den folgenden Vorschlag eines Journalisten auf der Zunge zergehen lässt: Journalistische Beiträge sollen zum Beispiel bei *Facebook* automatisch hervorgehoben werden und gleichzeitig sollen „Likes" von Journalisten eine größere Wirkung haben als die „Likes" von gewöhnlichen Zeitgenossen wie Ihnen und mir. Wie gut sich diese „Fachleute" doch um uns kümmern möchten und das auch noch völlig ohne Hintergedanken... Dem ist natürlich absolut ganz und gar nicht so. In unserer Zeit sind nämlich Seitenaufrufe von Webseiten (sogenannte „Klicks") zu einer Parallelwährung geworden, denn die Attraktivität einer Webseite für Werbeanzeigen wird unter anderem in Klicks gemessen. Es geht also lediglich (wie immer) um die klingende Münze. Wenn *Facebook* dieser Idee nachkommt, würde das eine Manipulation darstellen, die sich deutlich messbar auf den Konten der Journalisten niederschlagen würde. *Facebook* würde auf diese Weise das Internet zum zweiten Mal verraten, indem es nicht nur gesponserte Beiträge auffälliger, sondern auch politisch angepasste Inhalte ebenfalls deutlicher präsentiert. So wie wir Mark Zuckerberg kennen, schwant mir da nämlich nichts Gutes...

Der Begriff „Fake-News" bekam besondere Aufmerksamkeit durch den US-Wahlkampf, der durch diese falschen Nachrichten stark zu Gunsten von Donald Trump beeinflusst worden sein soll. Besondere Erwähnung fand dabei ein kleines Dorf in Albanien, von dem aus ein Großteil der Fake-News ins WWW gesetzt worden sein soll.

Für uns Deutsche wird hingegen immer wieder das gleiche Beispiel für angebliche Fake-News bemüht. Dies ist verwunderlich, da es doch angeblich so eine große Masse an Fake-News geben soll. In dem vielfach in den Medien zitierten Beispiel geht es um eine Versammlung von syrischen Flüchtlingen in Dortmund, die zur Erstürmung der Reinoldi-Kirche geführt haben soll. Am Ende soll dann die Kirche auch in Flammen gestanden haben. Dies wurde von der amerikanischen Website *Breitbart* gemeldet, der eine große Nähe zu Donald Trump nachgesagt wird. Die Polizei Dortmund sah sich dann umgehend dazu genötigt, eine Gegendarstellung zu veröffentlichen, in der die Ausschreitungen relativiert wurden: Die Kirche wäre nicht gestürmt worden und ebenfalls hätte sie auch nicht gebrannt. Stattdessen habe ein Netz gebrannt, das Bauarbeiten an der Fassade der Kirche sichern sollte. Die Kirche sei lediglich von „wenigen" Raketen getroffen worden, ebenso wie „einige" unbeteiligte Passanten. Hingegen bestätigte die Polizei Dortmund die Zahl von 1.000 „Nordafrikanern", die sich am Dortmunder Leeds-Platz mit syrischen Flaggen versammelt hätten. Laut „Alphajournalisten" sollte die Versammlung dazu dienen, die Waffenruhe in Aleppo zu feiern. Wie würden es die gleichen Journalisten wohl nennen, wenn sich deutsche Fußballfans vor einer Moschee versammeln und den Sieg ihrer Mannschaft dann mit einigen Silvester-Raketen feiern, die dann auch versehentlich das Gotteshaus treffen würden? Wahrscheinlich wären die Grundaussagen der Journalisten nicht ganz so verständnisvoll.

An diesem Beispiel wird dann aber auch die Problematik der Fake-News-Strategie deutlich: Sie dient vornehmlich den Medien zur Erzeugung neuen Vertrauens, kann sich aber auch sehr schnell gegen den Benutzer wenden. Im genannten Beispiel stand die Reinoldi-Kirche nicht in Flammen, doch während einige Raketen die Kirche trafen, waren „Alahu Akbar"-Rufe („Gott ist größer") zu hören – dies wird von mehreren Videoaufnahmen belegt. Wie ist diese Tatsache mit der Freude über einen Waffenstillstand vereinbar? Für mich gibt es da keinen Zusammenhang, aber dies wird von der Presse an keiner Stelle thematisiert. Also: Wieder eine willentliche Weglassung, die erneutes Wasser auf die Mühlen der „Lügenpresse"-Schreier sind. Das ist wohl eher nicht im Sinne des Erfinders…

Zu Beginn dieses Kapitels sprach ich ja schon vom Kriterium „Wahrheit" und dass Journalisten behaupten, dass nur sie sauber recherchierte und belegte Beiträge produzieren, während alle anderen unsauber recherchieren würden oder lediglich Propaganda verbreiten (also Fake-News). Als Beleg für angebliche Wahrhaftigkeit werden dann in letzter Zeit auch besonders gerne „Fakten" wie Umfrageergebnisse und Statistiken ins Feld geführt. Darunter werden auch bevorzugt Umfragen veröffentlicht, die die unglaubliche Beliebtheit von Angela Merkel belegen sollen. Wer nun sagt, dass die Deutschen ihre Bundeskanzlerin am liebsten zum Teufel jagen würden, der verbreitet per Definition Fake-News, schließlich gibt es ja Umfragen, die das Gegenteil belegen. Merken Sie, wie nützlich die Einführung des Begriffs der „Fake-News" sein kann? Von hier bis zur Einführung eines „Wahrheitsministeriums" ganz im Geiste des Orwellschen „1984" ist es nur noch ein paar Schritte. Wenn Politiker bereits Strafen für die Verbreitung von Fake-News fordern, sind wir vielleicht bereits einen Schritt weiter.

An anderer Stelle in diesem Buch spreche ich über den „flexiblen" Einsatz von Statistiken im Zusammenhang mit der statistischen Erfassung der Geburtenrate. Schon Winston Churchill wusste, dass man *besser keiner Statistik trauen sollte, die man nicht selbst gefälscht hat"*. An dieser Stelle möchte ich zu dieser Thematik nur noch sagen, dass eine angebliche Statistik einen Lügner nicht rehabilitieren kann. Oder würden Sie einem Hütchenspieler trauen, der Ihnen mit einer Statistik seine Rechtschaffenheit belegen möchte? Vertrauen *erarbeitet* man sich eben, und wenn es verspielt ist, hilft da keine aus dem Hut gezauberte Statistik. Ähnlich verhält es sich mit Studien. Noch längst nicht alle Menschen wissen, dass Studien nicht vom Himmel fallen, sondern finanziert werden. Niemand finanziert aber „irgendetwas" lediglich aus Spaß an der Freude. Eine Studie soll immer einen Nachweis für oder gegen etwas erbringen. Ein simples, aber prägnantes Beispiel dafür ist der Hype um das *Nordic Walking* Anfang der 2000er Jahre. Plötzlich erschienen Studien, die die positiven Effekte des Stockeinsatzes beim Gehen belegten. Jetzt raten Sie mal, wer diese Studien finanziert hat. Könnten das etwa die Produzenten der dazu nötigen Walking-Stöcke gewesen sein? Doch Gerüchten zufolge soll die Stoßwirkung der Gehstöcke auf die Schulter eine negative Wirkung haben, die sogar die Entstehung von Arthrose begünstigen könnte. Ist Ihnen eine Studie bekannt, die sich damit beschäftigt? Könnte das damit zusammenhängen, dass niemand Geld für eine solche Studie ausgeben möchte, da eine solche Studie nicht zur Generierung besserer Verkaufszahlen führt? Das sind wieder ketzerische Gedanken, nicht wahr?

Ebenso wurde 2016 der Begriff des „postfaktischen Zeitalters" auch im deutschen Sprachraum ins Spiel gebracht. Die Erschaffung des Begriffs der „Fake-News" ist ein elementarer Bestandteil davon. Die Marschrichtung ist klar: Wer seinen subjektiven Erfahrungen und Eindrücken mehr glaubt als dem, was angebliche Autoritäten mit fantastischen und unangreifbaren Belegen vorgeben, untermauern zu können, der ist ein postfaktischer Narr und dem ist nicht mehr zu helfen. Warum muss ich bei solchen Ideen an die Schlange Kaa aus dem »Dschungelbuch« denken, die Mogli mit dem Reim „*Glaube mir!*" hypnotisieren will?

Ich warte nur noch auf die Umfrage, die bestätigt, dass es „nachts kälter als draußen" ist. Es kann sich nur um eine Frage der Zeit handeln, bis das passiert!

Der Vertrauensverlust der Mainstreammedien geht auch mit einem anderen Umstand Hand in Hand. Dabei handelt es sich um den Zugang des Einzelnen zu *Informationen*. Immer mehr Menschen begeben sich vor allem im Internet selbstständig auf die Suche nach Informationen und Nachrichten. Dies resultiert ebenfalls wohl kaum aus einem gestiegenen Vertrauen in die Medien und vor allem in die angeblichen Qualitätsjournalisten. Immer mehr Menschen registrieren, dass Objektivität und Faktentreue im Zusammenhang mit den Medien oftmals nicht in Einklang zu bringen sind. Statt sich deshalb auf die schreibende Zunft zu verlassen, recherchieren Menschen selber, beginnen Quellen selbstständig zu überprüfen und zu verifizieren. Informationen sind eben kein knappes Gut mehr, sondern zu einem Rohstoff für alle geworden. Deshalb verzichten auch immer mehr Menschen entweder ganz auf Zeitungen, Zeitschriften und auch auf das Fernsehen.

An dieser Stelle führen (vornehmlich) linke Journalisten dann das Argument der *Filterbubble* (Filterblase/Informationsblase) an. Dieses Schlagwort geht auf den Internetaktivisten Eli Pariser zurück und beschreibt das Phänomen, dass Internetbenutzer angeblich betriebslind für Fakten werden, die nicht ihrer fixen Weltanschauung entsprächen. Wer kritisch denkt, könnte hier natürlich fragen, ob Journalisten dagegen gefeit sind? Ebenso könnte man fragen, ob es sich beim Thema „Filterbubble" tatsächlich auf faktische Informationen bezieht, oder ob es dabei in Wirklichkeit lediglich um weltanschaulich geprägte Sachverhalte handelt. Sollte das der Fall sein, muss ich leider gestehen: Ich habe so gar kein Interesse an linker Propaganda. Warum sollte ich mich mit etwas beschäftigen, was nachweislich falsch und zudem auch noch gefährlich ist? Welchen Nährwert hätte eine solche Beschäftigung, außer dass es sich um totale Zeitverschwendung handelt? Die Wahrheit lautet am Ende, dass die Informationsblasen der Journalisten durch die freie Zugänglichkeit zu Informationen offenkundig geworden sind. Viele Menschen sind den Volkspädagogen und den linke Bessermenschen schlicht und einfach überdrüssig geworden!

Es gibt aber auch in den Mainstreammedien Journalisten, die dies erkannt haben und es auch ansprechen. Ein interessantes Beispiel dafür lieferte die *Spiegel.online*-Journalistin Barbara Hans in ihrem Essay *Warum Redaktionen mehr Vielfalt brauchen.*[97] Artikel, wie der gerade genannte, regen zum Nachdenken an und führen zu einem verhaltenen Maß an Optimismus!

17. Das bedingungslose Grundeinkommen

Schon seit langem geistert die Idee des *Bedingungslosen Grundeinkommens* (BGE) durch die Welt. Grundsätzlich geht die Idee des BGE auf den Nobelpreisträger Milton Friedman zurück, der 1962 die Idee der negativen Einkommenssteuer präsentierte.

Seit 1962 ist jedoch viel Zeit vergangen und ebenso hat sich auch die „Linke Ideologie" weiter verbreitet. So ist 2017 von Friedmans Idee der negativen Einkommenssteuer nur noch „Geld für Alle" übriggeblieben: Friedman wollte für jeden Einkommenssteuerzahler einen pauschalen Betrag vom zu versteuernden Einkommen abziehen. Sollte das zu versteuernde Einkommen dann sogar ein negatives Vorzeichen aufweisen, sollte der Betrag dem Steuerpflichtigen ausgezahlt werden. Wo ist der Vorteil der negativen Einkommenssteuer? Sie käme ausschließlich den erwerbstätigen Bürgern zugute, denn es geht ganz gezielt um die Senkung der Steuerlast bzw. um den Ausgleich geringer Einkommen – auch denen von Freiberuflern und Selbstständigen. Nun haben Linke naturgemäß eine starke Aversion gegen Leistung, deshalb konnte Friedmans Idee natürlich so nicht bestehen bleiben. Stattdessen verwandelte man die negative Einkommenssteuer eben ins BGE. Dieses Grundeinkommen soll nun allen Bürgern zustehen, egal ob es Millionäre, Berufstätige oder Arbeitslose sind. Eine wie auch immer geartete Lenkungsfunktion hinsichtlich Verbesserung der beruflichen Qualifikation oder anderen Gesichtspunkten soll nicht stattfinden. Motto des BGE ist: Ich bin, also kassiere ich.

Seit Ende 2016 läuft in Finnland ein Pilotversuch mit BGE, bei dem vor allem die Effekte auf Langzeitarbeitslose untersucht werden sollen. Monatlich erhält jeder Projektteilnehmer eine Pauschale von 560 Euro, aber keine sonstigen staatlichen Mittel. Insgesamt fällt das BGE in diesem Versuch um ca. 50 Euro geringer als die sonst übliche staatliche Unterstützung aus, dafür darf aber ohne Anrechnung unbegrenzt hinzuverdient werden. Bisher sieht es so aus, als ob das BGE dazu führen könnte, dass Langzeitarbeitslose gezielt Impulse bekommen, damit sie ihr BGE selbsttätig aufstocken.

Grundsätzlich hätte die Einführung des BGE den absoluten Vorteil, dass der behördliche Wasserkopf von heute auf morgen überflüssig würde, der im Dunstkreis der Verwaltung und Prüfung von Arbeitslosenhilfe bzw.

Hartz IV angewachsen ist – denn diese Hilfe gäbe es dann nicht mehr. Ebenso könnte man tatsächlich Aspekte der vielbeschworenen „sozialen Gerechtigkeit" anführen, da nun auch die Leistungserbringer (sprich Einzahler in das Sozialsystem) dauerhaft in den Genuss staatlicher Zuwendung kommen würden. Jeder Erwerbstätige bekäme das BGE als „Zückerli on top" zu seinen monatlichen Einnahmen.

Das Problem an Utopien ist nun aber immer die unmögliche Realisierbarkeit oder: Wer soll das bezahlen? Sicher, bei sehr vielen Bürgern wäre das BGE ein klassischer „Durchlauferhitzer" und ginge sofort in den Konsum. Handel und Gewerbe würde genauso jubilieren wie auch die Staatskasse, die an den dortigen Mehreinnahmen direkt beteiligt wäre. Aber: Hätte, wäre, wenn…? Es gibt einfach eine ganze Reihe von Eventualitäten, die nicht auszugleichen wären und letztlich ein dickes Minus für den Staatshaushalt bedeuten würde. Das wäre für einen Linken verkraftbar, da ihm ja der Staat an sich egal ist. Wer aber weiter denkt, könnte auf die Idee kommen, dass ein Minus im Staatshaushalt letztlich doch wieder nichts anderes als Steuererhöhungen für die Erwerbstätigen bedeuten würde. Im Klartext: Wer arbeitet, zahlt doch wieder die Segnungen für die Nichterwerbstätigen. Weiterhin sollte ein anderer Aspekt nicht ganz unbeachtet bleiben, wenn man zum Beispiel über die weitere Reduktion der öffentlichen Verwaltung nachdenkt. Beamte sind sicherlich die teuersten Arbeitnehmer, die man sich vorstellen kann. Doch in Zeiten der Globalisierung werden qualifizierte Arbeitsplätze immer seltener. Eine Volkswirtschaft kann aber nur *bedingt* funktionieren, wenn es fast nur noch schlechtbezahlte Arbeitsplätze gibt. Wer soll dann noch die Binnennachfrage stützen?

Kommen wir aber zu den angesprochenen Problemen im Zusammenhang mit dem BGE. Stellen wir uns einfach vor, dass ein Arbeitnehmer nun zusätzlich zum Arbeitsentgelt das BGE erhält. Die Eltern dieses Arbeitnehmers sind bereits Rentner und bekommen ebenfalls das BGE. Zusammen mit BGE und Rente ist das Einkommen der Eltern aber immer noch sehr gering, also entscheiden sie sich, ihren Lebensabend in Thailand zu verbringen, wo die Lebenshaltungskosten drastisch niedriger als in Deutschland sind. Unser Beispiel-Arbeitnehmer verdient selbst nun überdurchschnittlich und möchte deshalb seine Eltern in Thailand unterstützen. Deshalb überweist der gute Sohn das BGE monatlich sofort nach Thailand. Die Eltern des Arbeitnehmers freuen sich und können dort ein richtig gutes Leben führen. Frage: Was hat die Allgemeinheit in Deutschland davon? Antwort: Nichts, überhaupt nichts außer Kosten!

Nun könnte man sich auf den Standpunkt stellen, dass ja nicht alle Rentner ins Ausland gehen und auch nicht alle Erwerbstätigen ein so großes Herz für ihre Eltern (im Ausland) hätten. Durchaus stimmig, aber wir vergessen hier etwas: Was wäre beispielsweise mit anderen Personengruppen – mit Flüchtlingen, mit Migranten und mit anderen Personengruppen, deren Verwandtschaft eben im Ausland weilt? Hier käme dann eine ganze Menge „Holz" zusammen, das dann doch wieder der Geldzirkulation in Deutschland verloren gehen würde. Auch diesen „Spaß" würden dann die deutschen Erwerbstätigen finanzieren…

Linke nehmen solche Einwände natürlich nicht ernst bzw. feiern diese Konsequenzen unter Umständen dann auch noch als Durchbruch im Bereich der sozialen Gerechtigkeit auf internationaler Ebene. Weiterhin muss man natürlich auch die Frage nach der Signalwirkung des BGE stellen. Ist es aus pädagogischen Gründen überhaupt so erstrebenswert, alle Bürger zu Leistungsempfängern zu erklären? Oder besteht hier nicht sogar die Gefahr, dass die Abhängigkeit von sozialen Zuwendungen für breite Bevölkerungsschichten zur Normalität wird?

Wie ich an anderer Stelle in diesem Buch erkläre, stehe ich Steuern sehr skeptisch gegenüber und daraus folgert auch ein gewisser Argwohn dem gegenüber, was mit den Steuern angefangen wird. Meiner Meinung nach muss es darum gehen, weniger und weniger Steuern zu erheben und den daraus entstehenden Staatshaushalt effektiv zur Finanzierung zwingend nötiger Aufgaben zu verwenden. Auf diese Weise würde dauerhaft die Steuerlast des Erwerbstätigen reduziert und ihm bliebe mehr von seinem selbsterarbeiteten Geld. Das verstehe ich unter nachhaltiger Fiskalpolitik, alles andere entspringt eher aus einem linken Utopia. Wie ist es denn den sozialistischen und kommunistischen Staaten ergangen? Ein Blick in die Geschichtsbücher hilft bei der Urteilsbildung über deren nachhaltige Wirtschaftspolitik! Davon abgesehen ist in dieser Welt nichts, aber auch gar nichts „umsonst": Selbst der Tod „kostet" etwas – das Leben.

Wenn es um einen steuerfinanzierten Staatshaushalt geht, muss die Devise lauten: Nicht etwas (BGE) für Nichts. Wenn staatliche Mittel ausgezahlt werden, muss das mit einem Benefit für die Allgemeinheit verbunden sein – vorrangig, damit die Zahl der Einzahler ins soziale System zumindest langfristig erhöht wird. Jede andere Verwendung von Steuergeldern ist Verschwendung und letztlich sogar Diebstahl. Wenn Sie das anders sehen und gerne Ihr Geld sinnvoll verteilen möchten, dürfen Sie mich gerne monatlich mit einem Betrag ihrer Wahl unterstützen – ich bin Ihnen gerne beim Geldausgeben behilflich!

Die andere Perspektive

Als konservativer Traditionalist kann ich einfach keinen anderen Standpunkt zum Thema BGE haben. Nun lege ich aber sehr großen Wert darauf, neben meiner politischen Einstellung auch immer noch ein ganz normaler Mensch zu sein. Jeder politische Standpunkt macht auch zwingend „weiße Flecken" auf der individuellen Weltkarte nötig bzw. verursacht diese sogar ganz entscheidend. Jenseits jeder ideologischen Debatte und jedem konservativen Wert muss ganz einfach auch der tatsächliche *Ist*-Zustand regelmäßig wahrgenommen und analysiert werden, wenn man nicht zum betriebsblinden Kommiskopf werden will.

Wie wohl bisher zweifellos klargeworden sein dürfte, bin ich ein erklärter Gegner von Steuern und einem extremen Sozialstaat. In meinen anderen Büchern habe ich das Thema „Selbstverantwortung" zu einem meiner essentiellen Werte erklärt und auch sehr eindrücklich definiert. Doch dazu gibt es in unserer Gesellschaft ein Problem. Und dieses Problem ist so fundamental, dass ich es an dieser Stelle ansprechen *muss*. Wenn ich ehrlich bin, handelt es sich sogar um eine Katastrophe!

Es geht dabei um eine ganz grundsätzliche Tatsache, auf der die westliche Gesellschaft basiert und die uns deshalb alle etwas angeht: Die Politik hat willentlich eine monetäre Planwirtschaft erschaffen. Die Gesetze des freien Marktes wurden und werden völlig ausgehebelt und ad absurdum geführt. Gerade jetzt, als ich diese Zeilen schreibe, hat die Fluggesellschaft *Air Berlin* ihre Insolvenz bekanntgegeben. Selbstverständlich hat die Bundesregierung keine Zeit verstreichen lassen, um dem Unternehmen unverzüglich *finanziell* beizuspringen. Wie würden die Wähler reagieren, wenn ihr sauer verdienter Urlaub – kurz vor der Bundestagswahl! – ins Wasser fallen würde, weil am Flugzeug ein Pfandsiegel klebt? Wen interessiert denn schon im gleichen Atemzug, dass zeitgleich zahlreiche Handwerksbetriebe pleitegehen? Es interessiert doch vor allem keinen Politiker und folglich wird auch kein Finger dafür gekrümmt!

Wo ist also hier die von mir beschworene *Selbstverantwortung*, wenn *Air Berlin* von staatlicher Seite so bereitwillig geholfen wird, damit das Unternehmen nicht fällt? Dies ist lediglich ein aktuelles Beispiel dafür, wie im großen Maßstab mit dem Thema „Selbstverantwortung" umgegangen wird. Noch prägnanter wird es, wenn man sich mit den Themen der Nullzinspolitik der Notenbanken oder der Griechenlandkrise beschäftigt. Doch dies haben andere Autoren bereits sehr profund und eindrücklich geleistet. Die erschreckende Kurzfassung davon lautet: Staatliche Gelder fluten die internationalen Märkte, damit Einzelne damit eine unvorstellbare Wertschöpfung erschaffen können, während wir alle (und auch die Griechen) doppelt und dreifach dafür bluten müssen. Wie ist das mit Selbstverantwortung zu vereinbaren? Die bittere Wahrheit lautet doch, dass dies absolut *nicht* vereinbar ist. Hochfinanz und Politik haben ein durch und durch manipuliertes System geschaffen, in dem es lediglich um Geld und Macht geht, und nicht um Werte oder Moral!

Warum sollte sich also der Einzelne trotzdem noch der Selbstverantwortung verpflichtet fühlen? Ich bleibe dabei: Das System besteht aus *Individuen*, die dieses mit ihrem Verhalten mitgestalten. Das ändert allerdings kurzfristig keinesfalls die Regeln dieses manipulierten Spiels. Warum aber sollten dieses Spiel dann weiterhin auf den Rücken der Ehrlichen ausgetragen werden? Nein, es gibt einfach keinen Grund dazu!

Die beschriebene Situation wirkt umso schwerer, wenn man bedenkt, dass sich die Berufswelt in den letzten Jahrzehnten massiv verändert hat. Laufbahnen, die im gleichen Unternehmen beginnen und auch enden, sind heute die absolute Ausnahme. Unternehmen gehen pleite und werden aufgekauft oder, wenn es glimpflicher zugeht, werden lediglich Stellen abgebaut. Also wird kaum ein Arbeitnehmer in Zukunft ohne erwerbsfreie Phasen in seinem Lebenslauf auskommen.

Weiterhin hat das Thema „lebenslanges Lernen" eine vollkommen neue Dimension bekommen. Ging es einstmals darum, einen guten Beruf zu erlernen und sich darin kontinuierlich weiterzubilden, geht es heute darum, *flexibel* zu sein. Das bedeutet inzwischen, eine Ausbildung in einem Beruf abzuschließen, ein paar Jahre später einen radikalen Wechsel durchzumachen und am Ende in einem völlig anderen Tätigkeitsbereich in den Unruhezustand zu gehen. Schöne neue Welt!

Ein anderer Aspekt ist das Thema der „fairen Bezahlung". Wie sich der geneigte Leser vorstellen kann, ist das Schlagwort *Mindestlohn* eine absolute Horrorvorstellung für mich. Doch wir leben im Jahre 2017 und haben in Deutschland einen gesetzlich vorgeschriebenen Mindestlohn. Meiner Überzeugung nach zerstören Mindestlöhne einerseits die Chancen der gering bis gar nicht qualifizierten Arbeitnehmer, während es andererseits das natürliches Anliegen eines Unternehmers sein sollte, seinen Angestellten gute Löhne zu zahlen. Wie schon erwähnt, darf ich mir etwas Romantik erlauben – solange ich mich wenigstens erfolgreich von der Wirklichkeit kurieren lasse. Und die Wirklichkeit sieht dabei nämlich so aus, dass eine *faire* Entlohnung für die Arbeitgeber zu einem immer größeren Hindernis wird, denn die Lebenshaltungskosten und die Lohnnebenkosten steigen kontinuierlich. Dies trifft natürlich besonders dort zu, wo es nicht um extrem hohe Umsätze und um Arbeitnehmer mit den höchsten Qualifikationen geht. Hier würde das BGE ein echtes Problem lösen, denn zusammen mit der Entlohnung könnte auch für Geringqualifizierte ein wirklich *faires* Einkommen entstehen.

In meinem direkten Umfeld konnte ich beobachten, wie niedrige Löhne und ignorante Arbeitgeber zu einem folgenschweren Problem werden können: Ein etabliertes Pflegeheim für Behinderte entschloss sich zu einem drastischen Schritt, der die Situation der Angestellten massiv verschlechterte. Aufgrund der Größe des Wohnheims wurden generell keine Zuschläge an Feiertagen und Wochenenden auf den ohnehin schon nicht stolzen Lohn gezahlt. Da eine Nachtwache aus Altersgründen ausschied, traf die Heimleitung die Entscheidung, die nun offenen Nachtdienste (angeblich vorübergehend) auf neu angestellte Fachkräfte zu verteilen. Das Ergebnis war ein völliges Chaos an Schichtwechseln, das dann auch noch mit drastisch gekürzten „Wochenenden" garniert wurde. Das Ergebnis war eine Kündigungswelle, der sich das komplette Personal anschloss! Leidtragende sind hier am Ende natürlich die Behinderten des Pflegeheims, die sich zum Teil seit Jahren an das Personal gewöhnt und durch die Kündigungen feste Bezugspersonen verloren haben.

Diese Angestellten treffen nun im Pflegebereich auf einen Markt, der nach Personal geradezu lechzt. Ob sich die Fachkräfte bei dem Wechsel verbessern können, bleibt jedoch fraglich. Und da sind wir nun genau bei unserem Thema. Die betreffenden Menschen haben grundsätzlich alles richtig gemacht, denn sie wurden mit Arbeitsbedingungen konfrontiert, die einfach nicht akzeptabel waren. Was wäre aber passiert, wenn die Angestellten in einem arbeitsplatzmäßig hart umkämpften Sektor tätig gewesen wären. Hätten die Menschen trotzdem so mutig gekündigt oder hätten sie sich doch zwangsläufig länger den unzumutbaren Bedingungen ausgesetzt? Auch in solchen Fällen wäre das BGE absolut hilfreich, denn dieses erhält schließlich jeder und es muss folglich auch nicht beantragt werden. Arbeitslosengeld wird nur dort gewährt, wo nicht willentlich vom Arbeitnehmer gekündigt wird. Insofern würde dann das BGE die Stellung von Arbeitnehmern zusätzlich absichern.

Mein größter Kritikpunkt in Bezug auf das BGE jedoch die Finanzierbarkeit. In diesem Punkt hat mich Götz W. Werner, der Gründer der Drogeriekette *dm*, eines Besseren belehrt. Am Anfang dieses Kapitels sprach ich davon, dass hier wieder ausschließlich die *Leistungserbringer* zur Kasse gebeten würden. Dies trifft aber nur dann zu, wenn wir weiterhin die *Erträge* einer Person besteuern, wie zum Beispiel mittels Einkommensteuer. Würde diese Art der Besteuerung jedoch vollkommen abgeschafft und stattdessen lediglich eine große *Verbrauchssteuer* eingeführt, wäre selbst ein konservativer Hardliner wie ich dieser Idee nicht mehr abgeneigt. Dies wäre das Ende der Einkommensteuererklärung, der Erbschaftssteuer und vieler anderen Ärgernissen. Ebenfalls würde damit eine radikale Verschlankung des Verwaltungsapparats erzielt, denn Finanzbeamte wären dann die „Bergleute" der öffentlichen Verwaltungen. Entlassen würde aber niemand, denn es handelt sich ja um Beamte. Die Leidtragenden davon wären dann Steuerberater und deren Angestellte, doch dies wäre dann wohl ein notwendiges Übel.

Resümee

Konservatismus ist kein Synonym für plumpes Hinterwäldlertum oder der Rückzug in einen weltfremden Elfenbeinturm. Stattdessen geht es um die Entscheidung darüber, was man für die Zukunft bewahren will und was eben nicht. Dies kann, wie hier gut zu erkennen ist, auch zu überraschenden Positionen führen.

Wahrscheinlich wird das BGE kommen, wenn das Thema „Soziale Gerechtigkeit" wirklich angefasst wird. Ich kann dies befürworten, wenn in der Fiskalpolitik ein Wechsel von der Ertragsbesteuerung zur ausschließlichen Konsumsteuer stattfindet. Passiert dies nicht, tragen wieder die Leistungsträger die Last und es handelt sich lediglich um ein linkes Horrorszenario. Und selbstverständlich kann das BGE nur eingeführt werden, wenn Hartz IV auch konsequent abgeschafft wird. Ebenso muss sichergestellt werden, dass das BGE tatsächlich jedem Deutschen zugutekommen muss: Studenten, Arbeitslosen, Arbeitnehmern, Freiberuflern und eben auch Millionären.

Am Ende bleibt dann noch eine Frage, die bereits vor der Einführung des BGE geklärt werden muss: Es geht dabei um den Verbleib des BGE-Geldes in Deutschland oder zumindest in der EU. Fließt dieses Geld in nicht unbeträchtlicher Höhe in ein anderes Land ab, wird die Einführung des BGE zum volkswirtschaftlichen Desaster der BRD. Eng mit diesem Punkt verwandt ist auch eine andere Frage: Ein *Bedingungsloses Grundeinkommen* in Deutschland wird sicherlich zumindest ein weiterer Anreiz für Migranten und Flüchtlinge sein, um sich auf die Reise zu begeben. Aus diesem Grund muss ebenfalls geprüft werden, wie *bedingungslos* das BGE nun wirklich sein soll. Sollen diese Zuwendung „alle Menschen in Deutschland" bekommen oder nur alle Deutschen?

Ich bin mir im Klaren darüber, dass dies unbequeme Fragen sind. Aus diesem Grund werden die Verantwortlichen sich wohl um eine zeitige Beantwortung drücken und das Kind zuerst in den Brunnen fallen lassen. Deshalb lautet meine Antwort auf die Frage nach einem BGE: Ja, wenn wir unsere Hausaufgaben machen und alle offenen Fragen beantworten, kann diese Idee für unser Land eine sehr segensreiche Möglichkeit sein!

In den 1980er-Jahren wurde bereits einmal ein gigantischer Fehler durch die Gesetzgebung begangen: Die Robotik hielt Einzug in die Produktion und wurde (natürlich besonders wieder von Linken) frenetisch gefeiert. Angeblich würden gefährliche, unangenehme und monotone Tätigkeiten von den Robotern übernommen, während im Gegenzug kein einziger Arbeitsplatz wegfallen sollte. Anstelle dessen würden zahlreiche qualifizierte Arbeitsplätze entstehen, eben um die Roboter zu programmieren, zu warten und zu reparieren. Wer einmal eine moderne und deshalb hochgradig automatisierte Produktionsstraße besichtigt hat, kennt jedoch die Wahrheit. Die Roboter wurden flächendeckend eingeführt und für den Betrieb dieser Automaten benötigt man nur äußerst wenig, dafür aber umso höher qualifiziertes Personal. Deshalb ist die Wahrscheinlichkeit auch äußerst gering, dass ein ehemaliger Arbeiter zum Wartungsingenieur oder Programmierer aufsteigt.

Der Fehler der damaligen Zeit lag nun aber nicht in der Einführung dieser Technologie, denn Technikfeindlichkeit hat sich noch nie ausgezahlt. Roboter haben ihre Vorteile, darüber darf es keine Zweifel geben. Gerade ein Industrieland wie Deutschland darf sich in modernen Produktionstechniken keine Defizite leisten! Anstelle dessen wurde aber versäumt, eine *Maschinensteuer* oder *Robotersteuer* einzuführen. Auf diese Weise sind der Allgemeinheit und den Sozialsystemen Unsummen verlorengegangen. Dieser Lapsus muss aber dringend ausgebügelt werden, denn die westliche Welt steht vor der vielleicht größten Revolution der Arbeitswelt, die sogar die Erfindung der Dampfmaschine in den Schatten stellen könnte: *Industrie 4.* Unter diesem griffigen Schlagwort versteht man nichts anderes als den massenhaften Einsatz von Applikationen und Robotern auch in Verwaltung und Dienstleistungen. Davon soll gerade die Ebene der Sachbearbeiter betroffen sein, also durchaus qualifizierte Arbeitsplätze. Die Vernichtungswirkung dieser Revolution kann jetzt noch nicht abgeschätzt werden, Experten sind sich aber einig, dass sich unsere Arbeitswelt massiv verändern wird und zunehmend Künstliche Intelligenz (KI) dort zum Einsatz kommt, wo es qualifizierte Aufgaben zu übernehmen gilt. Dies soll dazu führen, dass im ungünstigsten Fall jeder zweite(!) Arbeitsplatz in Deutschland wegfallen könnte![98] Wenn also auch diese Arbeitsplätze (nach den Rationalisierungsmaßnahmen in den 1970er- und 1980er-Jahren vor allem in der Produktion) wegfallen, wo sollen die Deutschen denn dann überhaupt noch arbeiten? Wer soll dann noch die Sozialsysteme tragen? Dieser Entwicklung kann nur entgegengesteuert werden, wenn für jeden Roboter, jede künstliche Intelligenz und jede Applikation die zum Einsatz kommt, zumindest Sozialabgaben entrichtet werden müssen. Besser noch wäre die bereits angesprochene *Maschinensteuer*, denn auch diese könnte als Quelle für ein BGE angezapft werden. Wenn diese Entwicklung eintrifft, könnte ein BGE sogar noch eine wichtigere Rolle spielen. Es ist mehr als wahrscheinlich, dass Jobs dann nur noch in der Informationstechnik entstehen werden. Auf diesem Sektor befinden wir uns in Deutschland aber nicht am Puls der Zeit. Jack Ma, der bekannte Gründer des chinesischen *Amazon*-Konkurrenten *Alibaba*, sagt es in drastischen Worten:

„Die Schulen bilden die Arbeitslosen von morgen aus!"

Eine der Grundfertigkeiten der Zukunft ist das *Coden,* also das Programmieren. Die traurige Wahrheit lautet aber, dass selbst ein Absolvent eines Informatikstudiums nicht zwangsläufig programmieren kann! In der übrigen Bevölkerung sieht das natürlich keinesfalls besser aus, denn die Mehrheit besteht aus *digitalen Analphabeten,* die keine einzige Zeile Programmiercode zustande bekommen können. Dies wird für Deutschland teuer werden, besonders wenn man an die zahlreichen Analphabeten denkt, die auch dank der Massenmigration in unser Land gekommen sind. Das Narrativ des Ziegenhirten, der in kürzester Zeit zum neuen Bill Gates wird, dürfte wohl offensichtlich zu wackelig sein, als dass es auch nur ein Lieschen Müller glauben dürfte!

Das BGE könnte aber eine wichtige Rolle bei der Qualifizierung bisheriger digitaler Analphabeten spielen. Wer unter keiner Existenzangst leidet, kann besser neue Lerninhalte aufnehmen und verarbeiten. Das gilt natürlich ganz besonders für Arbeitnehmer, die nach mehreren Jahrzehnten in ihrem Beruf von der *Industrie 4.0* eiskalt von der Arbeitslosigkeit erwischt werden und von der Pike auf etwas völlig Neues, wie z.B. eine Programmiersprache, erlernen müssen. Dies wird die Realität sein und niemand sollte mehr mit Segnungen, wie z.B. großzügigen Sozialplänen oder angenehmen Frühpensionierungen, rechnen. Das Gegenteil wird der Fall sein und auch der Exit in die Regelarbeitsrente steht nirgends in Stein gemeißelt. Gerade unter diesen Aspekten werden wir uns über neue Wege Gedanken machen müssen. Das BGE ist einer dieser Wege!

18. Der Januskopf Trump und die Medien

Da habe ich am 8. November 2016 nicht schlecht gestaunt, als sich auf der stilisierten Karte der USA in der ARD-Wahlsendung immer mehr Staaten in den Farben von Trump verfärbten. Den Moderatoren und anwesenden Experten in der Wahlsendung ging es noch schlechter, denn sie waren nicht überrascht, sondern sogar absolut schockiert. Dieses Ergebnis hatte keine ihrer geliebten Statistiken und Umfragen vorhergesagt, nein, es war alles lediglich Fake-News gewesen.

Als sich bereits ganz klar der Trend abzeichnete, versuchten Journalisten und Experten immer noch eine gewisse Unsicherheit in das schon relativ klare Ergebnis hineinzureden, doch es half bekanntlich alles nichts. Der Hassgegner der Medien hatte die Wahl für sich entschieden, indem er vor allem mit einer Politik für die konservativen Bevölkerungsschichten gepunktet hatte. Ganz elementarer Bestandteil dieses Wahlsiegs war das auf den Slogan *„America first"* reduzierbare Wahlprogramm des Milliardärs. Jobs sollten vor allem wieder in den USA entstehen, die Einsätze als Weltpolizist sollten eingedämmt und der „Sumpf" in der Politik sollte trockengelegt werden. Die Gegenkandidatin Hillary Clinton stellte den totalen Gegenentwurf zu Trump dar: linksliberal, internationalistisch und insgesamt die konsequente Fortsetzung der Politik von Obama. Trump trat sozusagen als Negativ von Clinton auf und betonte immer wieder seinen harten Kurs gegen das Establishment, eben den „Sumpf".

Während des Wahlkampfs kam es immer wieder zu Kontroversen. Mal äffte Trump einen behinderten Journalisten nach, ein anderes Mal verhöhnte er geradezu die Eltern eines gefallenen Soldaten, und immer wieder brachte er sich mit der berüchtigten Mauer an der Grenze zu Mexiko ins Spiel. In der Endphase des Wahlkampfs kam es dann zur „Locker-Room"-Affäre, als eine Audioaufnahme Zeugnis darüber ablegte, was Trump in einem privaten Gespräch unter anderem über sein Verhältnis zu Frauen aussprach. In den offiziellen Statistiken kam es in direkter Folge zu einem drastischen Beliebtheitsknick, sodass den Medien ihre Freude offen ins Gesicht geschrieben stand. Was die Journalisten dabei jedoch völlig aus den Augen verloren, war die Möglichkeit dass auch dies zur kühl geplanten Trumpschen Strategie gehörte bzw. dazu instrumentalisiert wurde. Durch eine Art „Schockstrategie" sorgte das Team um Trump dafür, dass der Milliardär absolut immer Gesprächsthema Nr. 1 blieb. Seine zahlreichen öffentlichen Auftritte nutzte Trump dann jeweils umgehend, um auf diese Ereignisse einzugehen, diese in seinem Sinne darzustellen und erneut neue „Schock-Events" zu platzieren.

Als einige eher unbekannte Konkurrenten um das Amt des US-Präsidenten kurz nach der Wahl aufbegehrten und Neuauszählungen der Stimmen forderten, wurde dies von den Medien dankbar aufgegriffen und aufgebauscht. Das Ergebnis dieser Auszählungen wurde dann aber nur noch kleinlaut erwähnt, denn in nahezu jeder Neuauszählung erzielte Trump mehr Stimmen als zuvor. Ebenso wurden gewalttätige Ausschreitungen von Trump-Gegnern durch die Medien zu „Demonstrationen" und die Täter zu „Aktivisten" aufgewertet. Die Vereidigung von Trump war dann angeblich unglaublich schlecht besucht und auch das schlechte Wetter am selben Tag war eine Meldung wert, doch heute ist es amtlich: Donald Trump ist der 45. Präsident der USA, daran lässt sich nicht mehr rütteln. Dieser Fakt ist zum Bedauern der überwältigenden Mehrheit der Journalisten auch nicht mehr wegzudiskutieren und auch die bundesdeutsche Politabteilung muss sich damit arrangieren.

Dies findet auf eine besonders laute und wütende Art und Weise statt. Jeden Tag gibt es neue Aggressionen in den Zeitungen und zur Hauptsendezeit, die ein eindeutiges Zeugnis ablegen: Die Medien weigern sich schlicht und einfach, die Tatsachen zu akzeptieren und Donald Trump als demokratisch legitimierten Präsidenten zu akzeptieren. Abwechselnd ist Trump ein „psychopathischer Narzisst" oder aber lediglich ein „Trottel". Einig sind sich die Hetzer in den Redaktionsstuben also eben auch noch nicht wirklich geworden. Was ist aber der eigentliche Grund für die permanente journalistische Kriegsführung? Wessen genau hat sich Donald Trump schuldig gemacht? Tötet er gar kleine Kätzchen?

Bisher muss man feststellen, dass Donald Trump definitiv ein Freund drastischer Worte ist und sich nicht darum schert, was die Herren Journalisten so von ihm denken. Vor kurzem lud er deshalb unter anderem die Vertreter von *CNN* und *New York Times* von einer Veranstaltung für Journalisten im Weißen Haus schlicht und einfach aus, nachdem diese ihn bereits seit Beginn des US-Wahlkampfs mit Dreck beschmissen hatten. Die Reaktion der Medien auf den Rauswurf: Trump würde sich nicht staatsmännisch verhalten. Das mag durchaus zutreffen, aber was ist mit der alten

Weisheit „*Wie man in den Wald ruft, so schallt es zurück.*"? Glaubt die Journaille tatsächlich, dass sie einem Mann permanent auf die Füße treten kann, ohne dass dies Konsequenzen hätte? Wieso sollte ein „Staatsmann" in dieser Angelegenheit so völlig anders reagieren als jeder andere Mensch? Steckt nicht viel eher Wut dahinter, dass sich der neue und ungeliebte Präsident nicht tatenlos an dem Ring in der Nase durch die Manege ziehen lässt? Wobei es eine interessante Frage gibt, die bisher keiner der Damen und Herren Journalisten gestellt hat: Wie hätte sich der ach so beliebte Vorgänger Obama verhalten, wenn er von der Presse ausschließlich angegiftet worden wäre? Wäre er dann weiterhin der lächelnde „Staatsmann" gewesen?

Trump ist jedenfalls anders. Das bedeutet keinesfalls, dass er auch besser ist. Um dies zu bestimmen, gibt es in der Politik die 100-Tage-Regel. Nach Ablauf von 100 Tagen schaut man sich akribisch genau an, was ein Politiker erreicht oder eben nicht erreicht hat. Am Ende steht dann ein objektives Ergebnis. Ich bin mittlerweile fest davon überzeugt, dass die Medien genau davor Angst hatten. Es wäre doch ausgesprochen unglücklich, wenn Trump eine relativ gute Bilanz vorlegen könnte. Worüber sollten die verehrten Journalisten denn dann noch hetzen? Es war kein anderer als Bill Clinton, der den Ausspruch: *„It's the economics, stupid!"* prägte. Die Wallstreet und der Leitindex NASDAQ boomen, seit Trump Präsident ist. Haben Sie da noch Fragen? So ganz verkehrt können also die Ansätze der Trump-Administration also ja auch nicht sein!

Die Medien stellen sich im Zusammenhang mit Trump auch gerne dümmer, als sie eigentlich sind und reiten auf seinem proklamierten „Anti-Establishment"-Kurs herum, um ihn so ad absurdum zu führen. Zum Beispiel behaupten Journalisten gerne, dass Trump ja hier angeblich gelogen habe, da sein ganzes Team nun aus Milliardären bestehe und folgern daraus, dass diese doch gerade Vertreter des vielgescholtenen Establishments seien. Dies ist natürlich nur bedingt richtig, wenn nicht sogar völlig falsch. Einem unbedarften Informations-Konsumenten kann man dies natürlich so verkaufen, aber eine Lüge wird deshalb nicht automatisch zur Wahrheit, oder?

Schauen wir uns doch einmal die Situation in diesem, unseren Lande an. Hier regiert schließlich auch ein Establishment, oder sollte ich besser sagen: jahrzehntealter Filz? Ein schönes Beispiel für solche Menschen ist

mein ganz besonderer Liebling Elmar Brok (MDEP/CDU). Wenn Sie Elmar Brok nicht kennen sollten, ist das eher positiv. Allein schon optisch ist
dieser Mann alles andere als ein Augenschmaus, aber dafür kann er auch
wieder nichts. Brok gilt als einer der letzten „Kohl- Jungs" und hat bei dem
Altkanzler das politische ABC gelernt. In allererster Linie bedeutete das
wohl: *Sitzen* lernen oder besser *Aussitzen* lernen. Außerdem hat auch dieser
angebliche „Volksvertreter" ein sehr gestörtes Verhältnis zu den Menschen, die er eigentlich vertreten sollte. So stammt dieses mehr als denkwürdige Zitat von ihm: *„Ich lasse mir die parlamentarische Demokratie nicht
kaputtmachen!"*

Also, dem guten Herrn Brok „gehört" die parlamentarische Demokratie
nicht, ebensowenig wie die BRD. Dass sich ein gewählter Volksvertreter
ungestraft zu einer so größenwahnsinnigen Aussage hinreißen lassen kann,
sagt viel über unser Land aus. Brok ist seit 1980(!) ununterbrochen Mitglied des Europäischen Parlaments, ging also zu einer Zeit nach Brüssel, als
das alte Sprichwort *„Hast Du'n Opa, schick'n nach Europa!"* noch Gültig-
keit hatte. Heutzutage hat sich das ja gedreht, was Martin Schulz jedenfalls
nach Leibeskräften zu beweisen versucht.
Elmar Brok ist jedenfalls ein exemplarisches Beispiel für Menschen der
politischen Kaste, die Jahrzehnte in der Politik verbringen, ohne jemals in
Kontakt mit der Wirklichkeit zu kommen. Im Falle Brok ist dies sogar besonders anschaulich zu demonstrieren. Der Politiker ist Jahrgang 1946 und
war schon von 1973 bis 1981 stellvertretende Bundesvorsitzender der *Jungen Union*, was dem damals jungen Mann schon recht wenig Zeit für eine
herkömmliche Erwerbstätigkeit gelassen haben dürfte. Quasi nebenbei war
Brok dann auch kurzzeitig Journalist, was ihn dann schon in frühen Jahren
in Kontakt mit dem *Bertelsmann*-Konzern gebracht hat. 2001 wurde Brok
dann vorgeworfen, etwas zu sehr die Interessen seines „Arbeitgebers" *Bertelsmann* (er war bis 2011 Vorstandsmitglied!) zu vertreten, was sich dann
in einer starken Einflussnahme auf das europäische Urheberschutzgesetz
geäußert hat.[99]
Hier kommt also zum Berufspolitikertum auch noch der Lobbyismus
hinzu. Ich lehne mich an dieser Stelle einfach mal aus dem Fenster und behaupte, dass exakt dies der von Trump angesprochene *„swamp"* (Sumpf)
ist, den er in den USA trockenlegen möchte. Aus dieser Perspektive sollte

man auch das Kabinett von Trump bewerten und analysieren. Trump selbst ist kein Berufspolitiker, sondern war Zeit seines Lebens Geschäftsmann (wenn auch durchaus ein sehr umstrittenes Exemplar) und hat eben keine Expertise im „Aussitzen". Ähnliches gilt für die Mitglieder seines Teams, die entweder Investmentbanker, Militärs oder Manager waren – allesamt Menschen, die tatsächliche Verantwortung getragen haben *und* Erfolg dabei hatten. Dies über einen deutschen Spitzenpolitiker zu sagen, geht mir persönlich nicht über die Lippen, doch vielleicht geht es Ihnen da ja anders?

Wenn es dann nichts über Trump selbst zu hetzen gibt, konzentriert man sich entweder auf Trumps (ehemals anerkannte) Medienexpertin und Strategin Kellyanne Conway oder besser noch auf die angebliche „graue Eminenz" Steve Bannon. Gerade bei dieser Personalie wurde dann gerne so argumentiert, dass Trump ja exakt das mache, was der besonders umstrittene Bannon vorschlagen würde. Diese Argumentationsstrategie ist extrem wackelig, denn was war noch gleich die Aufgabe eines Beraters? Stimmt, die Ausübung einer Beratungstätigkeit. Wenn dann den Ideen und Vorschlägen des Beraters gefolgt wird, ist der Auftraggeber eine Handpuppe? Das ist entweder eine ziemlich dumme oder gar eine so richtig schön perfide Aussage!

Durch diese krude Berichterstattung der Medien soll dargestellt werden, dass Berater in der Politik etwas Ungewöhnliches oder sogar Negatives wären. Damit wird einfach mal die Geschichte der letzten 20 oder 30 Jahre in der Weltpolitik negiert. Wie war das nochmal mit Personen wie Henry Kissinger, Robert McNamara oder Hans-Jürgen Wischnewski (Ben Wisch)? Schaut man jedoch genau hin, waren die Medien konsequent, denn was ist über die Berater ihres Lieblingspräsidenten Obama bekannt? Wenig bis gar nichts, stimmt's? Und glauben Sie wirklich, dass er wichtige Fragen nur mit seiner Frau Michelle besprochen hat? Wohl kaum, oder? Was für ein Bild würde das auch auf einen Weltpolitiker wie einen US-Präsidenten werfen?

Hätte Trump keine Berater, wäre er ein größenwahnsinniger Despot. *Und Moment mal!* – so wird er ja auch gelegentlich dargestellt. Und wie war das noch mal mit dem Thema „Lügenpresse"? Auch hier hat Trump kräftig zugelangt und unter anderem *CNN* und die *New York Times* eben als Vertreter derselben bezeichnet, was dann auch bei uns ein gehöriges mediales Erdbeben ausgelöst hat. Schließlich sind doch wieder wir Deutschen so etwas wie die Erfinder der Begrifflichkeit der „Lügenpresse", weshalb der Gebrauch des Wortes durch Trump wieder unseren Schuldkomplex aktiviert hat... Dummerweise wurde der Begriff „Lügenpresse" aber leider schon vor 1848 benutzt, also auch schon lange vor 1933. *Na sowas aber auch!*

Da wir bei der Person von Steve Bannon waren, sollten wir dort auch kurz bleiben. Bannon ist durchaus eine interessante Personalie, baute er doch die Website „Breitbart.com" zu dem auf, was sie heute ist. Wieder sind es Journalisten, die in Bannon abwechselnd einen Rechtsextremen, Rassisten oder Hetzer sehen – so ist das eben, wenn man eine andere Meinung als die Linie der Medien vertritt. Selbstverständlich erwähnt niemand auch nur annähernd die eindrucksvolle Biographie Bannons, die unter anderem Militärdienst, eine anschließende Tätigkeit im Pentagon, einen Master-Abschluss in National Security und ein Studium an der *Harvard Business School* mit anschließender erfolgreicher Tätigkeit für *Goldman-Sachs* beinhaltet. Eine solche Darstellung würde das schlechte Bild von Bannon wahrscheinlich etwas gefährden, denn angeblich „böse" Menschen sind am Besten auch immer dumm – das lässt sich zumindest besser verkaufen. Welcher deutsche Politiker hat denn eine mit Bannon vergleichbare Biographie?

Nun bin ich aber kein dezidierter Fan von Steve Bannon, sondern möchte lediglich illustrieren, wie undifferenziert viele Journalisten in ihrer Berichterstattung sind, wenn sie bei jemandem wie Bannon ausschließlich negativste Bilder zeichnen. Damit wir uns hier richtig verstehen: Es kann durchaus sein, dass es sich bei Bannon tatsächlich um die Person handelt, die als Spaltpilz in der Administration von Trump fungierte. Rein formal handelt es sich bei dem inzwischen in die Privatwirtschaft zurückgekehrten Medienmann jedoch um einen absolut erfolgreichen und qualifizierten Macher. Doch gelegentlich lassen gerade auch solche Menschen manche menschliche Eigenschaften vermissen. Dies kann ich jedoch aus der Entfernung nicht beurteilen. Wenn Journalisten nun aber an Information und Aufklärung interessiert sind, warum berichten sie dann nicht über die nicht unbedingt tiefschürfenden Qualifikationen beispielsweise von Martin Schulz (SPD) oder gar Karin Göring-Eckardt, die schlicht und einfach überhaupt keinen Beruf vorzuweisen haben? Auch hier möchte ich richtig verstanden werden: Ich halte Facharbeiter, Angestellte und sonstige Qualifikationen für völlig ausreichende und auch legitime Qualifikationen, um politisch tätig zu werden. Es wäre sogar mehr als wünschenswert, wenn solche Menschen in viel stärkerem Maße in der Politik partizipieren können. Es sind jedoch Journalisten, die bei Linken solche „Details" im Lebenslauf übersehen und woanders als Munition gegen Andersdenkende nutzen.

Das Personalkarussell von Trump dreht sich so schnell, dass man als Buchautor kaum mithalten kann. Mit Stand des 18. August 2017 wurde auch Steve Bannon von Trump entlassen. Mit dieser Entwicklung wurde zumindest ich völlig überrascht, galt Bannon mit seiner über *breitbart.com* ausgeübten Medienmacht als Präsidentenmacher und konservatives Mastermind hinter Donald Trump. Steve Bannon pflegte damals beste Kontakte zum steinreichen Hedge-Fond-Unternehmer Robert Mercer und dessen Tochter Rebekah. Da Bannon über profunde Hintergrundinformationen verfügt, dürfen wir gespannt sein, was der Medienmanager in Zukunft noch so alles veröffentlichen wird. Was jedoch bereits schon jetzt feststeht, ist ein anstehender Politikwechsel im Hause Trump. Da Bannon nun entfernt wurde, wird der Einfluss von Trumps Tochter Ivanka und dessen Ehemann Jared Kushner massiv gestützt. Beide stehen für eine entschieden liberale Politik und damit für eine Linie, mit der sich die Republikaner wohl deutlich besser arrangieren können. Allerdings könnte diese Entwicklung von Trump durchaus als Etikettenschwindel betrachtet werden, denn er kam ausschließlich durch die Stimmen von Bannons Zielgruppe (z.B. die Alt-Right-Bewegung) ins Präsidentenamt. *America First* und *Make Amerika Great Again* sind Schlagworte, die von Bannon kreiert wurden und auf denen die Wahlkampagne und der anschließende Erfolg von Trump ganz essenziell basierten.

Da Bannon einen besonderen Stellenwert in Trumps Kabinett einnahm, lohnt sich die Frage nach dem *Warum* des Rauswurfs. Waren die bereits beschriebenen Vorwürfe des Rasputins hinter Trump einfach zu vehement? Konnte Trumps Ego die damit verbundene Herabstufung zur Marionette nicht länger ertragen? Ebenso könnte der kürzlich erschienene Bestseller »Devil's Bargain« von dem Journalisten Joshua Green die Ursache sein, an dem Bannon ebenfalls beteiligt ist. Hauptthema des Buchs ist die Rolle von Medienmanager Bannon in Trumps Wahlkampf…

251

Anfang Januar 2018 wurde dann klar, dass der Stratege Bannon vielleicht ein sehr problematisches Verhältnis zu Büchern hat. So soll Bannon als einer der Hauptinformanten des Buches »Fire and Fury« von Michael Wolff pikante Details aus dem Wahlkampf, dem Alltag im Weißen Haus und im Besonderen auch über den ältesten Sohn von Donald Trump zur Verfügung gestanden haben. Auf die Vorwürfe angesprochen, erklärte Steve Bannon sein *Bedauern*, stritt die Vorwürfe jedoch nicht ab. Trump vermutete daraufhin öffentlichkeitswirksam, dass Bannon *wohl den Verstand verloren hätte*. Kurze Zeit später kündigte Rebekah Mercer an, dass ihre Familie mit sofortiger Wirkung nicht mehr mit Steve Bannon zusammenarbeiten würde. Die milliardenschwere Familie gilt als wichtigster Spender in Trumps Wahlkampf und war auch dafür verantwortlich, dass Bannon als Wahlkampfleiter und Chefstratege überhaupt installiert wurde. Einige Tage darauf überzeugte Rebekah Mercer das Newsportal *Breitbart*, sich von Steve Bannon als Herausgeber und Vorstandsvorsitzenden zu trennen. Egos zerstören Karrieren, teilweise mit der Wirkung von Massenvernichtungswaffen. Es bleibt aber weiterhin spannend, wie diese Angelegenheit sich nun weiterhin entwickeln wird. Schließlich war es eben ausgerechnet jener Bannon, der die von Hillary Clinton als *Deplorables* (dt. etwa: die Bedauerlichen) verunglimpften Massen hinter Trump einen konnte. Nun wird sich zeigen, ob *Make America Great Again* (MAGA) tatsächlich auch in der DNA von Donald Trump existiert und wie seine künftigen Ergebnisse als US-Präsident aussehen werden!

Wenn es um die Mauer an der amerikanisch-mexikanischen Grenze geht, kennen die linkslastigen Medien kein Halten mehr. Das Gleiche gilt für den von Trump angekündigten Kampf gegen illegale Einwanderer, denn Linke wollen ja schließlich in einer Welt ohne Grenzen leben. Dabei offenbart gerade diese Argumentationskette die ideologische Verbrämung der berichtenden Journalisten, denn es existieren für Staaten keinerlei internationale Verpflichtungen, illegale Migranten aufzunehmen oder auf ihrem Staatsgebiet zu dulden. Dies wissen die Damen und Herren Journalisten natürlich sehr genau, doch es passt einfach nicht in ihr Weltbild. Interessant ist dabei, weshalb nun auch hier wieder kaum ein Journalist auf exakt diesen ideologischen Denkfehler seiner Kollegen hinweist. Oder hackt auch ihr wieder die eine Krähe der anderen kein Auge aus?

Dies hindert die Medien jedoch nicht daran, ungeliebten Politikern ihrerseits die Verbreitung „Alternativer Fakten" vorzuwerfen. Aus diesem Grund kann die Wahl von Trump durchaus als Signal für eine Zeitenwende angesehen werden. Niemals zuvor waren die Medien einem so massiven Vertrauensverlust ausgesetzt. Dieser Vertrauensverlust zeigt sich auch in Deutschland in stark zurückgehenden Verkaufszahlen und gipfelte dann 2016 in einem zweiten Stellenabbau beim *Spiegel-Verlag* in Hamburg. Ich sehe das als klares Feedback der Konsumenten für besonders seriöse Berichterstattung und eine absolute Verwurzelung in der bundesdeutschen Realität... Aber auch die *BILD* musste eindrucksvoll Federn lassen. War die *BILD* früher kaum aus dem Alltag wegzudenken, hat der ehemalige Chefredakteur Kai Diekmann bis Ende 2015 ganze Arbeit geleistet und etwa ein Drittel der Leserschaft vergrault. Das hat natürlich vorrangig mit der Abschaffung des „Seite-1-Mädchens" zu tun (warum sonst sollte schließlich jemand die *BILD* kaufen?), aber auch mit dem radikalen Richtungswechsel der *BILD*. So gerierte sich die *BILD* in der Hochphase der Flüchtlingskrise als Sprachrohr von Angela Merkel und heftete sich selbst den Button „*Wir helfen*" stolz auf die Titelseite, um auf volle Solidarität mit dem Kurs der Kanzlerin zu machen. Doch die Solidarität hielt nur so lange an, bis die Verkaufszahlen in den Keller rutschten. Heute kuschelt *BILD* weiterhin mit dem Regierungskurs, bringt aber auch gelegentlich wieder Artikel über Adolf Hitler und Flüchtlingskriminalität. Ob dieses Rezept etwas am meteoritenhaften Absturz der Verkaufszahlen ändern wird?

Doch zurück zur Präsidentschaft von Trump. Die Wahl des Geschäftsmanns zum Präsidenten ist auch eine Zeitenwende für Europa und für uns Deutsche im Besonderen. Bisher glaubten sich besonders die Verantwortlichen in unserer Politik in einer Art kollektivem „betreuten Wohnen" durch die USA. Immer war da die Gewissheit: Wenn es Probleme gibt, rufen wir einfach in Washington an, die regeln das schon. Aus diesem Grund sparte man sich dann auch einfach den vertraglich an die NATO-Partner zugesicherten Verteidigungsetat in Höhe von 2 Prozent des deutschen Bruttoinlandsproduktes. Wozu Geld ausgeben, wenn die Amerikaner am Ende doch sowieso alles viel besser regeln können? Die Amerikaner könnten dies zwar auch weiterhin übernehmen, wollen dies aber wohl überwiegend nicht mehr. Hier besteht übrigens tatsächlich allerhand Wut in großen Teilen der amerikanischen Bevölkerung, was Donald Trump dann weitere Türen öffnete. Die Amerikaner wollen eben nicht mehr als „Weltpolizist" angesehen werden und auch nicht mehr die Folgen davon tragen. Im ersten Moment hört sich die europäische (und besonders eben deutsche) Zurückhaltung im Bereich der Rüstungsausgaben sehr nach Sparkurs an, aber es steckt natürlich noch etwas anderes dahinter. Waffen sind in der linken Ideologie immer die Wurzel allen Übels, da sie ja der Repression dienen können. Außerdem ist es doch viel geschickter, andere die Drecksarbeit erledigen zu lassen – wie zum Beispiel die Türken für Europa als Türsteher fungieren zu lassen.

Sollte ein anderer dieser „delegierten" Einsätze dann in einem Fiasko enden, kann man sich zusätzlich entspannt zurücklehnen, denn die resultierenden Blechsärge mit toten Soldaten verderben nicht die Laune der eigenen Wähler, und selber ist man auch noch völlig ohne Schuld. Wenn Trump Wort hält, ist es mit dieser recht einseitigen Aufgabenverteilung innerhalb der NATO schon bald zuende. Dies bedeutet gerade für uns Deutsche einen radikalen Paradigmenwechsel, was besonders auf unserer exponierten Lage in Mitteleuropa beruht. Bisher wähnten sich bundesdeutsche Politiker im sicheren Schoße der amerikanischen Freunde, besonders was das Thema „Russland" angeht. Doch auch damit könnte es bald vorbei sein. Deshalb darf man mehr als gespannt sein, wie sich die deutsche Russlandpolitik entwickeln wird!

Russland wird im Übrigen ja von Wladimir Putin regiert, also dem Politiker, den die deutschen Medien (vor Trump) am meisten hassen – wo wir Erdogan künftig einordnen, müssen wir noch abwarten. Die Medien müssen sich also ihre Lieblinge aus einem immer weiter schrumpfenden Pool von Politikern aussuchen. Nachdem Obama in Pension gegangen ist, bleibt natürlich vor allem Angela Merkel als absolute „Sympathieträgerin" übrig – nur nicht im eigenen Land. Man darf gespannt sein, was und wer da so noch alles nachwächst. Als ein besonders aussichtsreicher Kandidat dürfte hier wohl der linke kanadische Premierminister Justin Trudeau gelten, der ja auch schon seinen Hang zur Willkommenskultur nach Merkel'schem Vorbild entdeckt hat und außerdem auch noch unglaublich sexy sein soll. Das Problem an Trudeau ist lediglich, dass er genauso gut Premier von Liechtenstein oder Andorra sein könnte, denn außenpolitisch spielt Kanada gleichfalls eine völlig untergeordnete Rolle. Dennoch titelt *VIEW*, das

Schwestermagazin des *Stern*, im April auf seinem Cover „Justin Trudeau: Der neue Kennedy". Dass Kennedy keinesfalls eine so gleißende Lichtfigur ist, habe ich in diesem Buch im Zusammenhang mit dem Thema „Positive Diskriminierung" erläutert. Dies interessiert aber natürlich erst recht nicht die Schreiberlinge der *VIEW*. Weiter heißt es dort über Trudeau: *„Jung, weltoffen, ein Kämpfer für Frauen und Gerechtigkeit: In einer Welt der Trumps und Erdogans schenkt Kanadas Premierminister den Menschen Hoffnung."* Was soll einem dazu noch einfallen? Es bleibt also spannend, wie sich das internationale Kräfteverhältnis nach Trump entwickelt und wer an Einfluss gewinnen bzw. verlieren wird.

So wurde es bereits kurz nach dem Amtsantritt von Trump tatsächlich spannend: Der israelische Premierminister Benjamin Netanjahu besuchte Washington und damit auch Trump. Bereits im Vorfeld wurde bekannt, dass Trump planen könnte, die amerikanische Botschaft von Tel Aviv nach Jerusalem zu verlegen, was er inzwischen getan hat. Dies würde besonders israelischen Hardlinern gefallen und die Palästinenser vor den Kopf stoßen. Ebenso wurde berichtet, dass laut Trump die (vor allem unter Obama proklamierte) „Zweistaatenlösung" nicht die einzige Lösung für Frieden im Nahen Osten sei. Auch diese Aussage wurde von israelischen Hardlinern gefeiert. Doch vor laufenden Kameras sagte Trump zu Netanjahu etwas völlig anderes. Trump philosophierte über die „Kunst des Deals" und verpackte darin die Forderung nach einem absoluten Stopp für den weiteren Siedlungsbau. Dafür würden die Israelis dann unzweifelhaft auch eine Gegenleistung bekommen – ob das aber eine radikale „Einstaatenlösung" ist, wage ich sehr stark zu bezweifeln.

Wie die weitere Präsidentschaft von Trump verlaufen wird, steht noch in den Sternen. Momentan sieht es aber so aus, als wenn trotz des medialen Krieges die Vorzeichen für eine positive Leistungsbilanz von Trump günstig stehen. Ein Gedanke, an den sich wohl vor allem die Europäer gewöhnen müssen, ist, dass es nun tatsächlich um andere Deals und Abkommen als bisher gehen wird. Die Zeiten des „Etwas für Nichts" sind wohl anscheinend endgültig vorbei, wenn es sie denn jemals überhaupt gegeben hat! Dies kann und muss man aber durchaus konstruktiv sehen, denn Freiheit kostet immer etwas. Ob Donald Trump der amerikanische Präsident sein wird, der die Fackel der Freiheit auch nach Deutschland trägt, wird sich allerdings erst noch zeigen müssen!

Seit Anfang April 2017 lässt sich aber schon eine Tendenz in Hinsicht auf die Arbeit der Medien darstellen. Barack Obama wurde und wird von den Journalisten gerne abwechselnd als „schwarzer Kennedy" oder als Heilsbringer mit Tendenzen zum neuen Messias inszeniert. Als sich die Anzeichen häuften, dass Obama seinem Motto *„Yes we can!"* doch nicht ganz so entsprechen konnte, bauten die ihm freundlich gesinnten Medien das Bild eines (vom politischen Gegnern, den Republikanern) „boykottierten" Präsidenten auf, der ja gerne „wolle", aber nicht „könne". Dieses Bild entsprach zu großen Teilen der Realität, denn entscheidende Organe der US-Politik wurden und werden auch tatsächlich von den Republikanern kontrolliert. Dennoch aber konnte Obama seine obligatorische Pflichtversicherung mit dem vielsagenden Namen *Obamacare* durchdrücken, wohingegen Guantanamo Bay auch heute noch existiert.

Nun passiert in den USA genau das Gleiche mit Trump, jedoch mit umgekehrten Vorzeichen: Die Demokraten streuen so viel Sand ins Getriebe, wie es nur geht. Eine besondere Rolle spielen hierbei Richter (die den Demokraten zuzuordnen sind), die Trumps Agenda einem ganzen Trommelfeuer von Nadelstichen aussetzen. Doch damit ist es natürlich noch nicht genug, denn Donald Trump möchte einen erzkonservativen Kandidaten für ein Richteramt im Obersten Gerichtshof der USA nominieren. Dies möchten die Demokraten natürlich verhindern und kündigen dann auch an, dass bald wieder „filibustert" werden darf. Die Idee des *Filibuster* ist so fremdartig, dass man sich als Nichtamerikaner nur kopfschüttelnd fragen kann, warum so eine dummdreiste Strategie nicht schon längst verboten ist. Filibuster bedeutet den Einsatz von Marathon-Reden (die oft ohne Pause stundenlang geführt werden), damit eine Abstimmung in der entsprechenden Sitzung verhindert werden kann, weil einfach irgendwann alle Kräfte aufgebracht sind und die Abstimmung vertagt werden muss. Selbstverständlich handelt es sich beim Filibustern dann auch um völlig unsachliche Reden, die teilweise in der Vergangenheit aus stupider Rezitation von Bibelversen bestanden haben. Beim Filibustern geht es lediglich um Sitzfleisch, wobei die Gruppierung, die diesen Schritt wählt, immer im Vorteil ist. Sollten genug Vertreter der Gegenseite den Sitzungssaal verlassen haben, können eigentlich sichere Entscheidungen eventuell auf diese

Weise noch gekippt werden. In meinen Augen ist dieses Vorgehen weder moralisch noch besonders demokratisch. Da hier jedoch die Linke davon Gebrauch macht, handelt es sich in den Darstellungen der Medien aber sicherlich um ein völlig legitimes Mittel... Könnte diese Art der Darstellung gar einer der Gründe für das Aufkommen der Bezeichnung „Lügenpresse" sein?

Doch es wäre nicht die Realität, wenn auch das Thema „Trump" nicht eine zweite Seite hätte. Bisher haben wir uns vor allem darauf konzentriert, was *vor* der Präsidentschaftswahl versprochen wurde, wie die Medien mit Trump umgehen und was der neue Präsident an kurzzeitigen Erfolgen zu verbuchen hat. Davon abgesehen ist jedoch eine wirklich besorgniserregende Entwicklung in Schwung gekommen, die von den Medien bisher erfolgreich ignoriert oder nur rein formal beschrieben wurde. Diese Entwicklung begann mit dem Rausschmiss von Trumps Sicherheitsberater General Michael T. Flynn. Seit einiger Zeit kursierten bereits Gerüchte, dass Russland angeblich mit dem Einsatz von Hackern zum Wahlsieg von Trump aktiv beigetragen haben sollte.[100] General Flynn galt als Kenner und auch als Freund Russlands. Seine guten Kontakte bereits vor Trumps Wahlsieg kosteten nun die Karriere des Generals. Dieser Moment war wohl der Beginn vom Ende der Idee einer „Männerfreundschaft" zwischen Trump und Putin. Direkter Nachfolger von Flynn wurde als nationaler Sicherheitsberater General H.R. McMaster, der als brillanter Stratege, aber auch eben gerade nicht als Freund Russlands bekannt ist.

Nur einige Wochen später kam es zur nächsten, ungleich größeren Personalrochade. Trump entzog seinem Chefstrategen Steve Bannon den ständigen Sitz im Nationalen Sicherheitsrat, den er ihm selbst erst im Januar 2017 per Dekret verschafft hatte. Dieser Schritt kam einer faktischen Entmachtung des gelegentlich auch als „Darth Vader" titulierten Bannon gleich (*Darth Vader* war in „Star Wars" ein gefürchteter Diener des Imperators). Gerüchten nach soll das mit einem Erstarken von Trumps Schwiegersohn Jared Kushner zusammenhängen, der vor gar nicht so langer Zeit noch als Unterstützer der Demokraten galt. Bannon ist Kushner unter anderem auch wegen der Idee der „Dekonstruktion des administrativen Staates" ein Dorn im Auge, geht es doch dabei um einen schlanken Staat ohne administrativen Wasserkopf – also nichts für Linke!

Doch Bannon ist auch für Trumps Tochter Ivanka ein rotes Tuch, denn sie kann mit dessen erklärt patriotischem Kurs nichts anfangen. Aber diese Personalie wurde ja im August 2017 endgültig ad acta gelegt…

Beides (schlanker Staat und nationale Ausrichtung) sind aber ganz zentrale Themen von Trumps Wahlkampf gewesen. In den ersten Tagen seiner Präsidentschaft war von Schlagworten aus diesen Richtungen auch nur noch sehr wenig zu hören. Überhaupt scheint Trump lediglich sein Fiesling-Image zu huldigen, wenn er dem japanischen Ministerpräsidenten einen minutenlangen Handschlag abnötigt (was in Japan absolut verpönt ist) und kurze Zeit später gar Angela Merkel selbigen Handschlag ganz verweigert. Ich habe meine Aversionen gegen unsere Bundeskanzlerin ja in diesem Buch bereits ganz offen kundgetan, aber ist das ein Grund, völlig unprofessionell zu sein? Verhalten sich so nicht nur kleinkarierte Wichtigtuer, die eigentlich nichts zu entscheiden haben?

Die eigentliche Bombe platzte dann aber am 4. April 2017: Als Reaktion auf einen angeblichen Giftgasangriff der syrischen Luftwaffe feuerten US-Streitkräfte 59 Marschflugkörper vom Typ „Tomahawk" auf einen Militärflughafen ab. Laut dem Nahost-Experten Michael Lüders ist es aber mehr als fragwürdig, ob die syrischen Streitkräfte überhaupt für diesen Giftgasangriff verantwortlich wären. Dies sagte Lüders in der Sendung „Lanz" am 5. April. Ich erinnere daran: Assad ist momentan dabei, den Krieg in Syrien zu gewinnen. Wie sinnvoll wäre es, in einer solchen Situation zu Mitteln zu greifen, die direkt zu einer Intervention in Syrien führen? Es schummeln schließlich auch die wenigsten Menschen beim „Mensch ärgere dich nicht", wenn sie haushoch in Führung liegen. Dies war Trump aber völlig egal, er ordnete den Luftschlag gegen die syrische Luftwaffe an.

Dies ist jedoch etwas schizophren, denn er selbst äußerte sich vor gar nicht langer Zeit auf seinem Twitter Account wie folgt:

- „*What will we get for bombing Syria besides more debt and a possible long term conflict? Obama needs Congressional approval.*"[101] Zu Deutsch etwa: „*Was haben wir davon, Syrien zu bombardieren? Die Gefahr eines langfristigen Konflikts und mehr Schulden, deshalb braucht Obama die Genehmigung des Kongress!*" Selbstverständlich hatte Trump diese Erlaubnis des Kongress für den genannten Militärschlag dann ebenfalls nicht.

- *„If the U.S. attacks Syria and hits the wrong targets, killing civilians, there will be worldwide hell to pay. Stay away and fix broken U.S."*[102] Etwa: *„Wenn die Vereinigten Staaten Syrien angreifen und die falschen Ziele treffen, werden Zivilisten getötet. Wir werden weltweit eine Menge dafür bezahlen müssen! Deshalb bleibt weg aus Syrien und saniert die USA!"*

- *„Obama must now start focusing on OUR COUNTRY, jobs, healthcare and all of our many problems. Forget Syria and make America great again!"*[103] Also: *„Obama muss endlich damit anfangen, sich auf unser Land, Arbeitsplätze, Gesundheitsfürsorge und all unseren anderen vielen Probleme zu konzentrieren. Vergesst Syrien und macht Amerika wieder großartig!"*

- Die markanteste Aussage bedarf jedoch keiner Übersetzung: *„What I am saying is: stay out of Syria."*[104]

Man könnte nun sagen, dass all die Gründe, weshalb Trump von konservativen US-Bürgern gewählt worden war, am 4. April im Bombardement der USA in Syrien verglühten. Erneut spielte sich die US-Außenpolitik als selbsternannter Weltpolizist auf und griff aufgrund fraglicher Hinweise auf einen angeblichen Giftgaseinsatz die demokratisch legitimierte Regierung eines unabhängigen Staates an. Amüsant ist, dass Trump nun Beifall bekam. Die unglaublich unabhängige *BILD* titelte sogar: *„Kann aus Trump doch noch ein guter Präsident werden?"* Spätestens, wenn solche Schlagzeilen erscheinen, ist klar: Nein, es wird wieder eine Katastrophe werden. Trump bedient nun genau die Interessen, die er angeblich bekämpfen wollte: die Interessen des linken und deshalb des internationalistischen Establishments. Dafür bekommt er nun eben auch jede Menge Beifall aus dieser Richtung und es sollte uns keinesfalls verwundern, wenn Donald Trump in nächster Zukunft mit Ehrungen nur so überhäuft werden sollte. Spannend, aber an dieser Stelle nicht zu klären, ist die Frage nach dem Motiv seines Handelns. Man kann nämlich mit Fug und Recht behaupten, dass diese Kehrtwende wohl einen der größten politischen Etikettenschwindel der letzten 20 Jahre darstellt.

Die Menschen in den USA wollten eine Politik des „Make America great again!", also eine Lösung der eigenen Probleme. Stattdessen erschafft

Trump nun (wie seine Vorgänger) weiter neue Probleme: für die Syrer und für die Amerikaner. Jede abgefeuerte Langstreckenrakete des Typs Tomahawk hat ca. 1,3 Millionen Dollar gekostet. Die Raketen sind nun aber schon über 30 Jahre alt und schließlich muss ja „alles raus", damit das Arsenal wieder mit Steuergeldern aufgestockt werden kann. Was läge da also näher, als einfach mal 76,7 Millionen Dollar auf den Kopf zu hauen und gleichzeitig das syrische Militär zu schwächen, damit die islamistischen Streitkräfte in Syrien so richtig schön Luftunterstützung bekommen? „*The same procedure as every year*": Irak, Libyen und jetzt Syrien. Am Ende der US-Einsätze steht dann völliges Chaos und Destabilisierung, das dann ausschließlich einer fraglichen geopolitischen Agenda dient. Diese Strategie dient jedoch weder den Amerikanern noch den Syrern und auch nicht uns Europäern. Doch damit nicht genug, denn kurze Zeit nach dem amerikanischen Angriff auf den Luftwaffenstützpunkt kündigte Trump an, er behalte sich weiter „Optionen" in dieser Art vor, und mit Assad gäbe es keine Zukunft.[105] Dies bedeutet nichts anderes, als dass die USA einen Systemwechsel nach Muster des Iraks auch in Syrien planen! Doch Trump begnügt sich nicht mit nur einer Intervention, nein, er lässt sich zeitgleich auch noch auf ein Kräftemessen mit Nordkorea ein, indem er auch noch kurz einen Flugzeugträgerverband in diese Richtung entsendet.

Was Trump hier dem amerikanischen Volk bietet, lässt sich an Heuchelei fast nicht überbieten. Die amerikanischen Wähler stimmten für Trump, aber bekamen klassische „Killary"-Politik. Doch Trump schafft sogar hier noch eine Steigerung und lässt seinen Außenminister Rex Tillerson auf dem G7 Gipfel im April verkünden: „*Wir verschreiben uns wieder dem Ziel, jeden in der ganzen Welt zur Rechenschaft zu ziehen, der Verbrechen an Unschuldigen verübt.*"[106] Willkommen zurück, Politik der rauchenden Colts! Willkommen zurück, Rolle des Weltpolizisten! Willkommen zurück, Internationalismus!

Die Wähler des Milliardärs haben nun aber absolut keine Möglichkeit, etwas gegen diesen knallharten Wahlbetrug zu unternehmen, sondern müssen die Zeit unter Trump absitzen. Aber selbst wenn der erweckte Internationalist Trump abtritt, wer kommt dann? Welche Wahl hatten die Amerikaner denn eigentlich zuletzt gehabt? Sie hatten die Wahl zwischen einer Hillary, die im Gegensatz zu Trump wenigstens vor der Wahl kein Geheimnis über ihre politischen Ziele gemacht hatte, dem waschechten Sozialisten Bernie Sanders, der wohl auch nicht anders gehandelt hätte und Trump, der angeblich alles anders machen wollte – aber als erste Amtshandlung einen Militärflughafen irgendwo im Ausland bombardieren ließ. Hatte Tucholsky also recht: Wahlen wären verboten, wenn sie etwas ändern würden!

An dieser Stelle kann ich nur wärmstens auf die Arbeiten von Jan van Helsing hinweisen. Jede Wahrheit braucht einen Mutigen, der sie ausspricht. Der gute Jan hat gerade das Thema „Hintergrundpolitik" zu einer Zeit thematisiert, als das noch nicht so „alltäglich" wie heute war. Außerdem hat mein Autorenkollege das auf so gekonnte und pointierte Art und Weise getan, dass sich eine Replik davon an dieser Stelle einfach verbietet!

Selbstverständlich wird Trumps fast schon schizophrener Politikwechsel in keinem Medium mit Massenreichweite thematisiert, schließlich geht es ja um einen Verrat an seinen konservativen Wählern. Stattdessen scheint sich Trump mit seiner Rückkehr zum strikt internationalistischen Kurs seiner Vorgänger auf den Weg der Rehabilitation in den Medien gemacht zu haben!

Dennoch ist es gerade jetzt nicht die Zeit, den Kopf hängen zu lassen: Die Menschen wachen auf und werden wütend. Ich finde, es ist auch längst Zeit dazu!

19. Die absurde Welt der Justiz

Ein Klassiker unter den Kalauern ist ja dieser „Schenkelklopfer": Klein Fritzchen meldet sich im Klassenzimmer und fragt den Lehrer: *„Kann man für etwas bestraft werden, was man überhaupt nicht getan hat?"*. Entschlossen schüttelt der Lehrer den Kopf und sagt: *„Nein!"*. Darauf sagt Fritzchen: *„Gott sei dank, denn ich habe meine Hausaufgaben nicht gemacht!"*

Der Lehrer liegt natürlich falsch, denn man kann durchaus für etwas bestraft werden, was man gar nicht getan hat. So ist es vor kurzem zumindest am Düsseldorfer Oberlandesgericht passiert. Dem Islamisten Marco G. wurde vorgeworfen, im Dezember 2012 eine Rohrbombe am Bonner Hauptbahnhof abgestellt zu haben, die vermutet zahlreichen Menschen das Leben gekostet und viele andere zum Teil schwer verletzt hätte – wenn sie denn detoniert wäre. Stattdessen konnte die Bombe „entschärft" werden und dabei stellte sich heraus, dass überhaupt keine Zündvorrichtung vorhanden gewesen war. Die Bombe hätte also gar nicht detonieren können! Das vorläufige Urteil (die Verteidigung hat Revision eingelegt) für Marco G. lautet: Schuldspruch wegen versuchten Mords und eine lebenslängliche Freiheitsstrafe. Weiterhin wurde die besondere „Schwere" der Tat festgestellt, was eine vorzeitige Entlassung nach 15 Haftjahren ausschließt. Mit diesem Urteil hat das Oberlandesgericht Düsseldorf die volle Härte des Gesetzes zuschlagen lassen. Es wäre wohl auch völlig abstrus, für einen solchen Täter auch nur den Hauch von Sympathie zu empfinden. Dennoch müssen wir uns fragen, warum wird hier erbarmungslos geurteilt, obwohl rein gar nichts passiert ist? Rein formal gesehen, muss es generell zuerst einmal überhaupt keine Strafe für „versuchten Mord" geben, was aber in der Praxis sehr selten ist, da dies mit dem Delikt „Mord" als klassifiziertes Verbrechen zu tun hat. Wie aber stellt man nun fest, ob es sich bei diesem Verbrechen um „versuchten Mord" gehandelt hat, wenn absolut nichts passiert ist? Reine Definitionssache also! Willkommen in Jurististan!

Nun *können* aber versuchte Morde *milder* bestraft werden als vollendete Morde. Es gibt im Umkehrschluss aber keine Verpflichtung, dass dies gesetzlich so gehandhabt werden *muss*. In diesem konkreten Beispiel ist es nun aber so, dass Marco G. nicht *milder* bestraft wurde, sondern sogar noch *härter*, als dies bei einem vollendeten Mord für gewöhnlich der Fall ist. Im Regelfall wird für Mord eine lebenslange Gefängnisstrafe ausgesprochen, nicht aber die besondere Schwere der Tat festgestellt. Das bedeutet also, wenn ich jetzt „spontan" meinen Nachbarn töte, würde ich höchstwahrscheinlich milder bestraft werden als Marco G., da in meinem Fall eher keine „besondere Schwere" der Tat zu konstruieren wäre. Zur Erinnerung: Ich hätte in diesem imaginären Beispiel aber tatsächlich jemanden ermordet, während Marco G. lediglich eine völlig funktionsunfähige Bombe im Bahnhof abgestellt hat.

Diese Argumentation hört sich an wie eine Rechtfertigung oder Entschuldigung des Täters im geschilderten Prozess, aber ich bezwecke etwas völlig anderes damit. Ich frage mich nämlich, ob dieses fast schon drakonische Strafmaß viel eher damit zu tun hat, dass Marco G. keinen „mildernden" Migrationshintergrund hat? Hätten die Düsseldorfer Richter das gleiche Strafmaß ausgesprochen, wenn der Täter Mohammed, Yussuf oder Ali heißen würde? War dieses Verbrechen deshalb so verwerflich, weil es stattdessen von einem Weißen verübt worden ist? Erinnern wir uns an die zahlreichen Prozesse zur Kölner Silvesternacht 2015/2016. Dort waren tatsächlich Menschen geschädigt worden, aber die Richter beließen es zum Teil bei (grotesk anmutenden) Ermahnungen und Belehrungen, statt ernsthafte Haftstrafen anzuwenden.[107] Wurde Marco G. also seine Abstammung zum Verhängnis, hätte er es als „weißer, böser Mann" einfach besser wissen müssen und „verdient" er deshalb die Höchststrafe für etwas, was er gar nicht getan und nur versucht hat? Diese Schlussforderung liegt jedenfalls nahe, wenn man den Einfluss des Kulturmarxismus und der Linken auf die Juristen berücksichtigt. Ein Täter mit Migrationshintergrund hätte aus dieser Perspektive dann auch ein deutlich milderes Urteil erwarten dürfen, schließlich wurde und wird er ja die ganze Zeit von all den Weißen in Deutschland „unterdrückt", da kann man ja verstehen, wenn er mal eine Bombe baut… In diesem Fall hätte der Fakt, dass es sich um keinen funktionstüchtigen Sprengsatz gehandelt hat, wahrscheinlich deutlich mehr Beachtung gefunden und sich bestimmt in einem netteren Urteil niedergeschlagen!

Aber generell scheint die Justiz in Deutschland ein etwas komisches Verständnis vom Thema „Mord" zu haben. Dies zeigte sich Anfang 2017, als in Berlin zwei Raser, die einen Crash mit Todesfolge verschuldet hatten, als Mörder verurteilt wurden. Auch gegen dieses Urteil soll Revision eingelegt werden und das mit vollem Recht, wie ich finde. Ein Mörder handelt mit Vorsatz, Heimtücke, Kaltblütigkeit und vielleicht aus niederen Beweggründen. Ein Raser ist im negativsten Fall ein rücksichtsloser Egomane und im positivsten Fall einfach nur dumm – aber ist ein Raser überhaupt ein Verbrecher und ist er gar ein Mörder? Ich finde die These *Raser = Mörder* völlig lächerlich und auch als Verniedlichung für einen tatsächlichen Mord. Sicherlich ist es so, dass gerade illegale Autorennen momentan Hochkonjunktur haben und für die Polizei und sonstigen Strafverfolgungsbehörden ein echtes Problem darstellen, aber ist das ein Grund, geistig unreife Autofahrer zu Mördern zu erklären? Sicherlich handelt es sich bei der fahrlässigen Verursachung eines Unfalls mit Todesfolge keinesfalls um ein Kavaliersdelikt, dies stelle ich hier auch gar nicht in Frage. Aber was kommt als Nächstes? Sind dann Steuerhinterzieher vielleicht Vergewaltiger? Besonders hier ist eine Portion Realismus und auch Verhältnismäßigkeit gefragt! Da es sich ja um Richter handelt, kann man auf dieses Personal nicht direkt einwirken, denn sie sind in ihrer Arbeit frei und unabhängig. Dies kann im Fall eines ideologisch indoktrinierten Richters jedoch fatale Folgen haben.

Dieses Beispiel von „Raser sind Mörder" scheint so gar nicht zu unserem Thema zu passen. Wechselt man jedoch die Perspektive, könnten dann aber doch interessante Aspekte auffallen – denn Raser sind ja oftmals Männer (schlecht). In Deutschland werden das, der Wahrscheinlichkeit nach, dann oftmals auch weiße Männer sein (ganz schlecht). Diese „weißen Männer" benutzen Autos (Technik, also Anwendungen des Promethischen Prinzips = böse), und das auch noch auf aggressive Weise, ohne das Prinzip der Gegenseitigkeit zu wahren. Kann ein solcher „Erz-Täter" denn da noch Gnade bei einem linken Richter erwarten?

Diesen beiden Beispielen steht ein anderes Beispiel entgegen. Dabei handelt es sich um eine angebliche Vergewaltigung in einem Norderstedter Schwimmbad, bei der zwei Flüchtlinge aus Afghanistan als Täter verdächtigt wurden.[108] Opfer sollen eine 14-Jährige und eine 18-Jährige gewesen sein, wobei die 14-Jährige durch die Folgen einer Gehirnoperation beeinträchtigt ist. Bei jener 14-Jährigen soll es zu einer vollzogenen Vergewaltigung gekommen sein, während die 18-Jährige eine sexuelle Belästigung zur Anklage gebracht hat. Im Verlauf der Verhandlung zog jedoch die 14-Jährige die Vergewaltigungsvorwürfe zurück und war plötzlich für niemanden mehr zu erreichen, sodass aufgrund von fehlenden Zeugenaussagen nur noch der Tatvorwurf einer sexuellen Belästigung im Raume stand.

Das Ergebnis: Freispruch für den angeblichen Vergewaltiger und 8 Monate auf Bewährung wegen sexueller Belästigung.

Wesentlich drastischer wiegt jedoch der Fall einer vergewaltigten 14-Jährigen in Hamburg-Harburg. Am 11. Februar 2016 vergewaltigten vier junge Männer eine betrunkene 14-Jährige.[109] Die Tat wurde dann zusätzlich von einer anderen jungen Frau gefilmt, die dabei auch noch „Regieanweisungen" gab. Zum krönenden Abschluss wurde dann die besinnungslose 14-Jährige bei Temperaturen um den Gefrierpunkt und nur äußerst spärlich bekleidet in einem Hinterhof „abgelegt", wo sie nur durch einen Zufall von einer Anwohnerin entdeckt wurde. Die insgesamt 4 Angeklagten wurden schuldig gesprochen, eine Haftstrafe bekam aber nur der einzig Volljährige der Männer. Begründung des Richters: Die Jugendlichen hätten glaubhafte Geständnisse abgelegt, sich reumütig gezeigt und im Gegensatz zu dem besagten Volljährigen über angeblich „gute" Sozialprognosen verfügt. Der 21-Jährige reagierte empört, als der vorsitzende Richter den Tatvorwurf erneut zusammenfasste. Er äußerte seinen Unmut auf Serbisch, sodass seine Übersetzerin erst erklären musste, dass er diese Vorwürfe nicht mehr hören wolle. Als dann im Gerichtssaal während der Urteilsverkündung der Begriff „Bewährungsstrafe" fiel, löste das frenetischen Jubel bei einer serbischen Großfamilie aus. Ob der vorsitzende Richter wohl genauso geurteilt hätte, wenn das Opfer nicht ein anonymes Mädchen gewesen wäre, sondern seine eigene Tochter oder Enkelin? Wie wäre das Urteil ausgefallen, wenn stattdessen vier Deutsche eine Migrantin oder sogar ein Flüchtlingsmädchen vergewaltigt hätten? Hier wäre das Strafmaß wahrscheinlich deutlich höher ausgefallen, denn authochtone Deutsche müssen sich ja zu benehmen wissen. Ein solches Urteil und somit auch das komplette Verfahren muss als absolut fragwürdig angesehen werden, denn es bleibt die Frage: Ist hier der Gerechtigkeit genüge getan worden? Gibt es eine abschreckende Wirkung? Was ist die generelle Aussage einer solchen Gerichtsverhandlung?

Im September 2016 kam es in Berlin[110] ebenfalls zu einem Drama und einem anschließendem Totalversagen eines Richters. Ein Pakistaner missbrauchte die sechsjährige Tochter eines Irakers in einem Flüchtlingsheim in Berlin-Moabit. Während der Festnahme des Pakistaners wollte der Vater mit einem Messer auf den Täter losgehen und wurde von gleich drei anwesenden Polizeibeamten zeitgleich angeschossen. Der Vater des missbrauchten Mädchens starb dann auch kurze Zeit später in einem Krankenhaus. Der Täter wurde schuldig gesprochen und erhielt dann die geradezu lächerliche Strafe von einem Jahr und acht Monaten auf Bewährung. Natürlich wurde wieder als besonders mildernd gewertet, dass der Pakistaner ein Geständnis abgegeben hatte. Dass der Täter während seiner Tat von zwei anderen Bewohnern des Flüchtlingsheims ertappt wurde, relativierte dieses „großherzige" Geständnis ebenso wenig wie die Tatsache, dass der Täter das Mädchen sogar in den Genitalbereich gebissen hatte! Die Mutter des Opfers brach bei der Urteilsverkündung in Tränen aus, da sie auch auf ein Urteil gehofft hatte, das die nötige Schwere hatte, um den Täter von zukünftigen Verbrechen abhalten zu können. Dies ist mit diesem Urteil sicherlich nicht passiert, was gleich doppelt schwer wiegt. Gerade in dem Umfeld einer Flüchtlingsunterkunft hat ein solches Urteil eine zusätzliche Signalwirkung, denn vielleicht ist dies der erste Kontakt der Menschen mit der deutschen Justiz. In diesem Fall könnte das Urteil durchaus so interpretiert werden, dass man in Deutschland auch schon mal ungestraft Frauen und Mädchen missbrauchen darf, wenn man danach nur brav ein Geständnis ablegt! Weiterhin erfahren dabei das Opfer und seine Angehörige, dass Gerechtigkeit mit deutscher Rechtsprechung oftmals nicht so ganz zu vereinbaren sind.

Ein anderer Fall ereignete sich am Tag der berüchtigten Silvesternacht 2015/2016 in Weil am Rhein.[111] Ebenso wie in Köln blamierte sich die dortige Polizei mit einer sehr fraglichen Informationspolitik, die durchaus auch politisch motiviert gewesen sein könnte. Vier junge Syrer vergewaltigten zwei Mädchen im Alter von 14 und 15 Jahren. Die Angeklagten wurden schuldig gesprochen und erhielten allesamt Bewährungsstrafen. Netterweise gab es vor dem Urteilsspruch Absprachen zwischen den Prozessbeteiligten, die „Obergrenzen" für das Urteil beinhalteten, da es ja auch wieder Geständnisse der Syrer gab. Lautet also die Prämisse: Kannst Du machen, was Du willst, solange Du geständig bist und über gute schauspielerische Leistungen verfügst?

In Unna[112] kam es zu einer Körperverletzung in Tateinheit mit sexuellem Missbrauch von einem syrischen Asylbewerber an einer 11-Jährigen. Auch hier kam es zu einem Schuldspruch. Die zuckersüße Strafe: 14 Monate auf Bewährung. Das Beweismaterial war dabei sehr umfangreich, es gab Zeugenaussagen und die Aufnahme einer Überwachungskamera. Anders als in den anderen Fällen gab der Täter nur einen Teil der Anschuldigung zu (Körperverletzung), aber auch dieses Teilgeständnis hatte anscheinend schon eine „elektrisierende" Wirkung auf den verantwortlichen Richter. Eine Auswirkung auf das Asylverfahren hat der Schuldspruch natürlich nicht, denn das hätte nur eine mindestens 3-jährige Haftstrafe. Aber: In Syrien herrscht bekanntlich Krieg und deshalb dürfte man den Täter auch in diesem Fall nicht in seine Heimat zurückbringen...

Ein weiterer, mehr als widerlicher Fall, ist wohl der Hamburger „20-Cent-Mord". Im Juni 2009 bettelte Onur K. zusammen mit einem Kumpanen einen 44-Jährigen um 20 Cent an. Der 44-Jährige lehnte ab, worauf ihm Onur K. einen Faustschlag auf die Brust versetzte. Der 44-Jährige prallte ungebremst mit dem Kopf auf den Boden. Der Kumpane von Onur K. trat dann auch noch auf den am Boden liegenden Mann ein. Das 44-Jährige Opfer starb Wochen nach dem Angriff an den Folgen seiner Schädelverletzung. In einer ersten Verhandlung erhielt Onur K. eine Strafe von 3 Jahren und 4 Monaten Jugendhaft. Gegen dies ohnehin schon butterweiche Urteil ging der Verteidiger von Onur K. in Revision und bekam Recht. Das neue Urteil für Onur K. beläuft sich nun lediglich auf eine Bewährungsstrafe und ein verpflichtendes „Sozialtraining". Begründung: *„Der Tod des 44-Jährigen nach nur einem Schlag (und ein paar Tritten) sei etwas Besonderes"*, befanden die verantwortlichen Richter. Weiterhin sei es fraglich, ob die *„schwerwiegende Tat wirklich Ausdruck besonderer krimineller Energie ist, zumal der Eintritt des Todes durch den Faustschlag auf einem eher ungewöhnlichen Kausalzusammenhang beruhte"*. Auf gut Deutsch könnte man argwöhnen: Der 44-Jährige hatte einfach nur Pech. Was kann denn der Täter dafür, dass angeblich lediglich ein Schlag ausreicht, um einen Menschen umzubringen? Selbstverständlich handelt es sich im Kontext des beschriebenen Falls nicht mehr um Mord, wenn man ganz korrekt die juristischen Formalien berücksichtigt. Dennoch stellt man sich die Frage, wie man dieses Gerichtsurteil anders beurteilen sollte, als zu vermuten, dass auch Mörder manchmal ganz offiziell freigesprochen werden?

Gerade als ich diese Zeilen schreibe, endet der Gerichtsprozess um den zu Tode geprügelten Bonner Schüler Niklas P. – mit einem Freispruch. Dieser Freispruch wurde sogar von der Staatsanwaltschaft gefordert, da die Täterschaft des Angeklagten nicht einwandfrei nachgewiesen werden konnte. Der Grund dafür war ein zusätzlicher Verdächtiger, der dem Angeklagten angeblich sehr ähnlich sein soll. Doch bereits vor Ende des Gerichtsprozesses war die Forderung der Staatsanwaltschaft von Todschlag auf Körperverletzung mit Todesfolge reduziert worden. Der Täter hatte „Glück", denn eine Obduktion des Opfers soll den Nachweis darüber erbracht haben, dass dessen Organsystem ebenfalls über „Vorschäden" verfügt haben soll (ähnlich dem hier erwähnten Fall des 20-Cent-Mordes). Des Täters Glück war hier des Opfers Pech. Wieso also in solchen Fällen eine geringere Schwere der Schuld angenommen wird, erschließt sich wohl nur einem ausgemachten Winkeladvokaten. Würde eine Umkehrung des Sachverhalts nicht viel mehr Sinn haben und den Opfern solcher Straftaten viel mehr entsprechen? Wenn man also davon ausgehen würde, dass bei einer Straftat jeder Gewalteinsatz gegen das Opfer eine tödliche Wirkung haben könnte, würde das die beschriebene Praxis des *Klasse, wir mildern das Strafmaß – denn der Täter konnte ja beim besten Willen nicht ahnen, dass er das Opfer töten würde* unmöglich machen. Die Konsequenz wären härtere Strafen und das ganz ohne überflüssige neue Gesetze!

Dass eine Staatsanwaltschaft einen Freispruch fordert, kommt selten genug vor und wirkt in einem solchen Fall zusätzlich grotesk, wenn der nun „Freigesprochene" auch noch zeitgleich wegen eines anderen Gewaltdeliktes in einem parallelen Prozess schuldig gesprochen wird. Der Grund für den Freispruch ist jedoch nachvollziehbar: *In dubio pro reo*: Im Zweifel für den Angeklagten. Dies ist selbstverständlich eine Errungenschaft unserer Gesellschaft und zeichnet unser Rechtssystem aus.

Im Zusammenhang mit der Massenmigration entsteht nun aber ein weiteres Problem. Viele Neu-Bürger verfügen über ein völlig anderes Wertesystem und sind vielleicht auch mental noch gar nicht im 21. Jahrhundert angekommen. Diese Menschen werden den europäischen Gesellschaften zugeführt und treffen dann hier auf ein angeblich „aufgeklärtes" Rechtssystem, das nahezu völlig ohne Abschreckung auskommt und deshalb von diesen Menschen überhaupt nicht verstanden wird. Wie wirkt dann die hier besprochene Rechtsprechung auf solche Menschen? Wirkt sie nicht eher affirmativ, also bestätigend und ermunternd zu nichtgesetzeskonformem Verhalten?

Die angesprochene Verwechslungsgefahr in dem hier beschrieben Fall um „Niklas P." wirft zusätzliche Fragen auf. Was passiert denn, wenn sich nun eine Gruppe von 10 oder 20 nahezu identisch aussehenden Menschen in einer Großstadt trifft und dort nach Herzenslust Straftaten begeht? Das Beispiel der Kölner Silvesternacht hat gezeigt, dass auch Kameras in einem solchen Fall völlig zwecklos sind. Bisher kam es zu solchen Vorkommnissen höchst selten – zum Beispiel im Bereich der organisierten Kriminalität und Rocker-Clubs. Nun werden Europa aber gezielt zahlreiche junge Männer zugeführt, die rein gar nichts zu verlieren haben. Unser Rechtssystem scheint an seine Grenzen zu stoßen – wie soll die Bevölkerung nun also vor einer solchen möglichen Entwicklung zukünftig geschützt werden?

Das Pendel schwingt jedoch immer in beide Richtungen, und als direkte Wirkung der Kölner Silvesternacht 2015/16 bildeten sich vielerorts „Bürgerwehren", was bei den Verantwortlichen in Politik und Polizei für offenkundige Panik sorgte. Auch auf diese Gruppierungen würde die Problematik der „Verwechslungsgefahr" und unmöglicher späterer Strafverfolgung zutreffen. Das mediale Geschrei wäre natürlich groß, wenn mutmaßliche „Wutbürger" sich ähnlich verhalten und zum Beispiel in einer deutschen Großstadt die Kontrolle für nur eine Nacht an sich reißen würden. Vielleicht würden aber exakt solche Ereignisse zu einem Umdenken in den Köpfen von Staatsanwälten, Richtern und Politikern führen – doch das ist selbstverständlich nur Spekulation!

Diese Beispiele sind nur eine kleine Kollektion von seltsamen Gerichtsurteilen, die eine Tendenz in der Rechtsprechung von deutschen Richtern vermuten lässt, obwohl diese doch angeblich ach so frei sind. Oder sollte ich sagen: Sie sind frei, gemäß ihrer ideologischen Prägungen zu urteilen?
Es wäre aber auch völlig vermessen, gerade den Juristen (als Akademikern) eine vom linken Mainstream unangetastete Objektivität zu bescheinigen. Gerade die Universitäten wurden schließlich geprägt vom angeblichen langen Marsch durch die Institutionen. Weiterhin geht die „linke Saat" gerade bei Besserverdienenden noch besser auf, da diese sich einen angeblichen Altruismus leisten können, der natürlich keinesfalls so altruistisch ist, wie es die Betroffenen gerne hätten – sondern der eher „politisierend-altruistisch" geprägt ist und damit einem ideologischen Ziel dient. Ich

persönlich finde diese Ideologie gerade bei Richtern besonders abstoßend, denn es sind schließlich die Zahnräder im juristischen Mahlwerk, die Recht sprechen sollen. Gerade dann, wenn Menschen Gewalt angetan wird, sollte das Strafmaß für den Täter immer vor allem eines sein: der Tat angemessen und das ganz ungeachtet seiner Herkunft, seiner Religion und seiner Hautfarbe. Ich finde es einfach unerträglich, wenn Menschen anderen Menschen Gewalt antun. Diesen Einbruch der Barbarei in die Zivilisation sollten deutsche Richter entsprechend bewerten und dann auch beurteilen. Aber warum tun sie es ganz offensichtlich nicht?

20. Der Gutmenschenkult

Alle Aspekte, die ich bisher in diesem Buch aufgezählt habe, führen zum *Mindset* des Gutmenschen. Unter Mindset verstehe ich so etwas wie die Denkweise eines Menschen, wobei ich hier den englischen Begriff passender finde. Ein Mindset umfasst verschiedene Oberbegriffe, im Fall eines Gutmenschen sind es eben die einzelnen Aspekte, die ich unter anderem in diesem Teil des Buches aufgeführt habe. Oftmals wird der Begriff des „Gutmenschen" als Beleidigung aufgefasst und gelegentlich auch so verwendet. Davon abgesehen, eignet sich der Begriff des Gutmenschen hervorragend als Definition und sollte deshalb auch ganz neutral benutzt werden.

Was aber genau ist nun eigentlich ein „Gutmensch"? Ein solcher Mensch hat die Moral an die allererste Stelle gesetzt. Das Gegenteil von einem Gutmensch ist ein sogenannter „Schlechtmensch", der den Egoismus als Antrieb gewählt hat. Der Gutmensch muss als Produkt des Überflusses und des Wohlstands angesehen werden. Der Wohlstand hat den Eigennutz optional gemacht, denn er ist im Gegensatz zur Lage in Krisenzeiten nicht überlebensnotwendig. Einfacher gesagt, lässt sich mit vollem Magen leichter über Moral nachdenken als mit leerem. Moral ist also durchaus ein Luxus und deshalb floriert auch das Gutmenschentum im reichen Europa – im Gegensatz zu anderen Teilen der Welt.

Nun könnte man natürlich meinen, dass Moral doch eine gute Handlungsmaxime ist. Ohne Moral und andere Werte wäre eine Gesellschaft wenig lebenswert, keine Frage! Wer aber die Moral als einziges Eichmaß anerkennt, schränkt damit massiv die persönliche Freiheit des Einzelnen und schließlich einer ganzen Gesellschaft ein. Denn grundsätzlich kann auch kein normaler Mensch immer nur moralisch 100 Prozent richtige Entscheidungen treffen.

Und genau an dieser Stelle beginnt die wirklich gruselige und unheilvolle Symbiose des Gutmenschentums mit der politischen Linken, indem die bereits bekannte „Gesinnungsethik" von dort übernommen wird. Dies bedeutet: Gutmenschen müssen nur noch „so tun, als ob sie politisch korrekt wären" – was am Ende ihrer Handlungen aber herauskommt, spielt überhaupt keine Rolle und sie müssen sich auch keinesfalls an diesem Ergebnis messen lassen. Der „gute Wille" zählt, auch wenn es zu mittleren bis schweren Katastrophen kommt (wie nach der Beseitigung von Saddam Hussein im Irak oder Gaddafi in Libyen). Weiterhin muss auf diese Weise auch kein Gutmensch befürchten, dass seine ständig herausposaunten Maßstäbe einmal an ihn selbst angelegt werden könnten. Dies war zum Beispiel in der Anfangsphase der Flüchtlingskrise vielerorts spürbar, als halb Deutschland mit „Refugees-Welcome!"-Buttons unterwegs war. Fragte man bei diesen Leuten nach, wie genau denn ihr Engagement für Flüchtlinge aussähe, bekam man (wenn überhaupt) mürrische Antworten, dass man sich ja für eine Stunde wöchentlich in einem Flüchtlingsheim engagiere. Noch deutlicher wurden die Antworten, wenn man nachfragte, wie hoch denn die bisherige persönliche Spendenbereitschaft eben für jene Flüchtlinge aussah oder ob Betreffende gar selbst Menschen Unterkunft gewährten. Ich erhielt einmal die Antwort: „*Wieso soll ich denn Geld spenden, das bezahlt doch der Staat!*"

Über diese „ur-linke" Denkweise habe ich in diesem Buch bereits genug gesagt. Stattdessen möchte ich den mit dem Thema der Moral verbundenen Aspekt dieser Aussage herausarbeiten. Wir leben in einem Land, in dem jeder seine Meinung frei sagen kann und exakt das haben die Mitglieder des „Refugees-Welcome"-Kults getan. Daran ist absolut nichts Verwerfliches, es stellt lediglich eine Meinung dar. Nun gehen die Vertreter dieser Meinung aber weiter und sagen nichts anderes als:

„*Es ist moralisch vollkommen richtig, dass alle Menschen in Deutschland aufgenommen werden. Deshalb ist es egal, wenn es Menschen gibt, die das nicht wollen! Die müssen trotzdem zahlen!*"

Deshalb muss man in diesem Zusammenhang von einer „Diktatur der Moral" sprechen. Weiterhin konstruieren Gutmenschen eine Welt, die augenscheinlich nur von perfekten Menschen bevölkert wird. Diese Menschen gab es jedoch niemals und wird es wahrscheinlich auch niemals geben. Paradoxerweise erklären Gutmenschen so jeden Andersdenkenden zum Anhänger des absoluten Bösen. Dies zeigt die Schizophrenie hinter dem Gutmenschentum und auch schon wieder fast faschistoide Züge: „*Hier der Gutmensch, da das Pack!*"

Wichtig ist vor allem eine harte Differenzierung: Gutmenschen sind keinesfalls „gute Menschen", sondern sind Menschen, die gut dastehen und notfalls andere Menschen mit scheinheilig moralischen Gründen erpressen wollen. Doch dies würde ein Gutmensch so niemals einsehen, denn er selbst sieht sich ja als die moralische Elite der Gesellschaft. Am Ende des Tages sind also Gutmenschen nichts anderes als normale Menschen mit all ihren Fehlern und Unzulänglichkeiten und somit Lichtjahre davon entfernt, ihrem eigenen Anspruch gerecht zu werden. Anders als die fanatischen Anhänger von Hitler und Stalin laufen diese Menschen keinem bestimmten Menschen, sondern einer Idee (die von unterschiedlichen Multiplikatoren verkündet wird) hinterher. Diese Idee wollen Gutmenschen dann aber auch im Angesicht der Realität keinesfalls aufgeben, deshalb gleichen sie ebenso den Anhängern eines Kultes, weshalb ich auch gerne vom „Kult der Gutmenschen" spreche. Dieser Fakt ist umso spannender, weil die gesamte Debatte über alternative Fakten und Postfaktizismus eben genau aus der Richtung der Gutmenschen stammt. Gutmenschen projizieren also ihre eigene Weigerung, die Realität anzuerkennen, auf Andersdenkende und machen sich dann noch darüber lustig.

Ein besonders erwähnenswerter Vertreter dieser Gattung ist der „Computerexperte" und *Spiegel*-Kolumnist Sascha Lobo. Der Titel einer im April 2017 erschienenen Kolumne heißt „Realität ist nur noch eine Meinung".[113] Linke – und das sind fast ausnahmslos alle Gutmenschen – bekommen ein Problem, wenn man ihnen ihr Spielzeug klaut, so auch Lobo. Jahrzehntelang dominierten die moralisierenden und politisierenden linken Schreiber die Welt der veröffentlichten Meinung. Durch das Internet und durch eher konservativ geprägte Medien bekommen die gutmenschlichen Schreiber nun aber Gegenwind und erleben, wie ihre eigenen Waffen auf sie selbst gerichtet werden. Plötzlich sind ihre eigenen, Ewigkeiten lang praktizierten Methoden nicht mehr sauber und professionell. Was soll man dazu noch sagen?

Ein „guter Mensch" hingegen tut wirklich etwas Gutes, redet nicht davon und erpresst auch keinen anderen Menschen, sich ebenso zu verhalten. Von einigen echten Prachtexemplaren war in diesem Buch ja bereits die Rede. Einer Person muss ich in diesem Zusammenhang aber unbedingt noch einen Sonderplatz einräumen: dem Fußballprofi Philipp Lahm. Neben seinem Engagement beim *FC Bayern München* war er natürlich auch Mannschaftskapitän der Nationalmannschaft, die man ja heute nur noch „die Mannschaft" nennt. In dieser Position ist Lahm durchaus ein Prominenter, dessen Wort einiges beigemessen wird. Nun könnte man sich auf die Position stellen, dass er als „Balltreter" lieber besser zu politischen Themen schweigen sollte. Diese Meinung teile ich jedoch nicht, denn jeder Bürger hat das Recht, sich zur Politik in Deutschland zu äußern. Anhand von vielfältigen finanziellen Beteiligungen an verschiedenen Unternehmen kann man ableiten, dass Lahm zumindest cleverer als viele seiner Berufsgenossen sein könnte. Doch scheinbar täuscht das, denn als aufmerksamer Beobachter unserer Zeit sollte auch er einiges von den Dingen bemerkt haben, die in Deutschland und in der Welt passieren: Terrorismus, Kriege, Kriminalität und dysfunktionale Politik. Dazu könnte jemand wie Lahm ja vortrefflich etwas Eigenes sagen, doch stattdessen bläst er voll ins Horn der Gutmenschen und sagte: *„Ich denke, was vermutlich die meisten von uns denken: dass Deutschland nicht rechts werden darf und dass nicht die Falschen, die Populisten, mehr Macht bekommen dürfen."*[114] Weiterhin demonstriert er im gleichen Interview, dass er selbst nur hohle Phrasen von sich gibt, indem er fröhlich das an Karl Popper angelehnte Schlagwort der „offenen Gesellschaft" für einen den Linken genehmen Zweck missbraucht:

„Wir sollten alles dafür tun, dass das so bleibt. Wir leben hier in einer gesunden Gesellschaft. Das darf nicht verloren gehen."

Hier kann man natürlich feststellen, dass für Menschen wie Lahm die Gesellschaft in Deutschland selbstverständlich absolut „gesund" ist, denn klassisch „gearbeitet" und somit an einem normalen Erwerbsleben teilgenommen hat der Sportler mit Millionenverdienst ja bisher meines Wissens nach nicht. Ob die wenigen Trainingseinheiten wöchentlich als klassische Arbeit angesehen werden können, wage ich ebenfalls stark zu bezweifeln. Dennoch gehört auch für einen Menschen wie Lahm einiges an Verdrängung zu seiner Aussage über eine angeblich „gesunde Gesellschaft", in der Wahnsinnige mit Äxten, LKWs oder Sprengsätzen morden. Wie sähe denn dann eine kranke Gesellschaft aus?

Im April 2017 machte eine neue Horrormeldung die Runde: Ein junges Paar bekam beim Zelten ungebetenen Besuch von einem „Mann" mit einer Machete, der dann die Frau vor den Augen ihres Lebensgefährten vergewaltigte. Gott sei dank ist unsere Gesellschaft ja so gesund!

Aber auch eine Sportlerkarriere neigt sich einmal ihrem Ende entgegen und exakt das war im Sommer 2017 bei Philipp Lahm der Fall. Das Amt des Sportdirektors beim *FC Bayern München* hatte der Fußballer ausgeschlagen und man darf über seine politische Ambitionen spekulieren. Ebenso kann man zum Fußball stehen wie man will, aber als Sportdirektor bei den „Bayern" hätte Lahm durchaus Leistung zeigen müssen. Vielleicht ist also dieses populistische Statement über die Rechtspopulisten (kleines Wortspiel) kurz vor seinem Karriereende eine Empfehlung an die Politik, denn dort muss man ja eigentlich gar nichts mehr leisten, außer schöngeistigen Nonsens zu verbreiten. Vertreter der etablierten Parteien sprangen Lahm dann auch prompt fröhlich bei, als aus der Richtung der AfD Kritik am politisierenden Fußballstar laut wurde.

Es sind natürlich genau diese Art Multiplikatoren, die für das Establishment von größter Wichtigkeit sind, die mitwirken, dessen dumpfe Parolen unter die Leute zu bringen. Ohne Strahlkraft von Stars und Sternchen würde das wundersame „linke Lügengebilde" nämlich schnell in sich zusammenbrechen. Denn, was Menschen wie Lahm vorenthalten, sind ganz primitive Sachverhalte: Es waren weder Rechtspopulisten am Steuer des LKWs, der in Berlin in einen Weihnachtsmarkt raste, und auch der LKW in Nizza wurde von jemand anderem gesteuert. Ebenso war wohl kaum ein AfD-Mitglied an den Vorgängen in der Kölner Silvesternacht beteiligt. Höchstwahrscheinlich war auch Marine Le Pen nicht am Massaker am Bataclan in Paris beteiligt usw. usw. usw. Dafür sind aber die etablierten Politiker in der Verantwortung, die solchen Multiplikatoren wie Lahm gerne Beifall klatschen, wenn sie gegen die „bösen" Rechtspopulisten Stimmung machen und gleichzeitig Europas Tore weit offenhalten. Das Prinzip, nach dem Gutmenschen Propaganda betreiben, lehnt sich also direkt an Kurt Tucholsky an:

„Im Übrigen gilt ja hier derjenige, der auf den Schmutz hinweist, für viel gefährlicher als der, der den Schmutz macht."

Die Politiker sind es nämlich, die ihren Job nicht machen und den metaphorischen „Schmutz" überhaupt erst entstehen lassen und dann auch nicht wegräumen. Der Gipfel der Frechheit ist es dann, wenn Linke kurz nach einem Anschlag davor warnen, diesen zu „politisieren". Dies würde dann ja nur wieder die bösen Rechtspopulisten stärken. Ebenso haben sich dieselben Gutmenschen in der Hochphase der Flüchtlingskrise mit Händen und Füßen gegen die Aussage verwahrt, dass mit den Flüchtlingen auch Terroristen nach Europa kommen. Terroristen hätten schließlich ganz andere Möglichkeiten, als die Flüchtlingsrouten zu nutzen, und die Menschen ohne Papiere seien ausnahmslos Schutzsuchende. Dann kamen aber das Massaker vom Bataclan und andere Anschläge, bei denen die Täter zu großen Teilen eben doch über diese Flüchtlingsrouten nach Europa gekommen waren. Wie sahen aber die Konsequenzen der verantwortlichen Politiker aus? Es gäbe jetzt eine ganze Reihe von nennenswerten Politikern, die ich anführen könnte, doch der vielleicht prominenteste davon ist Justizminister Heiko Maas. Noch im März 2016 sagte er: *„Die Terroristen sind keine Flüchtlinge!"* Dabei handelte es sich schlicht und einfach um eine Falschaussage bzw. eine Lüge. Wahr ist natürlich, dass keinesfalls alle Flüchtlinge Terroristen sind. Aber einige der Flüchtlinge waren eben auch Terroristen. Abgesehen davon rangiert Herr Maas immer noch als vermeintlich „bestangezogener" Politiker, was ja auch als ein witziges Qualitätsmerkmal interpretiert werden kann: *„…wenn er schon wenig kann, kann er sich wenigstens anziehen!"*

An den Aussagen von Lahm (*„die Rechtspopulisten als Hauptbedrohung unserer ‚gesunden Gesellschaft'"*) und Maas (*„Flüchtlinge sind keine Terroristen"*) erkennt man aber schon einiges vom erwähnten Mindset der Gutmenschen. Es handelt sich nahezu komplett um eine Art religiöses Glaubenssystem, das keinen Widerspruch duldet. Hierbei spielt es auch keine Rolle, dass es genug Fakten als Gegenbeweis gibt. Die bösen Rechtspopulisten bleiben die größte Gefahr, auch wenn nahezu minütlich irgendwo auf der Welt Menschen gefoltert werden, diese gesprengt oder die Köpfe abgehauen bekommen. Das alles sei ja nur zweitrangig und hat mit unserer Lebensrealität nichts zu tun: *„Die wird ja nur von angeblich Rechtspopulisten bedroht!"*

Im Zuge der Flüchtlingsfrage wurde ja oft über das Thema „Empathie" gesprochen, also die Fähigkeit, sich in andere Menschen hineinzuversetzen und deren Gefühle nachzuvollziehen. Kritiker der Flüchtlingspolitik wurden in direkter Folge dann auch gerne als „empathielos" bezeichnet, was in etwa der Aberkennung des Menschenstatus gleichkommt. Empathie ist schließlich die Fähigkeit, die einen Menschen von einer Maschine unterscheidet. Letztlich ist das jegliche Fehlen von Empathie auch eine der Definitionen, um einen Narzissten (also einen Psychopathen) zu beschreiben. Das ist doch eine respektvolle Art mit Andersdenkenden umzugehen, nicht wahr? Alle, die anders denken als ich, sind einfach irre und/oder eigentlich keine Menschen mehr!

Dabei wird aber gerne übersehen, dass auch hier der Mittelweg der Königsweg ist. Gar keine Empathie zu besitzen, ist genauso pathologisch wie grenzenlose Empathie! Und genau hier schließt sich wieder der Kreis zur „linken Ideologie". Diese Ideologie basiert ja sozusagen auf exakt der Eigenschaft, sich im Elend der Anderen zu suhlen, um dann als „Kümmerer" die Kontrolle zu bekommen: Ich helfe, damit ich herrsche. Wenn es also ein Milliardenheer gibt, dem ich helfen kann, dann werde ich wichtig. Dieses Heer ist weltweit sogar 7 Milliarden groß, wie der Migrationsforscher Paul Collier[115] festgestellt hat. Diese 7 Milliarden wollen nahezu komplett dorthin, wo sich nur 1 Milliarde der Weltbevölkerung befindet: in die Industrienationen. Diese Motivation ist nachvollziehbar, aber bei aller Empathie muss gesagt werden, dass dies einfach unmöglich ist!

Wer zynisch veranlagt ist, könnte argwöhnen, dass die beste Bekämpfung der Fluchturlachen folgerichtig ja eine Dekonstruktion der westlichen Welt wäre. Exakt darauf wird es dann nämlich hinauslaufen, denn die Industrienationen können einfach so vielen hineinströmenden Menschen keine Heimat geben. Der verstorbene Journalist und Publizist Peter Scholl-Latour sagte einmal: „Wer halb Kalkutta aufnimmt, rettet nicht Kalkutta, sondern der wird selbst Kalkutta." Exakt dies aber wollen Gutmenschen nicht verstehen – so blind vor „altruistischer Empathie" sind sie, oder besser gesagt: sie geben vor, es zu sein.

Wie wir gesehen haben, wäre es der Traum eines Linken, die ganze Welt zu einem Slum voller Elender zu machen, damit dann endlich, endlich die Diktatur des Proletariats ausgerufen werden kann! Die besorgte Gutmenschenriege sieht sich in diesem Endzustand dann natürlich in führender Funktion an der Spitze der Slums, verstehen aber nicht, dass sie in Wirklichkeit nur die Drecksarbeit für die Wahrlich-Besitzenden dieser Welt erledigen und am Ende dann zusammen mit allen anderen im selben Slum auf der Straße sitzen werden.

Der Typus des Gutmenschen ist deshalb so gefährlich, weil er sich selbst immer in einer elitären, moralischen Position glaubt – die ganze Gesellschaft ist krank, er will sie heilen und weiß, was das Beste für sie ist. Ebenso ist auch die Welt krank, also wird er auch sie heilen, weil er eben am besten weiß, wie er das anzustellen hat. Die anderen Menschen versteht er als *empathielose Psychopathen*, *Pack*, *Nazis* und *Faschisten* oder eben auch das *ultimativ Böse*. Solches äußern Gutmenschen auch sehr freizügig und besonders gerne natürlich im Internet. Ideologien funktionieren eben nicht ohne Feinde und Sündenböcke.

Ein eher mitleiderregendes Beispiel für diese Denkweise sind Kneipen und Bars, die Schilder mit der Aufschrift *„Kein Bier für AfDler!"* an ihren Lokalen anbringen, aber gegen Ausgrenzung und für Toleranz eintreten. Schizophrener geht es wohl kaum noch! Auf eben die gleiche Art reagierten auch die Granden der Politik, die die Demonstranten im sächsischen Freital als „Pack" oder gar ganz Ostdeutschland als „Dunkeldeutschland" bezeichneten. Dabei taten sie nichts anderes als das, was sie den bösen Rechtspopulisten selbst unterstellten: Sie spalteten das Land, statt die Wut der Menschen zu akzeptieren und mit ihnen zu kommunizieren. Kein Mensch ist illegal, außer er ist nicht „links". Spätestens hier sollte klar werden, dass Gutmenschen definitiv nicht „gut" sind, denn ein guter Mensch wertet andere Menschen nicht aufgrund deren Meinungen ab. So verfährt stattdessen nur ein Fanatiker, der anscheinend auch nicht über genügend Argumente für ein ergebnisoffenes Gespräch verfügt.

Selbstverständlich muss man auch beim Gutmenschentum differenzieren, denn es gibt keine in sich geschlossenen und völlig homogenen Gruppen.

- Wie immer sind die ideologisch gefestigten hardcore-Vertreter auch bei der Sorte Gutmensch absolut in der Minderheit.
- In der Regel sind dies eher die besonders gebildeten und besonders wohlhabenden Menschen, die über ausreichend Zeit verfügen, um sich ideologisch indoktrinieren zu lassen.
- Neben dieser Gruppe gibt es dann die zahlenmäßig deutlich größere Gruppe der Karrieristen, die den Trend erkannt und ebenfalls verstanden haben, wie man dies für das eigene Vorankommen nutzen kann.

- Die weitaus größte Gruppe sind aber die nicht völlig unwissenden Mitläufer, die grundsätzlich über keine eigene Meinung verfügen und nirgendwo weder anecken noch grundsätzlich keinem Menschen etwas Böses antun wollen. Für diese Menschen ist die gutmenschliche Idee der „Diktatur der Moral" besonders fatal, denn auf den allerersten und demnach oberflächlichsten Blick ist die Idee von der Moral als ausschließliche Handlungsmaxime besonders anziehend.

Genau diese Masse ist es dann auch, die durch den Typus des „Lautsprechers" nach Art eines Philipp Lahms geködert und bei der Stange gehalten werden soll. Hier wären zum Beispiel normale, mitten im Leben stehende Fans des *FC Bayern München* zu erwähnen, die einfach das als Meinung übernehmen, was „ihr" Philipp Lahm da gerade gesagt hat. Eine eigene Meinung ist eben auch Luxus und wer im Stress des Erwerbslebens steht, eine Familie zu ernähren hat und sich auch noch Sorgen um die Finanzierung seines Hauses machen muss, der kann sich einen solchen Luxus einfach nicht leisten. Das ist weder ein Makel noch beschämend, sondern ist von den Erfindern des *Gutmenschentums* exakt so erwünscht und geplant. Schlafschafe sind eben die am einfachsten zu kontrollierende Herde, zumal sie auch im Gleichklang blöken und schnarchen!

Das *Schlechtmenschentum* mit seiner einseitigen Ausrichtung auf das eigene Ego, ist sicherlich auch nicht die bessere Art zu leben. Dennoch müssen wir akzeptieren, dass auch egoistisches Verhalten zum Wesen der Gattung Mensch gehört. Exakt diesen Umstand verstehen Gutmenschen aber gerade nicht und wollen, ebenso wie alle anderen totalitären Ideologien, dann notfalls auch wieder einen neuen Menschen erschaffen: den *Homo moralis*, den sittlich bzw. moralisch handelnden Menschen. Dieses Bild ist aber erneut ein rein ideelles Menschenbild, das so niemals auf Erden erreicht oder verwirklicht werden kann – erst recht nicht mit Zwang, Gesinnungsdiktatur und der faschistoiden Abwertung von Andersdenkenden.

Auf faszinierende Art und Weise spiegelt sich erneut im Gutmenschentum auch „zufällig" der Kulturmarxismus wider. Wer an Moral denkt, denkt vielleicht auch an den kategorischen Imperativ von Immanuel Kant:

„Handle nur nach derjenigen Maxime, durch die Du zugleich wollen kannst, dass sie ein allgemeines Gesetz werde.“

Vom kategorischen Imperativ ist es aber nur ein Katzensprung zum hypothetischen Imperativ, nämlich der *Goldenen Regel*:

„Was Du nicht willst, dass man Dir tu’,
das füg auch keinem anderen zu!“.

Hier habe ich eine kleine Transferleistung, liebe Leserin, lieber Leser: An was erinnert Sie das im Zusammenhang mit dem Kulturmarxismus? Bingo! Es erinnert an die Idee der Reziprozität, wie sie Rudolf Willeke dem Typ des *Homo Communicativus* zuordnete, also dem Prinzip der Gegenseitigkeit in der Soziologie! Hier haben wir jetzt eine heiße Spur entdeckt, denn die „Goldene Regel“ ist ein *gutes* Lebensmotto. Dennoch kann man dieser Regel auch einen gewissen „vermeidenden“ Charakter unterstellen: Man soll anderen Menschen nichts antun, was man nicht will, dass es auch einem selbst angetan wird. Könnte hier also in Wirklichkeit *Angst* als Grund für die Reziprozität existieren? Sind also Gutmenschen gar keine moralischen Menschenfreunde, sondern ist ihre moralische Maxime nichts anderes als panische Angst vor dem Amoralischen? Verhalten sich Gutmenschen also nur deshalb moralisch und politisch korrekt, weil sie auf die Gegenseitigkeit dieses Verhaltens hoffen? Sind Gutmenschen also eigentlich „Angstbürger“ – im Gegensatz zu dem von ihnen erschaffenden „Wutbürgern“? Sollte dies der Fall sein, dann sollte man diesen Menschen sagen: Gegenseitigkeit ist kein zwingendes kosmisches Gesetz! Nur weil ich selbst kein Dieb bin, sinkt nicht die objektive Wahrscheinlichkeit, selbst bestohlen zu werden. Ebenso ist auch der Umkehrschluss nicht korrekt!

Kombinieren wir die These des Gutmenschen als „Angstbürger“ mit dem Saatboden seiner Entstehung, dem Wohlstand, so könnte man sagen: Ein Gutmensch ist nur deshalb moralisch, weil er damit die Hoffnung verbindet, seinen Wohlstand nicht auf unmoralische Art und Weise abgenommen zu bekommen. Interessanterweise hängt ja die Existenz der Gutmenschlichkeit auch exakt mit einem Leben im Wohlstand zusammen, denn mit leerem Bauch moralisiert es sich nicht mehr so gut…

21. Der Neoliberalismus und das (Bar)geld

Nun habe ich sehr viel über linke Ideologien, Wahnvorstellungen und Denkfehler gesprochen. Bei aller Antipathie muss ich aber sagen, dass viele Linke tatsächlich von der Richtigkeit ihrer Ideologie überzeugt sind und glauben, für die Menschen und damit auch für das Gute zu kämpfen. Der Linksismus und damit auch der Sozialismus haben durchaus eine gewisse Romantik, das kann selbst ich ihnen nicht absprechen. Wer einmal geraucht hat, denkt vielleicht auch manchmal wehmütig an die letzte Zigarette bei einer guten Tasse Kaffee zurück. Heute ist der Raucher aber Nichtraucher, denn er hat verstanden, dass ihn diese köstliche Zigarette irgendwann das Leben gekostet hätte. Ebenso verhält es sich mit dem Linksismus: Diese Ideologie tötet zwangsläufig irgendwann irgendwen. In diesem Buch habe ich zahlreiche eindrückliche Beispiele aus der Geschichte angeführt und es werden leider nicht die letzten bleiben.

Ich bezeichne mich auch gerne als Anti-Sozialist, aber ich bin deshalb definitiv auch kein Freund des Neoliberalismus. Diese Annahme wäre ausgesprochen kurz gedacht und zugleich leider völlig verfehlt. Wie ich das dargelegt habe, ist die linke Ideologie die eine Seite des Kulturmarxismus. Es gibt jedoch noch eine andere Triebkraft, die dem Linksismus in absolut nichts nachsteht: eben jener Neoliberalismus! Ich bin einfach kein Liberaler und damit definitiv auch kein Neoliberaler. Was aber an dieser Stelle betont werden muss, ist, dass ich mich hier ausschließlich über den Begriff des Neoliberalismus äußere, wie er in unserer Zeit verwendet wird. Ich verstehe darunter eine Ideologie, die als Kern marktradikale Thesen vertritt und den Egoismus als Fortschrittsmotor versteht. Ebenso sehen Neoliberale die Schaffung von Märkten als zentrale (wenn nicht sogar einzige) Aufgabe eines Staates. Weitere Eingriffe des Staates sollen minimiert oder am Ende besser ausgeschaltet werden (zumindest wenn es sich um Einschränkungen handelt, dazu aber später mehr). Ich halte dies für völlig verfehlt, weil ich gerade als Konservativer von der Natur des Menschen weiß. Der von den Neoliberalen als Fortschrittsmotor verklärte Egoismus bringt keinesfalls das Beste, sondern das Negativste im Menschen zum Vorschein. Aus diesem Grund benötigen Gesellschaften Regeln und Gesetze, die von Institutionen erlassen und überwacht werden, die keinen wirtschaftlichen Grundsätzen unterworfen sind. Einen sogenannten *Nanny-Staat*, der seine

Bürger bevormundet, lehne ich natürlich ab. Anstelle dessen trete ich für einen *starken* Staat ein, der seine zentralen Aufgaben zum Schutz seines Volkes auch tatkräftig erfüllt: äußere und innere Sicherheit, Bildung, Schutz der Freiheit und Rechte seines Volkes und nicht zuletzt die Wahrung der nationalen Souveränität. Selbstverständlich gehört zu diesen Aufgaben auch die effektive und konsequente Grenzsicherung eines Staates!

In meinem Buch »Gefährlich! Band2« habe ich bereits sehr ausführlich über die Problematik dieser Ideologie gesprochen, denn auch der Neoliberalismus ist nichts anderes als ein rein ideelles Konstrukt. Viele Leser haben nicht verstanden, weshalb ich dieses Thema in dem Buch überhaupt behandelt habe. Ich habe dieses Thema aufgegriffen, um zu demonstrieren, wie sich spirituelle Themen (mutige Menschen könnten auch sagen: *esoterische* Belange) in der Exoterik, also der grobstofflichen Welt, widerspiegeln. Aus diesem Grund kann man die grobstoffliche Welt eben doch verändern, wenn man seine Art zu denken und dann auch konsequent seine Art zu handeln ändert. Dies aber nur am Rande, Interessierten sei hier das betreffende Kapitel im genannten Buch empfohlen.

Ähnlich wie die linke Ideologie will der Neoliberalismus die Menschen gleichmachen. Der Sozialismus und der Kommunismus wollen alle äußeren Unterschiede, wie z.B. die unterschiedlichen Klassen, auflösen, während der Kulturmarxismus gleich die Identität der Menschen auflösen und damit angleichen will. Der Neoliberalismus hat lediglich ein Interesse an Märkten und will Menschen zu Konsumenten, zum *Homo Oeconomicus*, machen. Um einen Markt zu erschaffen, benötigt es Angebot und Nachfrage. Das Angebot wird dabei von der Industrie gebildet, während die Nachfrage von öffentlichen und privaten Haushalten ausgeht. Je gleichförmiger und berechenbarer dabei die Nachfrage ist, desto einfacher und effektiver kann die Industrie ihre Angebote absetzen. Klingelt hier schon etwas bei Ihnen? Grenzen, Kultur, Religion, regionale Einzelheiten – all das sind Hindernisse für den Neoliberalismus und seine marktradikalen Thesen. Aus diesem Grund wollen Neoliberale all diese Limitierungen beseitigen. Der Kulturmarxismus ist dazu das willkommene Werkzeug. Einer der glühendsten Vertreter dieser Neoliberalen war der Industrielle *Maurice Strong*. Er brachte es wie kein anderer mit nur einem Zitat exakt auf den Punkt:

„Nach meiner Ideologie bin ich Kommunist,
aber meine Methodik ist die eines Kapitalisten!"

Ganz absurd wird es dann, wenn man sich ansieht, wovon Maurice Strong dann auch noch als geistiger Vater gilt: der Agenda 21, dem Aktionsprogramm der *Vereinten Nationen*, das 1992 in Rio de Janeiro beschlossen wurde, wodurch der Grundstein zum *sustainable development* (nachhaltige Entwicklung) gelegt wurde. Aber was könnte daran schlecht sein? Kann Nachhaltigkeit überhaupt schlecht sein?

Natürlich ist Nachhaltigkeit eines der Themen, die wir schon heute berücksichtigen müssen, wenn wir unseren Nachfahren eine lebenswerte Zukunft auf diesem Planeten ermöglichen wollen. Rohstoffe sind viel zu wertvoll, um sie zu verschwenden, und wir können auch den Planeten nicht mit Müllbergen überhäufen, schon gar nicht mit nuklearen Brennstoffen oder anderen giftigen Abfallprodukten. Auch wenn die Wissenschaft uns immer blumige Phantasien von einer möglichen Alternative zur Erde skizzieren, bisher haben wir nur diesen einen, durchaus wunderbaren Planeten.

Nun aber zurück zu der Frage, weshalb Nachhaltigkeit auch etwas Schlechtes sein kann. Wenn Nachhaltigkeit organisiert zu einer Ideologie erhoben wird und die nationale Souveränität und das Recht auf Freiheit untergeordnet werden, dann ist Nachhaltigkeit lediglich ein hohler Begriff, der genutzt wird, um eine Diktatur zu errichten. Anders als andere Diktaturen geht es hier aber nicht um etwas, das nur ein *einziges* Land betrifft, sondern um etwas, das z.B. gleich alle Mitglieder der *Vereinten Nationen* angeht. Wir sprechen hier aber von einer globalen Agenda, die auch nicht nur auf die *UN* beschränkt ist. Diese Agenda wird keinesfalls „am Stück" umgesetzt, sondern Etappe für Etappe. Aus der damaligen Nachhaltigkeit ist heute der Kampf gegen die Erderwärmung (bzw. den Klimawandel) geworden. Es spielt bei diesem Programm auch absolut keine Rolle, ob man an den Klimawandel glaubt oder auch nicht. Das Einzige, was zählt, ist die Realität des Kampfes *gegen* den Klimawandel. Wer sich dieser *Ideologie* nicht anschließt, kann ja nicht ganz bei Trost sein. Dabei spielt es übrigens zusätzlich keine Rolle, ob diese Maßnahmen im Kampf gegen den Klimawandel überhaupt etwas erwirken oder eben nicht.

Ich werde hier an dieser Stelle nun nicht darlegen, dass ich natürlich nichts gegen lebenswerte klimatische Bedingungen überall auf diesem Planeten habe. Ich bin lediglich unsicher, warum sich das Klima wirklich verändert und ob wir überhaupt etwas dagegen tun können. Dabei belassen wir es jetzt hier, denn ich bin kein Fachmann auf diesem Gebiet und überlasse die Diskussion über die Details lieber anderen.

Worüber wir aber an dieser Stelle nachdenken können und sollten ist die Frage, was der Neoliberalismus nun mit dem Klimawandel zu tun hat? Neoliberale wollen die Welt zu einem einzigen Markt transformieren, da sie aufgrund der weiter oben genannten Vorteile auf ein deutlich besseres Geschäft hoffen. Der Kampf gegen die Klimaerwärmung kann nun durchaus auch als Instrument zur Marktharmonisierung verstanden werden. Auf der einen Seite befinden sich Industrienationen, Länder der Dritten Welt und Schwellenländer auf dem Sprung aus der dritten Welt zu Industrieländern.

Man muss jetzt nicht über einen Abschluss der *London School of Economics* (LSE) verfügen, um zu verstehen, was passiert, wenn man nun global den Kampf gegen die Klimaerwärmung auf Platz 1 der Prioritätenliste setzt bzw. diesen mit ökonomischem Zwang setzen lässt. Zur Erinnerung: In den Industrieländern muss nur eine Minorität der Bevölkerung hungern, in Schwellenländern und der Dritten Welt sieht das anders aus. Wenn nun aufgrund eines Klimaschutzprogramms die Industrie eines aufstrebenden Landes Restriktionen erfährt, werden dort Menschen entlassen und landen nicht etwa im sozialen Netz, denn das gibt es dort überhaupt nicht. Diese Menschen landen auf der Straße und bleiben dort vielleicht. Vielleicht verhungern sie, vielleicht werden sie kriminell, vielleicht machen sie sich auf den Weg nach Europa. Autoritäre multinationale Zwangsabkommen können am Ende sogar Menschenleben kosten, auch wenn sie einem augenscheinlich so sinnvollen und edlen Zweck wie dem Umweltschutz dienen. Wann haben Sie jemals etwas über diesen Aspekt des Kampfes gegen das *Global Warming* gehört?

Eines ist sicher: die wirtschaftlich unterlegenen Nationen werden in ihrem Status auf lange Zeit zementiert. Auf diese Weise bleibt für die Industrieländer alles beim Alten. Die Zeche zahlt praktischerweise jemand anderes: der Einzelne, der seine Anstellung verliert; das künstlich benachteiligte

Unternehmen; die jeweilige Nation und die Bevölkerung der westlichen Staaten, die unter den Folgen von z.B. Migrationswellen zu leiden haben. Die neoliberalen Global Player interessiert das hingegen nicht, auch wenn dies völlig anders dargestellt wird. Im Fernsehen laufen rund um die Uhr vollmundige Spots zu Kampagnen, wie z.b. „Wir zusammen"[116], in der deutsche Unternehmen ihre Kooperation bei der Integration beteuern. Die Realität sieht jedoch völlig anders aus. So bringt es ein Artikel der *RP-Online*[117] eindrücklich auf den Punkt: In der *gesamten* deutschen Wirtschaft werden lediglich 140.000 ehemalige Asylbewerber beschäftigt. Interessant, was für Taten die Wirtschaft auf die vollmundige Zusage während der heißen Phase der letzten Flüchtlingswelle folgen ließ!

Verantwortung ist keine Variable in der Welt des Neoliberalismus. Dort spricht man zwar immer von Freiheit und Selbstverantwortung, aber damit ist grundsätzlich nur gemeint, dass der Einzelne die Freiheit zu verhungern hat. Für Unternehmen gilt diese Art der Selbstverantwortung aber nur solange, bis sie eine gewisse Größe erreicht haben. Dies konnte man ja auch beim Scheitern angeblich systemrelevanter Unternehmen wie der *Philipp Holzmann AG*, der *Bank of America* oder auch *Air Berlin* beobachten. Hier wurden und werden Steuergelder geradezu „veruntreut", um die Fehler der Unternehmensführer abzumildern und die Interessen der Aktionäre zu schützen. Stets wird mit dem Argument des *too big to fail* argumentiert: ein Unternehmen ist zu groß bzw. wichtig, als dass es scheitern dürfte. Wird vorher von Liberalen immer der *Nanny-State* geschmäht, schreien die gleichen Menschen dann nach einem Staat, der angeschlagenen Unternehmen mit Steuergeldern unter die Arme greift. Das Unternehmen hätte angeblich eine zu wichtige Funktion für eine ganze Volkswirtschaft und ach, auch all die vielen, vielen Arbeitsplätze… Was ist hier mit den vielbeschworenen Selbstregulationskräfte des Marktes? Versagen hier diese Kräfte sogar am Ende?

Die Fehler im Zusammenhang mit der Devise des *too big to fail* ist ganz einfach: Wenn ein Unternehmen so groß geworden ist, dass sein Scheitern einer ganzen Volkswirtschaft schaden könnte, dann ist vorher von staatlicher Seite eine Zerschlagung versäumt worden. Ein Staat hat als zentralste Aufgabe den Schutz seines Volkes, nichts anderes. Selbstverständlich gibt es auch noch eine völlig andere Lösung, die von Marktradikalen und damit

Neoliberalen natürlich völlig abgelehnt wird: die Übertragung systemrelevanter Aufgaben an Staatsunternehmen.

Wir müssen ehrlich sein, es gibt in der Wirtschaft nichts umsonst. Staatliche Unternehmen verschlingen Geld, bieten aber Arbeitsplatzschutz und schützen das Wirtschaftssystem. Gigantische Unternehmen kosten den Staat formal erst mal nichts, aber wenn sie scheitern, werden wir alle dafür zur Kasse gebeten – oder unser System bricht zusammen.

Manchmal steckt hinter plakativen Slogans auch ein Körnchen Wahrheit, oder auch mehr. Die Weisheit vom *privatisieren der Gewinne und sozialisieren der Verluste* enthält jedenfalls sehr viel mehr Wahrheit als nur ein einziges Fünkchen!

Zum Jahrtausendwechsel war ich für die *Friedrich-Ebert-Stifung* tätig und habe dort miterlebt, wie diese eigentlich sozialdemokratische Stiftung federführend bei Imagekampagnen für die Globalisierung war. Von der Stiftung wurden aufwändige Publikationen veröffentlich, Studien angefertigt und Christa Müller (die damalige Frau von Oscar Lafontaine) trat auf, um für eine soziale Gestaltung der Globalisierung zu werben.

Kaum 20 Jahre später ist das Ehepaar Müller/Lafontaine getrennt, beide Ehepartner fanden eine neue Heimat bei den *Linken* und der Begriff „Globalisierung" findet kaum noch Verwendung, so unpopulär ist er geworden. Dennoch treiben Kulturmarxisten und Neoliberale die internationale Verflechtung (oder sollten wir lieber sagen: Versumpfung) weiter voran. Eine globale Gesellschaft voller klassenloser (enteigneter) Konsumenten ist die Zielvorstellung. Ohne Grenzen, ohne Regulation aber mit ganz viel Profit und Unfreiheit für den Einzelnen!

Was natürlich ein weiterer Hemmschuh ist, ist das Thema „Bargeld". Bargeld ist gleich mehrfach für gewisse Menschen negativ. Zuerst ist die Zirkulation von Bargeld an sich nur sehr kompliziert nachzuvollziehen. Natürlich kann man bestimmte Seriennummern von Banknoten registrieren und verfolgen, mehr geht aber einfach nicht. Bisher muss jedes System scheitern, wenn es die Gesamtmenge des existierenden Bargelds verfolgen sollte. Dies ist natürlich besonders für das Finanzamt tragisch, denn auf diese Weise ist Schwarzarbeit und Schwarzhandel sehr einfach realisierbar: Ware oder Dienstleistung gegen Bares. Außer den beiden Handelspartnern erfährt niemand etwas davon.

Weiterhin können mit Bargeld Waren und Dienstleistungen anonym bezahlt werden, während die anderen gängigen Zahlungsmöglichkeiten wie EC- oder Kreditkarte und Überweisung immer völlig nachvollziehbar bleiben. Dies kann aber durchaus auch bei legal erhältlichen Waren von Belang sein, z.B. wenn es um den Kauf von systemkritischen Büchern oder Filmen geht. Würde das Bargeld abgeschafft, könnten z.b. alle Bücher dieses Buches auf eine schwarze Liste kommen und sich irgendwann in einem Lager wiederfinden.

Weiterhin besitzt der Besitzer von Bargeld das Bargeld unter Vorbehalt und es muss ihm gewaltsam (durch Raub oder Inflation) weggenommen werden. Was wäre aber, wenn es kein Bargeld mehr gibt und das Geld nur noch als virtuelle Einheit auf elektronischen Konten existiert? Wer garantiert uns, dass nicht irgendein böser Hacker (vielleicht sogar im Auftrag irgendeiner noch böseren Regierung) unsere Konten knackt und das Geld somit „löscht"? Selbstverständlich kann das schon heute passieren, wenn man Online-Banking nutzt. Aber aktuell ist dies eine absolut freiwillige Entscheidung, denn wir könnten ja unsere gesamten Ersparnisse in Gold- oder Silbermünzen umtauschen und in unserem Bettkasten lagern. Kurz: Heute haben wir noch die Wahl zwischen „realem" und rein fiktivem Geld (an dieser Stelle möchte ich die Problematik des sog. „Fiatgeld" mit seiner Wertschöpfung aus dem Nichts auskoppeln, um den anderen Aspekten des Themas gerecht zu werden). Last but not least ist Bargeld trotz vieler Einschränkungen eine *harte* Tatsache und damit nur sehr schwer mit den Glaubensinhalten der Kulturmarxisten vereinbar. Der verhasste Prometheus lässt grüßen!

Wie schön wäre aber eine rein fiktive Währung für die Industrie? Das würde hervorragend zur heutigen Ideologie des Neoliberalismus passen: die Erde, ein globales Monopoly-Spiel. Dazu dann immer weitreichende Freihandelszonen und fertig ist die Lauge.

Aber da wir gerade beim Thema „Monopoly" sind: Der Autor und Investment-Berater Adam Carroll hat ein interessantes Experiment mit seinen drei Kindern ausprobiert[118]. Den Begriff *Experiment* im Zusammenhang mit Kindern zu nennen, ist immer ein Wagnis. In diesem Fall handelt es sich jedoch um eine absolut ungefährliche, aber sehr lehrreiche Lektion, von der nicht zuletzt auch die Kinder von Adam Carroll profitiert haben.

Carroll beobachtete, dass seine Kinder leidenschaftlich gerne Monopoly spielen. Diese Spiele zogen sich extrem lange hin und die Kinder hielten sich auch nicht so ganz an die Spielregeln, schließlich ging es ja nicht um *echtes* Geld – die Kinder kauften sich gegenseitig aus dem Gefängnis frei oder liehen sich Geld. Wenn am Ende abgerechnet wurde, konnten diese Schulden ja *verrechnet* werden. Aus seiner eigenen Expertise wusste Carroll, dass in der realen Wirtschaft definitiv anders verfahren wurde. Weiterhin beobachtete der Anlageexperte, dass seine drei Kinder immer ihrem Spieltypus treu blieben: Die Tochter war die reine Spaßspielerin und handelte völlig irrational, während sein ältester Sohn taktisch vorging und sein Jüngster schlicht *alles* kaufte. Carroll hatte eine Idee: Wie würde sich das Verhalten seiner Kinder beim Monopoly verändern, wenn er ihnen echtes Geld, anstelle des Spielgelds gab? An einem Freitag fuhr er zur Bank und ließ sich 10.000 Dollar auszahlen. Zuhause trommelte Carroll seine Kinder zusammen und erklärte ihnen, was nun passieren würde. Die Kinder freuten sich, da sie natürlich noch nie zuvor eine solch große Summe Bargeld gesehen hatten. Als Gewinn setzte der Investmenttrainer nun aber nicht die 10.000 Dollar, sondern den ebenfalls recht hohen Betrag von 20 Dollar aus. Die Kinder waren elektrisiert und begannen zu spielen. Carroll traute kaum seinen Augen, denn seine Kinder zeigten eine völlig andere Spielweise. Einzig seine Tochter blieb sich und ihrem Spielprinzip treu und ging extrem schnell pleite. Die beiden Söhne verfeinerten beide ihre Spielweise und wurden deutlich vorsichtiger, schließlich ging es ja jetzt um echtes Geld. Am Ende setzte sich nach einer relativ kurzen Spielzeit der älteste Sohn durch. Der Charakter des Spiels unter den Kindern hatte sich aber verändert, schließlich ging es ja jetzt um „etwas". Diese Veränderung wurde durch die nicht mehr vorhandene *Financial Abstraction* ausgelöst, da echtes Geld an die Stelle von Spielgeld getreten war und die Kinder plötzlich verstanden, was den Umgang mit Geld ausmachte. Die Erkenntnis von Adam Carroll aus dem Experiment war so einfach wie einleuchtend: Kinder sollten möglichst früh selber ihr Taschengeld (physisch als Bargeld) erhalten und selbst dafür verantwortlich sein.

Eine Abschaffung des Bargelds würde natürlich nicht nur Kinder einer völlig abstrakten Art des Geldes ausliefern, sondern uns alle. Aber es gibt natürlich schon heute Methoden, die auf der Idee der finanziellen Abstraktion basieren. Diese Konzepte bauen darauf, dass durch *frictionless payment* (*reibungsloses Bezahlen*) der Bezug zum Geld verloren geht und deshalb deutlich mehr umgesetzt wird. Im großen Stil machte dieses Konzept die Restaurantkette *Vapiano* in Deutschland bekannt. Beim Betreten des Restaurants erhält jeder Besucher eine Karte, auf die dann alle Getränke und Speisen verbucht werden. Bezahlt wird dann erst beim Verlassen des Restaurants. Selbstverständlich basieren auch gängige EC- und Kreditkarten auf der Idee des *frictionless payment*.

Es geht aber natürlich noch eine Spur härter, dies beweist momentan niemand anderes als der *Disney*-Konzern in seinen Erlebnisparks. Anstelle einer Karte erhält jeder Besucher ein hübsches Armband, das zum Bezahlen an bestimmte Kontrollpunkte gehalten werden muss. Mit diesen Armbändern wird einfach alles bezahlt, bis zur Übernachtung in der teuersten Hotel-Suite, und natürlich bekommt auch jedes Kind ein solches Armband. Das sieh zwar hipp und bunt aus, kann am Ende aber so richtig teuer werden!

Bargeld hat letztlich nicht nur freiheitliche Vorteile, sondern erfüllt auch einen wichtigen pädagogischen Wert: Wenn der Geldbeutel leer ist, kann man nichts mehr ausgeben. *Frictionless payment* in Kombination mit Kartenbezahlsystemen hebeln diese gesunde Limitierung aus. Wie praktisch für die Industrie, oder?

Ein letzter Aspekt einer möglichen Bargeldabschaffung sind mögliche Negativzinsen. Nach einer Bargeldabschaffung könnten dann zukünftig sehr viele Menschen von negativen Guthabenzinsen betroffen sein, ironischerweise würden dann genau die Menschen bestraft, die sparsam mit ihrem Geld umgehen. Die einzige Alternative zum virtuellen Geld auf dem ebenso virtuellen Konto wären dann Sachwerte wie Edelmetalle oder Kunstgegenstände. Glücklicherweise stößt die Abschaffung des Bargelds nahezu überall auf entschiedenen Widerstand. In Indien ist die Bargeldabschaffung krachend gescheitert[119], was ein wichtiger Etappensieg ist! Indien hätte als Schwellenland nämlich Pilotcharakter zur flächendeckenden Abschaffung des Bargelds haben können.

Bargeld ist für die Neoliberalen eine Barriere, während es für Linke auch wieder irgendwie zu sehr an Prometheus orientiert ist: rausgehen, arbeiten und bares Geld machen. Das ist ja auch viel zu maskulin, natürlich auch für

Frauen! Aus diesem Grund sehe ich auch das Thema des *Bedingungslosen Grundeinkommens* (BGE) durchaus ambivalent. Wird diese Idee maßlos übersteigert (und das wird sie in diversen linken Wahnphantasien), dann ist das Endergebnis eine vollständige Alimentierung aller Menschen in den postindustriellen Gesellschaften, also den ehemaligen Industrienationen. Auch wenn wir laut jüngsten Statistiken angeblich wieder an der Vollbeschäftigung kratzen[120], bin ich da etwas skeptisch. Wir alle wissen mittlerweile, wie die Arbeitsmarktstatistiken aufgepeppt und gefällig gemacht werden können, außerdem habe ich in diesem Buch auch über die bevorstehende Revolution namens *Industrie 4.0* bereits gesprochen. Die Zukunft dürfte deshalb düster aussehen und es ist fraglich, woher die Arbeit denn dann noch überhaupt kommen kann. Besonders die Stammwählerschaft von Angela Merkel verschließt vor diesem Szenario die Augen, denn warum sich mit der schnöden Realität auseinandersetzen? Sollte es aber zu einem massiven Jobsterben kommen, wird sich die Politik auch mit absurdesten Lösungsideen beschäftigen. Exakt an diesem Punkt könnten dann die westlichen Staaten in den Abgrund taumeln, wenn Linke und ihre Freunde in der Industrie sich durchsetzen können. Das Ergebnis wären dann radikal totalitäre Staaten, die ihre Bürger von der Wiege bis zur Bahre bevormunden, gängeln und schließlich auch entmündigen – alles unter dem Deckmantel einer, oberflächlich betrachtet, menschenfreundlichen und „sozialen" Ideologie, die in Wirklichkeit zu den teuflischsten Ideen zählt, die der menschliche Verstand bis heute ersonnen hat.

Zu diesem globalen Sklaventum gäbe es natürlich eine Alternative. Dieser Weg würde jedoch von *Blood, Sweat and Tears* und der Erkenntnis geprägt sein, dass die *fetten Jahre endgültig vorbei* sind. Ob es dazu aber den nötigen Willen in großen Teilen der Bevölkerung gibt, sei an dieser Stelle zur Diskussion gestellt. Der Kulturmarxismus ist für Neoliberale deshalb ein gutes Werkzeug, da er die Barrieren niederreißt, die die Entstehung unbegrenzter Märkte behindern. Gleichzeitig ist der Neoliberalismus für Kulturmarxisten so attraktiv, da er den Menschen zu einem bloßen Konsumenten mit Bedürfnissen degradiert, die gestillt werden müssen.

Aus diesen Gründen gibt es die Champagner-Sozialisten in den Chefetagen der Industrie und die Linken, die auf Tuchfühlung mit der Industrie gehen. Die von beiden Gruppen angestrebte Transformation unserer Gesellschaft ist so fremdartig, dass sie mit klassischen Begriffen kaum noch beschreibbar ist und deshalb eher einem absurden Utopia ähnelt. Eines kann jedoch mit absoluter Gewissheit schon jetzt festgestellt werden: Diese Art der Gesellschaft wird garantiert nicht für die Menschen vorteilhaft sein, die in ihr leben. Anstelle dessen profitieren ausschließlich Unternehmen und die Menschen an den immensen Futtertrögen in Politik und Verwaltung! Alle anderen Menschen werden zu bloßer Verfügungsmasse in einem Spiel um Geld und noch viel mehr Geld.

Deshalb sei hier zum Abschluss des Kapitels noch einmal ganz klar gesagt: Nein! Die egoistische (und wahrlich luziferische) Ideologie des Neoliberalismus ist kein Werkzeug gegen den Kulturmarxismus. Das absolute Gegenteil ist der Fall. Beide Ideenwelten sind natürliche Partner in der Zerstörung unserer tradierten Gesellschaften und Nationen!

Teil 3: Der Ausweg

Zusammenfassung

Der Kulturmarxismus ist real und zudem eine Ideologie, daran kann es absolut keinen Zweifel mehr geben! Es darf also keine Rede vom *Ende aller Ideologien* sein, wie das liberale Historiker und Philosophen gerne im Brustton der Überzeugung und mit einem gewissen Stolz verkünden. Im Gegensatz zu den anderen Ideologien wird der Kulturmarxismus aber nicht offen verkündet und es gibt auch keine Manifeste oder andere „Bibeln" in Schriftform. Aus diesem Grund können sich Linke so herrlich über alle Kritiker dieser Heilslehre lustig machen und nach Quellen dafür fragen. Diese Frage nach Quellen ist an sich schon sehr perfide. Wie ich aber aufgezeigt habe, gibt es definitiv genug zitierbare Quellen! Diese Quellen sind jedoch dezentral im Fundus der marxistischen und neomarxistischen Literatur verstreut. Selbstverständlich sind diese Quellen so schwer zu verstehen, dass jeder halbwegs geistig normale Leser lange vorher mit der Lektüre aufhört, bevor er auf die besagten Stellen stößt. Es gehört einiges an Leidensfähigkeit oder Instinkt dazu, um am Ball zu bleiben und dann schließlich fündig zu werden.

Diese Art der „frakturierten Ideologie" ist nicht nur für Gegner schwierig zu fassen, sondern auch für die eigenen Anhänger. Um diesem Sachverhalt gerecht zu werden, werden „linke Gurus" benötigt. Diese finden sich vor allem in den Chefredaktionen der Massenmedien, aber auch in Denkfabriken, Nichtregierungsorganisationen (NGOs), Meinungsforschungsinstituten und anderen Strukturen, die als Multiplikatoren dienen können: Fortbildungsanbieter, Universitäten, Kirchen und Gewerkschaften.

Antonio Gramsci machte es vor: Der Marsch durch die Institutionen ist gelungen und hat diese Institutionen zuerst unterwandert und dann konsequent umgepolt. Dort, wo diese Strukturen in der Vergangenheit verbindend fungiert und die Zivilgesellschaft stabilisiert haben, leisten sie heute teilweise das genaue Gegenteil davon. Das Virus namens „Kulturmarxismus" hat das Immunsystem seines Wirts „westliche Gesellschaft" infiziert und setzt die körpereigene Abwehr nun gegen den eigenen Körper ein. Auf diese Weise entstehen weitere Kanäle, durch die neue systemschädigende Faktoren in den Körper gelangen können. Das System ist in sich krank, aber keinesfalls nur in Deutschland. Wie bereits erwähnt, hat das Virus des Kulturmarxismus die ganze westliche Welt erfasst. Am stärksten hat es jedoch dabei Schweden und Deutschland erwischt. Aber nahezu alle anderen Staaten tragen das Virus zumindest passiv in sich. Die Länder der Visegrad-Gruppe (Slowakei, Tschechien, Ungarn und Polen) scheinen jedoch deutlich am wenigsten betroffen zu sein. Dies gilt ebenfalls natürlich für Russland, das sich unter Putin vehement gegen die zersetzenden Einflüsse des Kulturmarxismus wehrt. Ebenso lässt sich dies auch für die asiatischen Staaten, wie zum Beispiel Japan sagen, die konsequent und richtig auf ihren traditionellen Strukturen beharren.

Die Situation ist also keinesfalls so verloren, wie es zuerst den Eindruck machen könnte. Aufgrund seiner dezentralen Architektur hat sich der Kulturmarxismus nur sehr langsam verbreitet. In der Natur gehören sich langsam ausbreitende Viren allerdings zu den gefährlichsten überhaupt. Der infizierte Wirt soll möglichst lange Kontakt mit anderen Artgenossen haben, damit er diese ebenfalls infizieren kann, bevor die ersten verräterischen Symptome auftreten und Gegenmaßnahmen ergriffen werden können. Das gefürchtete Ebola-Virus hat eine Inkubationszeit von bis zu 11 Tagen (RKI-Institut), gewöhnliche Erkältungsviren meist jedoch nur 2 Tage. Die eigentliche Gefahr des Kulturmarxismus resultiert aber aus dem Fanatismus seiner Anhänger. Überzeugungstäter sind seit jeher die effektivsten Täter überhaupt. Der Kulturmarxismus rekrutiert seine Anhänger aus dem Heer überwiegend gutmütiger Linker, denen das Wohl der Gesellschaft am Herzen liegt. Etwas Gutes zu tun, fühlt sich nicht nur gut an, es motiviert auch zu immer weiteren Aktionen!

Wie ich mehrfach betont habe, handelt es sich um eine Ideologie mit dezentraler Architektur. Nur die Gurus und die Konstrukteure dieser Ideologie wussten und wissen, wie die Fratze des Kulturmarxismus tatsächlich aussieht und was sie letztlich bewirkt. Wie in jedem anderen pyramidalen System erfährt der einzelne Baustein im System immer nur exakt soviel, wie er wissen muss, um seine Funktion erfüllen zu können. Das garantiert eine optimale Funktion und schützt das System vor den Problemen, die der Faktor des „zu viel Wissens" mit sich bringt: „Whistleblower", interne Konkurrenz und hohe Widerstandskraft gegen Infiltration.

Jeder einzelne Aspekt der kulturmarxistischen Ideologie lässt sich auf die Aussage: *„Alle Menschen sind gleich!"* herunterbrechen. Das hört sich extrem gut an und lässt sich mindestens genauso gut in die Welt hinaustragen und somit auch sehr gut im Jahrmarkt der Heilslehren vermarkten. Wer etwas gegen diesen Glaubenssatz einzuwenden hat, ist eben ein Nazi, ein Faschist, ein Rassist, ein Frauenhasser oder bringt sicher auch ansonsten gerne süße Katzenbabies um. Wie kann man denn etwas gegen einen so tollen Slogan wie „Alle Menschen sind gleich!" haben?

Nun, ich sage Ihnen: Man *kann* nicht nur, *man* muss es sogar! Denn: Genau das Gegenteil ist wahr, denn „Kein Mensch ist gleich!" Dazu habe ich ein kleines Gedankenspiel: Sie machen mit ihrer Familie eine Kreuzfahrt (wir wollen in diesem Beispiel davon ausgehen, dass Sie Ihre Familie lieben und wertschätzen, denn dies ist eine wichtige Prämisse für unser Gedankenspiel, was ja aber leider nicht überall selbstverständlich ist). Auf hoher See kommt es zur Havarie und das Schiff läuft voll Wasser. Sie stehen mit Ihren Lieben am letzten Rettungsboot, zusammen mit einer Gruppe gebrechlicher Senioren. Die Mannschaft des Schiffs hat sich entgegen aller Vorschriften zuerst selbst in Sicherheit gebracht. Der Platz an Bord des Rettungsbootes reicht aber nur für Ihre Familie oder für die Senioren. Wer an Bord bleibt, wird mit dem Schiff untergehen. Außer Ihnen ist niemand mehr an Bord. Aufgrund Ihrer körperlichen Überlegenheit wäre es für Sie und Ihre Familie ein Leichtes, sich gegen die älteren Menschen durchzusetzen.

Nun, was würden Sie jetzt in dieser Situation tun? Sie könnten unter allen Anwesenden eine basisdemokratische Abstimmung durchführen, vorausgesetzt, die Zeit reicht dafür, und die anderen Beteiligten würden das ebenfalls akzeptieren. Alternativ könnten Sie natürlich auch kompromisslos das „Nötige tun", um sich und Ihre Familie zu retten. Wie sieht es also aus? Ich kann schon förmlich fühlen, wie einige meiner Leser an dieser Stelle verständnislos den Kopf schütteln und sagen: „Ach der Müller! Solche Dilemma-Situationen sind in der Realität sehr selten und deshalb sind solche Szenarien völlig unrealistisch!"

Es ist ja Ihr gutes Recht, so zu denken, doch ich sage Ihnen: Genau das ist die Programmierung, die wir alle seit unserer Kindheit mitgemacht haben. Wir alle glauben an eine höhere Kraft, an das Gute im Menschen, und dass irgendeine Autorität uns in letzter Minute doch noch rettet. Ich will Ihren Glauben an dieser Stelle nicht demontieren. Glauben Sie ruhig weiter, wenn Ihnen das ein gutes Gefühl gibt!

Doch wo ist denn nun das „*Alle Menschen sind gleich!*" in unserem Gedankenspiel? Die blutige Wahrheit lautet: Wir und unsere Lieben sind in letzter Instanz „gleicher" als die Anderen. Dies ist völlig natürlich und sichert das Überleben der menschlichen Spezies. Den lieben Lesern, deren Gesichtsfarbe sich jetzt durch den Zorn bereits rötlich verfärbt hat, möchte ich sagen: Sie können gerne Ihren Sitzplatz im Rettungsboot einem anderen Passagier abtreten. Ebenso können Sie die Sitzplätze Ihrer Lieben abtreten. Im Gegenzug sollten Sie mir aber gestatten, alles Nötige zu tun, um das Überleben meiner Familie und meiner Person zu sichern!

Ja, das ist egoistisch, „empathielos", „brutal" und vielleicht auch „kaltherzig". Dies aber ist die Welt, in der wir leben, schauen Sie sich doch bitte einmal um! Fragen Sie doch einmal die Opfer des Bataclan-Massakers in Paris, die Hungertoten in der Sahelzone oder die Opfer einer Massenvergewaltigung, was diese von dem Grundsatz „*Alle Menschen sind gleich!*" halten... Sind die Täter dieser Verbrechen mit den Opfern gleichzusetzen?

Die durchaus nicht unumstrittene Philosophien Ayn Rands formulierte es einmal auf sehr treffende Weise:

„*Man kann die Realität ignorieren, aber man kann nicht die Konsequenzen der ignorierten Realität ignorieren.*"

Dieses Zitat bringt es hervorragend auf den Punkt. Sie dürfen gerne jeder beliebigen Ideologie anhängen. Sie dürfen dann auch die Realität ignorieren, aber die Konsequenzen davon werden Sie unweigerlich am eigenen Leib erfahren. Aus dem Rand-Zitat folgt bereits eine Strategie, wie dem Kulturmarxismus begegnet werden kann: Jeder limitierende Glaubenssatz muss eliminiert werden, damit eine objektive Analyse der Situation erfolgen kann. Anstelle von ideologischer Verbrämung muss die sachliche Einschätzung der Lage treten. Dies sollte und könnte einer der fundamentalen Grundsätze der Medien sein! Aber auch jeder Einzelne kann sich bemühen, seine eigenen Glaubenssätze immer wieder kritisch zu hinterfragen. Die Wahrheit ist nämlich, dass jeder von uns seine ganz persönlichen Scheuklappen trägt. Hinterfragen Sie deshalb alles in Ihrer persönlichen Lebenssituation und glauben Sie nichts ungeprüft. Bilden Sie sich selbst ein Bild und vertrauen sie nicht abstrakten, anonymen und nicht verifizierbaren Expertenmeinungen. Auch gerade dann nicht, wenn angeblich hochseriöse und valide Studien oder gar schicke „Meinungsumfragen" als Fundament vorhanden sind. Denn: Nicht das Institut oder der hochbezahlte Experte muss mit den Konsequenzen seiner Einschätzungen leben – nein, am Ende tragen nämlich Sie diese Konsequenzen!

Nun haben wir uns zur Genüge einige der wichtigsten Ziele der Linken angesehen. Wahrscheinlich geht es Ihnen nicht viel anders als mir, denn ich bin ein absoluter Gegner dieser Ideologie. Ich halte wenig von einem „Kampf" gegen Links oder einer „Anti-Linksismus"-Kampagne. Dies ist einfach nicht meine Art zu denken. Anstelle von Destruktivität hätte ich aber etwas völlig anderes anzubieten: den Aufbau einer „Konservativen Internationale!" Es geht mir wohlgemerkt um den vitalen und tatsächlichen Konservatismus und nicht um liberalen Ringelpietz mit Anfassen! Unter dieser Voraussetzung kann der Konservatismus nämlich ein Regulativ für das Wolkenkuckucksheim der Linken darstellen!

Der neue Konservatismus

Bevor wir richtig loslegen, möchte ich zwei ganz klare Aussagen tätigen: Ich meine mit „neuem Konservatismus" explizit nicht die Art politische Strömung, die unter den Begriffen „Neo-Conservative" oder kurz „Neo-Con" vor allem in den USA heimisch ist. Laut meiner Definition sind diese Konservativen *links*-konservativ. Das geht leider auch, es handelt sich hier also nicht um einen Schreibfehler, sondern um Konservative, die das Linkssein „bewahren" wollen. Solche Leute soll es unbestätigten Gerüchten nach auch geben!

Dazu noch eine zweite Vorbemerkung: Ebenso habe ich am Anfang des Buchs geschrieben, dass es sich beim Konservatismus um eine Ideologie handelt. Dies ist aber nur eine praktische Krücke, denn zu einer ausgewachsenen Ideologie ist er bisher nicht herangereift. Es gibt zwar mehr oder minder konservative Parteien, aber keinen felsenfest definierten Konservatismus. Stattdessen ist der Konservatismus also eher eine Art der politischen Grundhaltung. Dies mag sich penibel anhören, ist für unsere weiteren Überlegungen jedoch sehr wichtig. Gerade aus dieser fehlenden Geschlossenheit und dem fehlenden ideologischen Gerüst resultiert nämlich die Schwäche des Konservatismus in unserer heutige Zeit. Damit geht es ihm ganz ähnlich wie seinem „Vetter", dem Liberalismus, der momentan auch unter einer Krise leidet – wenn man das auf die Art des klassischen Liberalismus beziehen möchte, wie ihn zum Beispiel die FDP vertritt. Ansonsten floriert der Liberalismus nämlich, doch man muss dabei auch genau sein, denn es boomt der Liberalismus mit stark *linker* Färbung (also der Linksliberalismus) in der deutschen Parteienlandschaft!

Den Konservatismus zu beschreiben, ist recht einfach, stammt der Begriff doch vom Lateinischen *conservare* ab, also dem Bewahren oder Erhalten. Aber dann steht da das nächste Fragezeichen: Was soll denn eigentlich überhaupt erhalten werden und was soll es nicht? Ganz „clevere" Zeitgenossen unterscheiden dann in *wertkonservativ* und *strukturkonservativ*. Die einen wollen Werte bewahren und die anderen eher eine vorherrschende Gesellschaftsordnung. Und warum finde ich diese Unterscheidung nicht so „clever"? Ist es nicht so, dass das jeweils Eine ebenfalls auch das Andere zwingend bedingt? Ist also die bestehende Gesellschaftsordnung mitnichten auch zwingend von den geltenden Werten abhängig? Doch lassen wir diese kleinkarierte Differenzierung beiseite und widmen wir uns lieber den wirklich entscheidenden Fragen!

Wie ich schon gesagt habe, ist der Konservatismus noch nicht abschließend definiert. Es soll etwas „erhalten" werden, doch dieses zu „Erhaltende" muss erst definiert werden. Schreibt man dies nun fest, ist diese unsere Form des Konservatismus jedoch auf dem besten Weg zur vitalen Ideologie und kann somit auch als Basis für eine Bewegung auch auf internationaler Ebene dienen. Belässt man es jedoch stattdessen „klein-klein" auf der beliebigen Trennung zwischen Struktur und Werten, wird der Sprit auf der Hälfte der Wegstrecke ausgehen!

Lange Zeit war der Begriff „Konservatismus" auch sehr unpopulär, war er doch synonym für altmodisch, bieder und war irgendwie auch rückwärtsgewandt. Menschen, die so denken, haben aber nicht den wahren Sinn des Konservatismus verstanden. Hinter dieser Idee steht ja keinesfalls das Ziel, flächendeckend Zoos und Museen zu errichten, in denen „Altes" dann bestaunt werden darf. Der Konservatismus ist immer „bewahrend" und will das Gute „von früher" am Leben erhalten, doch er will auch gleichzeitig erhaltenswerte Innovationen assimilieren, also in sich aufnehmen. Es geht auch bestimmt nicht darum, sich dem Fortschritt zu verweigern, sondern es geht um die Selektion von Erhaltenswertem aus einer Flut von Nichtigkeiten und Belanglosem, denn nicht jede Technik hat Zukunft, genauso wie nicht jedem Trend und nicht jeder Idee besondere Langlebigkeit unterstellt werden kann!

Konservative leisten sich zudem zwei sehr vorteilhafte Eigenschaften: Behutsamkeit und etwas, was man auch „Politik auf Sicht" nennen kann. In diesem Buch habe ich ja von dem feuchten Traum aller Fahrradfahrer berichtet: Kopenhagen. Aus konservativer Sicht ist diese Art der Politik völlig idiotisch, denn was ist, wenn schon morgen völlig andere Erfordernisse auf Kopenhagen zukommen sollten, die mit dieser völlig einseitigen Ausrichtung auf Fahrräder überhaupt nicht mehr vereinbar sind? Weiterhin kann man sagen, dass Konservative eher einen schleichenden, gar evolutionären Weg der verbessernden Minischritte gehen als eine krasse Revolution der Dinge. Dies hat ebenfalls wieder mit der „Politik auf Sicht" zu tun, denn die Auswirkungen von Minischritten können in der Wirklichkeit beobachtet und nachvollzogen werden. Nötigenfalls kann hier auch schnell revidiert und nachgebessert werden – ganz im Gegensatz zu einer Revolution, die in Siebenmeilenstiefeln daherkommt!

Weiterhin muss noch das „Konservative Menschenbild" an dieser Stelle erwähnt werden. Thomas Hobbes, einer der Gründerväter des Konservatismus, sagte einmal: *„Homo homini lupus est", also: Der Mensch ist des Menschen Wolf!*

Hobbes bezeichnete damit den Urzustand des Menschen: Wenn keine Autorität oder Ordnung den Menschen in seine Schranken verweist, wird er ausschließlich seine egoistischen Interessen verfolgen. Kurze Gedankenpause: *Klingelt es gerade bei Ihnen, liebe Leserin, lieber Leser?* Bingo! Genau diese Autorität und gerade diese Ordnung wollen die Kulturmarxisten beseitigen, weil sie glauben, dass diese Autorität der Einführung ihres geliebten Kommunismus im Wege stünde.

Kurzer Realitätscheck: Ähnelt unsere heutige Welt nicht exakt dem Zustand, den Hobbes beschrieben hat? Ist nicht momentan nahezu überall auf der Welt „der Mensch des Menschen Wolf"? Im kleinen Alltag wie im großen Krieg? Ich denke, Linke und gerade Neomarxisten bzw. Kulturmarxisten können sich da auf die Schulter klopfen. Grandiose Leistung! Das Menschenbild im Konservatismus ist also eher negativ geprägt und sieht den Menschen als unvollkommenes Wesen, das durch eine „höhere Macht" reguliert werden muss, die für die Einhaltung von Gesetzen, Moral und Ordnung sorgt. Dieses „höhere Wesen" muss aber nicht zwangsläufig als „Gott" interpretiert werden, sondern kann ausdrücklich auch als eine Struktur wie ein Staat oder wie eine Gesellschaft verstanden werden.

Aber das bedeutet, liebe Linke: Warnung! Autorität! Autorität ist im Konservatismus also zwingend notwendig! Das wusste auch und gerade schon Gustav Noske: *„Einer muss der Bluthund sein!"* Meine Gegenfrage lautet: *Wo* ist denn die Autorität in der momentanen BRD?

Neben vielen absolut verleumderischen Bezeichnungen fällt in Deutschland bei der AfD gelegentlich der Begriff „nationalkonservativ". Da wir uns bereits intensiver auch mit dieser Partei beschäftigt haben, möchte ich hier betonen, dass dieser Begriff nur auf eine mikroskopische Minderheit der Mitglieder in der AfD zutreffend ist. Namentlich muss ich hier erneut den AfD-Politiker Björn Höcke nennen, der diesen Begriff wie kein Anderer in dieser Partei verstanden hat und zugleich mit Leben füllen kann. Was jedoch in der deutschen Berichterstattung völlig unterschlagen wird, ist die Tatsache, dass der Nationalkonservatismus bereits eine große internationale und erfolgreiche Ausbreitung aufzuweisen hat: In Russland, Israel, Ungarn, Serbien, Polen und Kroatien tragen nationalkonservative Parteien bereits mindestens Regierungsverantwortung! Was hört man davon in den deutschen Medien? Nicht sehr viel, oder?

Was aber versteht man nun wieder unter dem Begriff „nationalkonservativ"? Grundsätzlich entspricht diese Bezeichnung einem spezifizierten Konservatismus, packt also Fleisch auf die blanken Knochen einer politischen Grundausrichtung und macht somit aus dem Konservatismus eine eigene Ideenlehre. Oberste Maxime dieses Begriffs ist der Erhalt der nationalen Souveränität. Hier wird also Staatenbünden wie der EU eine klare Absage erteilt, die sich in die inneren Angelegenheiten der Mitgliedsstaaten einmischen wollen. Selbstverständlich sind Freihandelszonen und auch jede weitere Form der internationalen Zusammenarbeit durchaus möglich, aber weshalb muss sich ein souveräner Staat deshalb auch von außen in seine Staatsführung hineinreden lassen? Gibt ein solcher Staat dann nicht auch freizügig das Selbstbestimmungsrecht seiner Bürger in fremde Hände?

Auch das Thema „Einwanderung" wird im Nationalkonservatismus skeptisch gesehen, was ein weiteres Indiz für seine Nichtexistenz im aktuellen politischen Spektrum der BRD ist. Gegen Einwanderung an sich haben die meisten Menschen grundsätzlich keine Einwände, wenn sie dem Land auch gut tut, wenn also tatsächlich qualifizierte Fachkräfte angeworben werden, damit deutsche Produkte weiterhin höchste Standards erfüllen und insgesamt Arbeitsplätze gesichert werden. Wird jedoch der Bedarf für „importierte" Spitzenkräfte dabei zu groß, muss die Frage erlaubt sein, warum Deutschland diesen Bedarf nicht auch selbst decken kann?

Weiterhin teilt der Nationalkonservatismus nicht die Überbetonung des Individuums, sondern stellt die Gemeinschaft vor das Individuum (siehe auch *konservatives Menschenbild* weiter oben). Es geht also um den Begriff der „guten alten" Allgemeinheit und keinesfalls darum, dass die persönliche Freiheit die alles dominierende Größe sein sollte.

Im Nationalkonservatismus werden ebenfalls kulturelle und ethnische Eigenheiten einer Nation im Sinne einer Identität verstanden und sollen *bewahrt* werden – deshalb auch der Begriff „Nationalkonservatismus". Dies steht im krassen Gegensatz zu den vom Kulturmarxismus beeinflussten Ideologien, die gerne alle Nationen gleichmachen wollen. Deutsche sind Deutsche, Spanier sind Spanier und Iren sind Iren. Dieses Angebot der nationalen Eigenheiten dieser Völker ist doch wunderbar – oder sehen Sie das anders? Zusammen können diese Staaten ein „Europa der Vaterländer" (nach Charles de Gaulle) und somit ein Staatenbündnis bilden, das vor allem den Menschen darin zugutekommt! Aus diesem Grund herrschen im Nationalkonservatismus oftmals sozialmarktwirtschaftliche Thesen vor, sind aber nicht unbedingt zwingender Bestandteil dieser Ideologie. Ich persönlich empfinde die soziale Marktwirtschaft jedoch generell als originär konservative Ausprägung, wenn sie nicht von Linken „progressiv" gemacht, also zum Beispiel das Leistungsprinzip völlig abgeschafft wird.

Da es aber vor allem um das jeweilige Volk einer Nation geht, sieht der Nationalkonservatismus eine starke Bürgerbeteiligung (bis hin zur direkten Demokratie) am politischen Geschäft zwingend vor, was diese Lehre weiterhin von anderen Strömungen unterscheidet. Der Nationalkonservatismus ist also absolut keine „Kuscheldoktrin" – doch wer sich nicht wehrt, lebt ja auch bekanntlich irgendwie verkehrt! Weiterhin kann dauerhafte und echte Freundschaft (auch und gerade international) nur Bestand haben, wenn auch alle Beteiligten auf ihre Kosten kommen. Wenn immer nur der eine Partner zahlt, wird dieser sich irgendwann ausgenutzt vorkommen, und auch die auf diese weise (vielleicht sogar unfreiwillig) „Freigehaltenen" werden auch irgendwann gegen diese Art der Freundschaft aufbegehren. Die Folge davon sind dann vielleicht nicht mehr zu rettende und beschädigte internationale Beziehungen.

Selbstverständlich gibt es dann wieder Menschen, die im Nationalkonservatismus einen Faschismus, Nationalsozialismus oder auch nur einen Nationalismus wiedererkennen wollen. Die Wahrheit lautet leider: Es gibt eben Menschen, welche die gerade genannten „-ismen" in jedem anderen System erkennen, und weil es sich eben gerade einmal ausnahmsweise nicht um den Sozialismus oder gar Kommunismus handelt. Diese Menschen dürfen das gerne so halten, doch dann müssen sie eben auch als das bezeichnet werden dürfen, was sie eben sind: ewiggestrige Linke!

Ansonsten gibt es einen definitiven Unterschied zwischen Patriotismus und den eben genannten Feindbildern der Linken: Patriotismus bedeutet keinesfalls die Abwertung anderer Länder, sondern die Liebe zu seinem eigenen Vaterland. Ich bin Deutscher und ich liebe Deutschland! Was sollte daran schlecht sein? Wäre ich Russe, würde ich Russland lieben. Wäre ich Franzose, würde ich Frankreich lieben. Muss es dann etwas Negatives sein, nur weil es Menschen gibt, die Patriotismus nicht nachempfinden können? Ich wage an dieser Stelle sogar eine steile These: Gäbe es mehr Patrioten auf dieser Welt, sähe sie auch deutlich besser aus.

Also, fangen wir doch damit an und verbreiten den patriotischen Gedanken! Tragen wir diesen Geist zu unseren Brüdern und Schwestern überall auf der Welt! Wir sind keine Wutbürger, kein „Pack", keine Rechten oder gar Faschisten. Wir sind Konservative! Beenden wir die Tage, an denen sich Linke als angeblich Progressive feiern. Linke sind nicht progressiv, sondern schrecklich rückständig!

Der Kampf gegen die Gleichmacherei

Schritt 1: Misstrauen Sie allen Heilslehren!

Ein Mensch kann sich zwischen einer Ideologie und der Realität entscheiden: Sie können die Dinge erledigen, weil sie erledigt werden müssen, oder weil Sie glauben, dass sie getan werden müssen. In der westlichen Welt hat man sich nach dem Zweiten Weltkrieg entschieden, zu „glauben", anstatt sich um Sachzwänge zu kümmern. Wer nicht glaubt, ist böse und dumm, weil er nicht mehr den angeblichen Wahrheiten der Politik und der Medien glaubt. Insofern handelt es sich bei der westlichen Welt eigentlich auch um eine Theokratie, in der es um einen Glaubenskanon geht. Die Grundaussage lautet: alle Menschen sind gleich. Einer der Gurus dieser Ideologie war kein geringerer als Barack Obama. Deshalb liebten die Medien diesen US-Präsidenten so abgöttisch und stilisierten Donald Trump anfänglich als Antichristen, denn sie sind Teil der Religionsgemeinschaft der Gutmenschen. Doch Trump scheint ja jetzt voll auf Linie gebracht worden zu sein, will er doch inzwischen weltweit das „Unrecht" bekämpfen…

Alles, was sich nicht an Fakten orientiert, orientiert sich stattdessen an etwas Anderem. Wenn das bei einem Thema der Fall sein sollte, muss sofort eine Revision stattfinden. Stößt man auf Schlagworte wie die berüchtigte „Soziale Gerechtigkeit", auf angeblich moralische Aspekte oder auf nebulöse Begriffe wie „offene Gesellschaft", dann geht es definitiv nicht um Fakten. Fakten benötigen keinen ideologischen Unterbau, denn sie sprechen voll und ganz für sich selbst. Einige Beispiele sind: Wieso werden Migranten als Flüchtlinge bezeichnet und rechtlich so behandelt, obwohl sie zahlreiche sichere Länder auf ihrem Weg durchquert haben? Welche tatsächliche Schuld trägt ein Deutscher, der 1945 noch ein Kind oder überhaupt noch nicht geboren war? Welche realen Alternativen zur Kernenergie gibt es? Was bedeutet „offene Gesellschaft" im Detail? Warum darf ein gewählter Politiker ungestraft Bürger seines Volkes als „Pack" bezeichnen? Hinterfragen Sie alles, recherchieren Sie ergebnisoffen und versuchen Sie, so objektiv wie möglich zu sein. Wenn Sie mit anderen Menschen über diese Themen sprechen, zwingen Sie ihre Gesprächspartner durch gezieltes Nachfragen zum aktiven Nachdenken über ihre nachgeplapperten Phrasen aus dem Fernsehen.

Schritt 2: Reduktion der Komplexität

Komplexität ist eines der neuen Mantren der Linken, denn es entbindet sie von dem, was sie am meisten verabscheuen: zu handeln. Wenn eine Situation zu komplex ist, bilden wir einfach einen Stuhlkreis und diskutieren darüber. Wenn uns dann irgendwann endlich nichts mehr einfällt, gehen wir einfach erschöpft nach Hause und sonnen uns in dem Wissen, nur ja nicht das „Falsche" getan zu haben. Niemand muss Verantwortung übernehmen und alle haben ein freundliches Gesicht gezeigt. So und nicht anders funktioniert das bei den „Leftis".

Leider bekommt man auf diese Weise weder die Wirtschaft noch das Flüchtlingsproblem oder irgendein anderes realpolitisches Thema jemals in den Griff. Diese Themen sind ohne Frage komplex, aber ist das ein Grund, den Kopf in den Sand zu stecken? Die Flüchtlingsfrage ist ein hervorragendes Beispiel für „komplexe Situationen". Die Patentlösung „linker Politiker" quer durch alle Parteien besteht in der Forderung, die Fluchtursachen zu bekämpfen. Diese Forderung ist an und für sich eine Frechheit, denn sie ist nicht umsetzbar bzw. würde deren Umsetzung die besagten Herrschaften mit absoluter Sicherheit auf die Barrikaden bringen.

Zuerst muss nämlich gesagt werden, dass der Westen es sich in den letzten Jahrzehnten Jahr für Jahr Millionen hat kosten lassen, Armut und Hunger zu bekämpfen, zum Beispiel mit Projekten und mit Entwicklungshilfe – also mit der stoisch geforderten Bekämpfung von Fluchtursachen. Hat das irgendwie funktioniert? Wie viele Mittel sollen weiterhin für diesen absolut erfolglosen Ansatz aufgewendet werden und wie lange noch? Oder ist auch diese Frage schon wieder zu komplex?

Selbstverständlich können und müssen Fluchtursachen wirksam bekämpft werden, aber dies bedeutet Einmischung und Regulation von Außen. Wer ernsthaft den Nahen Osten und Afrika befrieden möchte, muss „Protektorate" einführen, also eine Art „Kolonialismus 2.0". Jedes Land der westlichen Welt könnte so zu einer Art „Pate" für ein Land der Dritten Welt werden und ganz entschieden in diesen Ländern intervenieren: mit Wirtschaftshilfe, Beamten, aber auch mit stationierten Truppen in Garnisonen, die (getreu nach Bismarcks Weisheit) als „Bluthunde" fungieren, wenn sich wieder die gewohnten Auswüchse bilden. Diese Art Einsatz ist extrem kostspielig, gefährlich und vor allem gibt es kein definitives Einsatzende.

Wer sich mit der Situation Afrikas beschäftigt, wird feststellen, dass es einigen Ländern zum Ende des Kolonialismus deutlich besser ging als heute. Ein solches Denken ist natürlich bitterböse, denn es ist bestimmt zugleich „autoritär" und „rassistisch". Die Gretchenfrage lautet aber: Was ist die Alternative? Hunger, Terror und Krieg? Oder dann doch „Globales Nomadentum", auch wenn es absolut nicht zu finanzieren ist und zwangsläufig zur „Neuen Weltordnung", also dem globalen Kalkutta führt?

Wer etwas erreichen möchte, muss also vor allem auch den Willen und die Bereitschaft dazu haben, denn dummes Geschwätz allein reicht dabei nicht aus. Dies muss immer wieder betont werden, wenn Linke vor lauter Komplexität das Reden und Nichtstun zum Heilsweg verklären! Gleichzeitig ist der Wille zu handeln auch der erste Schritt zur Reduktion der Komplexität. Im Grunde kann man sich hier auch noch eine weitere Metapher vorstellen: das vom Keller bis unter das Dach zugemüllte Haus eines „Messies". Der Müll und der Gammel befindet sich einfach überall, in jeder Ecke und in jeder Ritze. Die Räumung dieses Hauses ist ein „komplexes" Unterfangen, denn man weiß nicht, wo man anfangen soll. Hier kann man nun Stunden diskutieren oder man fängt einfach an, sobald der erste Container zum Befüllen angeliefert wurde. Komplexität bedeutet also immer auch, dass Transpiration, Aktion und tatkräftiges Anpacken zur Lösung nötig sind! Und genau da sehe ich bei der politischen Linken dicke Defizite!

Das Geheimnis unserer Kultur lautet: Sie basiert auf Komplexität und Fake-News, denn in einer wahrhaft faktenorientierten Welt hätten Ideologien überhaupt keinen Raum. Komplexität ist weiterhin überaus nützlich, denn die Herrschenden können dann nach Belieben gefällige Ideen zur Wahrheit erklären, an die geglaubt werden muss (denn eine Überprüfung davon ist durch die hohe Komplexität nahezu unmöglich). *„Halleluja"* – willkommen in einem Gottesstaat, denn wo genau unterscheidet sich eine solche Organisation von einer Sekte, deren Wahrheiten von einem Guru stammen und geglaubt werden müssen?

In meinem letzten Buch habe ich über den genialen Naturforscher Viktor Schauberger berichtet. Dieser Mann leistete äußerst praktische Arbeit, die als Grundlage für komplexe Technologien dient. Dazu hat er sich nicht in einem Labor oder einem buddhistischen Kloster eingeschlossen, sondern hat akribisch die Natur beobachtet. Aus diesen Beobachtungen zog der

Österreicher Rückschlüsse und übertrug diese Prinzipien auf technische Belange. Linke haben für diese Art Wissenschaft nur den verächtlichen Begriff „biologistisch" übrig, denn wie kann man es wagen, den Menschen als Teil der Natur zu betrachten? Doch der Mensch ist und war immer Teil der Natur! Alles andere ist schlicht und einfach unglaublich kurz gedacht. Aus diesem Grund kann man sich natürlich auch Systeme in der Natur ansehen und Prinzipien daraus ableiten. Das führt uns umgehend zum nächsten Schritt.

Schritt 3: Anwendung von Holarchie, um eine nachhaltige Gesellschaft zu erschaffen

Dieser Gedanke des Abschauens von der Natur ist natürlich nicht revolutionär, denn Menschen, wie zum Beispiel der eben erwähnte Viktor Schauberger, haben es bereits vorgemacht. Selbstverständlich kann man auch komplexe Systeme aus der Natur ableiten, die unsere ganze Zivilisation verändern können. Genau das hat der Amerikaner Ken Wilber[121] getan. Wilber formulierte bereits vor Jahrzehnten die *Integrale Theorie*, die ein allumfassendes Ordnungssystem darstellt und ebenfalls auch als Grundlage für eine radikale Komplexitätsreduktion dienen kann. Wilber beruft sich selbst auf den Philosophen Arthur Koestler, der als erster den Begriff des *Holon* einführte. Holon stammt aus dem Griechischen und bedeutet: *ein Ganzes, das Teil eines anderen Ganzen ist*. Beispiele dafür wären Zellen, die Teile eines Organs sind. Und Organe sind Teile eines Körpers und so weiter. Eine solche Ordnung wird auch als *Holarchie* bezeichnet.

Deutschland kann ebenfalls als Holon bezeichnet werden. Die einzelnen Bundesländer bilden ebenso Holons oder auch Subholons. Frankreich, Italien und andere Länder sind ebenfalls Holons, die unter anderem zusammen mit Deutschland das übergeordnete Holon „EU" bilden. Diese simple Gliederung in Holons verdeutlicht bereits die Problematik, in der wir uns momentan international befinden. Das Supraholon EU hat die Gesetze der Holarchie verletzt, indem es die Eigenständigkeit der einzelnen Holons bedroht. Die einzelnen Holons brauchen aber ein Supraholon, um gegen andere Supraholons (zum Beispiel USA, China) nicht ins Hintertreffen zu geraten.

Der menschliche Körper ist ein anderes Beispiel für die Effektivität der Holarchie, denn er organisiert auf diese Weise ein System aus 100 Billionen(!) Bausteinen: den Zellen. Das System Körper ist das Supraholon und die Organe die untergeordneten Holons. Nicht jedes Organ ist gleich wichtig, aber alle Organe sind wichtig für die Funktion des menschlichen Körpers. Auf den ersten Blick wirkt dies sehr banal, aber bei genauerer Betrachtung zeigt sich hier auch die unglaubliche Effizienz dieses Systems. Jedes Organ hat einen Bedarf an Energie, doch nicht jedes Organ produziert selbstständig Energie. Die Holarchie des Körpers sorgt aber dafür, dass jedes Organ mit Nährstoffen versorgt wird und somit seine Funktion für den Körper ausführen kann.

Schauen wir uns kurz unsere Wirtschaft an, wie ist das dort organisiert? Dort ist jedes Unternehmen erst mal grundsätzlich autark und muss sich selbst finanzieren, egal, wie wichtig es ist. *Wirtschaftlichkeit* ist das alles dominierende Gebot, und Liberale feiern geradezu die Ausschaltungsfunktion des Marktes, denn es darf ja schließlich nur existieren, was auch wirtschaftlich ist und sich selbst finanziert. Durch diese einseitige Konzentration ausschließlich auf die Wirtschaftlichkeit geht natürlich äußerst viel Potenzial ungenutzt verloren, da es eben gerade zu Anfang vielleicht nicht „wirtschaftlich" ist. Anders formuliert: Eine Idee kann noch so genial, noch so segensreich und noch so revolutionär sein – wenn sie sich nicht unmittelbar rechnet, hat sie am Markt kein Existenzrecht. Dabei spielt es keine Rolle, wie wichtig ein Unternehmen, eine Idee oder ein Konzept für die Gesellschaft ist, denn wenn sie nicht unmittelbar zu Geld gemacht werden kann, kommt bald der Totengräber. Hier lautet natürlich die Frage: *Wer* soll denn generell entscheiden, was für das System wichtig ist und was nicht?

Hier möchte ich mit einer Gegenfrage antworten: Wer entscheidet denn, was für das System nicht wichtig ist und zugrunde gehen soll, weil es eben *nicht* wirtschaftlich ist? Oftmals ist es doch in Wirklichkeit so, dass die Wirtschaftlichkeit einer Idee oder eines Produktes überhaupt nichts mehr mit dem Produkt selbst zu tun hat. Stattdessen geht es lediglich um das Budget für Werbung und das Marketing. Sind genug Mittel vorhanden, kann man notfalls auch Hundekot als angesagtes Lifestyle-Produkt zum Hype hochjazzen, während eine geniale Idee ohne Aufmerksamkeit völlig unbeachtet eingeht. Ist das also die viel gelobte Weisheit des Marktes oder ist das ein Symptom der Akkumulation von Kapital und den damit verbundenen Möglichkeiten als dominierender Marktakteur?

Gehen wir an dieser Stelle erneut einen Schritt zurück, nämlich zu der Frage, was denn nun für das System bzw. die Gesellschaft wichtig ist. In der Vergangenheit haben anstelle des Marktes Politiker diese Frage beantwortet, zum Beispiel im Fall einiger Großbanken in den USA. Diese waren angeblich schlicht und einfach „too big to fail", also zu wichtig für das System, um sie einfach fallenzulassen, wie man das aber jeden Tag mit unzähligen kleinen bis mittleren Unternehmen macht. Auch hier versagten die Journalisten einmal mehr, denn wo sind die Kommentare, die Leitartikel und die berechtigten Fragen danach, was nun wirklich wichtig ist und ob 100.000 Kleinunternehmen nicht vielleicht auch sogar systemrelevant sind?

In Deutschland gab es vor einigen Jahren natürlich ebenfalls ein Beispiel für die „too big to fail"-Devise: die *Phillip Holzmann AG*. Zuerst entschied die Regierung, dass dieses Unternehmen einfach zu wichtig sei, als dass die BRD tatenlos bei seinem Scheitern zusehen könnte. Also wurde staatlich interveniert und am Ende scheiterte das Unternehmen trotzdem und ging zu großen Teilen in den Fundus der *Hochtief AG* ein. Wie viele kleine Handwerksbetriebe sind in der gleichen Zeit wohl sang und klanglos kaputtgegangen, ohne dass es (außer den Betroffenen selbst) jemand nur im Entferntesten interessiert und außerdem auch nicht den Steuerzahler belastet hätte?

Wer sich von den Sorgen eines Selbstständigen oder Freiberuflers ein Bild machen möchte, kann ja mal zu seiner Hausbank gehen und dort ein Geschäftskonto einrichten. Das ist alles absolut einfach, der Bankberater ist glücklich und rechnet mit vielen Buchungen und den damit verbundenen Kosten für den Jungunternehmer. Stellt der jungdynamische Unternehmer dann aber die Frage nach einem Dispokredit für das Geschäftskonto, bekommt er umgehend eine Vorstellung von der dunklen Seite der Selbstständigkeit. Plötzlich ist dann nicht mehr alles so gutgelaunt und entspannt, sondern der Unternehmer soll dann plötzlich einen Businessplan für den Dispo vorlegen, selbst wenn es sich bei dem Kreditrahmen um eine mikroskopisch kleine Summe von beispielsweise nur 100 Euro handeln sollte. Noch „witziger" wird es dann, wenn wirklich einmal ein „echter" Kredit von 10.000 Euro oder mehr vom Unternehmer nachgefragt wird. Da kann der Unternehmer dann ins Zweifeln kommen, was die gute liebe Bank sich alles für Informationen einholt. Böse Zungen sprechen dann vom kompletten „nackigmachen", doch oftmals reicht auch das nicht. Es werden dann manchmal von der Bank auch absolut unappetitliche Auskünfte über eventuell zukünftig anstehende Erbschaften verlangt, also Dinge, über die der Antragsteller selbst vielleicht noch gar nicht nachdenken würde. Aber auch das reicht gelegentlich nicht und trotz guter Schufa, Kreditbonität und plausiblen Steuerbescheid(en) werden dem Selbstständigen dann auch ganz gern schon mal die „Eier abgeschnitten", indem er zu einer Bürgschaft durch seine Eltern genötigt wird. Dies ist übrigens keine Konsequenz aus dem Subprime Desaster in den USA oder dem deutschen 5-Sterne-Pleitier Jürgen Schneider – nein, *das* war auch schon vorher so!

Während den Big Playern (too big to fail) das Spielgeld hinterhergeschmissen wird, lässt man die kleinen Player am langen Arm verhungern oder konfrontiert sie mit unverschämten Zinsen. Dies wird dann süffisanterweise damit begründet, dass hohe Zinsen ja auch eine Risikoabsicherung für die Bank wären. Das ist völlig logisch, man gibt kleinen Unternehmern teurere Kredite, da bei diesen ja das Risiko größer ist, dass sie ihre Raten nicht zurückzahlen. Nur Moment mal: Höhere Zinsen bedeuten auch höhere Raten und höhere Raten erhöhen die Belastung für den Unternehmer. Bedeutet das eine Steigerung der Wahrscheinlichkeit, dass dieser dann diese Raten zukünftig begleichen kann? Mitnichten! Das ist natürlich nichts anderes als dreiste Heuchelei und Abzocke, ist aber leider tägliche Praxis und natürlich völlig legal... Es „muss" doch niemand den Kredit annehmen, wenn er ihn nicht will (oder ihn sich nicht leisten kann)! Wir sehen also: Unsere bisherige Wirtschaftsordnung stabilisiert die Dominanz der Big Player und lässt sich das von den kleinen Fischen und der Allgemeinheit auch noch fürstlich bezahlen. Ist das „Marktwirtschaft"?

Doch wir waren ja bei der Frage, *wer* nun entscheiden soll, was wichtig oder was unwichtig für eine ganze Gesellschaft ist. Bisher haben wir die Antwort auf diese Frage freudestrahlend an der Wahlurne abgegeben. Einmal gewählt treffen dann angebliche Volksvertreter diese Entscheidungen für uns: Ende des Geländers! Mit der AfD ist nun aber das Schlagwort des *Populismus* auch in Deutschland angekommen. Dies ist natürlich eine den Massenmedien sehr gefällige Lüge, denn der Populismus ist schon lange in der westlichen Welt zuhause. Ist Ihnen schon einmal aufgefallen, dass eigentlich niemals über Linkspopulismus gesprochen wird, sondern ausschließlich vom ultimativen Bösen, dem Rechtspopulismus? Dabei ist der Linkspopulismus doch schon lange bei uns angekommen. Die Herren und

Damen von den Massenmedien möchten es aber nicht als Populismus bezeichnet wissen, wenn mal wieder unglaublich für deren ureigenen (linken) Ideale mächtig auf die emotionale Klaviatur gehauen und damit auch die Tränendrüse gedrückt wird. Die Journaille ist ja so unglaublich objektiv und möchte immer die Realität abbilden, wie sie ist. Wer etwas anderes behauptet, ist ja nichts anderes als ein Hetzer!

Selbstverständlich sind „rechts" und „links" völlig veraltete Bezeichnungen, die zudem auch lediglich der Täuschung des Wählers dienen. Wie wir in diesem Buch schon an anderer Stelle festgestellt haben, existiert lediglich die Wahl zwischen liberalen Parteien, die sich nur marginal voneinander unterscheiden. Ein weiteres Beispiel dafür ist die Wahl zwischen Martin Schulz und Angela Merkel. Wer diesen beiden Herrschaften einmal ganz objektiv zuhört, kann wirklich kaum noch einen Unterschied erkennen. Beide Politiker stehen für exakt die gleichen Inhalte (Europäische Integration, Refugees Welcome, Freier Markt), und es ist wie beim Martini letztlich nur die Frage, ob man „gerührt" oder „geschüttelt" bevorzugt. Aus unbekannter Quelle stammt die Aussage, dass es lediglich darum gehe, ob wir nach der Wahl eine „Merkel" mit oder eine ohne Bart bekommen...

Wir müssen uns endlich einer grundsätzlichen Frage stellen: Wollen wir wirklich essentielle Fragen nur von der Politik gestellt und beantwortet bekommen oder wollen wir selber Fragen stellen und auch an deren Beantwortung beteiligt werden? Und damit kommen wir zum nächsten Schritt:

Schritt 4: Bürger im Fokus der Politik

Für eine ausgesprochene Bürgerorientierung steht als erste Variante der „böse" Populismus für die sogenannten „etablierten Parteien". Wenn sich das nach AfD-Jargon anhört, ist das von mir unbeabsichtigt, aber dennoch zutreffend. Denn die Frage lautet auch: Soll die Politik weiterhin arrogant über die Bevölkerung herrschen oder sollen Politiker wirkliche Vertreter des Volkes sein? Am Ende könnte dann sogar die Frage stehen: Brauchen wir eigentlich überhaupt noch hochbezahlte Berufspolitiker, die dann irgendwann für fragliche Leistungen während ihrer Amtszeit auch noch fürstliche Gehälter von der Industrie gezahlt bekommen? Ist das noch zeitgemäß und wollen wir uns das eigentlich auch noch weiterhin leisten?

Schauen wir uns einmal an, was *Populismus* nun wirklich ist. Laut Duden versteht man unter diesem Begriff eine Art „opportunistische Politik", die mit demagogischen Mitteln arbeitet. Lassen Sie sich das bitte auf der Zunge zergehen: Populismus ist schlecht, weil er dem „Volk nach dem Mund redet". Das könnte man sich doch überhaupt nicht besser einfallen lassen! Aber wem sonst sollte Politik besser nach „dem Mund" reden als den Wählern? Dem Establishment? Den Medien? Der Wirtschaft? Irgendwelchen Lobbyisten? Den Banken? Dem „Ausland"? Pseudogebildeten Gutmenschen ist das völlig egal, wenn sie die Hetzrede eines etablierten Politikers gegen den bösen Populismus eilfertig beklatschen. Dabei beklatschen diese Narren nichts anderes als die eigene Entmündigung und Bevormundung durch das politische Establishment. Es wäre glatt zum Lachen, wenn es nicht zum Weinen wäre! Selbstverständlich wird dann besonders aus der linken Himmelsrichtung noch ergänzt, dass die gewählten Volksvertreter ja viel besser wüssten, was für das Volk gut ist. Wenn „alles" durch Volksabstimmungen entschieden werden würde, könnte das ja auch sehr chaotische Folgen haben.

Woher soll aber ein Abgeordneter nun eigentlich so genau wissen, was *für* seine Wähler richtig wäre und warum sollte er sich dann *dafür* einsetzen? Gibt es eine obligatorische Mindestqualifikation für Abgeordnete? Alleine der Glaube, dass dies so sein könnte, beruht ausschließlich auf unserer Naivität und einer Art bedingungslosem Obrigkeitsgehorsam, dass es auch schon so richtig körperlich wehtut. Wann in den letzten 20 Jahren (um den zeitlichen Beobachtungsrahmen nicht zu stark zu erweitern) hat denn lediglich ein einziger deutscher Politiker etwas *für* Deutschland getan, und was genau soll das gewesen sein? Sicherlich tun alle Abgeordneten des Bundestags und der Landtage so, als würden sie das tatsächlich auch tun, aber wo hat lediglich ein Einziger es wirklich getan?

Ich will ketzerisch sein: Sobald es ein Abgeordneter tun würde, wäre das ein sicherer Schritt in Richtung des definitiven Karriereendes – denn „etwas für Deutschland zu tun", ist nichts anderes als eine synonyme Bezeichnung für Patriotismus! Exakt aus diesem Grund fürchtet sich die etablierte Politik auch so sehr vor der flächendeckenden Einführung echter Demokratie mit einer starken Bürgerbeteiligung. Was wäre denn, wenn die Deutschen dann plötzlich Entscheidungen in erster Linie *für* Deutschland und *für* sich selbst treffen würden? Das geht ja mal gar nicht …

Ich halte echte und damit direkte Demokratie für absolut unverzichtbar, wenn eine wirkliche Erneuerung der westlichen Welt stattfinden soll. Wenn das Volk definieren kann, was wichtig und was unwichtig ist, können wir endlich Schritte unternehmen, um das System zu reformieren: Wir können es für uns lebenswerter machen, ohne dazu fehlgeleitete Ideologien zu benötigen. Momentan sehe ich aber schwarz. Auch habe ich lange Zeit geglaubt, dass nur mit uns Deutschen etwas nicht stimmt. Doch ebenso kann man das von fast allen Ländern Europas sagen, denn die „linke Saat" ist eben in allen Ländern aufgegangen, keinesfalls nur in unserem Land!

Schritt 5: Das System muss von außen verändert werden

Der Fehler liegt mittlerweile im System und jede Reform von innerhalb des Systems ist von vorneherein zum Scheitern verurteilt. Stellen Sie sich einfach vor, Sie hätten schmutzige Wäsche. Diese Wäsche will gewaschen werden, also drehen Sie den Wasserhahn auf und lassen Wasser laufen. Aus der Leitung kommt aber nur braune Brühe (Quoten-Metapher für Linke), die genauso schmutzig wie ihre Wäsche ist. Kann man mit diesem Wasser Wäsche waschen?

Dies illustriert wohl auch am Besten die bereits beschriebene Mutation von Trump: Die Menschen hatten und haben einfach genug von den „linken Lügen" des Establishments und wählten genau deshalb Trump. Während dem Wahlkampf und auch noch in den ersten Tagen seiner Präsidentschaft sah es so aus, als könnte sein Wahlerfolg mit der Entdeckung einer neuen Quelle für klares Wasser gleichgesetzt werden, mit der wir unsere Wäsche dann doch wieder sauber bekommen. Doch jetzt, im Februar 2018, kann man sagen, dass auch aus dieser Quelle nur schmutziges Wasser sprudelt. Trumps MAGA (Make America Great Again) war nur Staffage, ebenso wie die Versprechen, zukünftig die USA nicht mehr als Weltpolizist ins Rennen zu schicken. Momentan sieht es so aus, als würde der internationalistische und auch interventionistische (aktiv eingreifende) Kurs der USA unter Trump sogar weiterhin noch stark beschleunigt!

Wie ich weiter oben beschrieben habe, sind die Bevölkerungen der europäischen Nationen wie gelähmt und ertragen gleichmütig immer neue Legislaturperioden, die von „linker Politik" geprägt und die konsequent gegen die Völker selbst gerichtet sind. Ich empfinde das aber irgendwo auch als Beruhigung, denn es zeigt, dass die grassierende Verdummung nicht ausschließlich auf zwei verlorene Weltkriege zurückzuführen ist, denn den Siegern der besagten Weltkriege geht es nicht besser (siehe Frankreich, England…) als den Verlierern. Auf den zweiten Blick ist es dann natürlich auch schon wieder ernüchternd, wie effektiv die Manipulatoren und Propagandisten des Internationalismus überall in Europa waren und sind. Dennoch, Sie lesen immerhin gerade ein Buch, das eben *nicht* in dieses Horn bläst! Es ist nicht zu spät aufzuwachen, doch dazu müssen wir andere Wege beschreiten. Deutschland wird kollektiv genauso wenig aufwachen wie Spanien, Italien, Österreich, Schweden oder welches Land auch immer. Das ist allerdings auch nicht notwendig. Erinnern wir uns dabei an die „Integrale Weltsicht" mit ihren Holons. **In allen Ländern Europas gibt es Menschen, die genug von Bevormundung und Manipulation haben.** Es gibt viele Bezeichnungen für diese Menschen: Patrioten, Konservative, Freidenker oder was auch immer, denn der gesunde Menschenverstand kennt weder Nationalität, Hautfarbe und auch keine Religion.

Wir Nicht-Linke müssen eine Lektion verinnerlichen, die viele von uns bisher kaum mit unserer Weltsicht kombinieren konnten: Es kann sein, dass uns mit einem Russen mehr verbindet als mit unserem Nachbarn von Gegenüber. Ebenso kann das auch ein Afrikaner, ein Italiener, ein Israeli oder ein Türke sein, mit dem uns viel mehr eint als die Menschen in unserer direkten Umgebung. Die Gegner der Freiheit haben das bereits sehr viel früher verstanden, was aber damit zu tun hat, dass diese Menschen schon immer anti-national, dafür aber umso internationaler ausgerichtet waren. Oftmals gab es familiäre Verbindungen in die unterschiedlichsten Länder, so dass Ländergrenzen von Anfang an kein Thema waren, um eine kranke Ideologie über die ganze Welt auszubreiten und die Welt auch anschließend darin einzuwickeln. Die Patrioten aller Herren Länder waren dagegen von Anfang an den Grenzen ihres eigenen Landes unterworfen und konnten somit auch wunderbar gegeneinander aufgehetzt werden, was dann unter anderem auch in den Weltkriegen mündete. Das muss man sich auf der Zunge zergehen lassen: Junge Männer und glühende Patrioten wurden gegeneinander ins Feld geschickt, um sich gegenseitig auszulöschen. Das kann man doch nur noch als geradezu teuflisch-genial bezeichnen, oder?

Eine politische Bewegung, die der Freiheit verpflichtet ist, muss also vor allem eines leisten: Patrioten international zu vernetzen, um somit eine

Art „Globalen Patriotismus" zu erschaffen. Aus einer internationalen, patriotischen Bewegung können Synergieeffekte erwachsen, von denen sonst noch nicht einmal geträumt werden könnte – egal, ob es um finanzielle, logistische oder personelle Aspekte geht. Das Ganze ist eben immer größer als die Summe seiner Teile! Denken wir wieder an Ken Wilber und seine Holarchie: Patriotische Holons können ebenfalls ein Supraholon (ein Überholon) bilden, das entgegengesetzten Holons ebenbürtig sein würde. Dieser Gedanke ist revolutionär, aber ich bin davon überzeugt, dass er ebenso auch ganz praktisch umzusetzen ist! Sicherlich muss hier vor allem Basisarbeit geleistet werden, denn wir müssen aufhören, in ausschließlich nationalen Kategorien zu denken, was uns nur weiterhin in der Erfolglosigkeit fesselt. „Holarchisches Denken" kann hierbei das Verständnis für die dringende Notwendigkeit einer globalen Bewegung fördern. Ebenso können auf diese Weise Kooperationen entstehen, die bisher als völlig undenkbar galten. Dazu muss man ganz unbefangen auf Menschen zugehen und mit diesen reden, ohne den Massenmedien und ihrer Propaganda auf den Leim zu gehen. Wenn man dies tut und zum Beispiel einfach mal gelassen ein ergebnisoffenes Gespräch mit einem konservativen Moslem führt, könnten einem die Augen aufgehen. Gerade diese Menschen haben nämlich recht wenig Schnittmenge mit Linken und Kulturmarxisten – sogar ganz im Gegenteil, gerade was Familie und Tradition angeht. Dies kann man aber nur dann herausfinden, wenn man seine eigenen Vorurteile zumindest einmal ignoriert und *mit*einander anstelle *gegen*einander redet.

Diese Lektion hat jedoch gerade die AfD nicht verstanden, als sie sich völlig unüberlegt auf einen Antiislamkurs begeben hat. Der Islam ist definitiv kein Feind des Konservatismus, ganz im Gegenteil. Auf diese Weise schlug sich die AfD selbst zahlreiche (sperrangelweit offenstehende) Türen vor der Nase zu. In der Politik geht es jedoch ausschließlich um Mehrheiten und um Unterstützer: Warum also sollte man nicht dort Stimmen mobilisieren, wo man völlig offene Türen einrennen kann? Dies gilt besonders dann, wenn eben momentan extrem viele Menschen mit diesem kulturellen Hintergrund in unser Land kommen. Auch hier sollte man unbefangen mit offenen Augen seine eigenen Beobachtungen anstellen und nicht stumpfen Ressentiments erliegen.

Die Mehrheit dieser Menschen wird von den Linken ebenso instrumentalisiert und benutzt wie wir „Kartoffeln" oder „Biodeutschen": Beide Gruppen sollen der Schmelztiegel sein, aus dem das globale Proletariat entsteht. Und jetzt möchte ich Sie überraschen: das wollen die meisten Migranten genauso wenig wie Sie und ich das wollen – oftmals sogar noch viel weniger als der vollgefressene und gelangweilte Durchschnittsdeutsche! Auch aus diesem Grund sollten wir uns davor hüten, Menschen auszugrenzen und vorschnell zu urteilen. Denn exakt das sollen wir natürlich tun, damit der Konservatismus niemals mehr eine Chance bekommt. Und genau darum geht es schließlich hier: zu erkennen, wie eine Gesellschaft gespalten und aufeinandergehetzt werden soll!

Mir ist natürlich bewusst, dass dies keine leichte Aufgabe ist und extrem viel Einsatz benötigt. Die „Klammer", die dieses Projekt zusammenhält, ist immer die Freiheit. Wir alle wollen frei unser eigenes Leben leben, unsere Kinder groß ziehen und unsere Ziele verfolgen. Die Bedrohungen der individuellen Freiheit sind mannigfaltig, lassen sich aber meist auf die Wirkungen der lebensfeindlichen „Linken Ideologie" zurückführen. Diese Ideologie ist der Feind jedes freien Menschen, und exakt darauf muss jede Form der internationalen Zusammenarbeit von Patrioten und Konservativen basieren. Jeder Mensch hat das Recht, auf seine Tradition und Kultur stolz zu sein und diese auch zu leben. Dies ist die Verbindung, die alle Patrioten über nationale Grenzen hinweg miteinander verbinden und damit alle Unterschiede überwinden kann: Religion, Hautfarbe, Sprache und Herkunft! Auf diese Weise kann das System mit frischem Wasser geflutet werden, und nicht über die Gründung oder die Wahl einer miefigen Partei oder eines korrupten Politikers! Nach der Wahl sind schließlich alle Versprechungen vergessen, der Paulus mutiert wieder zum Saulus und alles ist erneut beim Status Quo.

Schritt 6: Identität als Königsweg

Viele patriotische und teilweise auch konservative Menschen hegen Ressentiments gegen „die Ausländer", „die Türken", „die Juden" oder „die Russen". Diese Art der Kollektivierung ist unmöglich, da es diese Gruppen genauso wenig wie „die Deutschen" gibt. Stattdessen gibt es viele unterschiedliche Varianten, die sich teilweise als Gruppen zuordnen lassen. Verstehen Sie mich nicht falsch, es geht hier nicht um den gutmenschlichen Ansatz, ausnahmslos alle Menschen zu lieben. Es geht viel mehr um eine Chance, die nahezu jeder Mensch verdient hat. Wo stumpfer Ausländerhass gedeihen kann, hat vorher oftmals eine ganze Gesellschaft versagt. Nehmen wir zur Illustration die Schande von Köln, also die Silvesternacht am Kölner Hauptbahnhof. Was dort passiert ist, habe ich bereits in diesem Buch thematisiert. Worüber wir aber stattdessen nachdenken sollten, ist das *warum*. Warum konnte das geschehen? Ich möchte jetzt nicht bei Adam und Eva beginnen, sondern ganz praktisch bleiben und das Totalversagen der politisch Verantwortlichen und der Polizei außer Acht lassen.

Köln ist kein Dorf, sondern eine deutsche Großstadt mit mehr als einer Million Einwohner. In einer Nacht wie der Silvesternacht sind dort gerade am Hauptbahnhof zahlreiche Menschen unterwegs, denn es ist Partyzeit. Wieso war es also einer Gruppe von Verbrechern überhaupt möglich, sich dort so aufzuführen? Es gab schließlich kein kosmisches Ereignis, das alle Menschen um diese Gruppe von Randalierern entrückt hätte. Wo war also die Allgemeinheit? Sie übte sich im Wegsehen und Ignorieren des Offensichtlichen.

Was würde wohl passieren, wenn Sie und ich dem nächsten Vereinsheim der „Hells Angels" am nächsten Samstag einen Besuch abstatten und uns dort ähnlich aufführen würden? Ich vermute ganz stark, dass wir Beide diesen Abend so schnell nicht vergessen werden, weil wir dort unser mit Abstand blauestes Wunder erleben würden! Ebenso ging es einer Gruppe von 50 Flüchtlingen aus Afghanistan, die dem russischen Murmansk nach Kölner Vorbild einen Besuch abstatten wollten. In einer Disco wurden Frauen belästigt, begrabscht und es gab auch einige versuchte Vergewaltigungen. Russland ist ein sehr gastfreundliches Land, was aber nicht dem Wahn der Willkommenskultur verfallen ist. Der Abend endete für die Randalierer zum Teil im Gefängnis, aber mehrheitlich im Krankenhaus. Erkennen Sie den Unterschied zum Alltag in Deutschland?

Dieses Beispiel ist sicherlich sehr drastisch und ich will dies auch nicht als Aufruf zur Gewalt verstanden wissen. In Extremsituationen äußerer Bedrohung gibt es aber generell nur drei Verhaltens-Modi: Kampf, Flucht oder Starre. Wie kann es aber sein, dass eine ganze Stadt im Notfall einfach nur wegsieht und sich dann auch noch wegduckt?

Viel anschaulicher ist auch das Thema der Ganzkörperverschleierung. Ich bin kein Islamwissenschaftler, deshalb interessiert es mich nicht, ob der korrekte Terminus *Burka* oder *Nicab* ist. Ich setze beides gleich und meine Meinung ist, dass ich beides nicht in diesem Land sehen möchte. Das bedeutet aber im Gegenzug nicht, dass ich zur Gewalt gegen Trägerinnen und generell Befürworter der Vollverschleierung aufrufen möchte. Wenn nämlich das Tragen einer Vollverschleierung eine Meinungsäußerung ist, dann darf ich schließlich auch meine Meinung äußern. Wir leben in einer Kultur, in der man sich offen ins Gesicht sieht. Warum sollte ich es also akzeptieren, wenn Menschen dies verweigern? Mir ist es auch egal, warum genau Frauen sich verschleiern. Meiner Überzeugung nach gehört es weder nach Europa und schon gar nicht nach Deutschland. Jetzt kommt aber die große Überraschung: Ich bin definitiv gegen ein „Burka-Verbot", denn: Wer sollte das kontrollieren und gegebenenfalls mit Sanktionen belegen? Polizisten und die Justiz haben schon jetzt mehr als genug mit Nichtigkeiten zu tun, warum sie also noch mit mehr davon belasten? Nein, wer sich verschleiert, klinkt sich aus unserer Gesellschaft aus und da ist bereits etwas massiv schiefgelaufen. Ich nenne dieses Problem „identitäres Vakuum". Grundsätzlich kann man es Migranten absolut nicht übelnehmen, wenn sie in Deutschland ausschließlich ihre eigenen Traditionen ausleben, denn mal ganz ehrlich gesagt: Was genau bieten wir ihnen denn als Alternative an? Bier trinken, Fußball gucken und kaputte Familien? **Die Saat der Kulturmarxisten ist nach dem Zweiten Weltkrieg voll aufgegangen und hat eine ausgehöhlte Gesellschaft hinterlassen, die nun von den Traditionen der Migranten ausgefüllt wird.** Dies ist für uns Deutsche völlig befremdlich, aber ein absolut natürlicher Vorgang, und es geht wohl auch gar nicht anders. Burkas sind also genau wie Migranten überhaupt nicht das Problem!

Symptome zeigen sich im Alltagsleben, man muss nur hinsehen wollen. Nehmen wir ein ganz banales Beispiel: Die meisten Deutschen sind (noch) Christen. Am diesjährigen Karfreitag wimmelt es im Fernsehprogramm von Komödien, Trickfilmen und ähnlicher leichter Unterhaltung. Der Privatsender *Sat.1* toppte wohl alles, indem er den Kassenerfolg „Fuck ju Göhte" zur Hauptsendezeit ausstrahlte. Zur Erinnerung: Der Karfreitag ist einer der höchsten Feiertage der Christenheit und ebenso ein „stiller" Feiertag. Ebenso existiert ein „Tanzverbot" an diesem Feiertag, denn worum geht es beim Karfreitag? Richtig, es geht um den Tod von Jesus am Kreuze. Wie soll ich es also verstehen, wenn deutsche Fernsehsender an diesem Tag Komödien wie „Mrs. Doubtfire", „Ice Age" und anderen Halligalli ausstrahlen? Hat das etwas mit Respekt oder Pietät für diesen hohen Feiertag zu tun? Wohl kaum!

Ich selbst habe ein zutiefst gespaltenes Verhältnis zum Christentum, was ich bereits in den beiden Bänden von »Gefährlich!« eingehender beschrieben habe. Als Traditionalist und auch als Konservativer bin ich mir dennoch aber dem Wert dieser Feiertage bewusst – besonders eben für die Menschen, die diese Tage tatsächlich völlig bewusst begehen. Was sollen nun Moslems denken, wenn sie diesen ignoranten Umgang mit unseren christlichen Wurzeln mitbekommen? Ich halte es hier erneut mit Peter Scholl-Latour, der einmal sagte:

„Ich fürchte nicht die Stärke des Islam, sondern die Schwäche des Abendlandes. Das Christentum hat teilweise schon abgedankt. Es hat keine verpflichtende Sittenlehre, keine Dogmen mehr. Das ist in den Augen der Muslime auch das Verächtliche am Abendland."[122]

Durch seinen Hass auf das Christentum hat der Kulturmarxismus einen erbarmungslosen Vernichtungskreuzzug gegen das Christentum geführt, sodass es 2017 nur noch folkloristischen Wert hat. Aus diesem Grund entstand ein Vakuum, das Kulturmarxisten mit ihrem Gutmenschen-Kult gefüllt haben (sehen Sie auch gerade Antonio Gramsci winkend vorbeilaufen?). Ebenso wurde auch die katholische Kirche „gutmenschisiert" und nichts ist mehr von dem unüberwindbaren Bollwerk gegen den Kommunismus vorhanden, ganz im Gegenteil. Mit dem *Zweiten Vatikanischen Konzil* (1962 bis 1965) begann der Niedergang der katholischen Kirche: der neue Messritus („Novus Ordo", erinnert mich auch an irgendetwas auf der Dollarnote...) beendete die Messen auf Latein, und der Geistliche stand plötzlich nicht mehr mit dem Rücken zur Gemeinde. Ein gewachsenes Gefüge der spirituellen Zusammenkunft zerbrach quasi über Nacht und mit ihr auch die Existenzberechtigung der katholischen Kirche. Ich spreche hier wohlgemerkt von der Organisation, nicht von den darin handelnden Individuen wie Geistliche, Gläubige und andere Beteiligte. Ziel des *Zweiten Vatikanischen Konzils* war die Entfernung des Geistlichen als Autorität, denn das ist ja etwas ganz Schlimmes. Dies ist flächendeckend gelungen und spielte dem Kulturmarxismus prächtig in die Karten. Welchen Sinn hat aber die Rolle eines Geistlichen, wenn dieser über keine Autorität mehr verfügt?

Der krasse Gegenentwurf zur katholischen Kirche ist beispielsweise die russisch-orthodoxe Kirche. Dort gab es keine übermäßigen Reformen, die lediglich zur Verwässerung und letztlich zur Verweltlichung der Lehre geführt hätten. Geistliche sind dort Autoritäten, deren Wort einiges an Gewicht hat. Die Religion hat noch einen Stellenwert im Leben der Gläubigen und ein Sakrament wie die Ehe lässt sich auch nicht gewohnheitsgemäß aufheben, selbst dann nicht so ohne weiteres, wenn ein Ehepartner stirbt. Das bedeutet nun keinesfalls, dass russisch-orthodoxe Gläubige automatisch „heiliger" wären als Katholiken oder Protestanten. Diese Annahme wäre naiv bis unrealistisch und darum geht es auch gar nicht. Doch die russisch-orthodoxe Konfession gehört ganz entschieden zur russischen Identität und trägt genauso entschieden zur Stabilisierung der Gesellschaft bei. Rituale, Dogmen und eine verpflichtende Sittenlehre konservieren Glaubensinhalte und sind ebenfalls wichtig, um auch das spirituelle Leben der Gläubigen auszufüllen.

Anders als die katholische Kirche ist die russisch-orthodoxe Kirche keinesfalls schwach und das trägt somit dazu bei, dass Russland weniger unter den Verfallserscheinungen des Westens leidet. Dies ist wohl auch der Grund, weshalb Linke die russische Spielart des Christentums gerne als „Christofaschismus" bezeichnen. Autorität ist für Stabilität notwendig und mit beidem haben Linke schließlich Probleme – also mehr als genug Gründe für die Faschismuskeule!

Ähnlich verhält es sich natürlich grundsätzlich auch mit dem Islam. Dort wird ja auch gerne der „Islamfaschismus" herbeifabuliert. Anders als beim Christentum sind im Islam jedoch „weiße Männer" eher die Ausnahme von der Regel. Deshalb hat die Linke beim Islam auch ein massives Beweisproblem – oder kennen Sie einen linken Islamkritiker?

Religion ist aber definitiv kein Wunschkonzert und auch keine basisdemokratische Veranstaltung. Wird eine Religion jedoch dazu gemacht, beginnt sie langfristig zu sterben. Ein weiteres krasses Gegenteil zur katholischen Kirche ist die Religionsgemeinschaft der Amischen in den USA. Diese christliche Religionsgemeinschaft wuchs von ca. 125.000 Personen im Jahr 1992 auf ganze 230.000 Anhänger im Jahr 2008. 2015 waren es dann sogar schon ca. 300.000 Menschen.[123] Vereinfacht gesagt, handelt es sich dabei um eine Religionsgemeinschaft mit äußerst strengen Regeln, die weitestgehend so wie vor 300 Jahren lebt. Dies muss natürlich noch etwas differenziert werden, denn bei den Amischen gibt es striktere und liberalere Gemeinden, sodass der genaue Grad der Technikabstinenz und Regelkonformität deutlich differiert. Interessanterweise gibt es insgesamt nur sehr wenige Austritte aus dieser Religionsgemeinschaft, aber wenn es Austritte gibt, dann treten die meisten Menschen aus den liberaleren Gemeinden aus. Das sind doch absolut schlechte Karten für die mittlerweile recht reformfreudige und liberale katholische Kirche!

Die große Frage für Westeuropa lautet somit: Ist der Katholizismus als Identitätsstifter noch zu retten, oder hat er bereits einen Totalschaden erlitten? Die katholische (aber auch die evangelische) Kirche sind 2017 zutiefst internationalistisch geprägt und folgen in ihrer Politik oftmals vollständig der gutmenschlichen Doktrin der Kulturmarxisten. Von nationalen Belangen haben sich die Kirchen völlig verabschiedet, stattdessen gibt es nur noch die Christenheit auf der „ganzen Welt". Weiterhin gibt es dann in Rom gelegentlich auch Fußwaschungen für Flüchtlinge vom Papst höchstpersönlich. In meinen Augen haben beide Kirchen in ihrer heutigen Ausrichtung keine Relevanz mehr für die europäischen Völker. Ich bedaure dies zutiefst, denn damit fehlt auch der deutschen Identität eine wichtige Stütze. Gelegentlich könnte man womöglich die Auffassung vertreten, dass die katholische Kirche sogar gegen die Interessen Deutschlands handelt, wenn man zum Beispiel die Worte des Bischofs von Essen hört. So sprach er zu Ostern 2017 davon, dass *unsere falsche Sehnsucht nach einer Heimat mit Grenzen ausgetilgt werden müsse*.[124] Die katholische Kirche hat also Deutschland und die Deutschen eigentlich schon verlassen!

Diese Leere muss aber mittelfristig wieder gefüllt werden, ob mit einer „anderen" christlichen Kirche oder mit der Rückbesinnung auf heidnische Werte spielt dabei eigentlich keine Rolle, nur eben der „Gutmenschenkult" ist keine Option! Ebenso wäre es natürlich auch denkbar, dass der amtierende Papst mit seinem seltsamen Verhalten sogar einen Backlash und Rückschlag innerhalb der katholischen Kirche auslöst.

Diese unglaubliche Effektivität bei der Unterwerfung der Kirchen kann nur als gigantische Erfolgsgeschichte bezeichnet werden. Die katholische und die evangelische Kirche sind 2017 keine stützende Faktoren in den „Kasematten" der bürgerlichen Gesellschaft, sondern das genaue Gegenteil ist sogar der Fall. Diese Aussage belege ich in diesem Buch mehrfach mit Beispielen. Es kommen fast täglich neue Aussagen von prominenten Kirchenführern wie Woelki, Bedford-Strohm oder Marx (hier ist der Name Programm, aber ich spreche tatsächlich vom betreffenden Kardinal!) dazu.

Ich möchte hier lediglich noch ein weiteres, fast schon unglaubliches Beispiel hinzufügen: Papst Franziskus bezeichnete Flüchtlingslager als die heutigen Konzentrationslager[125] und begab sich damit auf extrem dünnes Eis, denn diese Aussage lässt zuviel Interpretationsspielraum. Die Kirchen haben sich ähnlich wie die Linken zu 100 Prozent und mit vollem Einsatz für die Massenmigration und deren Fortführung eingesetzt. Die Rechte und Perspektiven der autochthonen Europäer stehen nicht mehr auf deren Agenda, ganz im Gegenteil – in Wahrheit treten die Kirchenführer diese sogar mit Füßen!

Dies ist insgesamt sehr verwunderlich, denn Linke haben ja grundsätzlich ein Problem mit Religion, da sie ja ein besonders effektives Bollwerk gegen die Kulturzersetzung ist. Für Europa spielen ausschließlich das Christentum und besonders der Katholizismus diese strukturgebende Rolle. Alle „neuen" Religionen in Europa sind deshalb für die Linke ein Gewinn, sorgen sie doch für die vielbeschworene „Vielfalt", für die damit verbundenen Reibereien und für die mögliche weitere Schwächung des Christentums. Der Islam ist somit für die Linken ein mehr als willkommenes Werkzeug, um tradierte Strukturen weiter effektiv zu schwächen. In diesem konkreten Fall ist es nun fast schon lächerlich, dass die Kirchen hier effektiv an ihrer eigenen Abschaffung beteiligt sind und diese auch noch forcieren.

Selbstverständlich beruht dies auf dem Fakt, dass die Hilfe der Kirche keinesfalls nur auf Nächstenliebe beruht, sondern ein waschechtes Geschäft für die Kirchen darstellt, was diese sich dann von der Allgemeinheit vergüten lassen. Auch der Islam selbst wird von den Linken nur solange unterstützt und protegiert, bis die Struktur „Kirche" erfolgreich und endgültig zu Fall gebracht ist.

Nach dem Kollaps der abendländischen Kirchen wird sich die politische Linke mit der gleichen Raffinesse und Kaltblütigkeit auf die Organe des Islam stürzen und diese von innen aushöhlen, wie sie es mit dem Katholizismus getan hat. Sie werden bei diesem Unterfangen zweifelsohne Erfolg haben, denn wer eine so straff organisierte Einheit wie die katholische Kirche unterwandern konnte, wird dies mit Leichtigkeit auch mit dezentral organisierten Einheiten wie dem Islam schaffen. Deshalb, lieber Leserinnen, liebe Leser, sollten auch Sie Moslem sein – misstrauen Sie der Willkommenskultur, die Ihnen vollmundig Freiheit verspricht. Am Ende des Prozesses steht nichts anderes als die totale, kulturelle Zersetzung jeder identitätsstiftenden Struktur, bis am Ende nur noch „Proletarier" vorhanden sein werden. Auch aus diesem Grund müssen sich Konservative weltweit die Hände reichen, gleichgültig, welche Religion oder Hautfarbe sie haben! Die Gefahr lauert im Internationalismus und nicht in den Jahrhunderte oder sogar Jahrtausende wehrenden Traditionen!

Religion ist jedoch nur *ein* Aspekt beim Thema „Identität". Viel zu lange haben wir uns in Deutschland mit einer „modernen" Lebensart begnügt, ohne zu fragen, was daran eigentlich typisch deutsch ist? Was macht uns überhaupt zu Deutschen? Die Sprache ist natürlich ein ganz wesentlicher Faktor, aber definitiv nicht der wichtigste. Identität bekommt man weder verliehen, noch kann man sie kaufen. Der Begriff kommt aus dem Lateinischen und bedeutet „Derselbe" oder „Dasselbe". Nun sind Menschen ja sehr verschieden und sollten nicht „gleichgemacht" werden, doch genau das ist ja das Geschäft der Kulturmarxisten und Linken.

Ich möchte als Hauptbestandteil der deutschen Identität einen völlig subjektiven Punkt nennen: die Liebe zu Deutschland. Jeder, der sagen kann, dass er dieses Land (ich meine damit keinesfalls den Staat(!), also die BRD) aufrichtig liebt, kann im Verdacht stehen, eine deutsche Identität zu haben. Es gibt viele Punkte, die man hier aufzählen könnte: die wunderbare Landschaften wie Ostsee, Nordsee oder die Alpen. Die Leistungen in Wissenschaft und Technik, hohe soziale Standards wie Gesundheitsvorsorge, sportliche Leistungen, deutsche Produkte, die Tierliebe, die Philosophie, die Kunst usw. Geht diese Liebe auch mit einem Bekenntnis zu Deutschland einher, verfügt eine Person tatsächlich über eine „deutsche Identität". Ich bin mir sicher, dass diese Punkte auch bei sehr vielen „Biodeutschen" nicht erfüllt werden. Darum geht es auch gar nicht, denn es kann nicht nur Patrioten in einem Land geben. Dafür gibt es aber sehr viele Migranten, die schon teilweise Jahrzehnte in unserem Land leben und auf die das Genannte sehr wohl zutrifft. DAS ist es, was ich als gelungene Integration bezeichne. Diese Menschen sind mir und sicherlich auch Ihnen, doch garantiert mehr als herzlich in unserer Heimat willkommen!

Schaut man über den großen Teich, findet man dort keinesfalls nur Schlechtes. Die Nationalhymne ist allgegenwärtig, egal ob zu Schulbeginn oder selbst bei kleinsten Sportveranstaltungen. Ebenso gilt das für die Nationalflagge. Amerikanisch zu sein, gilt als wünschenswert und nicht als beschämend. Von Einwanderern wird erwartet, dass diese auch amerikanisch werden wollen, und man hilft ihnen ebenfalls tatkräftig dabei. Natürlich haben die USA auch jede Menge andere Probleme, doch im Gegensatz zu uns Deutschen haben sie jedenfalls ein definitiv kleineres Problem mit ihrer Identität. Dieses Problem müssen wir Deutsche für uns selbst lösen, indem wir endlich den aufrechten Gang für uns wiederentdecken!

Schritt 7: Familie leben!

Immer mehr Menschen leben alleine und die Anzahl der Single-Haushalte explodiert. Selbstverständlich handelte sich bei diesen Menschen ausnahmslos um glückliche Menschen mit tollen Berufen, viel Geld und einem glücklichen Leben... Die Realität sieht aber oft ganz anders aus!

Wie beschrieben, ist die Familie das erklärte Angriffsziel der Internationalisten, da sie einer Gesellschaft den größten Halt überhaupt gibt. Natürlich gibt es Menschen, die über keinerlei Angehörige mehr verfügen. Doch die Mehrheit der Menschen hat sicherlich noch Angehörige, hat jedoch zu diesen entweder jeden Kontakt verloren oder diesen abgebrochen. Streitereien kommen aber auch in den besten Familien vor und jeder sollte sich fragen, wie sein eigener Anteil am Scheitern an der Beziehung zu seinen Eltern oder seinen Kindern aussieht. Familiäre Strukturen sind unsere Wurzeln, die uns in den Lebenskrisen Halt geben können, wenn alle „guten Freunde" längst das Weite gesucht und uns somit im Regen stehen gelassen haben. Selbstverständlich gibt es aber auch unüberbrückbare Differenzen und Wunden, die dem Volksmund zum Trotze auch nach Jahren oder Jahrzehnte nicht verheilen wollen. Dem entgegengesetzt gibt es aber auch einfach Streitereien und Reibereien, die sehr wohl aus der Welt geschafft werden können, wenn nur einer der Beteiligten endlich den ersten Schritt machen würde. Beziehungen sind auch immer Arbeit – für alle Beteiligten, egal ob es partnerschaftliche oder familiäre Beziehungen sind. Deshalb liegen in Beziehungen und gerade in den Beziehungen zu Familienmitgliedern große Entwicklungschancen. Was wohl jeder Vater oder jede Mutter bestätigen kann, ist das Potenzial, das die Geburt eines Kindes mit sich bringt. Ab sofort ist man nicht mehr nur für sich oder vielleicht auch seinen Partner verantwortlich, sondern für eine ganze Familie, und das ganze 24 Stunden und 7 Tage die Woche. Wer bis zu diesem Zeitpunkt glaubte, ein stressiges Leben gehabt zu haben, wird eines Besseren belehrt. Das hört sich jetzt negativ an und das ist es manchmal auch, aber man wird auch fürstlich dafür belohnt!

Wer Mutter oder Vater und zeitgleich nicht zum Konservativen wird, hat etwas Entscheidendes im Leben nicht mitbekommen und wird es auch wohl nicht mehr mitbekommen. Dies kann man zum Beispiel auch unserer Bundeskanzlerin unterstellen, denn „Mutti" Merkel ist überhaupt keine Mutter, sondern lediglich Stiefmutter zweier Söhne. Weiterhin ist sie Stiefoma zweier Enkel. Ich stelle hier auch die steile These auf, dass sich unsere Angy im Sommer 2015 anders verhalten hätte, wenn sie *eigene* Kinder oder gar Enkelkinder gehabt hätte. Wer ein Kind hat, möchte das Gute in seinem Leben für sein Kind konservieren und mehren – er verfällt dann nicht ins krasse Gegenteil und gefährdet fahrlässig die Zukunft seiner Kinder! Außerdem ist in Bezug auf Frau Merkel doch sehr interessant, dass sie weiterhin den Namen ihres ersten Ehemannes trägt und nicht etwa wieder ihren Mädchennamen (Kasner) oder den Namen ihres jetzigen Ehemannes (Sauer) angenommen hat. Besonders in Bezug auf die Beziehung zu ihren Stiefkindern kann diese Entscheidung für eine angeblich konservative Politikerin kaum nachvollzogen werden.

Merkel ist definitiv kinderlos und dies hat ihre Politik in der Vergangenheit beeinflusst und wird dies ebenso in Zukunft auch weiterhin tun. Die bekannte Unternehmensberaterin, Autorin und Literaturwissenschaftlerin Professorin Dr. Gertrud Höhler (die für ihre Verdienste ebenfalls mit dem Bundesverdienstkreuz ausgezeichnet wurde) ist in ihrem Buch »Die Patin« sogar noch einen Schritt weitergegangen und attestiert Angela Merkel dort *Bindungslosigkeit als Erfolgsgeheimnis*. Dieser Gedanke ist durchaus mehr als eine Überlegung wert, denn Merkel war ja bereits in der DDR als Politikerin tätig und schaffte wie kein anderer den (Ab)Sprung in die bundesdeutsche Politik – bis schließlich ganz nach oben. Ebenso attestiert Höhler unserer Bundeskanzlerin einen absoluten „Antiwerte-Kanon" und eine konsequente „Prinzipienlosigkeit". Anstelle von Werten arbeitet Angela Merkel mit Visionen, aus denen keinerlei Verpflichtungen erwachsen und die oftmals so auswechselbar wie Moden sind. Das Buch von Gertrud Höhler erschien 2012 und muss auf höchster Ebene als akute Gefahr angesehen worden sein, denn die Medienfrau befindet sich seitdem im medialen und gesellschaftlichen Abseits. Die Medien drucken Höhler nicht mehr und auch im Fernsehen findet nichts mehr mit ihr statt. Ist das also das Schicksal von Merkel-Kritikern in der BRD?

Ebenso gilt das vorher Gesagte auch für den Umgang mit unseren Eltern und Großeltern. Diese Menschen haben etwas im Übermaß, was wir zwar glauben zu haben, aber nicht annähernd im selben Maß nachweisen können: Lebenserfahrung! Alte Menschen können anstrengend sein und gelegentlich sind sie auch richtig nervtötend. Dennoch kann (fast) jeder alte Mensch über ein Mindestmaß an Lebensklugheit verfügen, das jüngere Menschen vor so mancher Torheit schützen kann, wenn diese denn zuhören wollen. Bei mir war das auch lange anders, aber irgendwann merkt man bei einer objektiven Analyse dann doch, dass die „alten Herrschaften" verdammt oft richtig gelegen sind. Ältere Menschen profitieren dann ebenso vom Kontakt zu ihren jüngeren Verwandten, bringen diese doch wieder Lebendigkeit zurück in ihren Alltag. Das Leben findet *draußen* statt, nicht in einer gentrifizierten Wohnanlage, beim Überwintern in Spanien oder beim Seniorentreff. All dies hat natürlich auch seine absolute Berechtigung, doch es ist lediglich eine Blase, in der die Dinge anders ablaufen! Außerdem ist es etwas völlig anderes, ob man es mit Bekannten oder mit den eigenen Eltern oder den Geschwistern zu tun hat. Blut bleibt dicker als Wasser, da können Linke noch so entschieden das Gegenteil behaupten!

Schritt 8: Reanimation von Konservatismus und Traditionalismus

Wie ich in diesem Buch schon geschrieben habe, endete die Geschichte des wahren Konservatismus in Deutschland leider auch mit dem Zweiten Weltkrieg. Konservative Kräfte waren einfach eine zu starke Verbindung mit dem Dritten Reich eingegangen, als dass diese sich nach dem Krieg einfach wieder hätten reorganisieren können. Was danach als angeblich „konservativ" die politische Bühne betrat, war vor allem immer liberal, jeweils mit einer minimalen Gewichtung mal nach rechts oder mal nach links. Wirklich konservativ war jedoch kein Einziger dieser Politiker und keine

Einzige der seit 1945 auf der Bildfläche erschienenen Parteien. Stattdessen gab es nur Parteien und Politiker mit einer konservativen Fassade.

Das Klima in Deutschland scheint also für das Gedeihen von konservativen Kräften nicht besonders günstig zu sein. Das trifft auch und gerade auf die AfD zu, die nach dem Abgang von Bernd Lucke auf dem besten Weg zur konservativen Volkspartei war. In den Augen der Linken ist sie das immer noch, wissen diese jedoch absolut nichts von den massiven Richtungskämpfen zwischen Liberalen und Konservativen im Inneren der Partei. An diesem Punkt finden wir uns sofort bei Schritt 4 unserer kleinen Agenda wieder: dem „schlammigen Wasser". Dies wird in die AfD vor allem durch frühere Mitglieder der sogenannten etablierten Parteien hineintransportiert, die sich durch ihre Erfahrungen schnell als Funktionäre durchsetzen konnten. Weiterhin gab und gibt es immer wieder Berichte darüber, dass die junge Partei gezielt von Informanten und V-Leuten von unterschiedlichsten Diensten infiltriert wurde, wie dies vorher schon bei einer ganzen Anzahl anderer Parteien ebenfalls der Fall war. Unter AfD-Mitgliedern der ersten Stunde hält sich vehement die Auffassung, dass viele der Machtkämpfe und Intrigen aus genau dieser Richtung forciert würden, um ein Erstarken der Partei nachhaltig zu verhindern. Sollte dies der Fall sein, muss man diesen Kräften hervorragende Arbeit unterstellen, denn momentan gleicht die AfD einem hochgradig neurotischem Patienten, der kurz vor der Selbstzerfleischung steht. Metaphorisch kann man es so formulieren, dass das „Gebäude" AfD bis zum Dach mit Schmutzwasser geflutet und zeitgleich die Pumpen sabotiert wurden, die für den Beginn der Sanierungsarbeiten dringend nötig wären. Ich bin mir sicher, dass wir vor den Bundestagswahlen in diesem Jahr zusätzlich noch weitere Sabotageakte an der jungen Partei erleben werden. Ob die AfD sich dagegen noch effektiv wehren kann und eine Reorganisation vor der Wahl schafft (oder gar eine Spaltung ins Haus steht), wage ich sehr pessimistisch zu beurteilen!

Doch auch hier kann man etwas Positives herausziehen – wie man es nämlich anders und besser machen kann! Konservatismus und Liberalismus sind keine grundsätzlich unterschiedlichen Lager. Vielleicht ist es sogar so, dass es ein Wechselverhältnis zwischen beiden Perspektiven gibt. Anstelle sich zeitraubenden Flügelkämpfen zu widmen, können die Fronten auch für eine gegenseitige Befruchtung sorgen!

Weiterhin sollte eine moderne konservative Partei aus einer konservativen Bewegung heraus entstehen. Diese Bewegung muss von einem Institut oder einer Denkfabrik angetrieben und gespeist werden, welches sich um die eben genannten Inhalte kümmert. Hier setzt dann folgerichtig das *Projekt Stresemann* an, das eine solche Stiftung installieren soll.

Die Partei an sich hat somit die Hände frei für alle relevanten Tagesgeschäfte und rekrutiert sich personell aus „Absolventen", die von dem besagten Institut geschult und trainiert wurden. Auf diese Weise wird die Partei nicht von ungeeigneten, aber methodisch überlegenen Mitgliedern überrannt und zeitgleich werden auch „Anfängerfehler" von völlig unbeleckten Mitgliedern vermieden. Selbstverständlich lässt sich ein solches Institut und die dazugehörige Bewegung nicht über Nacht ins Leben rufen. Dazu braucht es Inspiration, Transpiration und Finanzierung. Gerade der letzte Punkt kann gar nicht genug betont werden, denn die politischen Gegner sind hier bereits bestens aufgestellt!

Man sollte sich hier auch nichts vormachen: Es gibt weit mehr als genug Geld. Gerade in unseren Zeiten werden viele Stiftungen gegründet und auch ansonsten „gepledged", was das Zeug hält. Es gibt genügend finanzstarke Menschen in unserer Gesellschaft (*Oxfam* lässt grüßen) und warum sollte man nicht auch gerade für diese absolut patriotische Unternehmung Mäzenen oder Sponsoren finden können? Ich bin mehr als überzeugt davon, dass sich gerade auch in der Finanzelite nicht ausschließlich nur Internationalisten und Champagnersozialisten tummeln, die entsprechend „linke Projekte" fördern. Es geht hier schließlich um die Zukunft Deutschlands und damit auch die unsere und auch die unserer Kinder! Es kann ja wohl nicht angehen, dass nur so völlig fehlgeleitete Parteien wie die bereits im Vorwort erwähnte MLPD[126] „anständige" Gelder von großzügigen Spendern erhalten kann!

Zu diesem Zweck muss und kann dem Konservatismus und dem Traditionalismus neues Leben eingehaucht werden. Noch ist es nicht zu spät dazu, doch irgendwann wird sich das Zeitfenster definitiv schließen. Wir können also sehr wohl die Zukunft für uns, unsere Kinder und Enkel gestalten und der Zeitpunkt dazu ist genau jetzt!

Schritt 9: Die kulturelle (Gegen-)Revolution

Im vorherigen Schritt sprach ich bereits von der Notwendigkeit einer „konservativen Bewegung", deren Speerspitze eine Partei und deren Fundament eine Denkfabrik sein muss. Die Partei befindet sich dabei jedoch keinesfalls im Zentrum, sondern ist lediglich ein Organ. Die Bewegung muss sich im Zentrum befinden und damit schlussendlich auch der einzelne Mensch. Es geht hier glasklar um nichts anderes, als dem Kulturmarxismus und der Linken einen Kulturkonservatismus entgegenzuhalten. Ein solches Unterfangen benötigt definitiv vor allem Eines: *Zeit*.

Eine (Gegen)Kultur lässt sich nicht innerhalb von Wochen oder Monaten aus dem Boden stampfen, vielleicht sind auch wenige Jahre als zeitlicher Rahmen noch zu positiv geschätzt. Diese Zeit braucht einfach ein so monumentales Unterfangen, dass am Ende wirklich ein tatsächlicher „Change" steht, also eine echte Kulturrevolution, die sich natürlich auch in der Politik widerspiegeln soll. Das eine bedingt aber zwangsläufig immer auch das andere, es geht ja schließlich nicht darum, eine Wadenbeißer-Partei (nach Muster der AfD) schnellstmöglich in die Parlamente oder gar in die Regierungsbeteiligung hineinzubringen. In diesem Fall würde man die zarte Pflanze der Freiheit wieder nur den schlammigen Fluten aussetzen.

Somit geht es darum, Menschen für die Ideen von Patriotismus und Konservatismus zu gewinnen – und das im besten Sinne des Wortes. Den Menschen in Deutschland, Europa und überall sonst auf der Welt muss der „konservative Lifestyle" vorgestellt und nahegelegt werden. Erst wenn in den Köpfen der Menschen eine Akzeptanz für diese Ideen hergestellt wurde, können auch politisch die Früchte geerntet werden. Politischer Erfolg ist in diesem Fall dann das, was er sein sollte: eine zwangsläufige Nebenwirkung. Um eine Kulturrevolution zu beginnen und schließlich auch zu gewinnen, muss man die Menschen für sich gewinnen – nichts sonst!

Die politische Linke hat uns vorgemacht, wie das geht: durch den Marsch durch die Institutionen und die damit verbundene Platzierung von Multiplikatoren in Schlüsselstellen von Erziehung, Bildung, Wissenschaft, Medien und natürlich auch Industrie sowie der öffentlichen Verwaltung und den Behörden. Die Zeit ist 2018 reif dafür, und auch wenn uns eine ganze Reihe von Propheten die Apokalypse regelmäßig herbeizureden versuchen: Noch ist es definitiv nicht zu spät und das Zeitfenster steht sperrangelweit offen! Die Menschen wachen auf und sind die Linke Politik leid. Der Aufstieg des Konservatismus steht bevor und ist nicht aufzuhalten, wenn wir alle unser Möglichstes tun. Der Anfang besteht darin, den Menschen den konservativen Weg zu erklären und sie damit schlussendlich zu überzeugen und auch zum Handeln zu bewegen!

Schritt 10: Internationale Verbindungen aufbauen

Linke Autoren und Journalisten pfeifen es schon lange von den Dächern: die „autoritative Internationale" könnte sich zwischen AfD, UKIP, Lega Nord und Front National bilden. Uns als wahrlich Konservativen kann das relativ egal sein, denn dort wabert und blubbert nur so das schlammige Brackwasser. Sicher gibt es dort gute Ansätze, sei es Alexander Gauland bei der AfD oder zum Beispiel Matteo Salvini bei der Lega Nord. Dennoch werden diese Strukturen mehrheitlich noch nicht von breiten Schichten der Bevölkerung getragen und deshalb steht es um ihre politische Zukunft eher kritisch.

Konservative und Patrioten müssen aber in völlig anderem Umfang und Maßstab miteinander kooperieren, um ein Gegengewicht zur „sozialistischen Internationale" bilden zu können. Aus dieser Zusammenarbeit auf internationaler Ebene entstehen dann für die einzelnen Organisationen nur positive Synergieeffekte bzw. Holons. Gerade in einer globalisierten Welt sind Zweigstellen und Kontakte im Ausland überlebenswichtig. Egal, ob es um die möglichst kostengünstige Produktion eines Flyers oder um die Zusammenarbeit in wesentlichen Fragen geht: internationale Kooperation ist absolut essentiell!

Doch in diesem Kontext müssen vor allem Konservative und Patrioten noch etwas lernen. Eine gute Freundin von mir war lange in der AfD unterwegs und hat auch für diese Partei gearbeitet. In dieser Zeit hat es auch immer wieder Reibereien wegen ihres russischen Hintergrunds gegeben. Dazu muss ich sagen: Dieses vorgestrige Denken konnten sich Konservative früher schon nicht leisten, heute in 2018 schon erst recht nicht! In Deutschland leben ausgesprochen viele Menschen aus Osteuropa und Russland. Diese Menschen haben sich fast nahezu vollständig perfekt in Deutschland integriert und verfügen oftmals über einen extrem konservativen Wertehintergrund. Jeder wahrlich Konservative ist ein Gewinn für diese Bewegung und darf nicht wegen irgendwelcher persönlicher Ressentiments verschreckt werden. Ebenso gilt das auch für andere Konservative mit jedem anderen Migrationshintergrund – solche Menschen können das Kapital einer Bewegung, oder besser gesagt der Motor einer Bewegung sein. Wenn solche Menschen eine wahre Heimat in Deutschland gefunden haben, was interessiert uns deren „Migrationshintergrund"? Wer sich zur deutschen Identität bekennt, selbstverantwortlich durch sein Leben geht und seine (neue) Heimat liebt, ist wahrlich mehr als Gold wert – für Deutschland und für den Konservatismus.

Dies gilt natürlich ebenso auf internationaler Ebene: Patrioten und Konservative gibt es überall. Diese Menschen haben einen ähnlichen Wertehorizont wie wir. Das perfekte Beispiel dafür ist natürlich ein gewisser Mr. Trump aus den USA: ein absolut patriotischer Vollblutamerikaner mit deutschen Migrationshintergrund, dazu auch sehr traditionsbewusst und konservativ. Dass diesem Bewerber auf das höchste Amt in den USA mit Hillary Clinton ein völliger Gegenentwurf zur Seite gestellt wurde, muss als Treppenwitz der Geschichte angesehen werden.

Eine internationale Zusammenarbeit kann nur von beidseitigem Nutzen sein, es gibt keinen Grund, auf „Kreisklasse-Niveau" zu bestehen, wenn man stattdessen auch Champions League spielen und diese sogar gewinnen könnte!

Nachwort

Einige meiner Leser haben bis zu dieser Stelle ausgeharrt und haben dabei vielleicht etwas vermisst. Wenn man sich Namen und Hintergründe einiger linker Hauptakteure ansieht, wird man auf mindestens eine Gemeinsamkeit stoßen: Karl Marx, Rosa Luxemburg, Ferdinand Lassalle, Max Horkheimer, Herbert Marcuse, Theodor Adorno und viele andere Akteure sind allesamt jüdischer Abstammung. Rechnet man noch Sigmund Freud, Erich Fromm oder Siegfried Bernfeld als externe Wegbereiter der linken Ideologie hinzu, ergibt sich ein beeindruckendes Bild. Dieser Zusammenhang ist nun weder besonders neu und auch nicht wirklich originell. Generell handelt es sich bei dieser Angelegenheit aber um ein besonders sensitives Thema, vielleicht sogar um das sensibelste, dessen sich ein deutscher Autor überhaupt annehmen kann! Der Generalverdacht des *Antisemitismus* schwebt wie ein Damoklesschwert über dieser Überlegung, aber sollte man deshalb nicht darüber nachdenken? Die Zeit für generelle Denkverbote ist in meinen Augen längst vorbei, ebenso trifft dies aber auch auf simple Ressentiments und primitiven Kollektivismus zu. Aus diesem Grund möchte ich mich hier um eine ganzheitliche Sicht der Dinge bemühen. Unbestreitbar ist es aber Fakt, dass unter Linken zahlreiche Juden zu finden waren. Was könnte dafür der Grund sein?

Eine gängige These ist es, dass es unter Juden besonders viele gebildete und engagierte Menschen gab und gibt. Diesen Ansatz möchte ich hier nicht verfolgen, denn Sozialismus und Kommunismus sind für mich nicht mit Bildung oder Engagement vereinbar, sondern eher mit dem absoluten Gegenteil. Was könnte aber nun ein tatsächlicher Grund für die große Anzahl von Juden im Linksismus sein? Die Website www.antisemitismus.net formuliert es so: *„Dass die gesellschaftlich unterdrückten Juden zu natürlichen Verbündeten der wirtschaftlich unterdrückten Proletarier in ihrem Kampf gegen die bestehende Gesellschaftsordnung wurden, war nichts weiter als eine natürliche Entwicklung, als eine Folge des Antisemitismus."*[127]

Weiter heißt es dort: *„Dennoch besteht zwischen Sozialismus und Judentum eine mehr als äußerliche Beziehung."* Einige Zeilen weiter wird dort dieser Zusammenhang dann auch konkretisiert: *„Dieser religiöse Geist irdischer Gerechtigkeit, der die jüdische Religion erfüllt, hat sich bei vielen aufgeklärten*

Juden in Sozialismus verwandelt. Für sie sind Sozialismus und Kommunismus nicht politische, sondern religiöse Bewegungen. "
Diese Textstellen finde ich wirklich bemerkenswert, denn haben Linke zumindest heutzutage nicht immer eine Art religiösen Nimbus? Ist es nicht genau diese Attitüde, die Linken das Schimpfwort *Gutmensch* eingebracht hat (und diese sich standhaft weigern zu verstehen, dass es sich dabei keinesfalls um einen *guten Menschen* handelt)? Ich würde sogar noch weiter gehen und dem ganzen linken Wahnkonstrukt eine religiöse und messianische Natur zuschreiben, was ja durch die oben wiedergegeben Aussagen durchaus gestützt würde. Aber beißen sich religiöser Anspruch und Materialismus nicht irgendwo? Wie soll man dann dieses Zitat aus einem Artikel der *Welt* interpretieren: *„Natürlich gab es in der frühen kommunistischen Bewegung Osteuropas, besonders in Russland, relativ viele Juden. Warum auch nicht? Nichts hatten ‚die Juden' dem russischen Zarenreich zu verdanken.* "[128]

An dieser Stelle möchte ich nun nicht die Gegenfrage stellen und darüber spekulieren, was denn nun das Zarenreich den Juden zu verdanken gehabt hätte, denn diese Frage bietet eher einen Startpunkt für ein neues Buch. Viel eher könnte man aus den obigen Zitaten herauslesen, dass der Kommunismus eine Art Religion für jederlei Zukurzgekommene darstellte, unter deren Deckmantel dann mittels einer fragliche „göttlichen Legitimation" die russische Zarenfamilie ermordet werden konnte. Da scheint der Linksismus ja eine wirklich fabelhafte „Religion" zu sein!
Der Philosoph Ernst Ludwig Ehrlich brachte es 1990 auf einem Vortrag sehr pragmatisch auf den Punkt[129]:

„Judentum ist die Verwirklichung des Sozialismus, Sozialismus ist die Verwirklichung des Judentums. "

Oftmals wird ja attestiert, dass Karl Marx zwar Jude gewesen sei, ihn dieser Umstand aber keinesfalls davon abgehalten habe, selbst antisemitische Äußerungen zu tätigen. Aus diesem Grund könne der Sozialismus dann ja eigentlich keine „jüdische Erfindung" sein. Nun kann man von dieser Argumentation halten, was man will, mich erinnert sie jedenfalls eher an das Hermann Göring zugeschriebene Zitat: *„Wer Jude ist, bestimme ich!* "

Der Name Karl Marx ist natürlich eine internationale Hausnummer und das nicht nur anlässlich seines 200. Geburtstags, der am 5. Mai 2018 (von wem auch immer) gefeiert wird. Viel unbekannter ist jedoch der Name seines geistigen Vaters, Moses Hess.[130] Dieser veröffentlichte 1837 sein Werk »Heilige Geschichte der Menschheit. Von einem Jünger Spinozas«, welches das erste deutsche sozialistische Forderungsprogramm enthielt[131]. Während seiner Tätigkeit für die *Rheinische Zeitung* lernte er Karl Marx kennen und brachte ihn in Kontakt mit seinen radikalen Thesen. Ebenso soll Moses Hess auch Friedrich Engels auf diese Weise beeinflusst haben[132]. Weiter gilt Moses Hess als Vater des Zionismus[133], über den der Publizist Theodor Herzl einmal gesagt hat, dass er sein eigenes Werk »*Der Judenstaat*« nicht geschrieben hätte, wenn er »*Rom und Jerusalem*« von Hess früher gelesen hätte[134]. Doch die geistige Vaterschaft von Moses Hess ist mit Sozialismus und Zionismus noch nicht erschöpft. Das Grab von Hess befindet sich auf dem jüdischen Friedhof von Köln-Deutz. Auf seinem Grabstein steht auch heute noch folgende Inschrift: *„Vater der deutschen Sozialdemokratie".[135]*

Wann haben Sie das letzte Mal von diesen Parallelen gehört? Ein Schelm, der Böses dabei denkt!

Gerade jetzt, als ich diese Zeilen schreibe, erklärt Ex-Bundespräsident Wulff den Multikulturalismus zur Reformation des 21. Jahrhunderts. Diese Aussage ist für mich an Dummheit und ideologischer Blindheit nicht mehr zu toppen und ich werde dadurch bestätigt, dass mein Entschluss, dieses Buch zu schreiben, goldrichtig gewesen ist!

Nun ist vorerst alles gesagt, was ich zum Thema zu vermelden habe, und es ist jetzt Zeit für die Arbeitsklamotten! Ein Teil meiner geehrten Leserschaft wird mich womöglich für einen wahrlich bösen (oder verrückten) Menschen halten und dieses Buch am liebsten verbrennen wollen. Ein anderer Teil wird mich für etwas verschroben halten und mir vielleicht gerne einen Aluhut empfehlen. Und ein anderer Teil von Lesern wird erschrocken aufwachen und meine Anregungen als zeitgemäßen Augenöffner dankbar annehmen. Alle drei Gruppen sind für mich vollkommen in Ordnung, denn jeder Mensch hat schließlich seine eigene Weltsicht!

Ich will niemanden mit diesem Buch missionieren. Stattdessen möchte ich zum Nachdenken und vor allem zum Vordenken anregen, denn noch haben wir eine Gelegenheit zu agieren – *irgendwann* wird es zu spät sein!

Die Themen in diesem Buch beschäftigen mich nun schon eine ganze Weile und deshalb musste ich mich ihnen einfach in dieser Form widmen, denn ich war die heuchlerischen Vermeidungstaktiken des „linken Mainstreams" einfach leid. In gewisser Art und Weise war es deshalb sogar eine Pflicht für mich, dieses Buch zu schreiben und damit meinen eigenen Beitrag zu leisten. Wenn die Verantwortlichen in Medien, Politik und Wirtschaft schweigen oder sich sogar den Lügen anschließen, müssen zumindest *wir* aufstehen und uns zu Wort melden – für dieses Land und für unsere Kinder!

Dieses Buch steht ganz ausdrücklich nicht im Dienst einer bestimmten Partei. Dennoch möchte ich an dieser Stelle nicht meine Schnittmenge mit der AfD verhehlen. Entgegen den Darstellungen im linken Mainstream handelt es sich bei der absoluten Mehrheit der Mitglieder weder um Faschisten, Rassisten oder Rechtsextreme. Die interessantere Frage für mich lautet aber: Ist die AfD grundsätzlich eine konservative Partei?

In vielen sehr wichtigen Fragen vertritt die AfD tatsächlich Thesen, wie sie auch von der CDU und der FDP noch in den 1990er-Jahren vertreten wurden – also klassisch konservativ: klassisches Familienbild, Begrenzung der zügellosen Massenmigration und eine eher zurückhaltende Haltung gegenüber allzu phantastischen Ideen im Rahmen der europäischen Integration. Das gesamte Parteienspektrum ist nach links gerückt und dies hat die Entstehung der AfD sowohl ermöglicht, als auch dringend nötig gemacht. Hätte die CDU den Rat von Franz Josef Strauß beherzigt (*„Rechts von der CSU darf es keine demokratisch legitimierte Partei geben."*), wäre das Schicksalsjahr 2015 anders verlaufen und wir würden heute immer noch in einem anderen Deutschland leben!

Da es sich bei der AfD um eine junge Partei handelt, bringt sie naturgemäß eine erfrischende Dynamik mit, aber leider ebenso zwangsläufig auch einige Kinderkrankheiten. Die übermäßige Hetze gegen die Partei lässt sich zum einen durch das Konkurrenzdenken der Union und natürlich auch durch den politischen Gegner aus der linken Ecke erklären. Beides gehört zum politischen Betrieb wie das Amen in der Kirche, und ich bin optimistisch, dass die AfD unter der Führung von Alice Weidel und Alexander Gauland eine gute Chance hat, sich zu etablieren!

Während ich gerade diese Zeilen schreibe, stehen die Koalitionsverhandlungen zwischen CDU und SPD für eine Neuauflage der GroKo in den Startlöchern. Dazu sowie zum Scheitern der Jamaika-Sondierungsgespräche und zum Wahlkampf gäbe es noch einiges zu sagen, was aber den Rahmen dieses Buches sprengen würde. Nur so viel sei mir gestattet: Eine konservative Partei darf einfach keine Koalition mit einer linken Partei eingehen, wenn sie nicht ihr Existenzrecht verlieren will. Vieles wurde und wird über die Sozialdemokratisierung der CDU durch Kanzlerin Merkel gesagt und geschrieben, doch die Wähler konnten oder wollten das nicht verstehen. Auch aus diesem Grund habe ich dieses Buch geschrieben, denn das Verhalten der gewählten Politiker unseres Landes ist die eine Sache. Eine völlig andere Angelegenheit aber ist das (Wahl)Verhalten unserer Mitmenschen. Hier ist Bildung das Schlagwort und das gleich in doppelter Hinsicht: Als Konservative haben wir den Auftrag, die Überlegenheit unserer Kultur und unseres Wertesystems unter Beweis zu stellen und auch zu kommunizieren, also andere Menschen politisch zu *bilden*. Ebenso müssen Konservative einen neuen Lebensstil und eine neue Kultur *bilden*. Konservatismus lebt und muss den Menschen vermittelt werden. Das sind die Zwecke, denen ich dieses Buch widmen möchte!

Mein Anliegen mit dem Buch ist es zudem, meine Leser vor den Kopf zu stoßen und zum Nachdenken anzuregen, damit sie das perfide Netz erkennen können, in dem sich die gesamte westliche Welt verfangen hat. Was der Einzelne nun mit den Informationen anfängt, bleibt ihm selbst überlassen. Ich möchte nur jeden Leser dazu ermuntern, aktiv zu werden:

> *Tun Sie an der Stelle, an der Sie sind, Ihr Bestes*
> *und verlassen Sie sich bitte nicht auf irgendeine Partei!*

Ohne die in diesem Buch skizzierten Schritte wird es keine andere Politik in Deutschland geben. Es kommt daher auf Menschen wie *Sie* an, damit dieses Land und mit ihm die ganze westliche Gesellschaft eine Erneuerung erfahren kann. Dies ist nicht über Nacht zu schaffen, sondern bedarf eines möglicherweise jahrelangen Prozesses.

In der Politik geht es, wie in der Wirtschaft, um gute „Geschichten" (neudeutsch: Narrative), damit ein Produkt (oder eine Partei) an den Mann oder die Frau gebracht werden kann. Der Fachbegriff dazu lautet „Storytelling", also „Geschichtenerzählen". Und genau dort sehe ich beim Konservatismus ein dickes Problem, und das ganz im Gegensatz übrigens zum Sozialismus! Der einfache Bürger kann sich unter dem Begriff *Konservatismus* einfach überhaupt nichts mehr vorstellen. Dies ist sicherlich auf die Sondersituation des Konservatismus nach dem Ende des Zweiten Weltkriegs zurückzuführen. Aus diesem Grund muss jetzt Aufbauarbeit geleistet werden, indem man zuerst den Menschen überhaupt den Wert des Konservatismus-Begriffes einmal näher bringt und mit Leben befüllt! Auf diesem Saatboden kann dann auch eine junge Bewegung gedeihen, die uns alle in eine lebenswerte Zukunft führt. Dies ist leider kein Ziel, das in wenigen Jahren erreicht werden kann. Doch wenn wir alle unser Möglichstes tun, schaffen wir zusammen eines Tages das Unglaubliche!

Ich möchte hier ganz explizit betonen, dass Linke nicht die Erzfeinde der freien Welt sind. Stattdessen ist der Großteil der Linken selbst zum Opfer geworden – sie sind Opfer einer Gerechtigkeit heuchelnden, aber über Leichen gehenden Ideologie geworden, die ihren guten Willen schamlos für ihre Zwecke ausnutzt. Dafür verdienen diese Menschen sogar Mitleid!
Ich möchte mich hier auch keinesfalls mit den Hetzern in den Parteien und den Redaktionsstuben auf eine Ebene gestellt wissen. Ich lehne grundsätzlich keinen Menschen nur aufgrund seiner politischen Einstellung ab. Letztlich ist die politische Einstellung nur eine Präferenz unter vielen, die zur Spaltung der Menschen dient. Der wirkliche Feind lauert im Dunkeln und hat nun gar nichts mit den Werten der Linken zu tun – er benutzt Linke wie Rechte nur, um seine ureigenen Ziele zu erreichen. Die Linken bekommen aber in diesem Buch ihr „Fett weg", denn sie lassen sich instrumentalisieren und behaupten öffentlich den abgefahrensten Unfug. Deshalb ist meine Kritik auch legitim, schließlich richtet sich dieses Buch gegen eine Ideologie und nicht gegen einzelne Menschen. Ebenso stehe ja

auch ich und mit mir dieses Buch in der Öffentlichkeit und somit im Fadenkreuz der Kritiker! Kritik werde auch ich einstecken müssen und das ist gut so, schließlich ist das eines der Kennzeichen der Welt, in der wir wohl alle leben wollen: nämlich in einer *freien* Welt!

Wer bis hierhin durchgehalten hat und selbst auch noch ein Linker sein sollte, dem möchte ich wirklich gratulieren – das zeugt entweder von einem gesteigerten Maß an Selbstironie oder aber von einem ungesunden Masochismus! Dennoch muss ich jetzt zumindest auch ein einziges Mal etwas Positives über einen der Gründerväter der Linken sagen. Mit Karl Marx fing der Wahnsinn des Linksismus an, aber seinen Arbeiten muss attestiert werden, dass sie ebenso messerscharf wie auch schädlich waren. Marx analysierte wie kein anderer die Schwächen und Fehler des Kapitalismus und benannte sie ebenso glasklar. Die Akkumulation des Kapitals ist ein Fakt – *Oxfam* lässt grüßen. Was aber noch viel wertvoller war, ist Marx' Analyse der angeblichen Freiheit im Kapitalismus. Wie wir gesehen haben, geht es hier ja meist ausschließlich um Vertragsfreiheit, nicht um eine Form der Freiheit, von der die Menschen wirklich träumen. In einem oft zitierten Vergleich sagte Marx, dass einem Arbeiter heute wohl kaum noch die Pistole auf die Brust gesetzt würde, damit dieser seine Verträge unterzeichnet. Stattdessen knurrt aber der Magen des Arbeiters und er muss zum Beispiel einen ausbeuterischen Arbeitsvertrag unterschreiben, damit er etwas zu essen bekommt. Man sieht also: Marx taugt tatsächlich zu etwas, nämlich zur Analyse und auch zur Kritik des Bestehenden. Die Interpretationen und die darauf folgenden Ideen gehen aber eben von einem völlig irrationalen Standpunkt aus und können (und sollten) völlig verworfen werden.

Ich bin der festen Überzeugung, dass wir uns in der Morgendämmerung einer neuen Zeit befinden, die viele der in diesem Buch genannten Absurditäten enthüllen und somit auch hinwegfegen wird. Eine Folge davon wird sein, dass die künstliche Einteilung in „rechts" und „links" auch augenscheinlich völlig hinfällig werden wird. Aber dennoch dürfen wir uns nicht entspannt zurücklehnen und glauben, dass uns die Arbeit irgendjemand abnimmt. Dies wäre ein fataler Irrglaube, denn es gibt noch mehr als genug zu tun! Weltweit hat allerdings eine Dynamik begonnen, die Veränderungen überhaupt erst möglich macht. *Wir* müssen *die* Kraft sein, die diese Veränderungen tatsächlich umsetzt, indem wir Verantwortung übernehmen und uns endlich erheben und etwas tun. Zuschauen und nörgeln war „gestern" und die Devise „heute" heißt: aufstehen, Ärmel hochkrempeln und ran an den Speck! Das kann uns einfach niemand abnehmen und wir sollten uns keiner Illusion hingeben: Wenn wir uns unsere Verantwortung nicht zurückholen, dann werden wir weiterhin fremdbestimmt – es liegt also ganz bei uns!

Trumps „*America first!*" kann zur Blaupause für die ganze Welt werden: „*Deutschland zuerst!*", ebenso wie „*Spanien zuerst!*" oder auch „*Polen zuerst!*". Wir Deutschen haben zusätzlich einen besonderen Nachholbedarf in Sachen Patriotismus. Dies ist auch kein Wunder, denn seit 1945 hat man den Deutschen eingebläut, dass Nationalstolz und Patriotismus nichts für uns sind. Kleiner Test: Worauf können wir Deutschen stolz sein? Besonders jüngere Menschen bekommen bei der Beantwortung dieser Frage so ihre Probleme. Ein probates Gegenmittel dazu ist der Artikel „Deutscher Patriotismus tut not" von Dr. Georg Meinecke, der in der Broschüre »Drei Schriften« erhältlich ist und jedem Leser dringend ans Herz gelegt sei. Die Schrift kann über Böhle Druck, Herrn Diethelm Böhle, Schloß Neuhaus, Residenzstr. 5, 33104 Paderborn zum Preis von 1,82 € (Mindestabnahme 50 Stück) bezogen werden.

Aber beim Patriotismus ist noch lange nicht Schluss, denn es geht auch um unsere ganz persönlichen Lebensumstände. Da muss es auch heißen: „*Schmitz zuerst!*" oder „*Meyer, Schubert, Müller zuerst!*" Wir alle müssen da anpacken, wo immer wir uns auch befinden – in unseren Familien, an unserem Arbeitsplatz, im Verein oder wo auch immer. Die Zeiten des „*Toll, ein anderer machts!*", müssen nun endlich vorbei sein! Es kommt exakt auf SIE an und nicht auf irgendjemanden sonst!

„Es gibt nichts Gutes, außer man tut es!"

Um genau diese Thematik haben sich die beiden Vorgänger dieses Buches gedreht und auch die Nachfolger werden wieder von der persönlichen Komponente unserer Lebensaufgabe auf diesem Planeten handeln. So war dieses vorliegende Buch einfach nötig, ja, es ist mein Beitrag zum Thema *„Aufstehen und Farbe bekennen!"*.

Vor uns liegt viel Arbeit, verdammt viel Arbeit sogar! Im Gegensatz zu früheren Zeiten haben sich uns nun aber völlig neue Möglichkeiten eröffnet. Lassen Sie uns gemeinsam diese Möglichkeiten in Besitz nehmen, denn sie gehören uns ja schließlich auch rechtmäßig! Zusammen können wir nun nahezu Unmögliches erreichen, wenn wir alle unser Möglichstes tun und uns vor den Versuchungen des Egozentrismus hüten. Alleine ist jeder von uns vielleicht in der Lage, irgendwie zu überleben. Finden wir jedoch zusammen, können wir unsere Kräfte multiplizieren und wirklich ungeahnte Leistungen vollbringen.

„Also, sind Sie dabei?"

Lassen Sie uns Deutschland wieder großartig machen!

Mit den besten Grüßen!

Ihr *Stefan Müller*

Danksagung

Bei der Entstehung eines Buches sind immer mehr Personen beteiligt als nur der Autor selbst. In meinem Fall ist das natürlich meine Familie, die meine gelegentliche (gedankliche und körperliche) Abwesenheit hingenommen und tapfer ertragen hat. Hier ist natürlich meine Frau zuerst zu nennen, aber auch meine lieben Eltern haben ihren Beitrag dazu geleistet.

Bei diesem Buch hatte ich jedoch auch tatkräftige Unterstützung von Rudolf Willeke, der als einer der wenigen Pioniere auf dem Gebiet der Erforschung des Kulturmarxismus über eine profunde Expertise verfügt. Als ihn der Brief eines Unbekannten erreichte, zögerte er keine Sekunde, um mit mir in einen ausführlichen Briefkontakt zu treten und mir weiterhin auch umfangreiches Material zur Verfügung zu stellen. Für diese absolut nicht selbstverständliche und wertvolle Unterstützung kann ich mich an dieser Stelle ebenfalls nur ganz herzlich bedanken!

Weiterhin möchte ich mich natürlich auch bei Jan van Helsing, meinem Verleger, bedanken, denn er hat dieses Buch überhaupt erst möglich gemacht, und die Zusammenarbeit mit ihm ist wie immer hochgradig professionell gewesen und hat richtig Freude gemacht! Ebenso gilt mein Dank seinem Vater, Johannes Holey. Die Zusammenarbeit zwischen ihm als Lektor und mir als Autor war mehr als nur konstruktiv und hat mir bei einigen Themen völlig neue Perspektiven eröffnet.

Und dann sind da noch die vielen, vielen Menschen, mit denen ich seit dem Erscheinen von »Gefährlich – Band 1« Kontakt hatte und die mir bewiesen haben, dass der gesunde Menschenverstand doch noch nicht ganz aus Deutschland verschwunden ist. Ganz im Gegenteil: Die Menschen haben nur Angst, ihre Meinung zu sagen, die wesentlich ausgewogener und fundierter als die des Mainstreams ist. Deshalb und gerade auch für diese Menschen habe ich dieses Buch geschrieben!

Über den Autor

Stefan Müller ist Unternehmer, Autor und Blogger. Sein Thema ist die Befreiung des Einzelnen aus der Opferrolle, hin zur Selbstverantwortung und Stärke. Durch die Arbeit an seinen ersten beiden Büchern stieß Stefan Müller auf Parallelen zwischen dem, was den einzelnen Menschen und ebenso auch ganze Gesellschaften unterdrückt. Aus diesen Erkenntnissen entstanden eine Reihe von Begegnungen, Gesprächen und eine lange Recherche. Das vorliegende Buch ist das Resultat daraus.

Stefan Müller wurde 1978 geboren, ist verheiratet und Vater eines Sohnes.

Vom Autor sind weiterhin folgende Bücher im Amadeus-Verlag erschienen:

- **Gefährlich! Du bist viel mächtiger, als Du denkst!** Aber es gibt da jemanden, der möchte nicht, dass Du das weißt…
- **Gefährlich! Band 2 – Nutze die geniale Macht des Sog-Prinzips.** Befreie Dich aus diesem Sklavensystem!

Sie wollen mehr wissen? Abonnieren Sie einen kostenlosen Newsletter unter der Emailadresse: *info@stefanmueller.org* und lassen Sie sich über neue Artikel des Autors informieren. Stefan schreibt auch regelmäßig Artikel bei: *www.dieunbestechlichen.com*

Literatur- und Quellenverzeichnis

1 www.welt.de/politik/deutschland/article153631887/Die-Terroristen-sind-keine-Fluechtlinge.html

2 www.spiegel.de/politik/deutschland/meinungsfreiheit-hier-kein-bier-fuer-fremde-kolumne-jan-fleischhauer-a-1159946.html

3 Video: „Erstaufnahme Asyl RP Lübke Kassel Lohfelden 14.10.2015" www.youtube.com/watch?v=KdnLSC2hy9E

4 www.faz.net/aktuell/politik/fluechtlingskrise/spaniens-vorgehen-gegen-fluechtlinge-13844097.html

5 Groß, Gerhard P.: „Eine Frage der Ehre? Die Marineführung und der letzte Flottenvorstoß 1918", In: Jörg Duppler, Gerhard P. Groß (Hrsg.): Kriegsende 1918; Ereignis, Wirkung, Nachwirkung; Schriftenreihe des Militärgeschichtlichen Forschungsamtes, Band 53. R. Oldenbourg Verlag, München 1999, ISBN 3-486-56443-9, S. 350

6 Courtois, Stéphane und andere (Hrsg.): Das Schwarzbuch des Kommunismus – Unterdrückung, Verbrechen und Terror, München 2004

7 Gramsci, Antonio: Stellungskrieg und Bewegungskrieg oder Frontalangriff. Aufzeichnungen aus den Jahren 1930 bis 1934

8 Gramsci, Antonio: Gefängnishefte. Band 7, Heft 12 S.1502, Argument

9 Eagleton, Terry: Ideologie - Eine Einführung, Stuttgart: Metzler 2000, S 137

10 Gramsci, Antonio: Gefängnishefte (93), Heft 11

11 Gramsci, Antonio: Gefängnishefte (44), Heft 1

12 Gramsci, Antonio: Gefängnishefte (16), Heft 7

13 Gramsci, Antonio: Gefängnishefte, Heft 12

14 Gramsci, Antonio: Gefängnishefte, Heft 11, §12, 1377

15 Gramsci, Antonio: ebd.

16 www.dailymail.co.uk/columnists/article-312383/We-teach-children-sex--wonder-it.html

17 http://kath.net/news/23867

18 Lukács, Georg: Die Theorie des Romans (1920), Neuauflage Bielefeld: Aisthesis 2009, ISBN 978-3-89528-641-4, Vorwort

19 Lukasc, Georg: Der Tod des Westens, S. 77

20 Kosiek, Rolf: Die Macht-Übernahme der 68er, Hohenrain 2011, S. 20

21 Wiggershaus, Rolf: Die Frankfurter Schule, München-Wien, 1987

22 Kasler, Dirk: Die frühe Deutsche Soziologie 1909 bis 1934 und ihre Entstehungs-Milieus: Eine Wissenschaftssoziologische Untersuchung, VS, 1984, S. 397

23 Jay, Martin: Dialektische Phantasie, Fischer, Frankfurt/M. 1981 S.269

[24] Açikgöz, Muharrem: Die Permanenz der Kritischen Theorie. Die zweite Generation als zerstrittene Interpretationsgemeinschaft. Westfälisches Dampfboot, Münster 2014, S. 103.

[25] www.duden.de/rechtschreibung/Theorie

[26] Horkheimer, Max: Traditionelle und kritische Theorie. Fischer, 1986.

[27] www.aktion-leben.de/BAK/Hintergruende/sld08.htm

[28] Horkheimer, Max: Zur Kritik der instrumentellen Vernunft, Frankfurt M. 1976, S. 267

[29] www.welt.de/debatte/kommentare/article143819833/Dieser-Papst-ist-ein-gnadenloser-Populist.html

[30] Simonelli, Thierry: Herbert Marcuse: Psychonanalye und Philosophie. In: Nachgelassene Schriften, Bd. 3. Lüneburg, 2002.

[31] www.aktion-leben.de/BAK/Hintergruende/sld08.htm

[32] Marcuse, Herbert: Triebstruktur und Gesellschaft, a.a.O., S.160

[33] Cohn-Bendit, Daniel: Der große Basar, Trikont. 1975

[34] Hohmann, Joachim S. (Hrsg.): Der pädosexuelle Komplex, Verlag Foerster, Berlin, 1988

[35] www.aktion-leben.de/BAK/Hintergruende/sld08.htm

[36] Schönberger, Elke: Homo communicans: Eine dialogische Abhandlung (Europaeische Hochschulschriften / European University Studie), Peter Lang Verlag, 1998

[37] https://de.wikipedia.org/wiki/Homo_sociologicus

[38] Adorno, Theodor: Negative Dialektik, Suhrkamp. 10.Aufl. 2000

[39] Habermas, Jürgen: Legitimationsprobleme im Spätkapitalismus: Suhrkamp 1973, S.129

[40] Monk, Ray: Wittgenstein. Das Handwerk des Genies. Stuttgart: Klett-Cotta 1994, S. 530

[41] Popper, K. R. [1972]. Science: Conjectures and Refutations

[42] Homepage des Statistischen Bundesamt: www.destatis.de/DE/PresseService/Presse/Pressemitteilungen/2014/05/PD14_185_1 22.html

[43] Theodor W. Adorno: Studien zum autoritären Charakter (hrsg. von Ludwig von Friedeburg). Suhrkamp Taschenbuch 1973, S. 45

[44] www.welt.de/vermischtes/article156779199/Lieber-schweigen-als-Migranten-in-Verruf-bringen.html

[45] www.hna.de/kassel/herderschuelerinnen-schulweg-belaestigt-6471442.html

[46] www.facebook.com/selin.goeren/posts/10208643321227540

[47] https://twitter.com/oomenberlin/status/781868231015268352?lang=de

[48] http://caselaw.findlaw.com/us-supreme-court/2/419.html#419

[49] https://lautschriften.wordpress.com/

[50] https://twitter.com/patriot_GER/status/720560672908709889

[51] Murray, Charles: Human Accomplishment: The Pursuit of Excellence in the Arts and Sciences, 800 B.C. To 1950. *AEI 2004*

[52] Farron, Steven: Zwischen Menschenrechten und Konfliktprävention Springer, 2005. S. 54

[53] BVerwG, Az.: 3 C 53.01

[54] www.spiegel.de/unispiegel/studium/zuwanderer-an-die-unis-soziologe-ralf-dahrendorf-fordert-migrantenquote-a-506940.html

[55] Farron, Steven: Prejudice is free, but discrimination has costs: the holocaust and its parallels Free Market Foundation , 2002.

[56] Sander, Richard H.; Taylor Jr., Stuart : The Painful Truth About Affirmative Action. In: The Atlantic, online: www.theatlantic.com/national/archive/2012/10/the-painful-truth-about-affirmative-action/263122/

[57] www.taz.de/!5298238/

[58] https://de.wikipedia.org/wiki/Wei%C3%9Fsein#Critical_Whiteness

[59] www.deutschlandfunk.de/critical-whiteness-weisssein-als-privileg.1184.de.html?dram:article_id=315084

[60] www.migrazine.at/artikel/das-problem-mit-critical-whiteness

[61] Kelle, Birgit: GenderGaga: Wie eine absurde Ideologie unseren Alltag erobern will. adeo , 2015.

[62] Ebook: Swaab, Dick: Wie wir denken, leiden und lieben, Knaur TB. Vollst. Taschenbuchausg, 2013

[63] Statistisches Bundesamt, Lange Reihen -Eheschließungen und Ehescheidungen.https://www.destatis.de/DE/ZahlenFakten/GesellschaftStaat/Bevoelkerung/Ehescheidungen/Tabellen_/lrbev06.html

[64] Kyndaron Reinier, Gregory A. Nichols, Adriana Huertas-Vazquez, Audrey Uy-Evanado, Carmen Teodorescu, Eric C. Stecker, Karen Gunson, Jonathan Jui, Sumeet S. Chugh. Distinctive Clinical Profile of Blacks versus Whites Presenting with Sudden Cardiac Arrest. *Circulation*, 2015; CIRCULATIONAHA.115.015673 DOI:10.1161/CIRCULATIONAHA.115.015673

[65] PubMed Neurology, 2008 Nov 4;71(19):1489 95

[66] Allen, Chris: Islamophobia. Ashgate Publishing, London 2010.

[67] Schmitt, Carl: Politische Theologie: Vier Kapitel zur Lehre von der Souveränität. 2. Ausgabe, München und Leipzig 1934

[68] www.ohchr.org/EN/UDHR/Pages/Language.aspx?LangID=ger

[69] Ebd.

[70] Ebd.

[71] Ebd.

[72] www.associationline.org/guidebook/action/read/chapter/7/section/jurisprudence/decision/212

[73] www.handelsblatt.com/politik/deutschland/studie-mehrheit-der-muslime-fuer-scharia-anwendung/8145784.html

[74] www.deutschlandfunk.de/urteil-von-bamberg-bayerisches-gericht-erklaert-kinderehe.886.de.html?dram:article_id=357185

[75] https://monde-diplomatique.de/artikel/!5274030

[76] www.welt.de/regionales/hamburg/article158936917/Warum-nicht-ein-Neu-Aleppo-in-Vorpommern-gruenden.html

[77] www.facebook.com/juliakloeckner/posts/1001138283277083#

[78] www.faz.net/aktuell/politik/inland/spd-chef-schulz-will-vereinigte-staaten-von-europa-bis-2025-15329962.html

[79] www.bpb.de/geschichte/zeitgeschichte/geschichte-und-erinnerung/39851/erinnern-unter-migranten?p=all

[80] www.fernuni-hagen.de/per57-09b

[81] www.spiegel.de/wirtschaft/unternehmen/volkswagen-vw-schmiedet-allianz-fuer-e-autos-in-china-a-1111259.html

[82] www.mdr.de/nachrichten/wirtschaft/inland/zahl-der-pendler-gestiegen-100.html

[83] https://de.wikipedia.org/wiki/Durchschnittsentgelt

[84] https://de.wikipedia.org/wiki/Durchschnittsentgelt

[85] www.bpb.de/nachschlagen/zahlen-und-fakten/soziale-situation-in-deutschland/61896/steuer-und-abgabenlast

[86] www.haz.de/Hannover/Aus-den-Stadtteilen/Ost/So-sah-die-Neue-Heimat-1960-aus

[87] www.wohnungsboerse.net/mietspiegel-Osnabrueck/4856

[88] www.das-waren-noch-zeiten.de/einkommen.htm

[89] www.welt.de/wirtschaft/article158294203/Babyboom-in-Deutschland-bei-auslaendischen-Muettern.html

[90] www.zeit.de/kultur/2016-11/nancy-fraser-eli-zaretsky-linke-usa-donald-trump

[91] www.zerohedge.com/news/2017-04-13/hr-mcmaster%E2%80%99s-ties-soros-supported-think-tank-raise-questions

[92] www.alternativefuer.de/wp-content/uploads/sites/7/2016/03/Leitantrag-Grundsatzprogramm-AfD.pdf

[93] www.youtube.com/watch?v=oUNNKv2EIcg

[94] www.focus.de/kultur/vermischtes/erdogan-anwalt-nach-interview-mit-erdogan-anwalt-das-netz-feiert-claus-kleber_id_5436945.html

[95] www.gala.de/stars/news/starfeed/erdogan-anwalt-das-netz-feiert-claus-klebers-interview_1426929.html

[96] www.ksta.de/kultur/-heute-journal--claus-kleber-stellt-edogans-anwalt-bloss-und-erhaelt-viel-zuspruch-23888954

[97] www.spiegel.de/extra/vertrauen-in-journalismus-warum-redaktionen-mehr-vielfalt-brauchen-a-1162074.html

98 www.welt.de/wirtschaft/article130570280/Technik-wird-jeden-Zweiten-in-Deutschland-ersetzen.html

99 www.heise.de/tp/features/Lex-Bertelsmann-vor-der-zweiten-Huerde-3453268.html

100 www.spiegel.de/netzwelt/netzpolitik/fbi-bericht-zu-russlands-hacker-angriff-auf-usa-operation-grizzly-steppe-a-1128045.html

101 https://twitter.com/realDonaldTrump/status/373146637184401408

102 https://twitter.com/realDonaldTrump/status/374712124620406784

103 https://twitter.com/realDonaldTrump/status/377783562512392192

104 https://twitter.com/realDonaldTrump/status/375075774644363264

105 www.tagesspiegel.de/politik/rex-tillerson-zu-gespraechen-in-russland-luftschlag-belastet-us-aussenminister-in-moskau/19655134.html

106 www.tagesspiegel.de/politik/aussenministertreffen-in-lucca-g7-keine-syrien-loesung-mit-assad/19656612.html

107 www.faz.net/aktuell/politik/inland/erste-prozesse-wegen-koelner-silvesternacht-eroeffnet-14088853.html

108 www.shz.de/regionales/schleswig-holstein/angebliche-vergewaltigung-im-arriba-freisprueche-fuer-beide-angeklagte-id14786081.html

109 www.faz.net/aktuell/gesellschaft/kriminalitaet/urteil-in-hamburg-bewaehrungsstrafen-nach-gruppenvergewaltigung-14490146.html

110 www.welt.de/vermischtes/article162074839/Fluechtling-zu-Bewaehrungsstrafe-verurteilt.html

111 www.schwarzwaelder-bote.de/inhalt.weil-am-rhein-freiburg-vergewaltigung-vier-junge-syrer-verurteilt.d8f96f23-e47d-4740-9880-51fc7a8e0308.html

112 http://rundblick-unna.de/missbrauch-an-11jaehriger-im-dm-am-ostring-14-monate-auf-bewaehrung/

113 www.spiegel.de/netzwelt/netzpolitik/propaganda-beim-giftgasangriff-in-syrienkonflikt-kolumne-von-sascha-lobo-a-1141980.html

114 www.focus.de/sport/fussball/bundesliga1/bayern-kapitaen-bremst-afd-aus-philipp-lahm-bekommt-rueckhalt-aus-der-politik_id_6885669.html

115 https://jungefreiheit.de/politik/deutschland/2017/migrationsforscher-fordert-schutz-von-europas-aussengrenzen/

116 www.wir-zusammen.de/ueber-die-initiative

117 www.rp-online.de/wirtschaft/unternehmen/industrie-stellt-kaum-fluechtlinge-ein-aid-1.6189500

118 www.youtube.com/watch?v=_VB39Jo8mAQ

119 https://dieunbestechlichen.com/2017/09/experiment-bargeldentwertung-in-indien-krachend-gescheitert/

120 www.spiegel.de/wirtschaft/soziales/arbeitsmarkt-forscher-halten-vollbeschaeftigung-2025-fuer-moeglich-a-1167030.html

[121] Wilber, Ken: Eros, Kosmos, Logos: Eine Jahrtausend-Vision. 2001, FISCHER Taschenbuch
[122] Die Schweiz und die geistige Situation der Gegenwart Schweizerzeit Schriftenreihe Nr. 34, 2000. Seite 39 Fußnote 12
[123] https://de.wikipedia.org/wiki/Amische
[124] www.waz.de/staedte/essen/bischof-von-essen-geisselt-falsche-sehnsucht-nach-grenzen-id210262551.html
[125] www.juedische-allgemeine.de/article/view/id/28424
[126] www.spiegel.de/politik/deutschland/mlpd-die-grossspender-der-kommunisten-a-1069871.html
[127] www.antisemitismus.net/klassiker/1935/1935-1-03.htm
[128] www.welt.de/print-welt/article271358/Die-Maer-vom-juedischen-Bolschewismus.html
[129] www.globkult.de/geschichte/entwicklungen/684-judentum-und-sozialdemokratie-moses-hess-karl-marx-ferdinand-lassalle-eduard-bernstein
[130] www.welt.de/geschichte/article144503125/Der-Mann-der-Karl-Marx-seine-Ideen-gab.html
[131] https://de.wikipedia.org/wiki/Moses_Hess
[132] Theodor Zlocisti: *Vorwort* zu Moses Hess: *Sozialistische Aufsätze 1841–1847*. Welt-Verlag, Berlin 1921, S. 5 oder Johannes Hirschberger: *Geschichte der Philosophie*. 11. Auflage. Frankfurt am Main 1980, Bd. 2, S. 478.
[133] www.globkult.de/geschichte/entwicklungen/684-judentum-und-sozialdemokratie-moses-hess-karl-marx-ferdinand-lassalle-eduard-bernstein
[134] www.rosalux.de/news/id/5498/moses-hess-zwischen-sozialismus-und-zionismus/
[135] www.rheinische-geschichte.lvr.de/persoenlichkeiten/H/Seiten/MosesHe%C3%9F.aspx?print=true
[136] www.youtube.com/watch?v=vjf3WMzPvpY

Bildquellen

(1) Privatarchiv Stefan Müller
(2) Privatarchiv Stefan Müller
(3) https://de.wikipedia.org/wiki/Erkl%C3%A4rung_der_Menschen-_und_B%C3%BCrgerrechte
(4) https://de.wikipedia.org/wiki/Erkl%C3%A4rung_der_Menschen-_und_B%C3%BCrgerrechte
(5) Privatarchiv Stefan Müller
(6) https://de.wikipedia.org/wiki/Pillenknick#/media/File:Bevoelkerungsentwicklung_deutschland.png

GEFÄHRLICH!

Stefan Müller

Du bist viel mächtiger, als Du denkst!

Es gibt Strukturen in unserer Gesellschaft – sei es in Politik, Wirtschaft oder Religion –, die haben ein starkes Interesse, dass Du Dich für einen unbedeutenden und hilflosen Menschen hältst. Dieses Buch ist für diese Kreise äußerst gefährlich, denn es enthält Geheimnisse, die Du nicht kennen sollst. Diese Informationen können Dich befreien! Vor allem machen sie Dich stark und selbstbewusst. Das Leben ist einfach zu kurz, um es unbewusst und vor dem Karren einer anderen Autorität zu verbringen. Es ist Dein Leben! Lebe dieses Leben „Like a Boss", nicht wie ein Bittsteller. Gehe erhobenen Hauptes durch die Welt, denn dazu hast Du jede Berechtigung: Du bist ein unglaublich machtvoller Schöpfer! Willst Du Deine körperlichen und geistigen Fesseln sprengen und endlich das Leben führen, das Dir zusteht? Dann triff eine Entscheidung. Und ich helfe Dir dabei.

ISBN 978-3-938656-08-2 • 17,80 Euro

GEFÄHRLICH! – Band 2

Stefan Müller

*Nutze die geniale Macht des Sog-Prinzips –
befreie Dich aus diesem Sklavensystem*

Wir werden bewusst verblödet und von wirklich wichtigen Themen abgelenkt, damit man uns auch in Zukunft leicht steuern kann! Es wird Zeit, dass sich das ändert! Die Unfreiheit der Menschen wurde durch einen teuflischen Trick eingeführt: der Reduktion des Einzelnen zu einem machtlosen und ängstlichen Wesen. Die Menschheit hat sich durch eine diabolische Konditionierung in eine Schafherde verwandelt und lässt sich nun von ihren Schäfern in jede beliebige Richtung treiben. Gibt es aus dieser Lage denn kein Entrinnen mehr? Selbst ein schwer erkrankter Organismus hat eine Chance auf Heilung! Der Heilungsprozess beginnt zuerst bei einigen wenigen Zellen und breitet sich dann allmählich aus. In einer Zeit der Smartphones und der globalen Vernetzung sind uns in dieser Informationsflut ganz einfache, aber durchaus machtvolle Wirkmechanismen in Vergessenheit geraten. Doch die Mächtigen der Welt nutzen sie für sich. Und wieso tun wir das nicht? Weil man uns bewusst mit geistigem Müll überflutet, damit wir bloß nicht auf die Idee kommen, Prinzipien wie das Sog-Prinzip für unseren eigenen Vorteil zu nutzen.

ISBN 978-3-938656-62-4 • 17,80 Euro

WELTVERSCHWÖRUNG

Thomas A. Anderson

Wer sind die wahren Herrscher der Erde?

Immer mehr Menschen stellen fest, dass sie von den Regierenden belogen und betrogen werden und dass die Volksvertreter nicht das Volk vertreten, sondern die Interessen von Großkonzernen, von Militär und Wirtschaft. Große, weltumspannende Firmen und Organisationen leiten unsere Welt. Diese Familienclans nennen die Rohstoffe auf Erden ihr Eigen, bestimmen den Goldpreis und verleihen astronomische Summen an kriegführende Länder. Aber geht es diesen wirklich nur um wirtschaftliche Interessen, oder steckt etwas ganz anderes dahinter?

ISBN 978-3-938656-35-8 • 23,30 Euro

WHISTLEBLOWER

Jan van Helsing

Insider aus Politik, Wirtschaft, Medizin und Geheimdienst packen aus!

Der Whistleblower Edward Snowden und der Sprecher der Whistleblower-Plattform *Wikileaks*, Julian Assange, haben im Ausland Asyl beantragt, weil sie geheime Regierungsdokumente veröffentlicht hatte. Man will sie jedoch nicht bestrafen, weil sie Unwahrheiten oder Lügen verbreitet haben – nein: Man will sie bestrafen, weil sie den Menschen die Wahrheit gesagt haben, die Wahrheit darüber, dass wir alle von unseren Regierungen und deren Geheimdiensten überwacht und ausspioniert werden. Ist es das, wofür wir unsere Volksvertreter gewählt haben? Ist es nicht viel eher so, dass sie inzwischen ganz anderen Interessen dienen? Für dieses Buch haben *Jan van Helsing* und *Stefan Erdmann* 16 Whistleblower interviewt, die u.a. zu folgenden Themen auspacken:

- Wie geht es in deutschen Asylantenheimen wirklich zu?
- Ist Deutschland souverän? Ist die BRD ein Staat oder eine Firma?
- Was ist *Geomantische Kriegsführung*?
- Es werden viele alternative sowie schulmedizinische Therapieformen unterdrückt!
- Gibt es das „Geheime Bankentrading" wirklich? Wie sparen Großunternehmen und soziale Einrichtungen über Stiftungen Steuern?
- Der Ruanda-Kongo-Krieg war wegen Rohstoffen angezettelt worden!
- Warum es bei Film und Radio nur „Linke" geben darf...
- Ein Schottenritus-Hochgradfreimaurer spricht über UFOs und Zeitreisen.

ISBN: 978-3-938656-90-7 • 23,30 Euro

BANKSTER

Hanno Vollenweider

Ein junger Mann, Anfang 20, frisch von der Uni und voller Energie und Willen, geht nach Zürich mit nur einem Ziel: Banker zu werden und das große Geld zu verdienen. Was er jedoch nicht ahnt: Schon von Beginn an haben ihn seine Chefs und Mentoren für etwas Höheres vorgesehen und so führen sie ihn Stück für Stück in die internationalen Kreise der Bankster ein. Dies ist das Buch eines heute Anfang 30-jährigen Mannes, der, getrieben von der Gier nach Geld und Macht, Dinge sah, die andere in seinem Alter höchstens aus Hollywood-Filmen kennen. Er schildert seine Treffen mit Mitgliedern des *Clubs zum Rennweg, Entrepreneurs' Round Table*, der Brüsseler Finanzlobbyorganisationen *Swiss Finance Council* und *European Financial Service Round Table* und wie er im Auftrag seiner Mentoren den Rest der bis heute verschwunden geglaubten D-Mark-Millionen aus den West-Geschäften der DDR flüssig machte. ISBN 978-3938656-37-2 • 19,00 Euro

FAKE NEWS

Michael Morris

Wer einmal lügt, dem glaubt man nicht...

Das politische, wirtschaftliche und gesellschaftliche System des 20. Jahrhunderts ist gescheitert, doch die alten Eliten in Politik und Medien versuchen alles, um weiter daran festzuhalten und ein neues Konzept zu verhindern. Sie versuchen, jegliche Kritik an ihrem eigenen Fehlverhalten als „Fake News" oder als „rechte Propaganda" zu diskreditieren. Obwohl die Geheime Weltregierung und ihre Handlanger immer brutaler gegen ihre Kritiker vorgehen, schwindet ihre Macht, weil immer mehr Menschen erwachen und ihr schmutziges Spiel durchschauen, was die alten Eliten schier in den Wahnsinn treibt. Erfahren Sie die Wahrheit über die Entstehung der „Fake News"-Hysterie, und lesen Sie alles über jene Enthüllungen der NASA und des Vatikans, die Ihnen die Massenmedien verschweigen!

ISBN 978-3-938656-41-9 • 21,00 Euro